한글 2022

HANGUL 2022

기본 & 실무 프로젝트

발 행 일 : 2025년 05월 12일(초판 1쇄)
I S B N : 978-89-5960-495-1(13000)
정　　가 : 14,000원

집　　필 : 렉스기획팀
진　　행 : 안영선

발 행 처 : (주)렉스미디어
발 행 인 : 안광준
주　　소 : 경기도 파주시 정문로 588번길 24
홈페이지 : www.rexmedia.net

※ 이 책은 저작권법에 따라 보호를 받는 저작물이므로 무단 전재와 무단 복제를 금지하며,
　이 책 내용의 전부 또는 일부를 이용하려면 반드시 (주)렉스미디어의 서면동의를 받아야 합니다.

단계학습 HANGUL 2022 기본 & 실무프로젝트 자료 다운로드 방법

자료 다운로드

HANGUL 2022

1 렉스미디어 홈페이지(www.rexmedia.net)에 접속한 후 왼쪽 상단의 [일반 교재]를 클릭합니다.

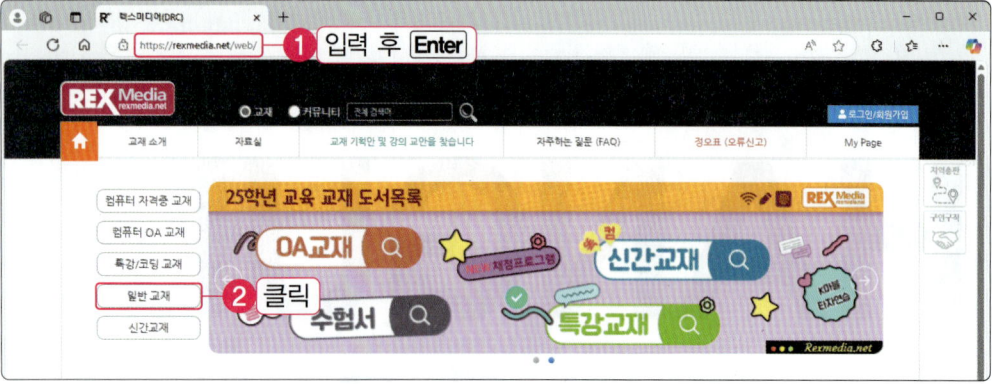

2 일반 교재 안내 페이지가 나타나면 [단계학습]-[(단계학습)한글2022]를 클릭합니다.

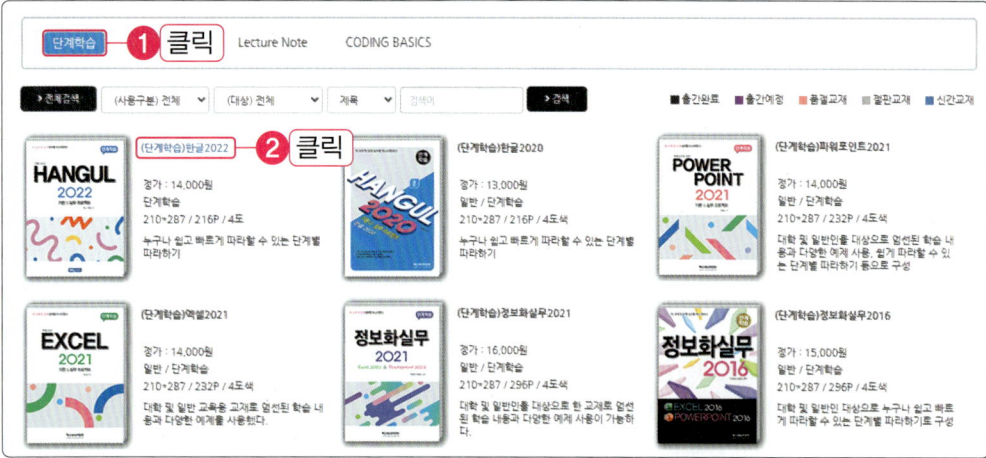

3 교재 상세 페이지가 나타나면 [학습자료]를 클릭합니다.

HANGUL 2022

자료 다운로드

4 자료실 페이지가 나타나면 [단계학습 한글2022_학습자료(예제 및 완성)]을 클릭합니다.

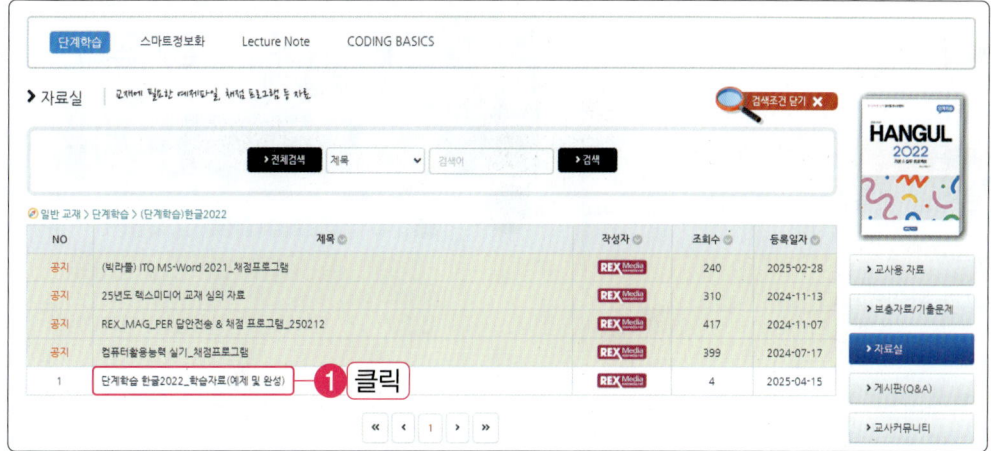

5 ▶다운로드 단추를 클릭하여 자료를 다운로드 받습니다.

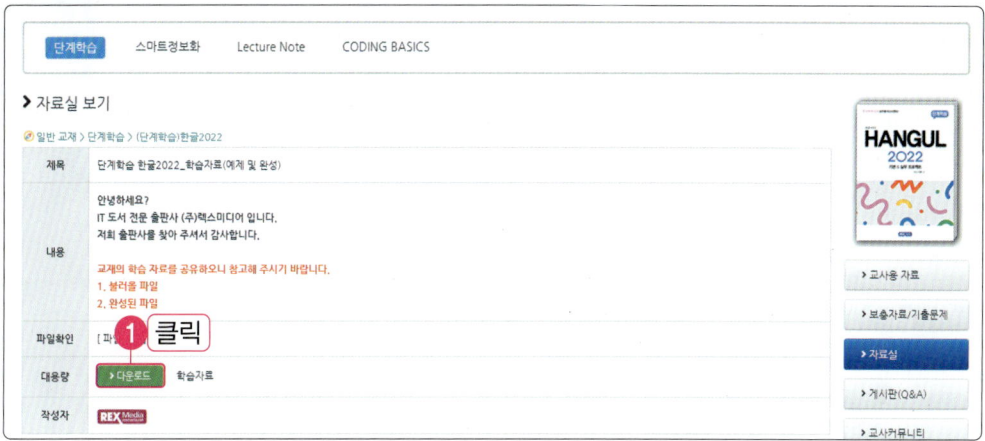

6 **파일 탐색기를 실행**한 후 다운로드 받은 파일을 압축을 해제하면 다음과 같이 단계학습 한글 2022 자료가 다운로드된 것을 확인할 수 있습니다.

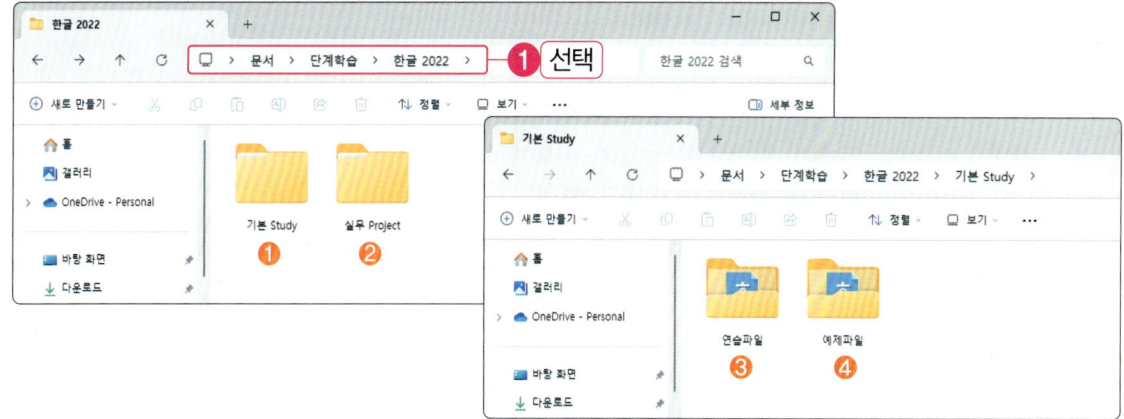

❶ 한글 2022 기본 Study에서 사용하는 연습파일과 예제파일 폴더가 있습니다.
❷ 한글 2022 실무 Project에서 사용하는 연습파일과 예제파일 폴더가 있습니다.
❸ 한글 2022 기본 Study 또는 실무 Project에서 사용하는 연습파일이 담겨져 있습니다.
❹ 한글 2022 기본 Study 또는 실무 Project에서 사용하는 예제파일이 담겨져 있습니다.

이 책의 구성

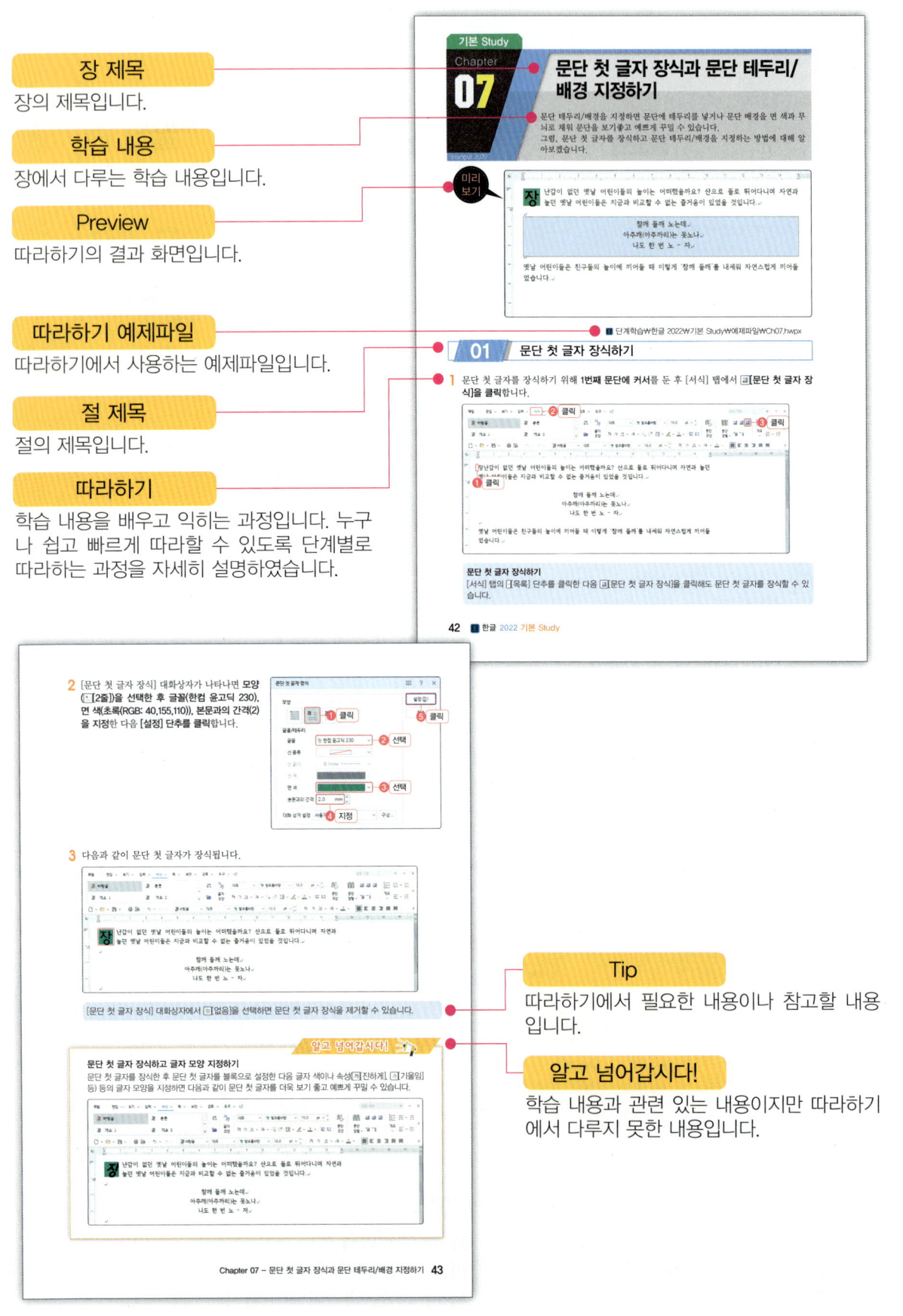

장 제목
장의 제목입니다.

학습 내용
장에서 다루는 학습 내용입니다.

Preview
따라하기의 결과 화면입니다.

따라하기 예제파일
따라하기에서 사용하는 예제파일입니다.

절 제목
절의 제목입니다.

따라하기
학습 내용을 배우고 익히는 과정입니다. 누구나 쉽고 빠르게 따라할 수 있도록 단계별로 따라하는 과정을 자세히 설명하였습니다.

Tip
따라하기에서 필요한 내용이나 참고할 내용입니다.

알고 넘어갑시다!
학습 내용과 관련 있는 내용이지만 따라하기에서 다루지 못한 내용입니다.

HANGUL 2022

이 책의 구성

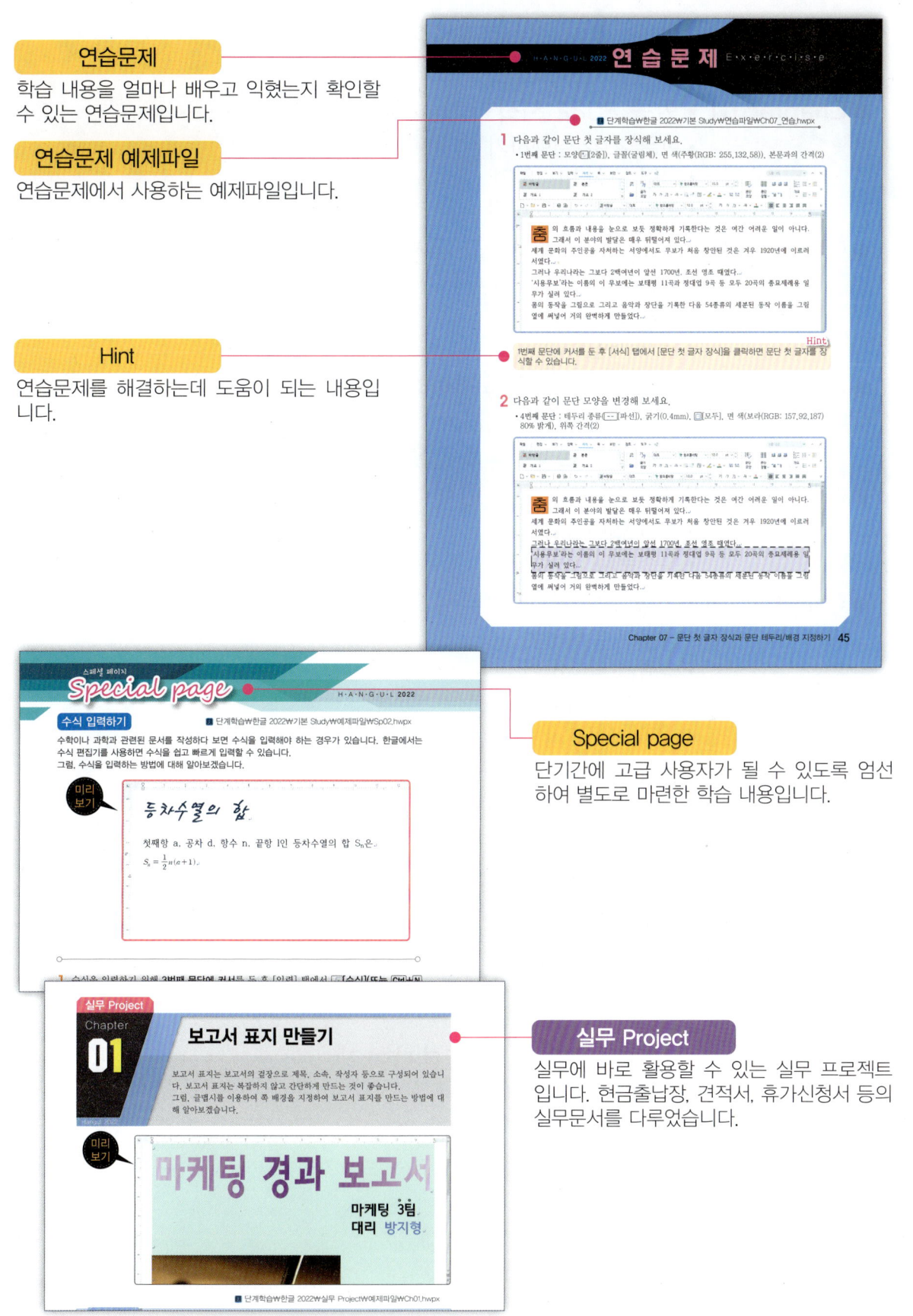

연습문제
학습 내용을 얼마나 배우고 익혔는지 확인할 수 있는 연습문제입니다.

연습문제 예제파일
연습문제에서 사용하는 예제파일입니다.

Hint
연습문제를 해결하는데 도움이 되는 내용입니다.

Special page
단기간에 고급 사용자가 될 수 있도록 엄선하여 별도로 마련한 학습 내용입니다.

실무 Project
실무에 바로 활용할 수 있는 실무 프로젝트입니다. 현금출납장, 견적서, 휴가신청서 등의 실무문서를 다루었습니다.

이 책의 구성 **5**

이 책의 차례

HANGUL 2022

기본 Study

- **Chapter 01 • 한글 2022 시작하기** 2
  - 한글 2022 실행하기
  - 화면 구성 변경하기
  - 한글 2022 종료하기

- **Chapter 02 • 편집 용지 설정하고 문서 작성하기** 8
  - 편집 용지 설정하기
  - 문서 작성하기
  - 문서 저장하기

- **Chapter 03 • 문서 열고 내용 수정하기** 16
  - 문서 열고 내용 복사하기
  - 이동 및 다른 이름으로 저장하기

- **Chapter 04 • 한자와 특수문자 입력하기** 24
  - 한자 입력하기
  - 특수문자 입력하기

- **Chapter 05 • 상용구 사용하고 문서 인쇄하기** 30
  - 상용구 등록하기
  - 맞춤법 검사하기
  - 문서 인쇄하기

- **Chapter 06 • 글자 모양과 문단 모양 지정하기** 36
  - 글자 모양 지정하기
  - 문단 모양 지정하기

- **Chapter 07 • 문단 첫 글자 장식과 문단 테두리/배경 지정하기** 42
  - 문단 첫 글자 장식하기
  - 문단 테두리/배경 지정하기

- **Chapter 08 • 문단 번호와 글머리표 지정하기** 46
  - 문단 번호 지정하기
  - 글머리표 지정하기

- **Chapter 09 • 스타일 사용 및 모양 복사하기** 52
  - 스타일 사용하기
  - 모양 복사하기

- **Chapter 10 • 블록 계산 및 정렬하기** 60
  - 블록 계산하기
  - 정렬하기

- **Special page • 탭 지정하기** 64

HANGUL 2022

이 책의 차례

- **Chapter 11 • 그리기마당과 글맵시 활용하기** ··············· 66
  - 그리기마당 활용하기
  - 글맵시 활용하기
- **Chapter 12 • 그림 활용하기** ·· 74
  - 그림 삽입하기
  - 그림 편집하기
- **Chapter 13 • 도형 활용하기** ·· 80
  - 도형 삽입하고 도형 속성 지정하기
  - 도형에 내용 입력하고 도형 복사하기
- **Chapter 14 • 표 만들기** ·· 86
  - 표 만들고 표 내용 입력하기
  - 표 크기 조정하기
  - 표 내용에 글자 모양과 문단 모양 지정하기
- **Chapter 15 • 표 편집하기** ·· 92
  - 셀 나누고 합치기
  - 셀 테두리와 셀 배경 지정하기
  - 계산식 사용하고 1,000 단위 구분 쉼표 넣기
- **Chapter 16 • 차트 작성하기** ·· 100
  - 차트 만들기
  - 차트 편집하기
- **Chapter 17 • 쪽 번호 매기고 쪽 테두리/배경 지정하기** ······· 106
  - 쪽 번호 매기기
  - 쪽 테두리/배경 지정하기
- **Chapter 18 • 머리말/꼬리말과 주석 삽입하기** ············· 110
  - 머리말/꼬리말 삽입하기
  - 주석 삽입하기
- **Chapter 19 • 책갈피 삽입하고 다단 설정하기** ············· 116
  - 책갈피 삽입하기
  - 다단 설정하기
- **Chapter 20 • 메일 머지 사용하기** ································ 120
  - 초대장에 메일 머지 표시 달고 메일 머지 자료 만들기
  - 메일 머지 만들기
- **Special page • 수식 입력하기** ······································ 126

이 책의 차례

HANGUL 2022

실무 Project

● **Chapter 01** • **보고서 표지 만들기** 2
  • 글맵시를 이용하여 보고서 표지 제목 작성하기
  • 보고서 표지 내용에 글자 모양과 문단 모양 지정하기
  • 보고서 표지에 쪽 배경 지정하기

● **Chapter 02** • **서류철 라벨 만들기** 12
  • 라벨 문서 만들고 라벨 내용 입력하기
  • 라벨 내용에 글자 모양과 문단 모양 지정하기
  • 라벨 내용을 모든 셀에 자동으로 넣고 셀 속성 지정하기
  • 라벨 문서 인쇄하기

● **Chapter 03** • **인사고과규정서 작성하기** 20
  • 인사고과규정서에 적용할 스타일 만들기
  • 인사고과규정서에 스타일 적용하기
  • 인사고과규정서에 쪽 번호 매기기
  • 인사고과규정서에 머리말 삽입하기

● **Chapter 04** • **사내보 만들기** 30
  • 편집 용지 설정하고 기사 제목에 글자 모양 지정하기
  • 기사 내용을 다단 설정하고 문단 첫 글자 장식하기
  • 기사 내용에 그림 삽입하고 그림의 속성 지정하기
  • 다단 설정하고 회사 소식 작성하기

● **Chapter 05** • **광고지 만들기** 40
  • 글상자 사용하여 영문 시설명 작성하기
  • 시설 소개에 글자 모양과 문단 모양 지정하기
  • 도형을 사용하여 사업 내용 작성하기
  • 시설 마스코트 삽입하고 밝기 조정하기
  • 광고지를 PDF로 저장하기

● **Chapter 06** • **자료 수집하고 정리하기** 54
  • 그림 수집하고 정리하기
  • 내용 수집하고 정리하기

● **Chapter 07** • **판매실적현황 차트 작성하기** 62
  • 블록 계산식을 사용하여 합계 구하기
  • 차트 만들고 차트 마법사 사용하기
  • 차트 스타일 적용하기
  • 계열과 차트 배경 편집하기

● **Chapter 08** • **일정표 만들기** 72
  • 표 만들고 표 내용에 글자 모양 지정하기
  • 셀 테두리 지정하기

HANGUL 2022

기본 Study

- **01** 한글 2022 시작하기 ································· 2
- **02** 편집 용지 설정하고 문서 작성하기 ············· 8
- **03** 문서 열고 내용 수정하기 ·························· 16
- **04** 한자와 특수문자 입력하기 ······················· 24
- **05** 상용구 사용하고 문서 인쇄하기 ················ 30
- **06** 글자 모양과 문단 모양 지정하기 ··············· 36
- **07** 문단 첫 글자 장식하고 문단 테두리/배경 지정하기 42
- **08** 문단 번호와 글머리표 지정하기 ················ 46
- **09** 스타일 사용하고 모양 복사하기 ················ 52
- **10** 블록 계산하고 정렬하기 ··························· 60
- **S** Special Page 탭 지정하기························· 64
- **11** 그리기마당과 글맵시 활용하기 ·················· 66
- **12** 그림 활용하기 ··· 74
- **13** 도형 활용하기 ··· 80
- **14** 표 만들기 ··· 86
- **15** 표 편집하기 ·· 92
- **16** 차트 작성하기 ·· 100
- **17** 쪽 번호 매기고 쪽 테두리/배경 지정하기 ···· 106
- **18** 머리말/꼬리말과 주석 삽입하기 ················ 110
- **19** 책갈피 사용하고 다단 설정하기 ················ 116
- **20** 메일 머지 사용하기 ································· 120
- **S** Special Page 수식 입력하기······················ 126

기본 Study

Chapter 01 한글 2022 시작하기

한글 2022는 문서를 작성하거나 편집할 수 있는 프로그램으로 제목 표시줄, 메뉴 표시줄, [기본] 도구 상자, [서식] 도구 상자, 작업 창 등으로 구성되어 있습니다. 그럼, 한글 2022를 실행하고 종료하는 방법과 화면 구성을 변경하는 방법에 대해 알아보겠습니다.

Hangul 2022

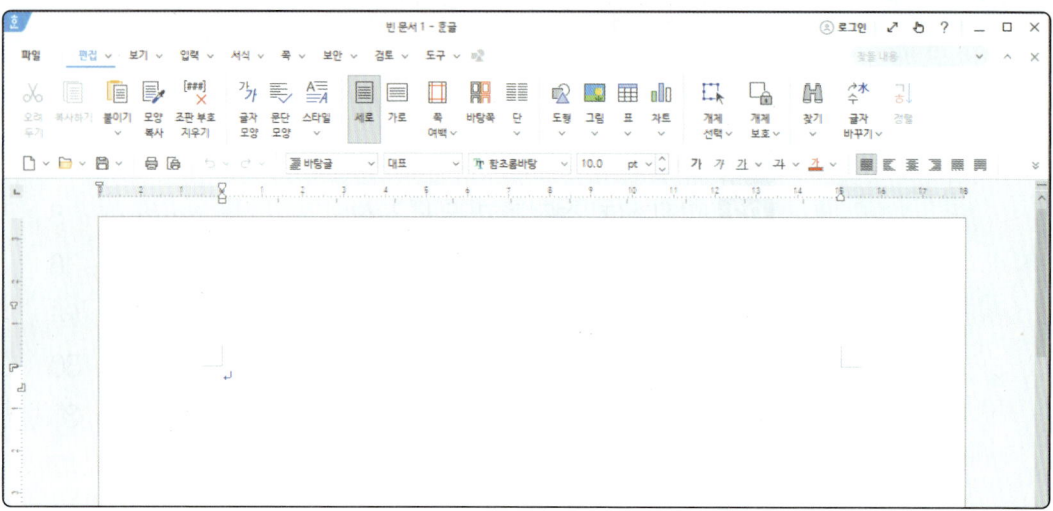

01 한글 2022 실행하기

1 한글을 실행하기 위해 작업 표시줄에서 ■**[시작] 단추를 클릭**한 후 앱 뷰에서 **[한글 2022]를 클릭**합니다.

2 [문서 시작 도우미] 창이 나타나면 [한글] 탭에서 **[새 문서]를 클릭**합니다.

새 문서 도우미 창에서는 새 문서 이외에 다양한 종류의 서식 목록이 표시되며 원하는 서식 모양을 클릭하여 필요한 서식을 사용할 수 있습니다.

한글 2022의 화면 구성

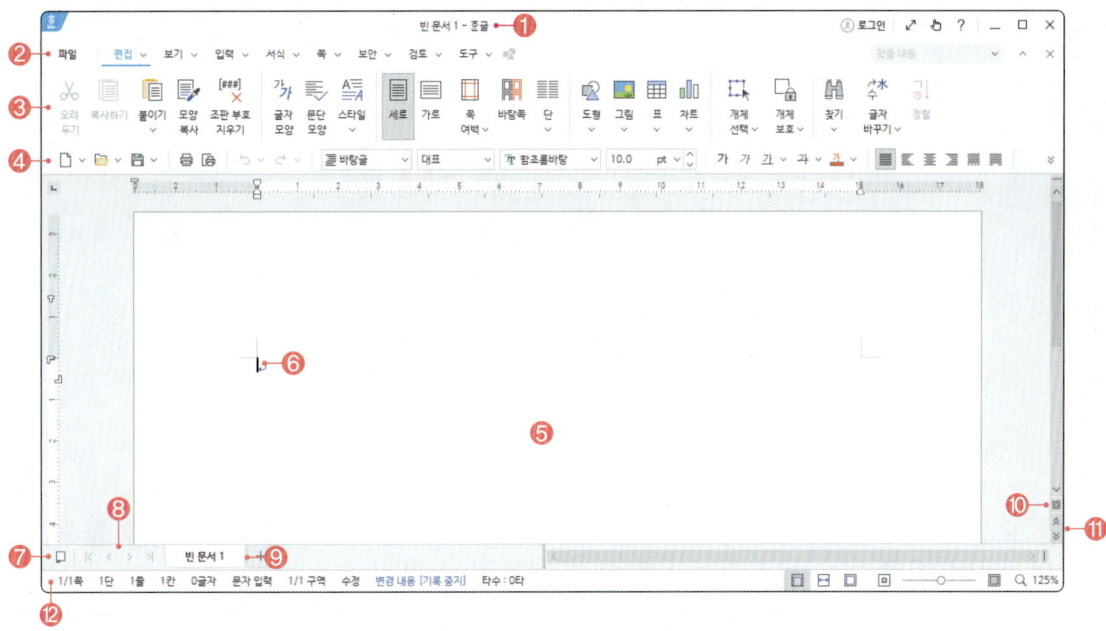

❶ **제목 표시줄** : 문서의 파일 이름, 문서의 경로(현재 위치를 자세히 열거한 것), 프로그램의 이름(한컴오피스 한글)이 표시되는 곳입니다. 문서를 저장하지 않아서 문서의 파일 이름이 없는 경우에는 '빈 문서 1', '빈 문서 2', …로 표시됩니다.

❷ **메뉴 표시줄** : 한글 2022의 기능을 공통성 있는 기능별로 묶어 메뉴 탭으로 구분하여 놓은 곳입니다. [파일] 탭 이외의 다른 메뉴 탭에는 ⌄[목록] 단추가 있으며 메뉴 탭을 클릭하면 해당 [기본] 도구 상자가 나타나고, 메뉴 탭의 ⌄[목록] 단추를 클릭하면 해당 하위 메뉴가 나타납니다. 단, [파일] 탭은 해당 [기본] 도구 상자를 제공하지 않고 해당 하위 메뉴만 제공하여 [파일] 탭을 클릭하면 해당 하위 메뉴가 나타납니다.

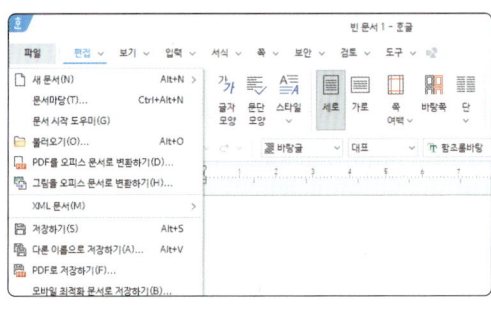 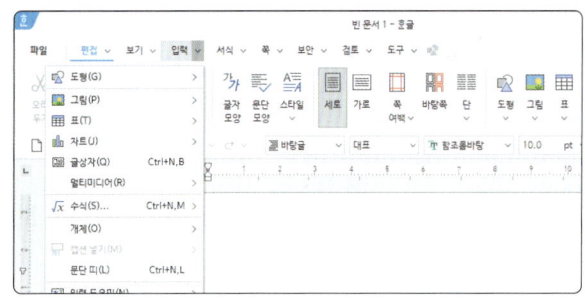

❸ **[기본] 도구 상자** : 메뉴 탭에서 자주 사용하는 기능을 공통성 있는 기능별로 묶어 그룹으로 구분하여 놓은 곳으로 '열림 상자'라고도 합니다.

❹ **[서식] 도구 상자** : 문서를 편집할 때 자주 사용하는 기능을 단추로 만들어 놓은 곳입니다.

❺ **편집 창** : 문서를 작성하거나 편집하는 곳입니다.

❻ **커서** : 글자가 입력되는 위치를 나타내는 표시입니다.

❼ **문서 탭 목록** : 클릭하면 문서 탭의 목록을 표시합니다.

❽ **문서 탭 이동 아이콘** : 문서 탭이 여러 개인 경우, 이전 문서 탭이나 다음 문서 탭으로 이동할 수 있는 아이콘입니다.

❾ **문서 탭** : 문서를 탭으로 나타낸 곳입니다. 문서 탭에는 문서의 파일 이름이 표시됩니다.

❿ **보기 선택 아이콘** : 쪽 윤곽, 문단 부호 보이기/숨기기, 조판 부호 보이기/숨기기 등과 같은 보기 관련 기능을 선택할 수 있는 아이콘입니다.

⓫ **쪽 이동 아이콘** : 문서가 여러 쪽인 경우, 이전 쪽이나 다음 쪽으로 이동할 수 있는 아이콘입니다.

⓬ **상황 선** : 커서의 위치나 삽입/수정 상태 등을 알려주는 곳입니다.

02 화면 구성 변경하기

1 작업 창을 표시하기 위해 [보기] 탭에서 [작업 창]-[번역]을 클릭합니다.

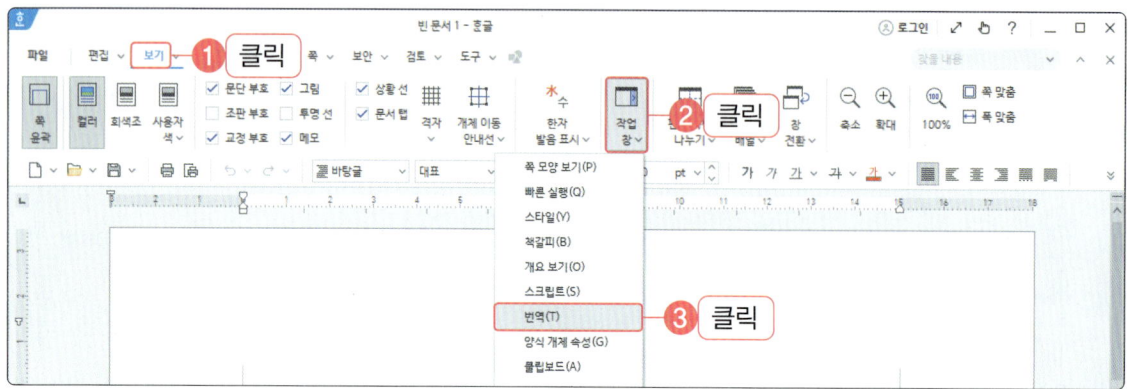

2 화면 오른쪽에 [번역] 작업창이 표시됩니다. [보기] 탭에서 [작업 창]을 클릭 후 체크 되어 있는 **[번역]을 다시 클릭**하면 [번역] 작업창이 숨겨집니다.

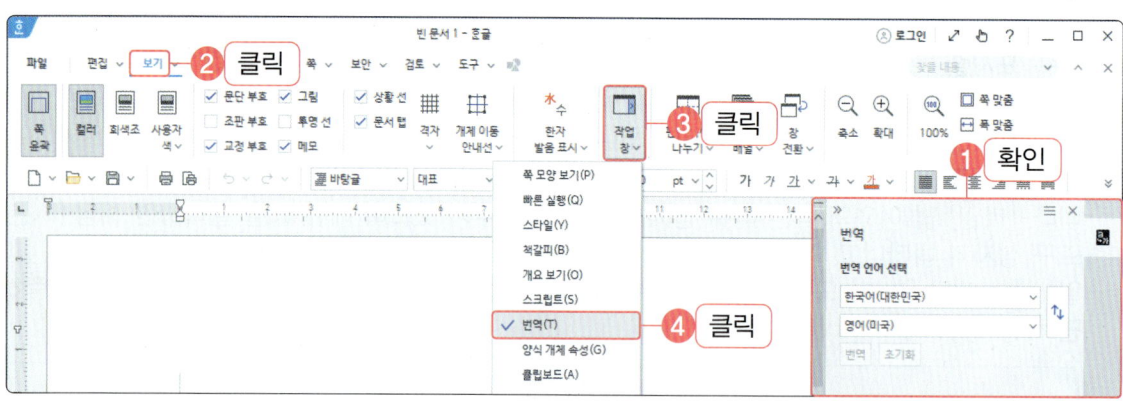

> [번역] 작업 창의 ⊠[닫기]를 클릭해도 [번역] 작업 창을 숨길 수 있습니다.

3 [서식] 도구 상자를 표시하지 않기 위해 [보기] 탭의 **[목록] 단추를 클릭**한 후 [도구 상자]-**[서식]을 클릭**하여 선택 해제합니다.

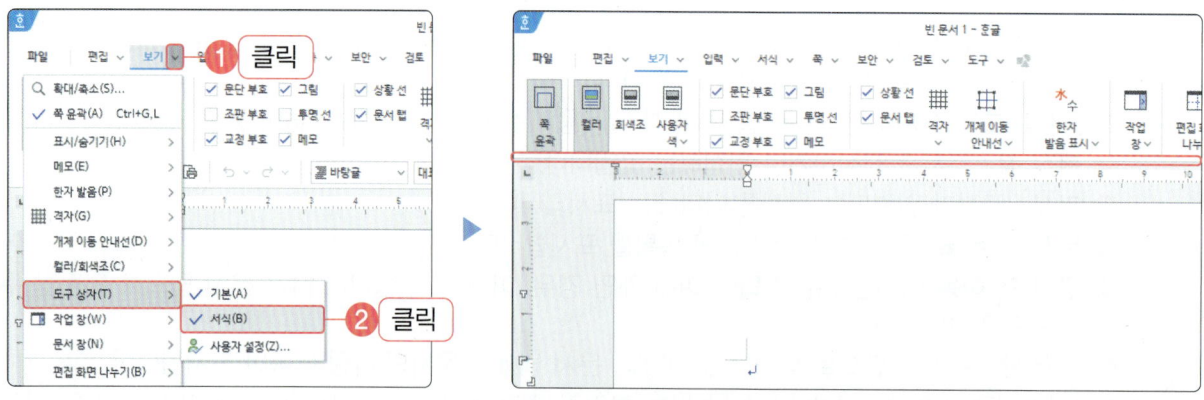

4 [서식] 도구 상자를 다시 표시하기 위해 [보기] 탭의 **[목록] 단추를 클릭**한 후 [도구 상자]-**[서식]을 클릭**하여 선택합니다.

5 쪽 윤곽을 숨기기 위해 [보기] 탭에서 [쪽 윤곽](또는 Ctrl+G, L)을 선택 해제합니다.

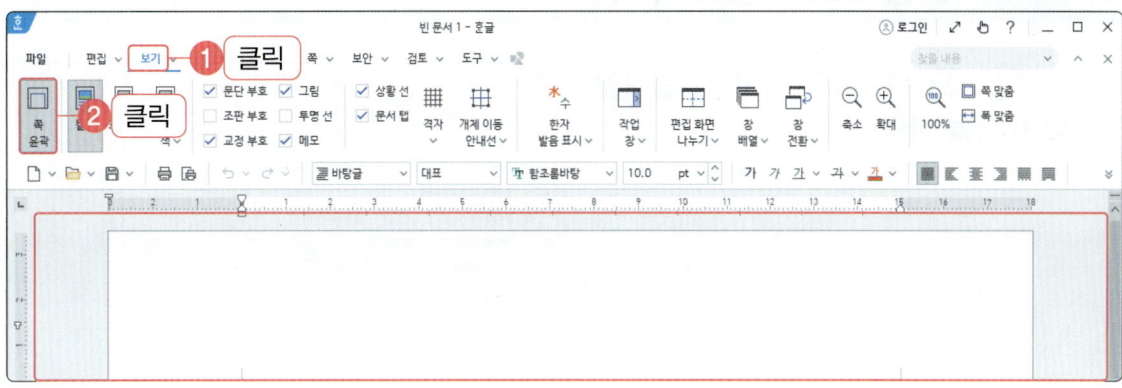

쪽 윤곽은 인쇄를 해야만 나타나는 용지 여백, 머리말, 꼬리말 등을 화면으로 확인할 수 있는 기능입니다.

알고 넘어갑시다!

도구 상자 단계별 접기/펴기

[기본] 도구 상자의 오른쪽 [기본 도구 상자 접기/펴기]를 클릭하면 [기본] 도구 상자가 숨겨지며, [기본 도구 상자 접기/펴기]를 다시 클릭하면 [기본] 도구 상자를 다시 표시할 수 있습니다.

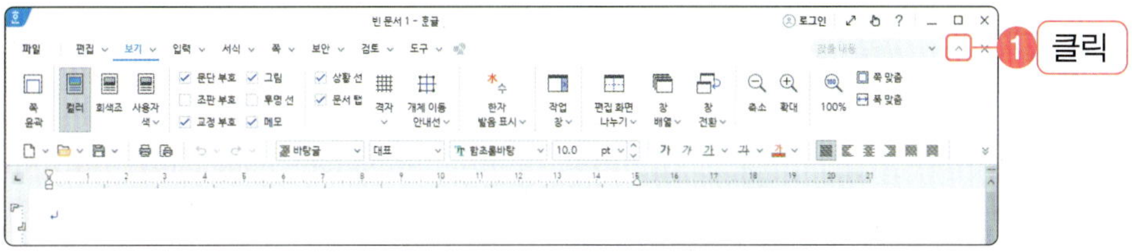

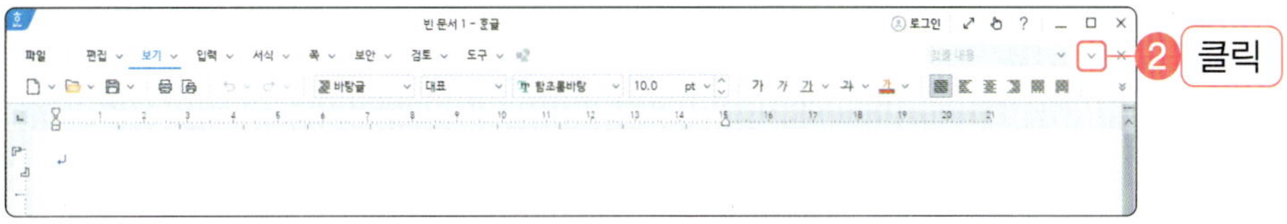

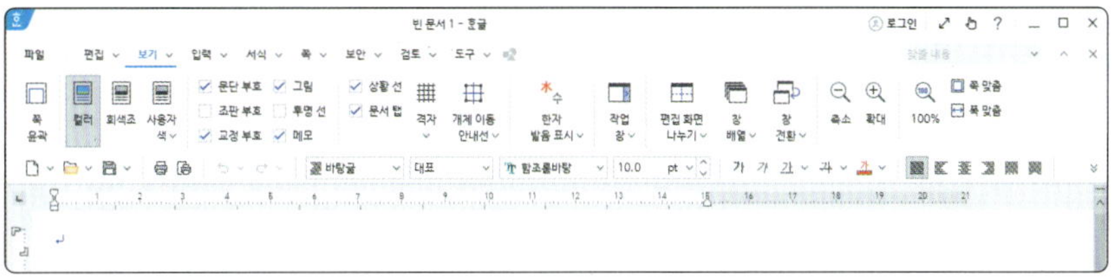

03 한글 2022 종료하기

1 한글 2022를 종료하기 위해 **[파일] 탭-[끝]**(또는 **Alt+X**)을 **클릭**합니다.

파일
1 클릭
끝(X) Alt+X
2 클릭

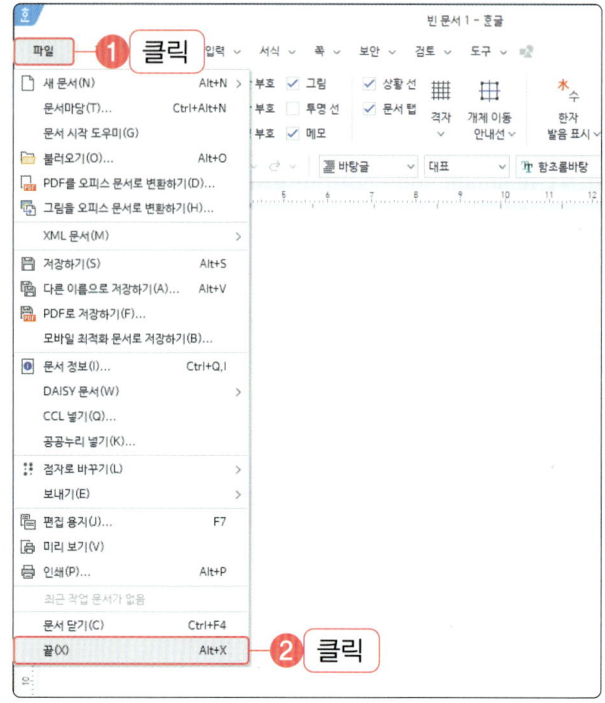

2 한글 2022가 종료됩니다.

알고 넘어갑시다!

화면 확대하고 축소하기

[보기] 탭의 [목록] 단추를 클릭한 후 [확대/축소]를 클릭하면 [화면 확대/축소] 대화상자가 표시되며, 원하는 비율을 선택하여 화면을 확대 및 축소할 수 있습니다.

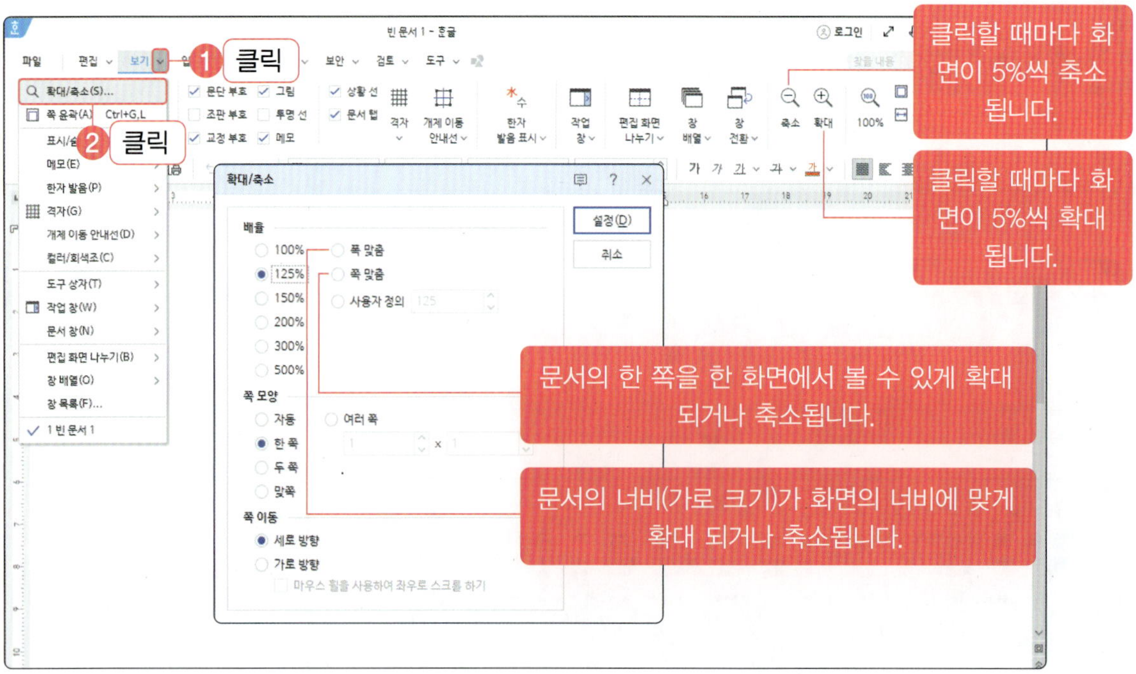

1 클릭
확대/축소(S)...
2 클릭
확대/축소
클릭할 때마다 화면이 5%씩 축소됩니다.
클릭할 때마다 화면이 5%씩 확대됩니다.
문서의 한 쪽을 한 화면에서 볼 수 있게 확대되거나 축소됩니다.
문서의 너비(가로 크기)가 화면의 너비에 맞게 확대 되거나 축소됩니다.

연습문제

1 한글 2022의 화면 구성입니다. 각 구성 요소의 이름을 적어 보세요.

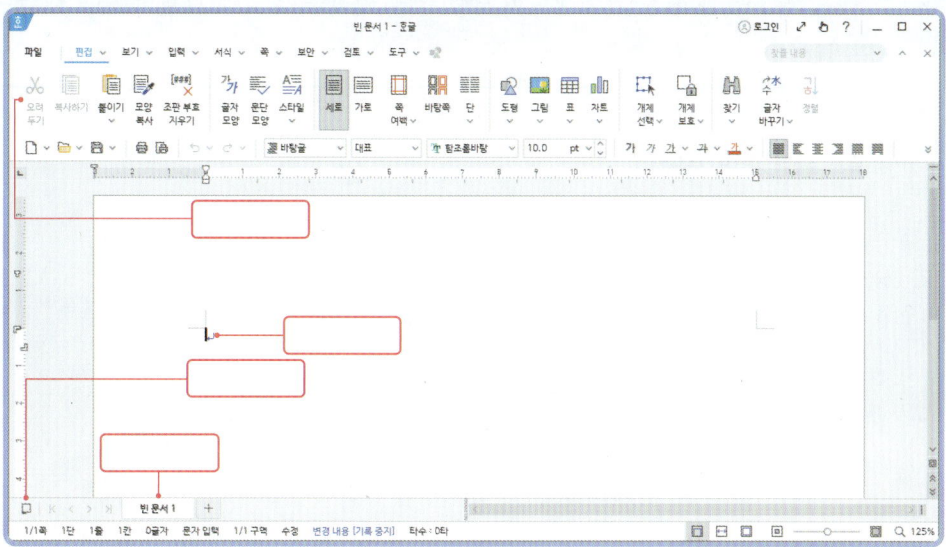

2 [기본] 도구 상자의 접기 및 펴기를 실행해 보세요.

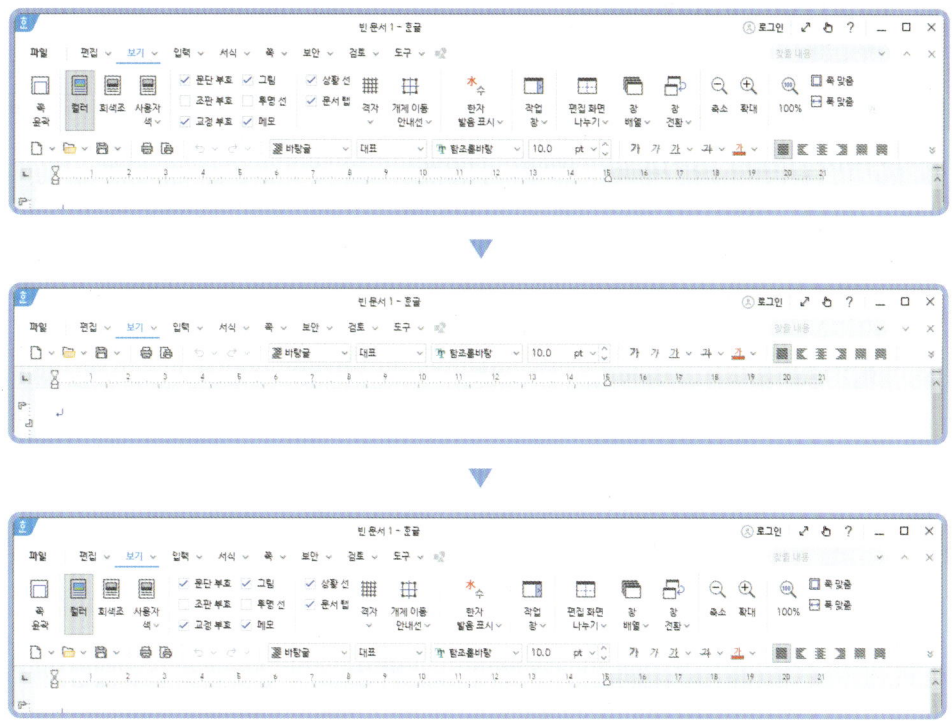

3 한글 2022를 종료해 보세요.

기본 Study

Chapter 02

편집 용지 설정하고 문서 작성하기

문서를 작성하기 전에 편집 용지를 설정하는 것이 좋습니다. 그렇지 않으면 문서를 읽는 데 불편하거나 문서를 인쇄할 때 제대로 인쇄되지 않는 등 문제가 발생할 수 있기 때문입니다.
그럼, 편집 용지를 설정하고 문서를 작성하는 방법에 대해 알아보겠습니다.

미리보기

독서 관련 영어 속담

A good book is great friend.
좋은 책은 좋은 친구다.

A good reader is as rare as good writer.
좋은 독자는 좋은 작가만큼 드물다.

01 편집 용지 설정하기

1 한글 2022를 **실행**한 후 편집 용지를 설정하기 위해 [쪽] 탭에서 [편집 용지](또는 F7)를 **클릭**합니다.

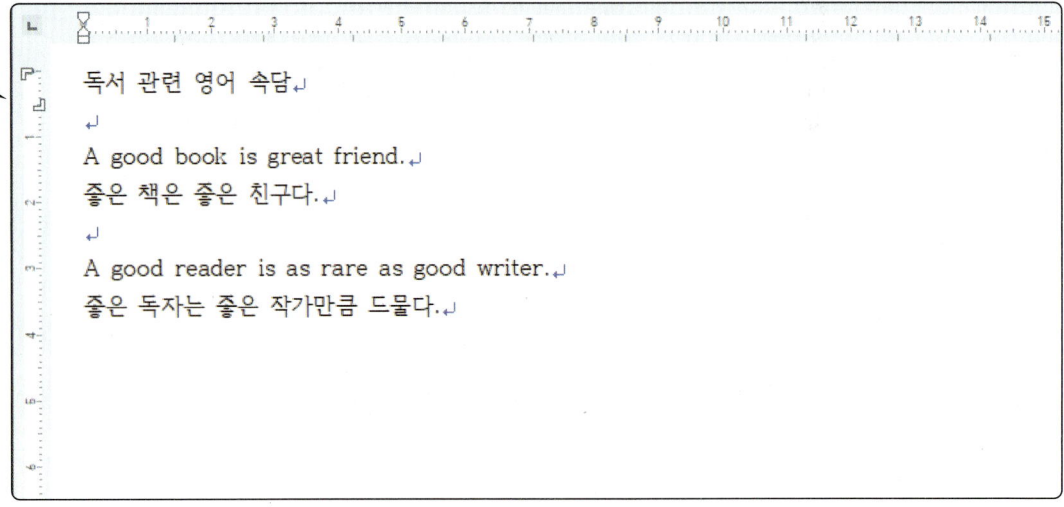

[파일] 탭-[편집 용지] 또는 [쪽] 탭의 [목록] 단추를 클릭한 후 [편집 용지]를 클릭하여 편집 용지를 설정할 수도 있습니다.

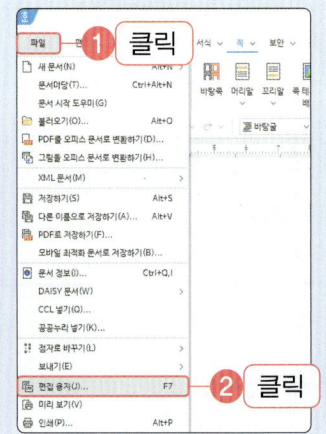
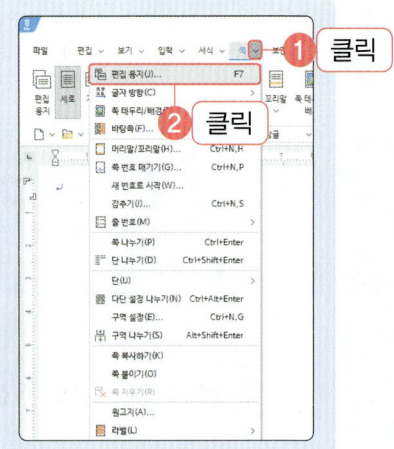

2 [편집 용지] 대화상자가 나타나면 [기본] 탭에서 **용지 종류(A4(국배판) [210×297 mm])**, **용지 방향(세로)**, **제본(한쪽)**을 선택한 후 **왼쪽/오른쪽/위쪽/아래쪽 용지 여백(20)**, **머리말/꼬리말 용지 여백(10)**, **제본 용지 여백(0)**을 입력한 다음 **[설정]** 단추를 클릭합니다.

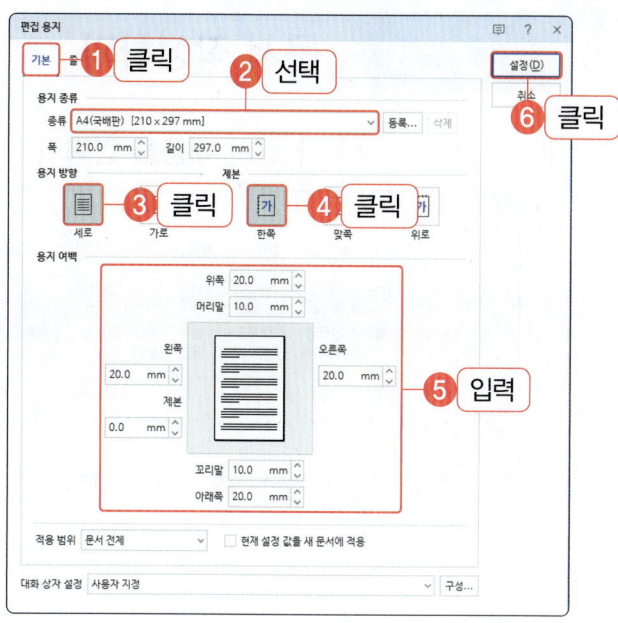

3 편집 용지가 설정됩니다.

알고 넘어갑시다!

편집 용지 확인하기

[보기] 탭에서 [쪽 윤곽]을 클릭, 활성화하면 전체 용지에서의 설정한 여백 등을 확인할 수 있습니다.

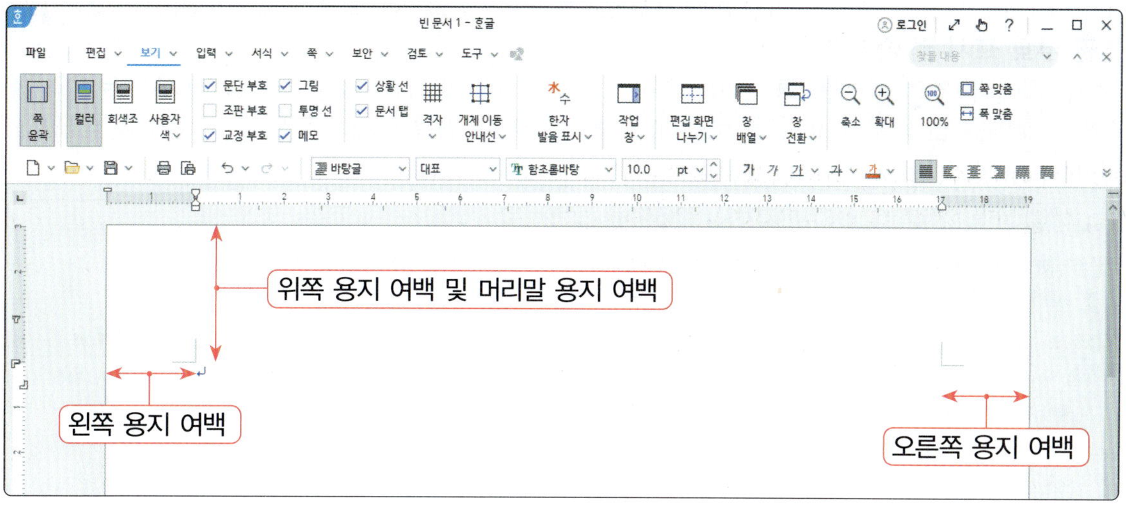

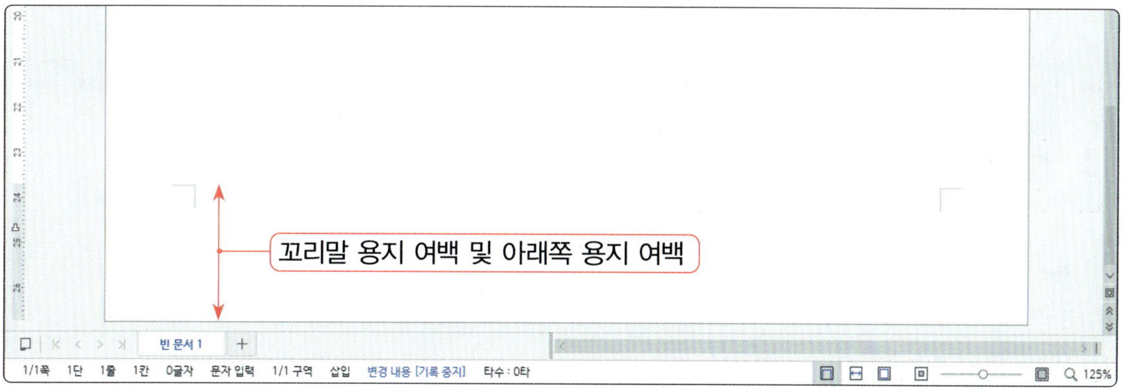

Chapter 02 – 편집 용지 설정하고 문서 작성하기 **9**

02 문서 작성하기

1 빈 문서에 다음과 같이 **내용을 입력**한 후 Enter 를 두 번 누릅니다.

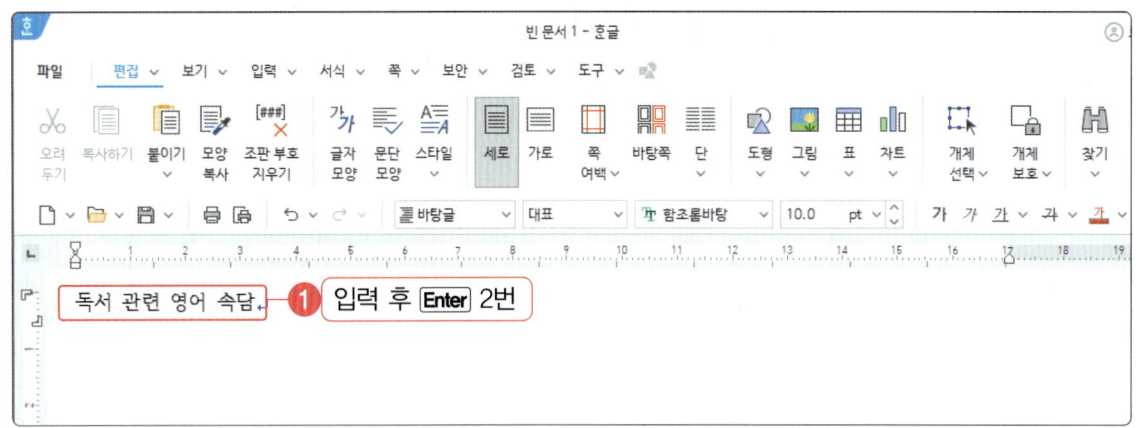

문서 입력 작업에 자주 사용하는 키
- 한 칸 띄우기 : SpaceBar
- 문단 바꾸기 : Enter
- 한글 / 영문 전환하기 : 한/영
- 영문 대문자 / 소문자 전환하기 : CapsLock
- 영문자에서 Shift 를 누르고 입력하면 대문자를 소문자로, 소문자를 대문자로 전환합니다.
- 한글에서 Shift 를 누른 상태에서 입력하면 쌍자음이 입력됩니다.

알고 넘어갑시다!

조판 부호 표시 및 숨기기

[보기] 탭에서 [조판 부호]를 클릭하여 체크 또는 체크 해제에 따라 조판 부호를 표시 또는 숨기며, 조판 부호에는 칸 띄우기(∨), 문단 바꾸기(↵) 등과 이후에 배울 들여쓰기 및 내어쓰기 등을 표시합니다.

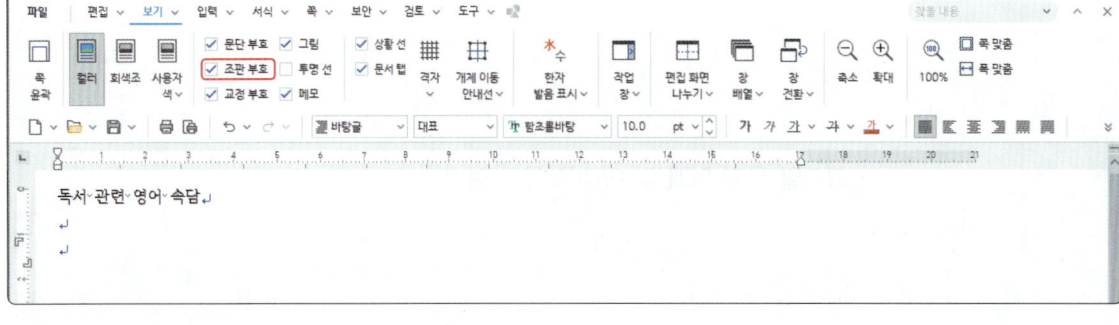

2 같은 방법으로 다음과 같이 나머지 **내용을 입력**한 후 '작가'를 지우기 위해 '**작가**' 뒤에 커서를 둔 다음 BackSpace 를 두 번 누릅니다.

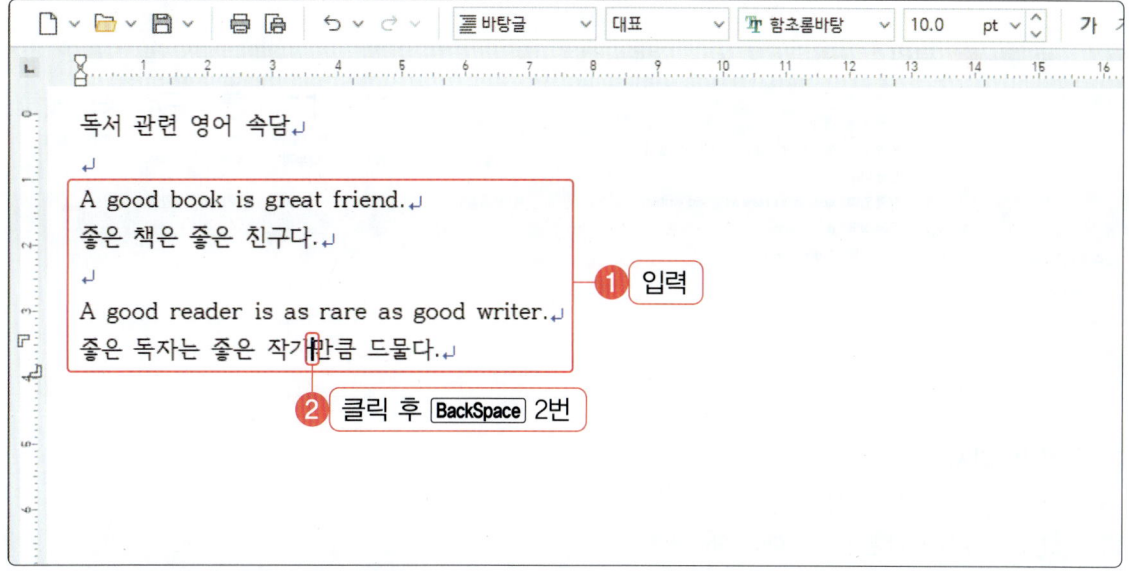

글자 삭제하기
- 커서 앞에 글자 삭제하기 : BackSpace
- 커서 뒤에 글자 삭제하기 : Delete
- 마우스를 드래그하여 블록을 지정한 후 입력하면 블록 지정된 내용이 지워지면서 입력됩니다.

3 '작가' 단어가 지워지면 삽입 상태에서 '**저자**'**를 입력**합니다.

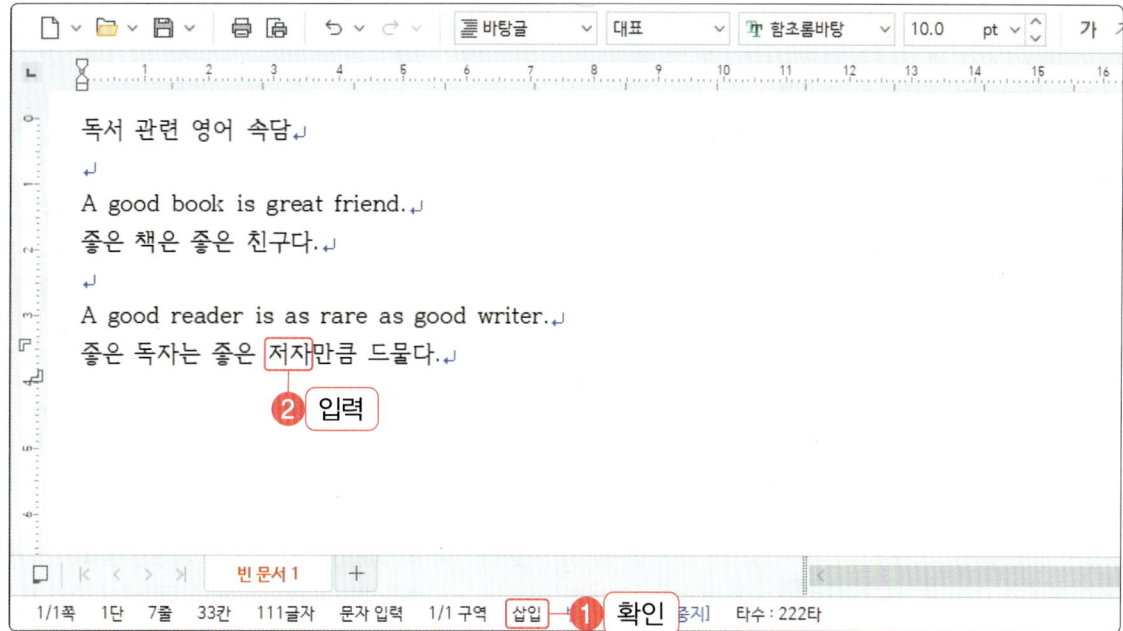

삽입 및 수정 상태 전환하기
키보드의 Insert 를 눌러 삽입 상태와 수정 상태를 서로 전환하며, 삽입 상태에서 커서 위치에 글자를 입력하면 글자가 입력되면서 기존에 입력된 글자가 뒤로 밀리고, 수정 상태에서 커서 위치에 글자를 입력하면 기존에 입력된 글자가 지워지면서 입력됩니다.

4 '작가'를 지우기 전 상태로 되돌리기 위해 [편집] 탭의 [목록] 단추를 클릭한 후 [되돌리기]-[문자 삭제 : 작가]를 클릭합니다.

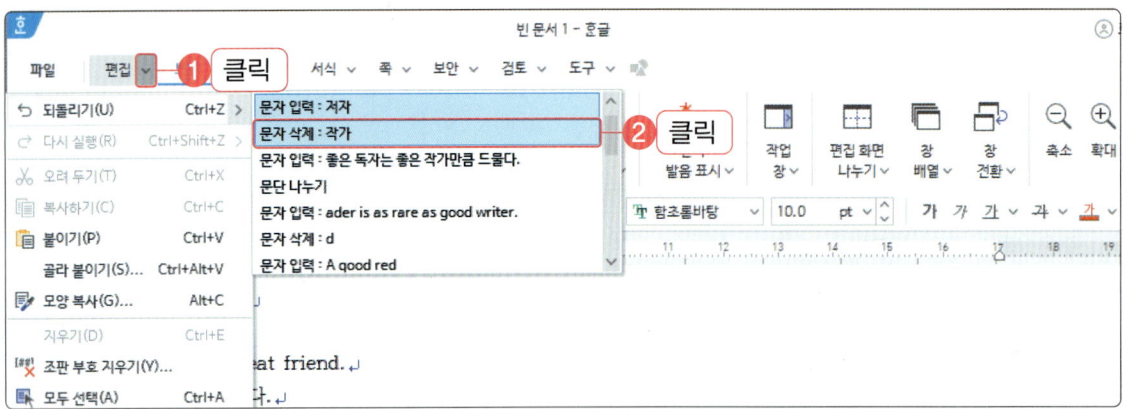

취소하기 및 다시 실행하기
- 실행한 명령 취소하기 : Ctrl+Z
- 취소한 명령 다시 실행하기 : Ctrl+Shift+Z

5 다음과 같이 '작가'를 지우기 전 상태로 되돌려집니다.

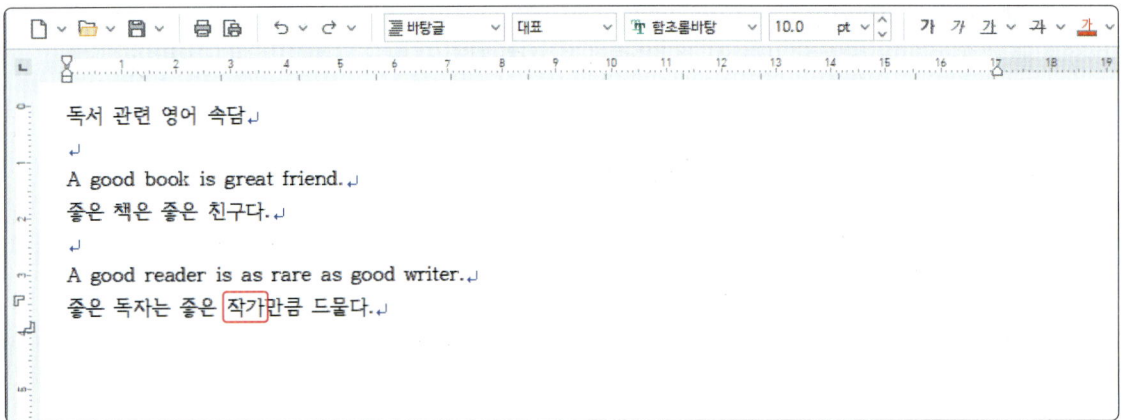

알고 넘어갑시다!

새 문서와 새 탭 알아보기

[파일] 탭-[새 문서]를 클릭하거나 Alt+N을 누르면 다음과 같이 새 문서가 새 문서 창에 나타나고, [파일] 탭-[새 문서]-[새 탭]을 클릭하거나 Ctrl+Alt+T를 누르면 새 문서가 현재 창에 새 문서 탭을 만든 후 새 문서 탭에 나타납니다.

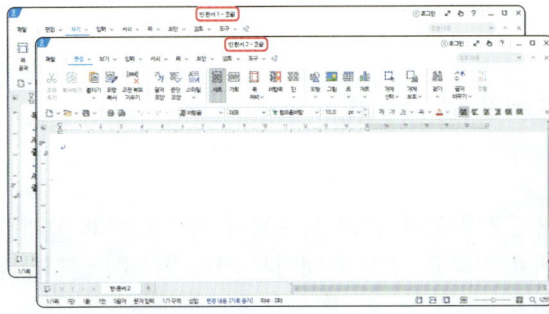
▲ [새 문서]를 실행한 경우

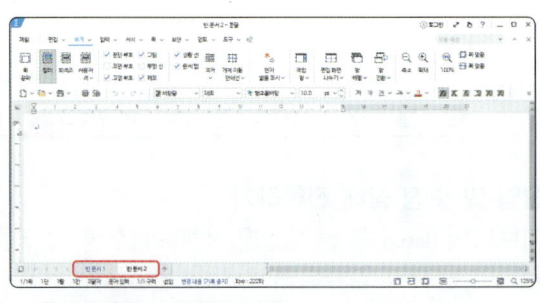
▲ [새 탭]을 실행한 경우

03 문서 저장하기

1 문서를 저장하기 위해 [파일] 탭-[저장하기](또는 Alt+S)를 클릭합니다.

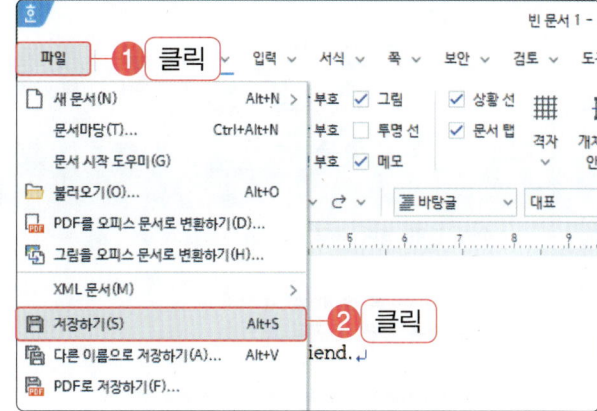

> [서식] 도구 상자에서 🖫[저장하기]를 클릭하거나 Alt+S를 눌러 문서를 저장할 수도 있습니다.

2 [다른 이름으로 저장하기] 대화상자가 나타나면 **저장 위치(내 PC\문서)를 지정**한 후 **파일 이름(독서 관련 영어 속담)을 입력**한 다음 [저장] 단추를 클릭합니다.

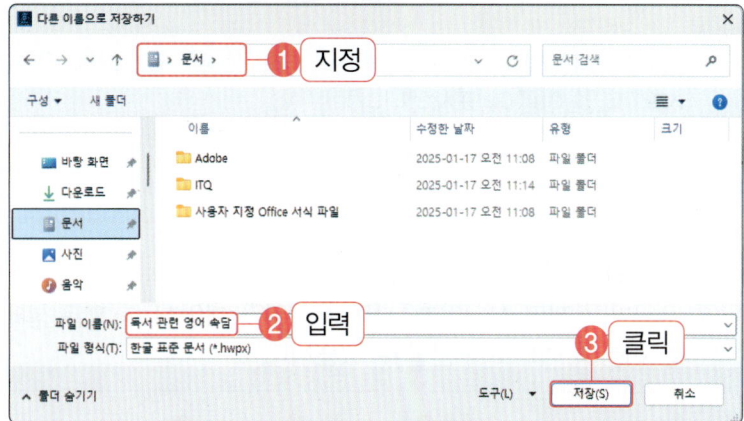

알고 넘어갑시다!

문서 암호 설정하기

[다른 이름으로 저장하기] 대화상자에서 [도구]-[문서 암호]를 클릭하면 다음과 같이 [열기/쓰기 암호 설정] 대화상자가 나타납니다.

[열기/쓰기 암호 설정] 대화상자에서 열기 암호와 쓰기 암호를 입력한 후 [설정] 단추를 클릭하여 저장하면 문서 암호를 설정하여 저장할 수 있습니다. 문서 암호를 설정하여 저장한 문서는 암호를 입력해야 열 수 있지만 내용을 입력할 수 있으므로 문서를 보호할 수 있습니다.

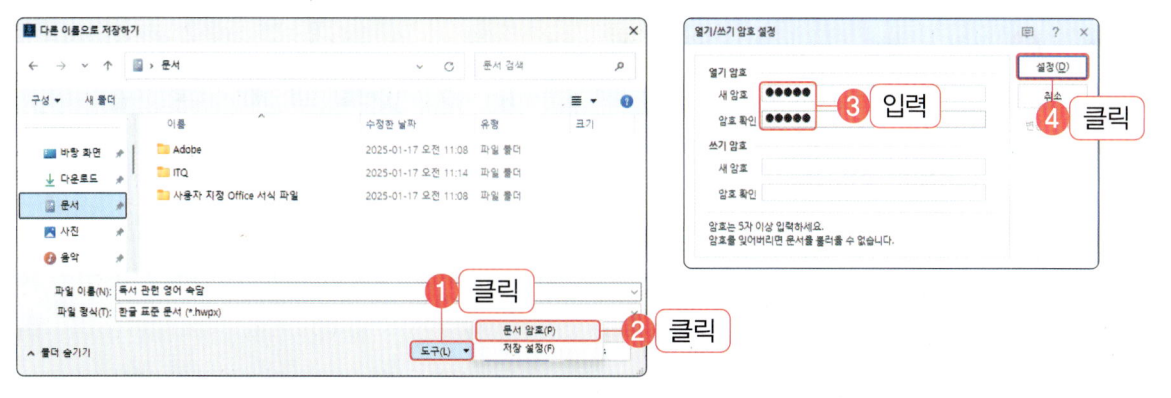

Chapter 02 - 편집 용지 설정하고 문서 작성하기 **13**

3 문서가 저장되며, 제목 표시줄에 파일의 이름 및 경로가 표시됩니다.

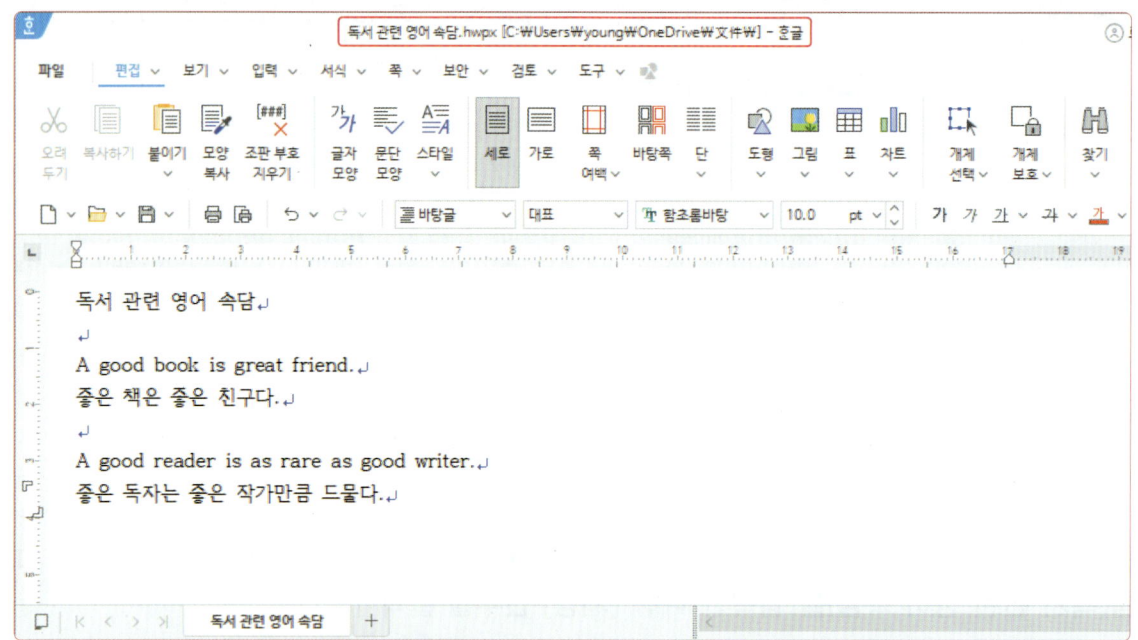

문서가 저장되면 제목 표시줄에는 저장된 문서의 파일 이름과 경로가 표시되고, 문서 탭에는 저장된 문서의 파일 이름이 표시됩니다.

알고 넘어갑시다!

문서의 저장 상태 알아보기

문서가 수정된 상태인지, 자동 저장된 상태인지, 저장된 상태인지는 다음과 같이 문서 탭에 있는 파일 이름의 색으로 구분할 수 있습니다.

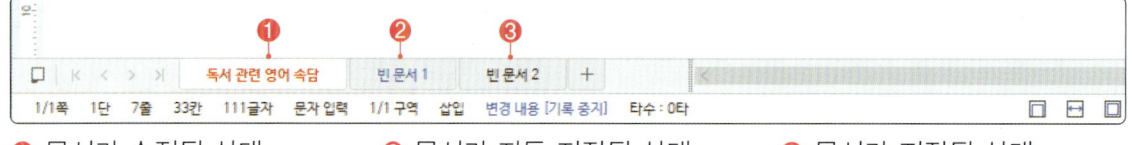

❶ 문서가 수정된 상태　　❷ 문서가 자동 저장된 상태　　❸ 문서가 저장된 상태

문서 닫기

[파일] 탭–[문서 닫기] 메뉴를 클릭하면 현재 열려 있는 문서를 닫는 기능으로 한글 2022 프로그램은 종료되지 않습니다. 메뉴 표시줄의 가장 오른쪽 [문서 닫기]를 클릭하거나 Ctrl+F4를 눌러 해당 문서만 닫을 수 있습니다.

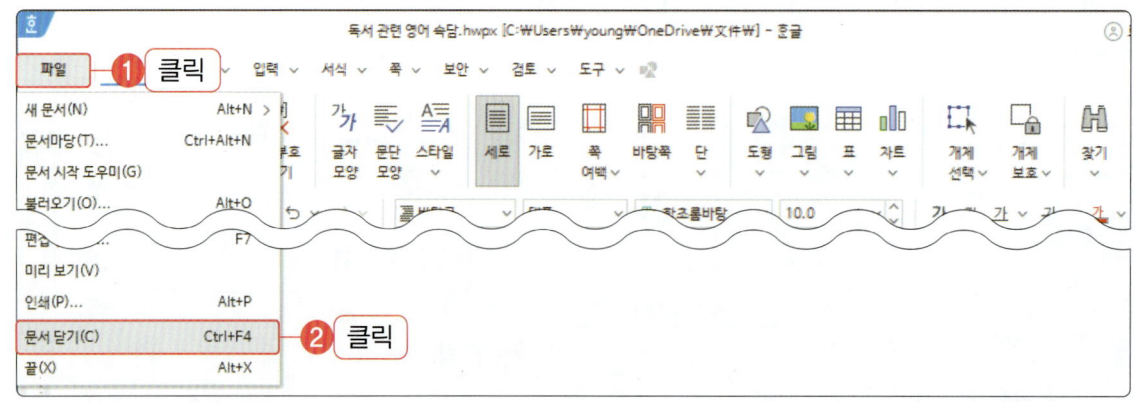

HANGUL 2022 연습문제 Exercise

1 새 문서에 다음과 같이 문서 내용을 작성해 보세요.

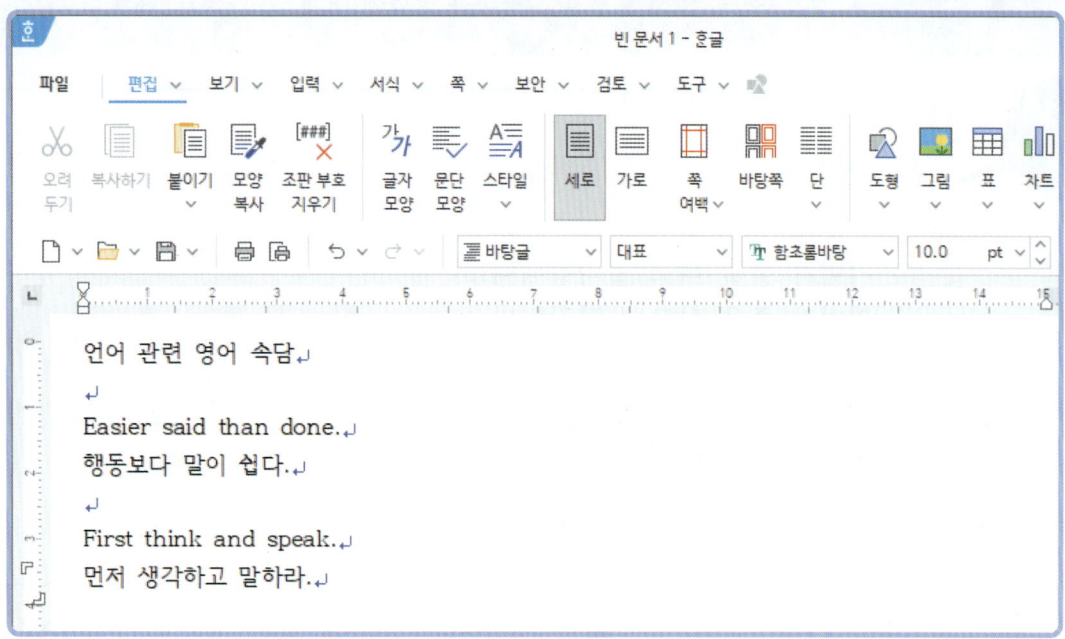

> Hint
> [파일] 탭-[새 문서](또는 Alt+N)를 클릭하면 새 문서에 문서를 작성할 수 있습니다.

2 완성된 문서를 아래의 조건에 따라 저장해 보세요.
- 저장 위치 : 문서
- 파일 이름 : 언어 관련 영어속담

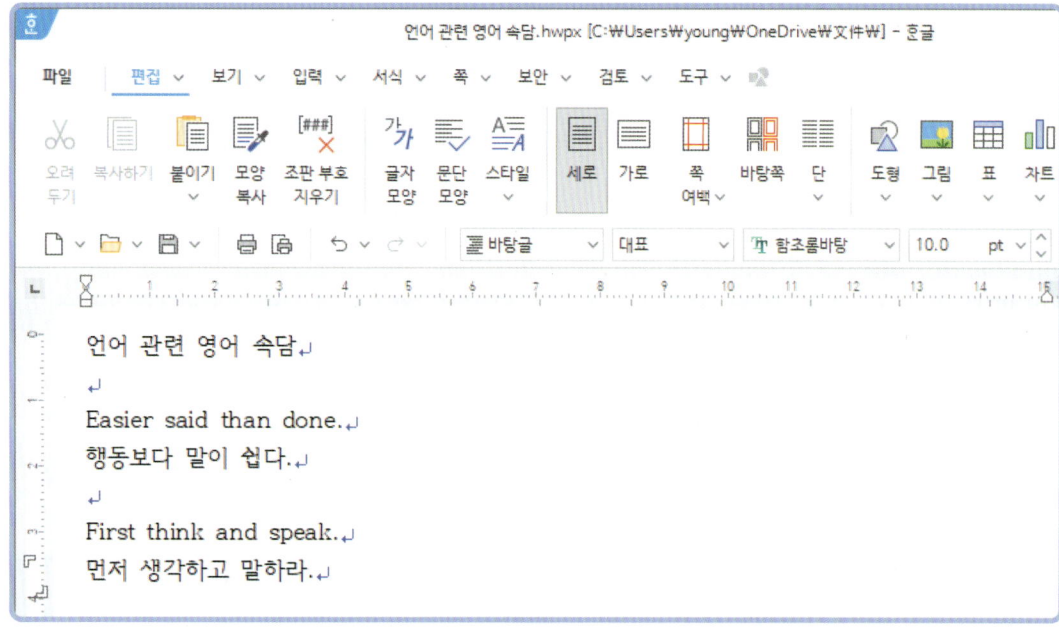

Chapter 02 - 편집 용지 설정하고 문서 작성하기

기본 Study

Chapter 03 문서 열고 내용 수정하기

복사하기는 입력되어 있는 내용을 다른 곳에 입력할 때 사용하는 기능이고, 오려 두기는 입력되어 있는 내용을 다른 곳으로 이동할 때 사용하는 기능입니다. 복사하기와 오려 두기를 사용하면 문서를 쉽고 빠르게 작성할 수 있습니다. 그림, 문서를 열고 내용을 수정하는 방법에 대해 알아보겠습니다.

Hangul 2022

미리보기

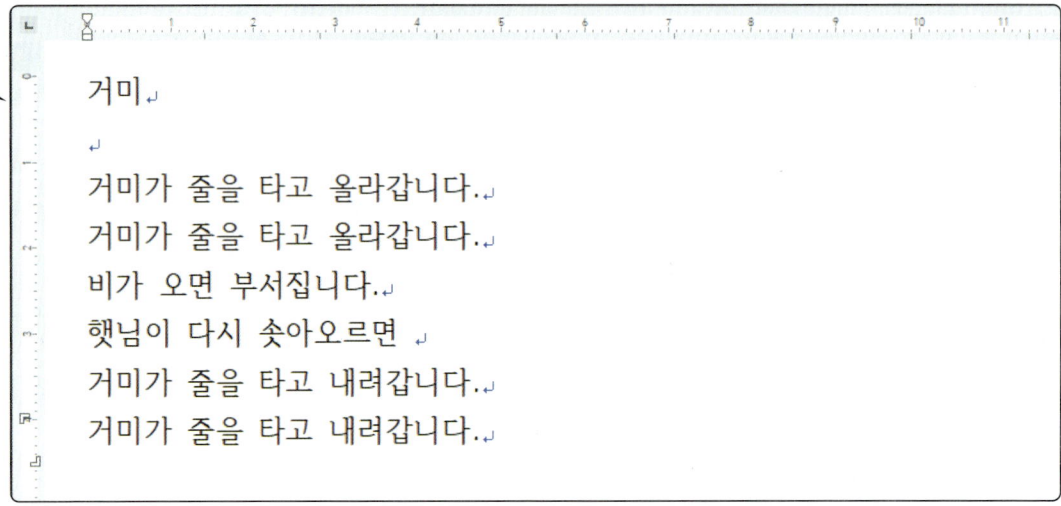

단계학습₩한글 2022₩기본 Study₩예제파일₩Ch03.hwpx

01 문서 열고 내용 복사하기

1 한글 2022를 실행한 후 문서를 열기 위해 [파일] 탭-[불러오기](또는 Alt+O)를 클릭합니다.

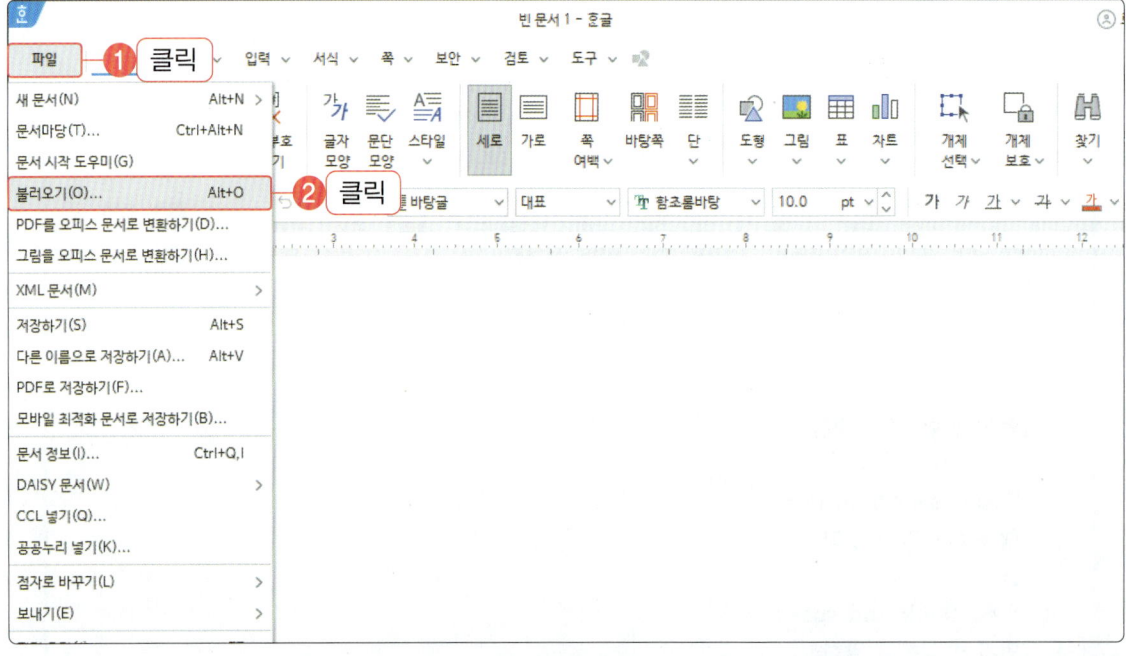

[서식] 도구 상자에서 [불러오기]를 클릭하여 문서를 열 수도 있습니다.

알고 넘어갑시다!

최근 문서 목록을 이용한 문서 열기

[서식] 도구 상자에서 [불러오기]의 [목록] 단추를 클릭하면 최근 문서 목록이 나타납니다. 최근 문서 목록에서 문서 이름을 클릭하면 해당 문서를 열 수 있고, [비우기]를 클릭하면 최근 문서 목록을 지울 수 있습니다.

2 [불러오기] 대화상자가 나타나면 **찾는 위치(단계학습₩한글 2022₩기본Study₩예제파일)를 지정**한 후 **문서(Ch03)를 선택**한 다음 **[열기] 단추를 클릭**합니다.

> [현재 창에]를 선택하면 문서가 현재 창에 새 문서 탭을 만든 후 새 문서 탭에 나타납니다.

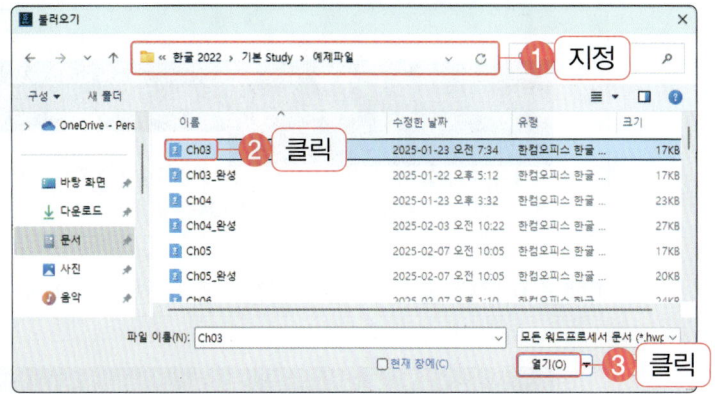

3 문서가 열리면 내용을 복사하기 위해 **'거미가 줄을 타고 올라갑니다.'를 블록으로 설정**한 후 **[편집] 탭에서 [복사하기](또는 Ctrl+C)를 클릭**합니다.

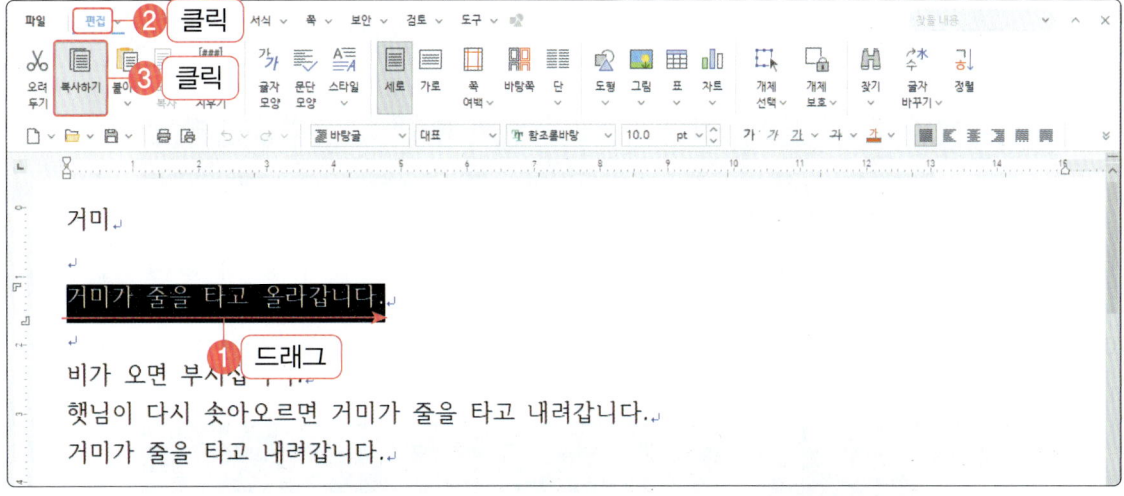

글자 또는 단어, 문장 등을 드래그하면 블록을 선택할 수 있습니다. 블록을 해제하려면 문서에서 빈 곳을 클릭하거나 Esc를 누르면 됩니다.

알고 넘어갑시다!

키보드를 이용한 블록 설정하기
- 글자 단위 블록 설정 : 글자 앞에 커서를 위치하고 F3을 누른 후 방향키(→)를 누릅니다.
- 글자 단위 블록 설정 : 글자 앞에 커서를 위치하고 Shift를 누른 후 방향키(→)를 누릅니다.
- 단어의 블록 설정 : F3을 두 번 연속으로 누릅니다.
- 문단의 블록 설정 : F3을 세 번 연속으로 누릅니다.
- 문서 전체의 블록 설정 : F3을 네 번 연속으로 누릅니다.

마우스를 이용한 블록 설정하기
- 단어 블록 설정 : 블록 설정할 단어를 더블클릭합니다.

- 문단 블록 설정 : 블록 설정할 문단 안에서 세 번 연속으로 클릭합니다.

- 여백을 이용한 줄 단위 블록 설정 : 줄의 왼쪽 여백에 위치하여 ⊿ 모양일 때 클릭합니다.

- 여백을 이용한 문단 블록 설정 : 줄의 왼쪽 여백에 위치하여 ⊿ 모양일 때 더블클릭합니다.

- 여백을 이용한 문서 전체 블록 설정 : 줄의 왼쪽 여백에 위치하여 ⊿ 모양일 때 세 번 연속 클릭합니다.

4 블록 지정 아래 위치를 클릭하여 커서를 둔 후 [편집] 탭에서 [붙이기](또는 Ctrl+V)를 클릭합니다.

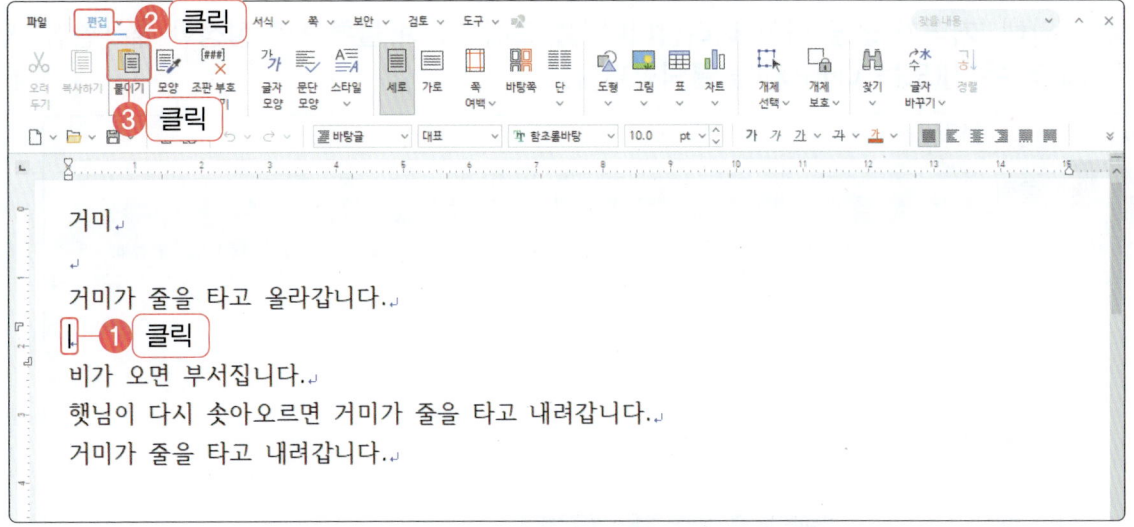

5 다음과 같이 커서 위치에 붙여넣기 됩니다.

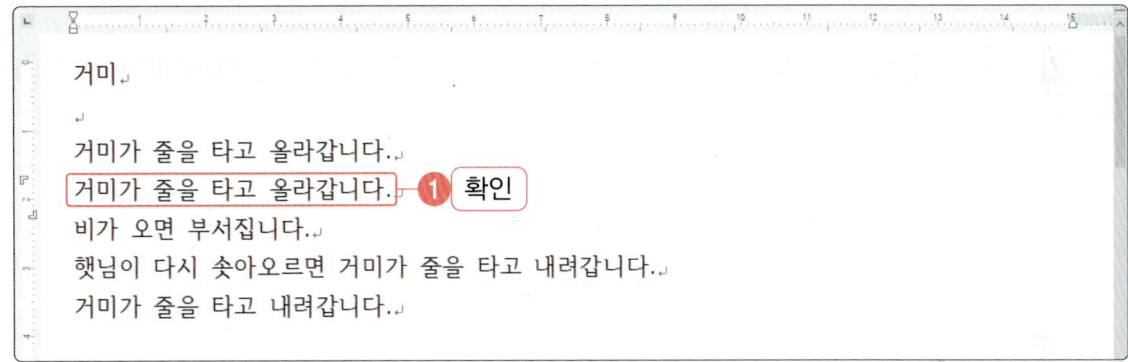

> **단축키를 이용한 복사 후 붙여넣기**
> 복사할 내용을 블록 설정한 후 Ctrl+C를 누른 다음 붙여넣을 위치에서 Ctrl+V를 누릅니다.

알고 넘어갑시다!

마우스를 이용하여 내용 복사하기
복사할 내용을 드래그하여 블록으로 설정한 후 Ctrl을 누른 상태에서 붙여넣을 위치로 드래그하면 복사한 내용이 해당 위치에 붙여넣기 됩니다.

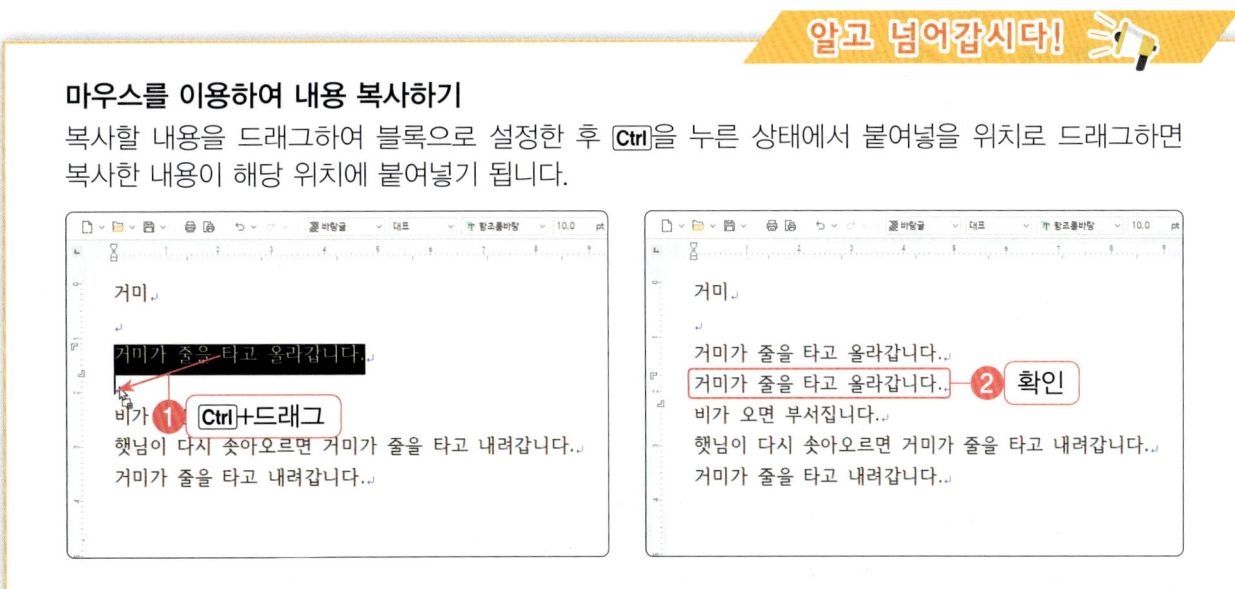

Chapter 03 – 문서 열고 내용 수정하기

02 이동 및 다른 이름으로 저장하기

1 이동을 위해 '거미가 줄을 타고 내려갑니다.'를 드래그하여 블록으로 설정한 후 [편집] 탭에서 ✂[오려 두기](또는 Ctrl+X)를 클릭합니다.

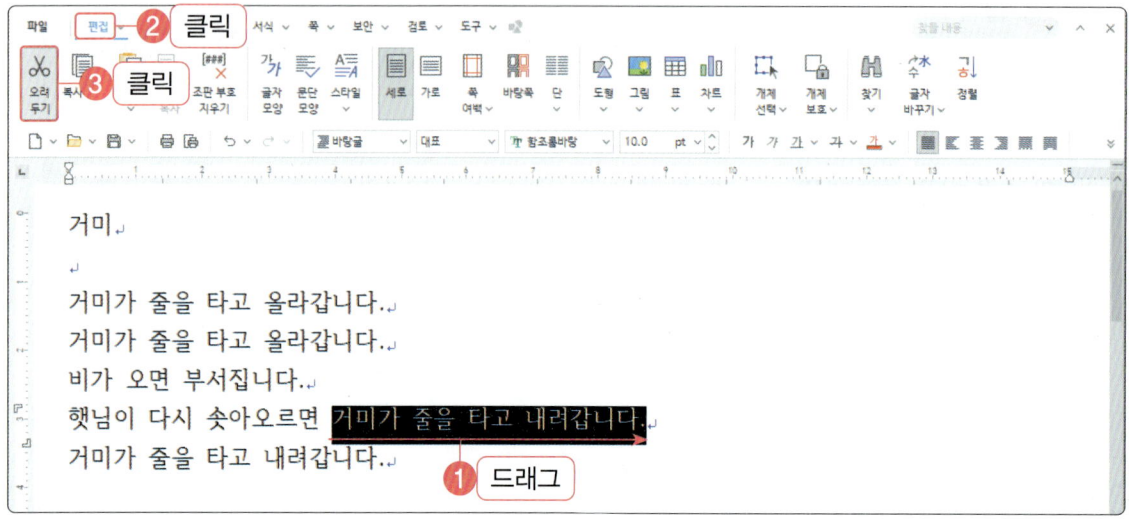

2 문서의 가장 아래쪽 위치를 클릭하여 커서를 둔 후 [편집] 탭에서 📋[붙이기](또는 Ctrl+V)를 클릭합니다.

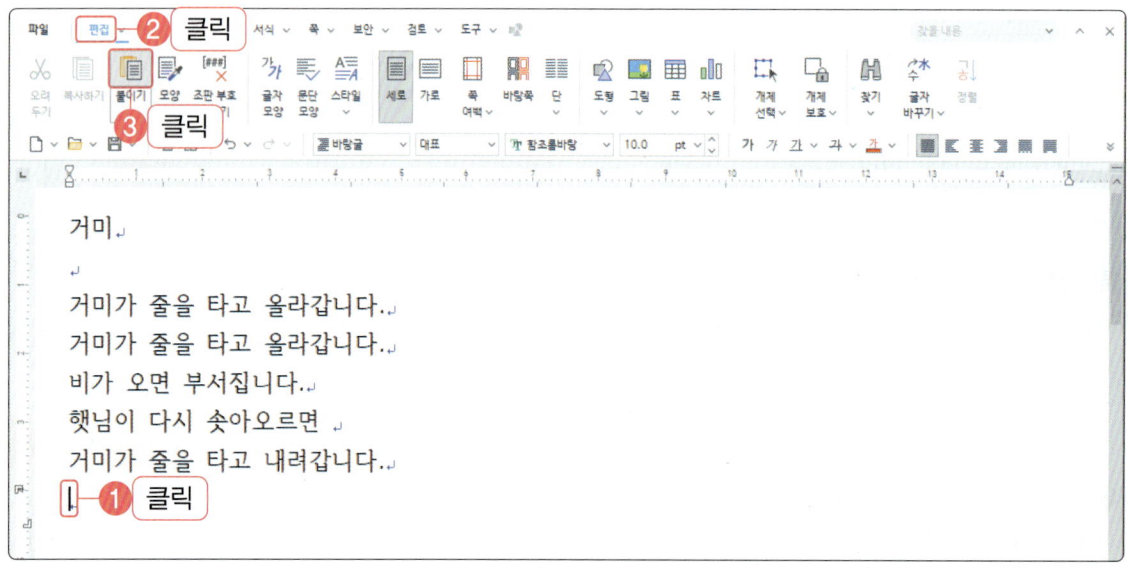

3 블록 지정한 내용이 이동됩니다.

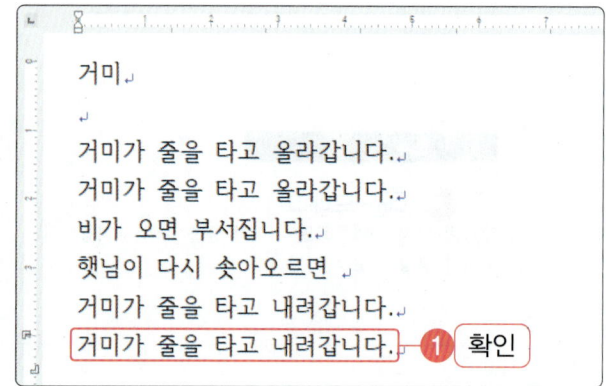

> **단축키를 이용한 오려두기 후 붙여넣기**
> 이동할 내용을 블록 설정 후 Ctrl+X를 누른 후 붙여넣을 위치에서 Ctrl+V를 누릅니다.

알고 넘어갑시다!

마우스를 이용하여 내용 이동하기

이동할 내용을 드래그하여 블록으로 설정한 후 이동 위치로 드래그하면 블록 설정한 내용이 해당 위치로 이동됩니다.

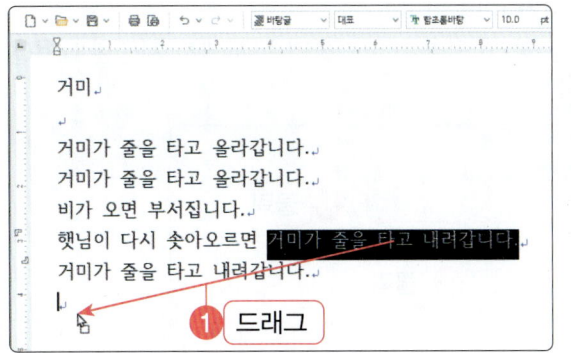
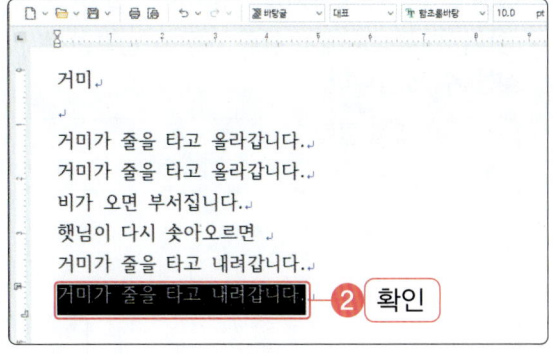

4 문서를 다른 이름으로 저장하기 위해 [파일] 탭-[다른 이름으로 저장하기](또는 Alt+V)를 클릭합니다.

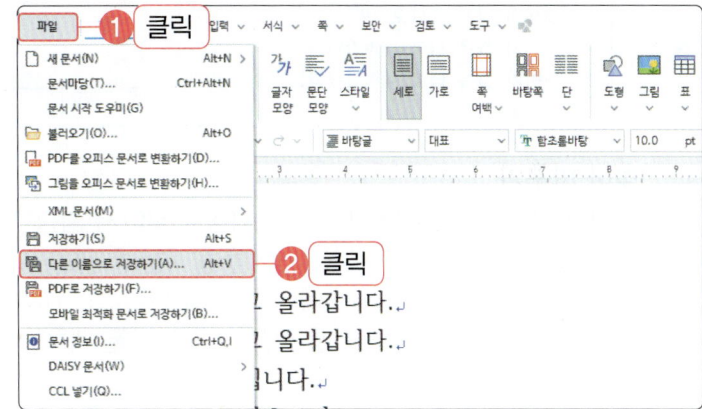

다른 이름으로 저장하기

[서식] 도구 상자에서 📄[저장하기]의 [목록] 단추를 클릭한 후 [다른 이름으로 저장하기]를 클릭하거나 Alt+V를 눌러도 문서를 다른 이름으로 저장할 수 있습니다.

5 [다른 이름으로 저장하기] 대화상자가 나타나면 **저장 위치(내 PC₩문서)를 지정**한 후 **파일 이름(거미)을 입력**한 다음 [저장] 단추를 클릭합니다.

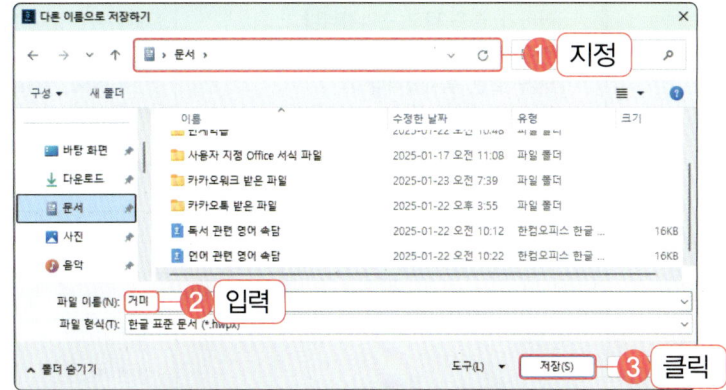

다른 이름으로 저장하기를 사용하는 이유

문서의 내용을 수정한 후 [파일] 탭-[저장하기]를 클릭하면 [다른 이름으로 저장하기] 대화상자가 나타나지 않고 기존 파일 이름으로 저장됩니다. 기존 문서를 그대로 둔 상태에서 다른 파일 이름으로 문서를 하나 더 만들려면 다른 이름으로 문서를 저장해야 합니다.

Chapter 03 - 문서 열고 내용 수정하기

찾기

- 찾기는 문서에서 지정한 내용을 찾는 기능입니다.
- [편집] 탭–[찾기]의 [목록] 단추를 클릭한 후 [찾기]를 클릭하거나 [편집] 탭의 [목록] 단추를 클릭한 후 [찾기]–[찾기]를 클릭하면 [찾기] 대화상자가 나타납니다.
- [찾기] 대화상자에서 찾을 내용을 입력한 후 [다음 찾기] 단추를 클릭하면 문서에서 지정한 내용을 찾을 수 있습니다.

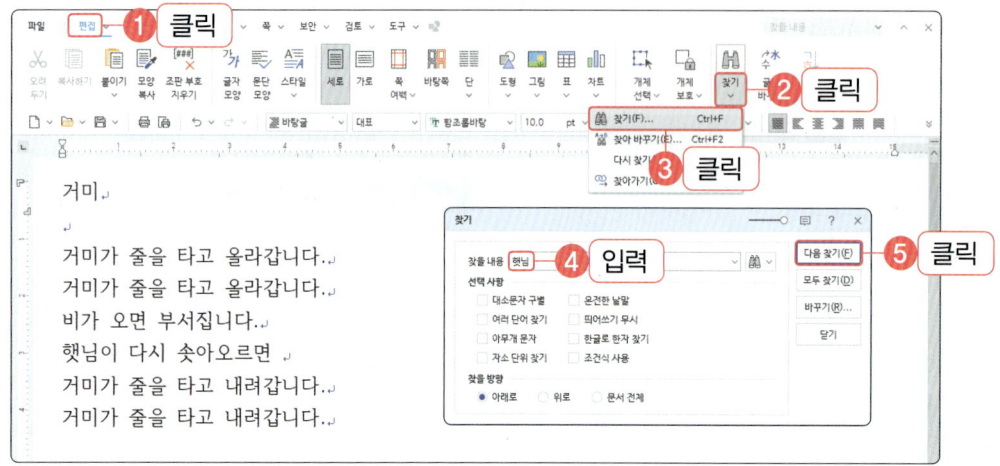

찾아 바꾸기

- 찾아 바꾸기는 문서에서 지정한 내용을 찾아서 지정한 내용으로 바꾸는 기능입니다.
- [편집] 탭–[찾기]의 [목록] 단추를 클릭한 후 [찾아 바꾸기]를 클릭하거나 [편집] 탭의 [목록] 단추를 클릭한 후 [찾기]–[찾아 바꾸기]를 클릭하면 [찾아 바꾸기] 대화상자가 나타납니다.
- [찾아 바꾸기] 대화상자에서 찾을 내용과 바꿀 내용을 입력한 후 [바꾸기] 단추를 클릭하면 문서에서 지정한 내용을 찾아 바꿀 수 있습니다.

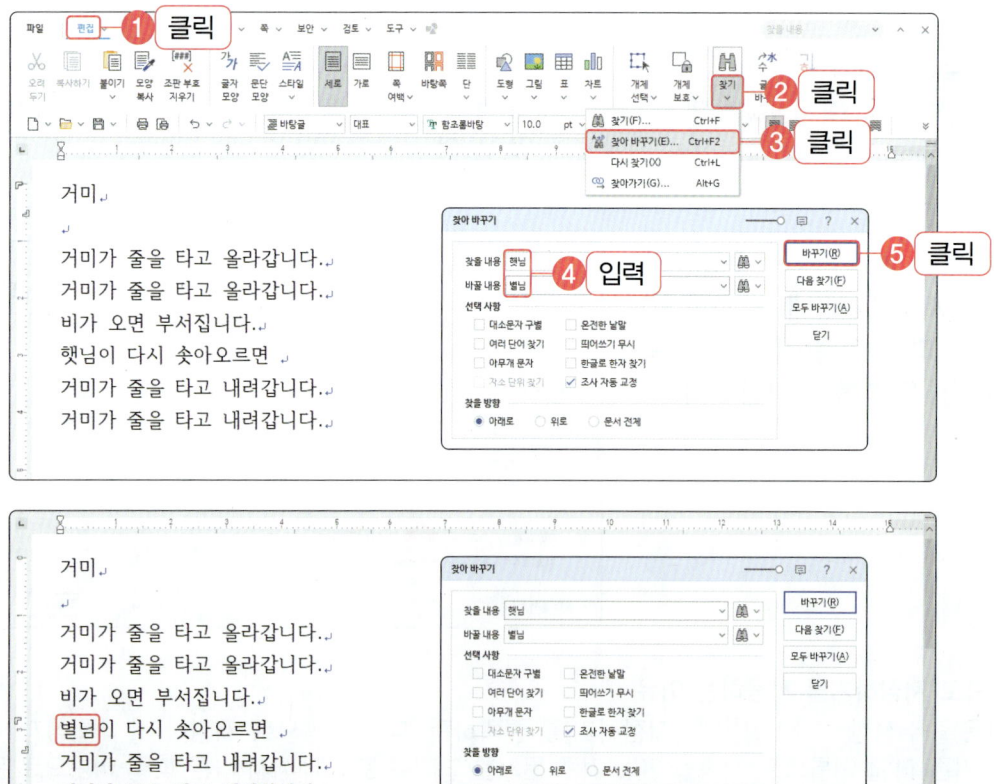

연습문제 Exercise

📄 단계학습₩한글 2022₩기본 Study₩연습파일₩Ch03_연습.hwpx

1 새 문서에 다음과 같이 문서 내용을 작성해 보세요.

```
수도권 지하철 7호선 환승 정보

도봉산역 - 1호선
노원역 - 4호선
태릉입구역 - 6호선
상봉역 - 중앙선
군자역 - 5호선
건대입구역 - 2호선
강남구청역 - 분당선
고속터미널역 - 3호선, 9호선, 경춘선
이수역 - 4호선
대림역 - 2호선
가산디지털단지역 -
온수역 -
부평구청역 -
```

2 '1호선'을 '가산디지털단지역-', '온수역-', '부평구청역-' 뒤에 복사한 후 ', 경춘선'을 '상봉역-중앙선' 뒤로 이동한 다음 다른 이름으로 저장해 보세요.

- **저장 위치** : 문서
- **파일 이름** : 수도권 지하철 7호선 환승 정보

```
수도권 지하철 7호선 환승 정보

도봉산역 - 1호선
노원역 - 4호선
태릉입구역 - 6호선
상봉역 - 중앙선, 경춘선
군자역 - 5호선
건대입구역 - 2호선
강남구청역 - 분당선
고속터미널역 - 3호선, 9호선
이수역 - 4호선
대림역 - 2호선
가산디지털단지역 - 1호선
온수역 - 1호선
부평구청역 - 1호선
```

Hint [파일] 탭-[다른 이름으로 저장하기]를 클릭하면 문서를 다른 이름으로 저장할 수 있습니다.

기본 Study

Chapter 04

한자와 특수문자 입력하기

한자는 먼저 해당 한글을 입력한 후 한자로 바꾸기를 사용하여 입력합니다. 키보드에 없는 특수문자(●, ◇, ■ 등)는 문자표나 글자 겹치기를 사용하여 입력합니다.

그럼, 한자와 특수문자를 입력하는 방법에 대해 알아보겠습니다.

미리보기

```
옛날 이야기에서 유래된 한자
◆ 친구 관련 고사성어(故事成語)
① 간담상조(肝膽相照) : 서로 간과 쓸개를 내보인다는 뜻으로, 서로 속마음을 터놓고 친하게 지내는 것을 말한다.
② 송무백열(松茂栢悅) : 소나무가 무성한 것을 보고 잣나무가 기뻐한다는 뜻으로, 친구가 잘되는 것을 보고 기뻐하는 것을 말한다.
③ 죽마고우(竹馬故友) : 대나무 말을 타고 놀던 어릴 때 친구라는 뜻으로, 어릴 때부터 친하게 지내며 자란 친구를 말한다.
```

단계학습₩한글 2022₩기본 Study₩예제파일₩Ch04.hwpx

01 한자 입력하기

1 한자를 입력하기 위해 **'고사성어'** 뒤에 커서를 둔 후 [입력] 탭에서 [한자 입력]의 ▽[목록] 단추를 클릭한 다음 [한자로 바꾸기](또는 F9)를 클릭합니다.

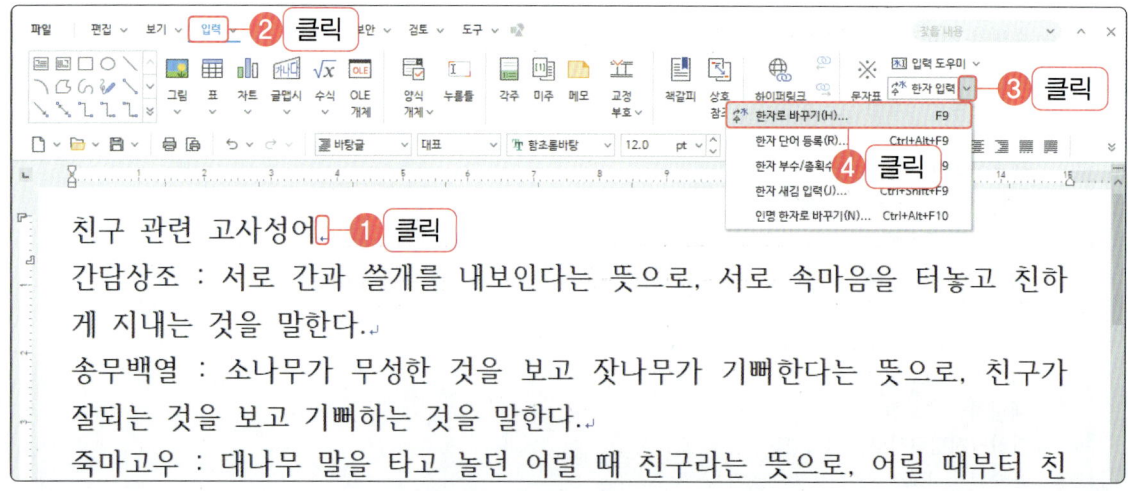

한자 입력 방법
- 방법1 : [입력] 탭에서 [한자 입력]-[한자로 바꾸기]를 클릭합니다.
- 방법2 : [편집] 탭에서 [글자 바꾸기]-[한자로 바꾸기]를 클릭합니다.
- 방법3 : 키보드의 [한자] 또는 [F9]를 누릅니다.

2 [한자로 바꾸기] 대화상자가 나타나면 **한자(故事成語)**와 **입력 형식(한글(漢字))**을 선택한 후 [바꾸기] 단추를 클릭합니다.

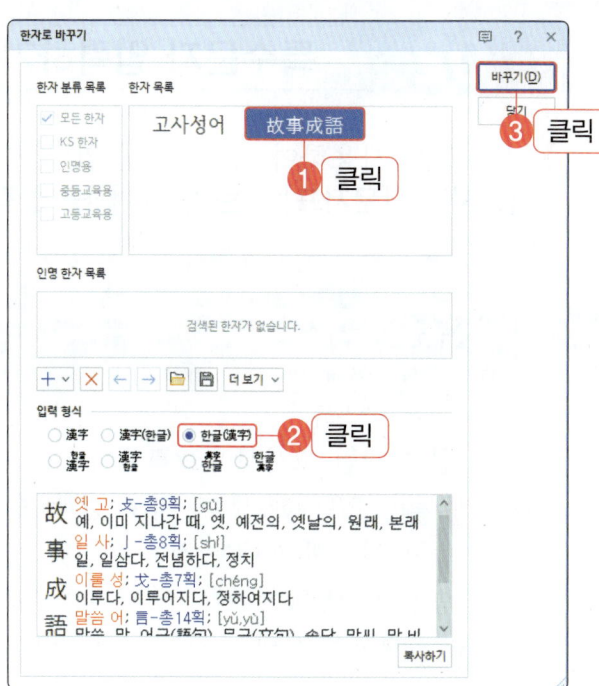

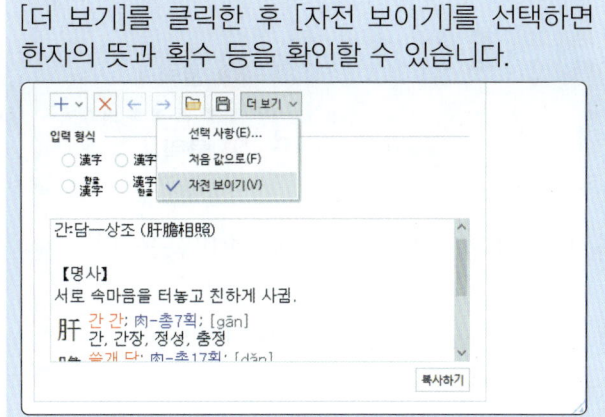

[더 보기]를 클릭한 후 [자전 보이기]를 선택하면 한자의 뜻과 획수 등을 확인할 수 있습니다.

3 같은 방법으로 다음과 같이 **한자를 입력**합니다.

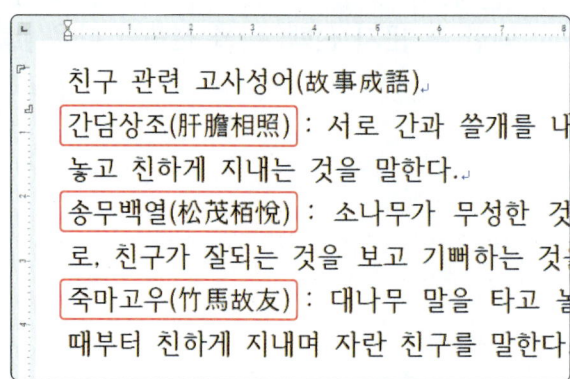

알고 넘어갑시다!

한자 발음 표시하기

[보기] 탭의 [목록] 단추를 클릭한 후 [한자 발음]–[한자 발음 표시]를 클릭하거나 [보기] 탭의 [한자 발음 표시]–[한자 발음 표시]를 클릭하면 한자의 발음을 표시할 수 있습니다.

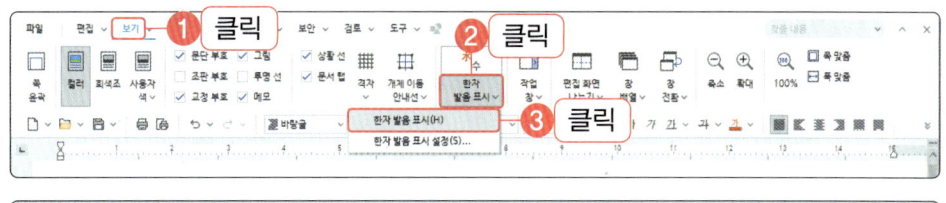

친구 관련 고사성어(故事成語).
간담상조(肝膽相照): 서로 간과 쓸개를 내보인다는 뜻으로, 서로 속마음을 터놓고 친하게 지내는 것을 말한다.
송무백열(松茂栢悅): 소나무가 무성한 것을 보고 잣나무가 기뻐한다는 뜻으로, 친구가 잘되는 것을 보고 기뻐하는 것을 말한다.
죽마고우(竹馬故友): 대나무 말을 타고 놀던 어릴 때 친구라는 뜻으로, 어릴 때부터 친하게 지내며 자란 친구를 말한다.

Chapter 04 – 한자와 특수문자 입력하기 **25**

02 특수문자 입력하기

1 문자표를 사용하여 특수문자를 입력하기 위해 **'친구 관련'** 앞에 커서를 둔 후 [입력] 탭에서 **[문자표]-[문자표]**(또는 Ctrl+F10)를 클릭합니다.

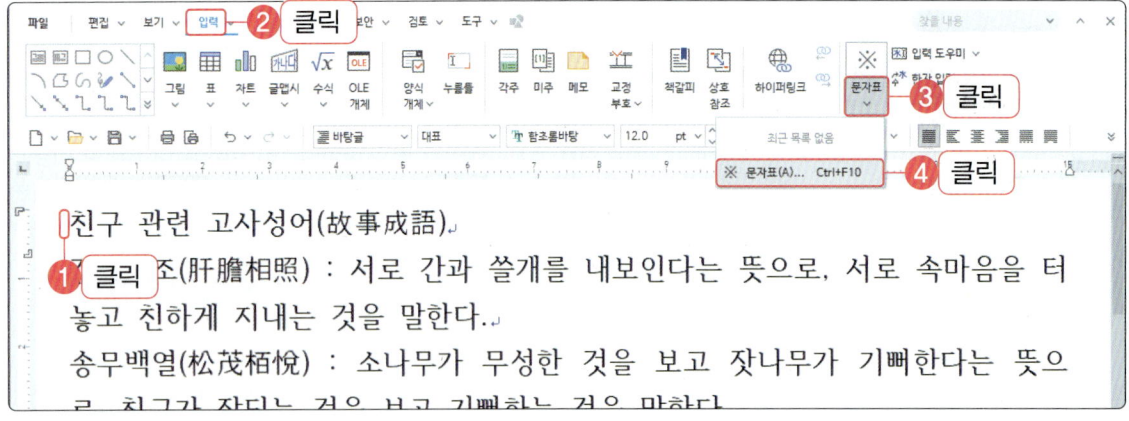

2 [문자표] 대화상자가 나타나면 [한글(HNC) 문자표] 탭에서 **문자 영역(전각 기호(일반))**을 선택한 후 **문자 선택(◈)**을 선택한 다음 **[넣기]** 단추를 클릭합니다.

> [입력] 탭의 ▼[목록] 단추를 클릭한 후 [문자표]를 클릭하여 [문자표] 대화상자를 표시할 수 있습니다.

3 특수문자(◈)가 입력되면 키보드의 SpaceBar를 눌러 한 칸을 띄어줍니다.

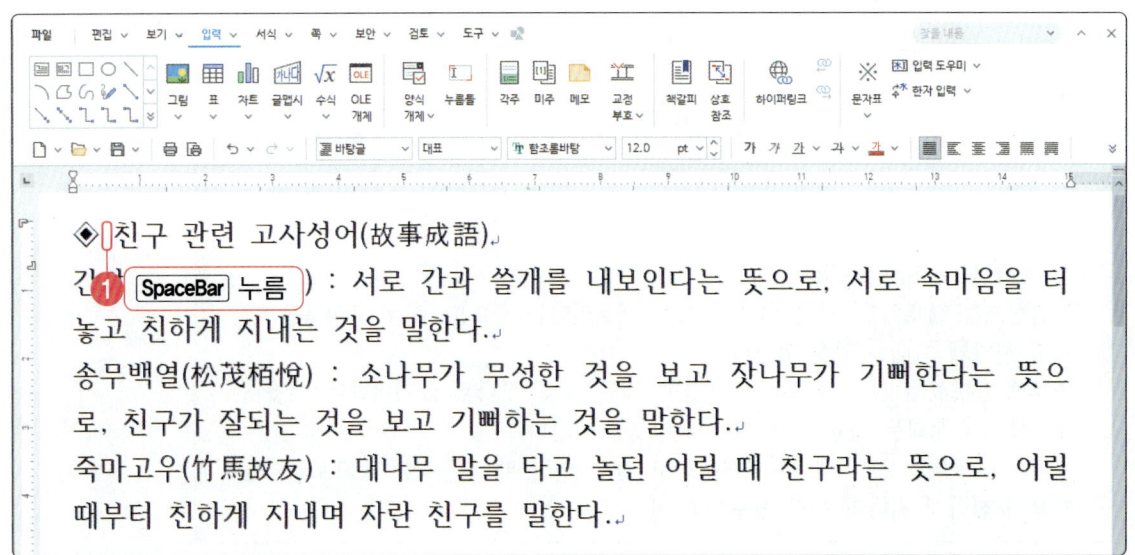

26 　한글 2022 기본 Study

4 글자 겹치기를 사용하여 특수문자를 입력하기 위해 '**간담상조(肝膽相照)**' 앞에 커서를 둔 후 [입력] 탭에서 **[입력 도우미]–[글자 겹치기]**를 클릭합니다.

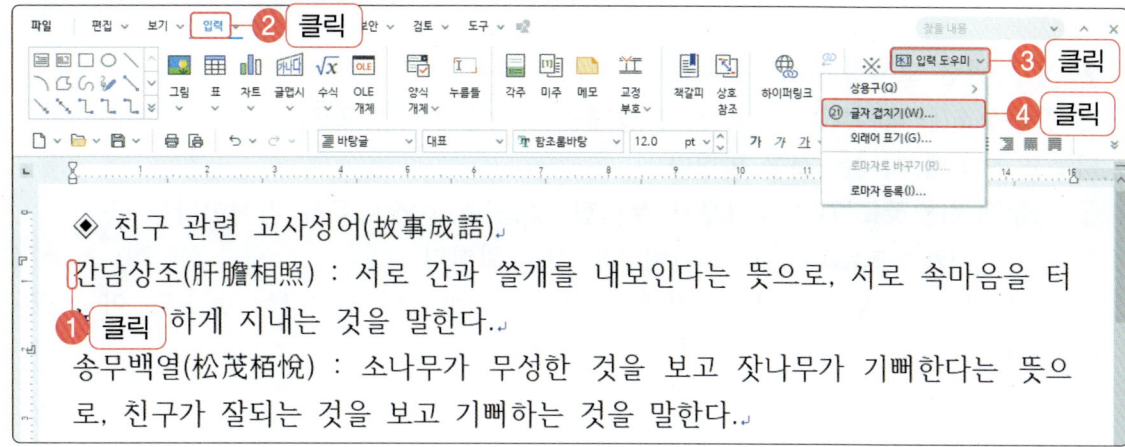

5 [글자 겹치기] 대화상자가 나타나면 **겹쳐 쓸 글자(1)를 입력**한 후 **겹치기 종류(□[모서리가 둥근 네모 문자])를 선택**한 다음 [넣기] 단추를 클릭합니다.

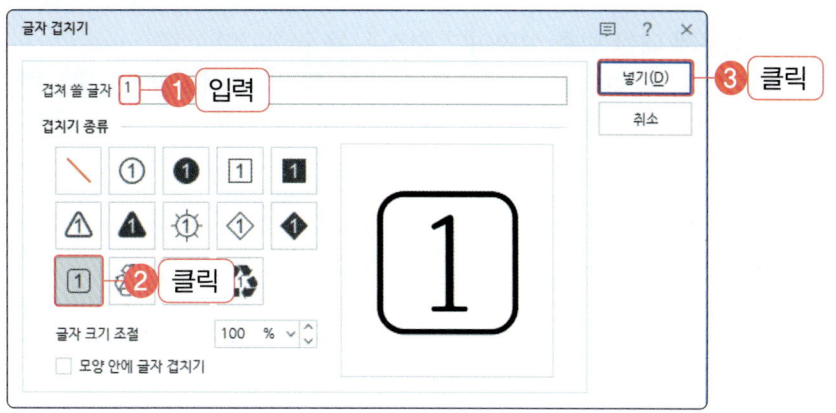

> [입력] 탭의 [목록] 단추를 클릭한 후 [입력 도우미]–[글자 겹치기]를 클릭해도 [글자 겹치기] 대화상자를 표시할 수 있습니다.

6 특수문자(①)가 입력되면 키보드의 SpaceBar 를 눌러 한 칸을 띄어줍니다.

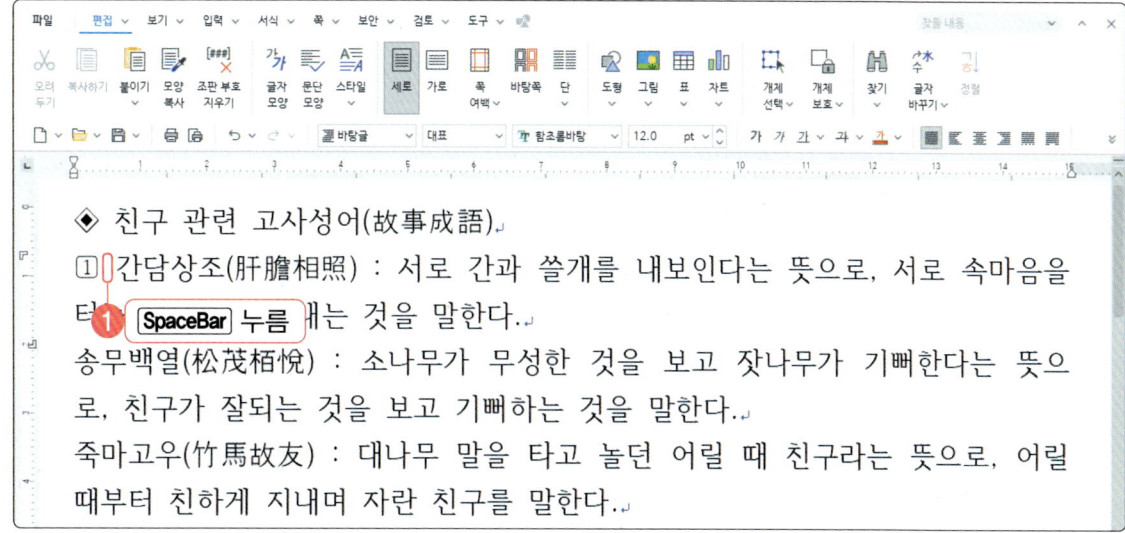

Chapter 04 – 한자와 특수문자 입력하기 **27**

7 같은 방법으로 다음과 같이 글자 겹치기를 사용하여 **특수문자를 입력**합니다.

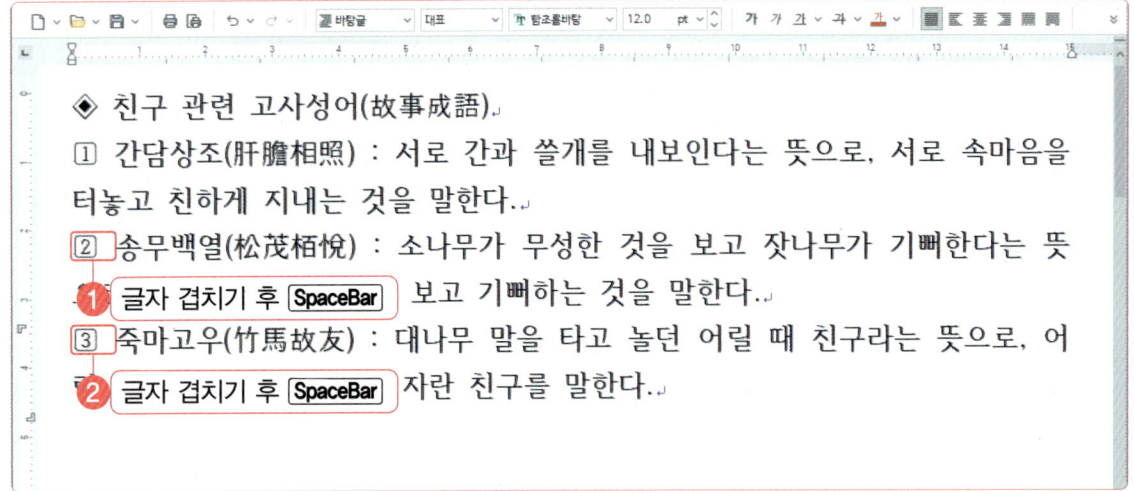

알고 넘어갑시다!

덧말 넣기
- 덧말은 내용의 위나 아래에 넣는 내용에 대한 보충 설명이나 참조 등을 말합니다.
- 덧말 사용은 내용을 블록으로 설정한 후 [입력] 메뉴의 [목록] 단추를 클릭한 후 [덧말 넣기]를 클릭합니다. [덧말 넣기] 대화상자가 나타나면 덧말을 입력한 후 덧말 위치를 선택하고 [넣기] 단추를 클릭하면 블록으로 설정한 내용에 덧말을 넣을 수 있습니다.

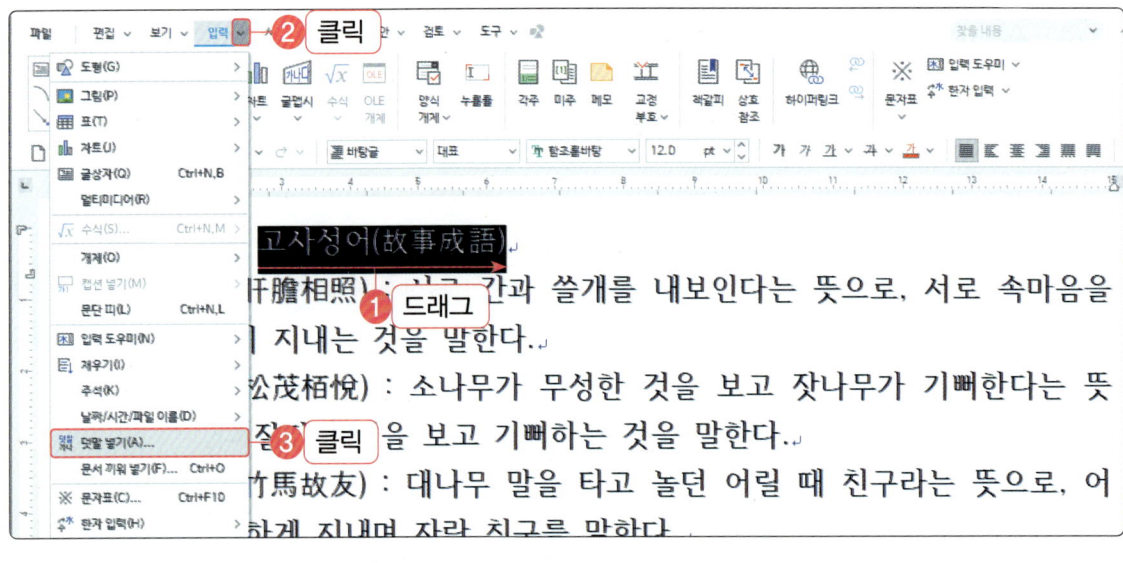

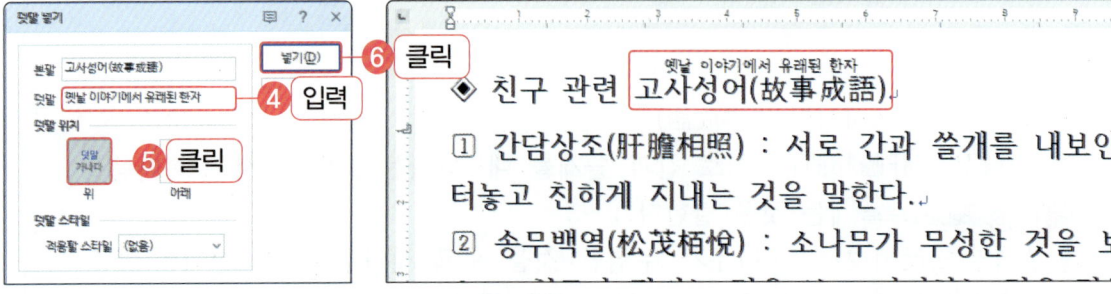

연습문제 Exercise

단계학습₩한글 2022₩기본 Study₩연습파일₩Ch04_연습.hwpx

1 새 문서에 다음과 같이 내용 및 한자를 입력해 보세요.

> 효도 관련 고사성어(故事成語).
> 望雲之情(망운지정) : 구름을 바라보며 그리워한다는 뜻으로, 자식이 객지에서 부모님을 그리워하는 마음을 말한다.
> 反哺之孝(반포지효) : 까마귀 새끼가 자라서 어미에게 먹이를 물어다 주는 효성이라는 뜻으로, 자식이 자라서 부모님을 봉양하는 효성을 말한다.
> 昏定晨省(혼정신성) : 저녁에는 부모님의 잠자리를 보아 드리고 아침에는 부모님의 안부를 여쭈어 본다는 뜻으로, 자식이 항상 부모님의 안부를 여쭈어 보고 살피는 것을 말한다.

2 문자표를 사용하여 특수문자를 입력해 보세요.

> ◎ 효도 관련 고사성어(故事成語).
> 望雲之情(망운지정) : 구름을 바라보며 그리워한다는 뜻으로, 자식이 객지에서 부모님을 그리워하는 마음을 말한다.
> 反哺之孝(반포지효) : 까마귀 새끼가 자라서 어미에게 먹이를 물어다 주는 효성이라는 뜻으로, 자식이 자라서 부모님을 봉양하는 효성을 말한다.
> 昏定晨省(혼정신성) : 저녁에는 부모님의 잠자리를 보아 드리고 아침에는 부모님의 안부를 여쭈어 본다는 뜻으로, 자식이 항상 부모님의 안부를 여쭈어 보고 살피는 것을 말한다.

3 글자 겹치기를 사용하여 특수문자를 입력해 보세요.

> ◎ 효도 관련 고사성어(故事成語).
> ❶ 望雲之情(망운지정) : 구름을 바라보며 그리워한다는 뜻으로, 자식이 객지에서 부모님을 그리워하는 마음을 말한다.
> ❷ 反哺之孝(반포지효) : 까마귀 새끼가 자라서 어미에게 먹이를 물어다 주는 효성이라는 뜻으로, 자식이 자라서 부모님을 봉양하는 효성을 말한다.
> ❸ 昏定晨省(혼정신성) : 저녁에는 부모님의 잠자리를 보아 드리고 아침에는 부모님의 안부를 여쭈어 본다는 뜻으로, 자식이 항상 부모님의 안부를 여쭈어 보고 살피는 것을 말한다.

Hint [입력] 탭에서 [입력 도우미]-[글자 겹치기]를 클릭하면 글자 겹치기를 사용할 수 있습니다.

기본 Study

Chapter 05

상용구 사용 및 문서 인쇄하기

문서를 작성할 때 자주 입력하는 내용이 있는 경우, 이 내용을 상용구로 등록해 놓으면 문서를 쉽고 빠르게 작성할 수 있습니다.
그럼, 상용구를 사용하고 문서를 인쇄하는 방법에 대해 알아보겠습니다.

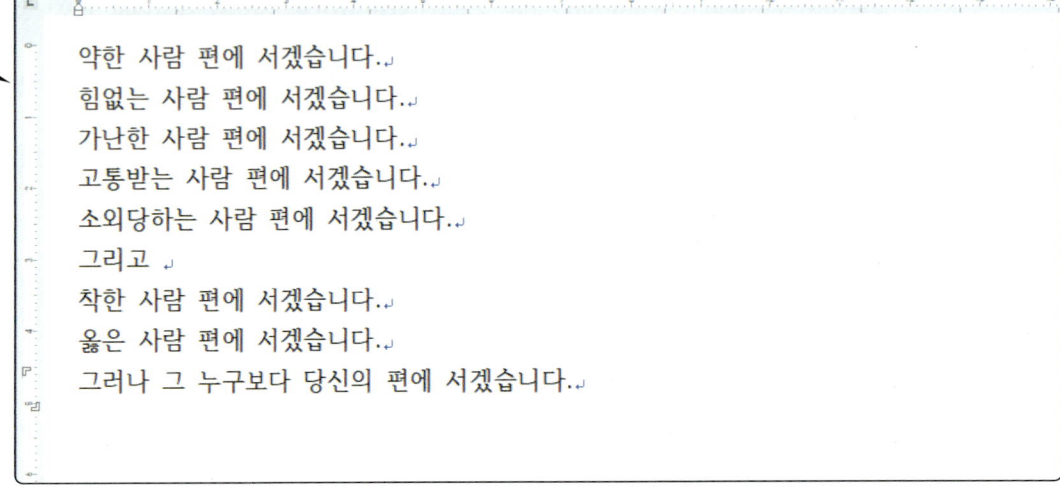

미리보기

단계학습₩한글 2022₩기본 Study₩예제파일₩Ch05.hwpx

01 상용구 등록하기

1 상용구를 등록하기 위해 '**편에 서겠습니다.**'를 블록으로 **설정**한 후 [입력] 탭에서 [**입력 도우미**]-[**상용구**]-[**상용구 등록**](또는 Alt+I)을 **클릭**합니다.

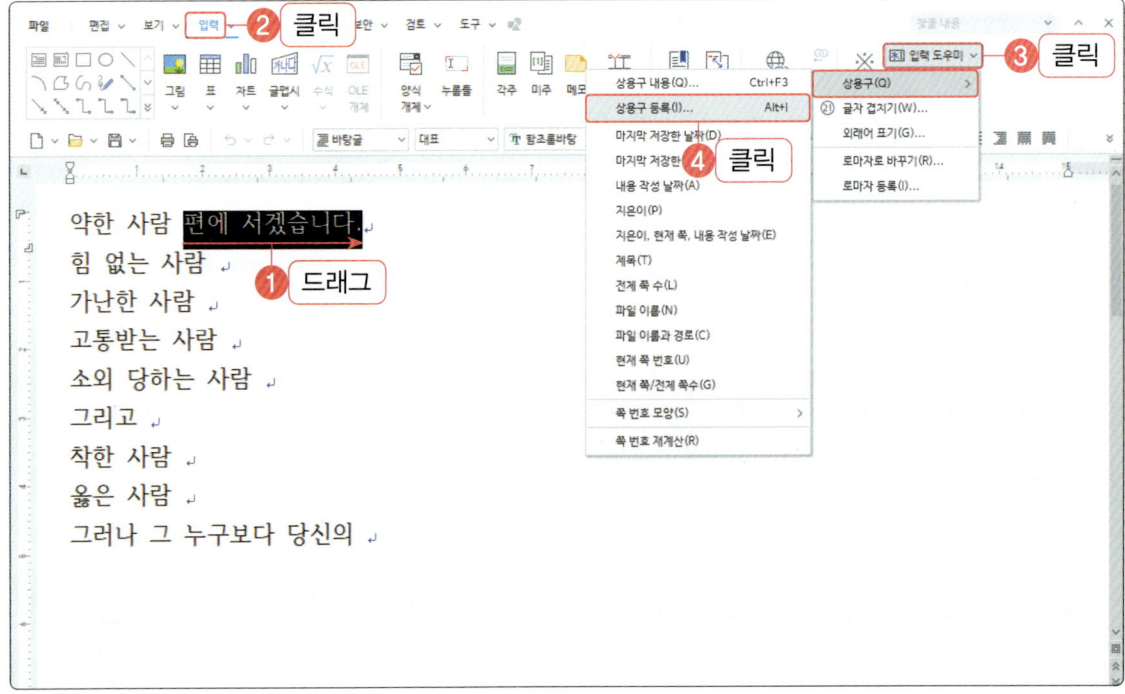

2 [상용구 등록] 대화상자가 나타나면 **준말(편에)**을 입력한 후 [글자 속성 유지하지 않음]을 선택한 다음 [등록] 단추를 클릭합니다.

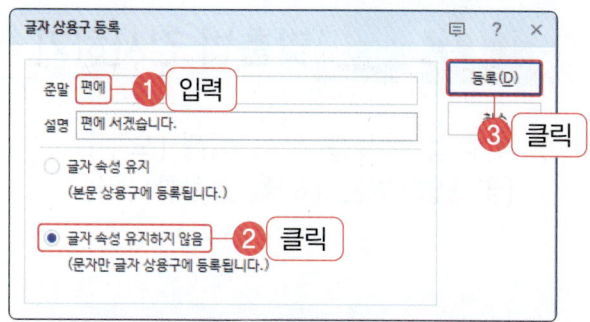

- 준말은 일반적으로 블록으로 설정한 내용의 첫 글자가 지정되고, 설명은 블록으로 설정한 내용이 지정됩니다.
- [글자 속성 유지]를 선택하면 블록으로 설정한 내용과 내용의 속성(글자 모양과 문단 모양 등)이 모두 상용구로 등록됩니다.

3 내용이 상용구로 등록되면 상용구를 넣기 위해 '힘없는 사람 ' 뒤에 '편에'를 입력한 후 Alt + I 를 누릅니다.

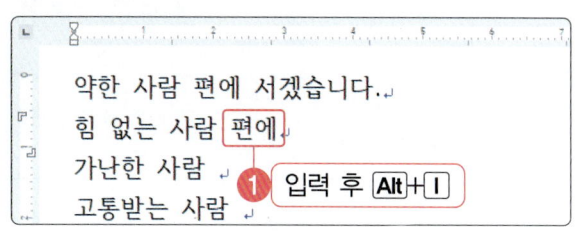 ▶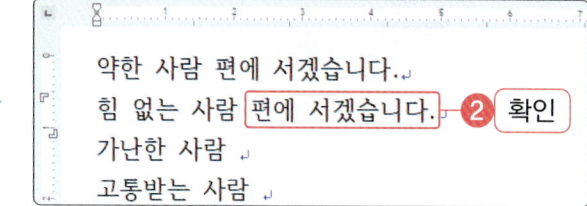

4 같은 방법으로 상용구를 사용하여 문장을 완성합니다.

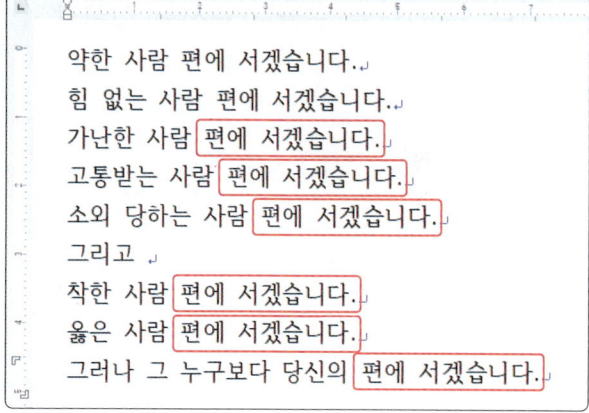

알고 넘어갑시다!

[상용구] 대화상자 살펴보기

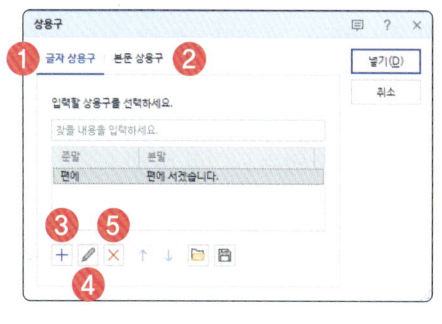

❶ [글자 상용구] 탭 : [글자 속성 유지하지 않음]을 선택하여 상용구로 등록한 내용이 나타납니다.
❷ [본문 상용구] 탭 : [글자 속성 유지]를 선택하여 상용구로 등록한 내용이 나타납니다.
❸ 상용구 추가하기 : 내용을 상용구로 등록합니다.
❹ 상용구 편집하기 : 상용구를 수정합니다.
❺ 상용구 지우기 : 상용구를 지웁니다.

02 맞춤법 검사하기

1 맞춤법 검사를 하기 위해 [도구] 탭에서 [맞춤법](또는 F8)을 클릭합니다.

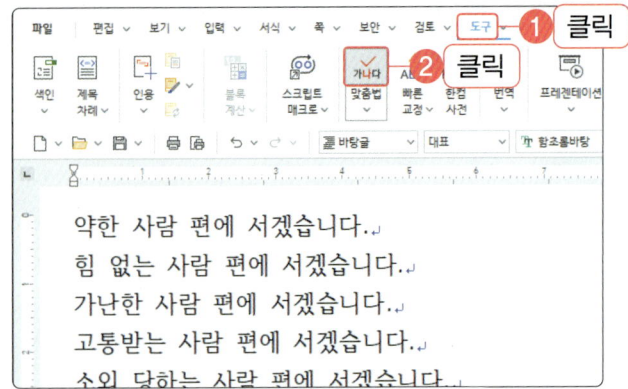

> [도구] 탭의 [목록] 단추를 클릭한 후 [맞춤법]을 클릭하거나 F8을 눌러 맞춤법 검사를 할 수 있습니다.

2 [맞춤법 검사/교정] 대화상자가 나타나면 **[시작] 단추를 클릭**합니다.

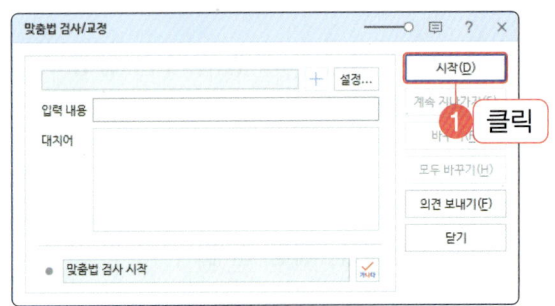

3 문서의 처음부터 맞춤법을 검사할 것인지 묻는 대화상자가 표시되면 **[검사] 단추를 클릭**합니다. 그런다음 **맞춤법 검사를 진행**한 후 맞춤법 검사가 끝나면 **[확인] 단추를 클릭**하여 종료합니다.

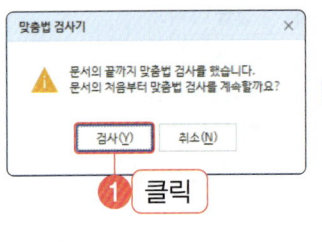 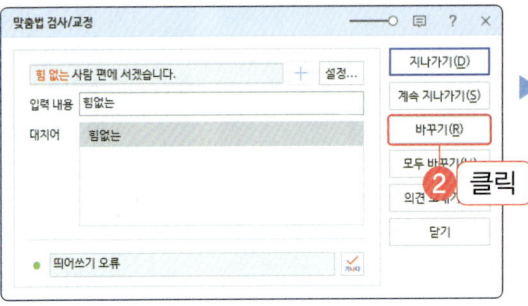 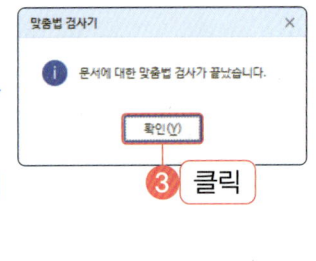

알고 넘어갑시다!

[상용구] 대화상자 살펴보기

맞춤법 검사는 문서에 잘못된 단어가 있는 경우에는 다음과 같이 바꿀 말과 추천 말을 표시해 줍니다.

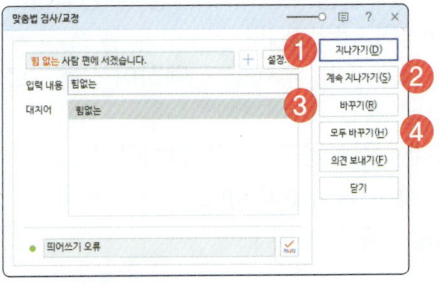

① **지나감** : 잘못된 단어를 바꾸지 않고 지나갑니다.
② **계속 지나감** : 잘못된 단어를 바꾸지 않고 지나가며 이후에 같은 잘못된 단어가 나와도 자동으로 바꾸지 않고 지나갑니다.
③ **바꾸기** : 잘못된 단어를 바꿀 말에 있는 단어로 바꿉니다.
④ **모두 바꾸기** : 잘못된 단어를 바꿀 말에 있는 단어로 바꾸며 이후에 같은 잘못된 단어가 나오면 자동으로 바꿀 말에 있는 단어로 바꿉니다.

03 문서 인쇄하기

1 문서가 인쇄되는 모양을 확인하기 위해 **[파일] 탭-[미리 보기]를 클릭**합니다.

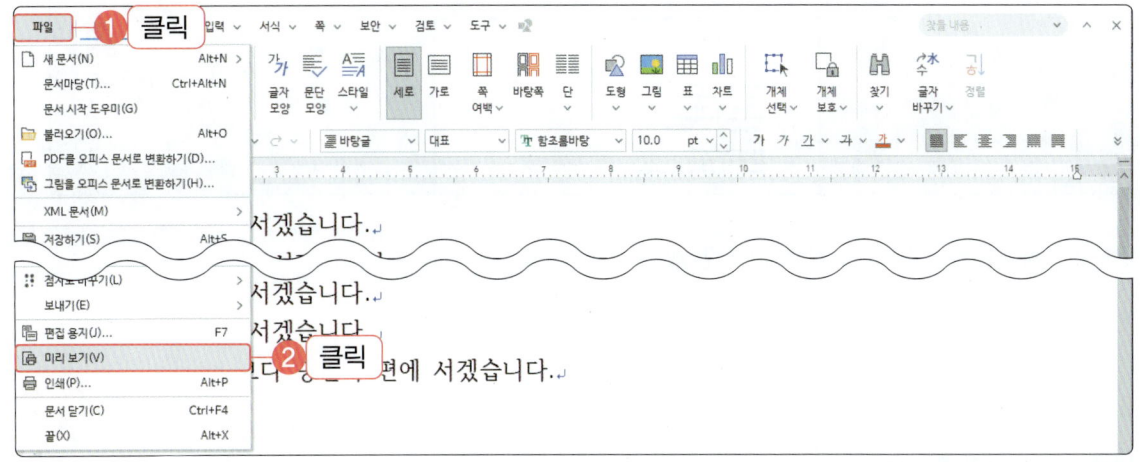

[서식] 도구 상자에서 [미리 보기]를 클릭해도 인쇄되는 모양을 확인할 수 있습니다.

2 미리 보기 화면이 나타나면 문서가 **인쇄되는 모양을 확인**한 후 문서를 인쇄하기 위해 [미리 보기] 탭에서 **[인쇄]를 클릭**합니다.

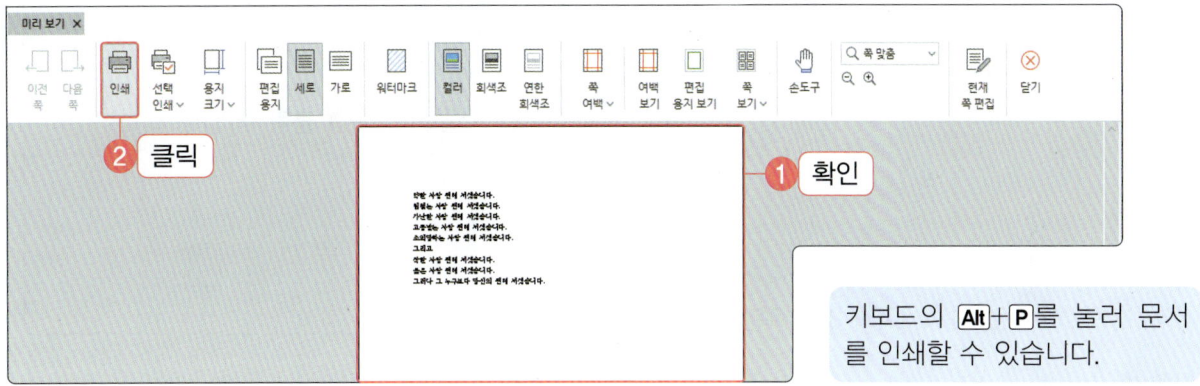

키보드의 Alt + P 를 눌러 문서를 인쇄할 수 있습니다.

3 [인쇄] 대화상자가 나타나면 [기본] 탭에서 **인쇄 범위(모두), 인쇄 매수(1), 인쇄 방식(기본 인쇄(자동 인쇄))을 지정**한 후 [인쇄] 단추를 클릭합니다.

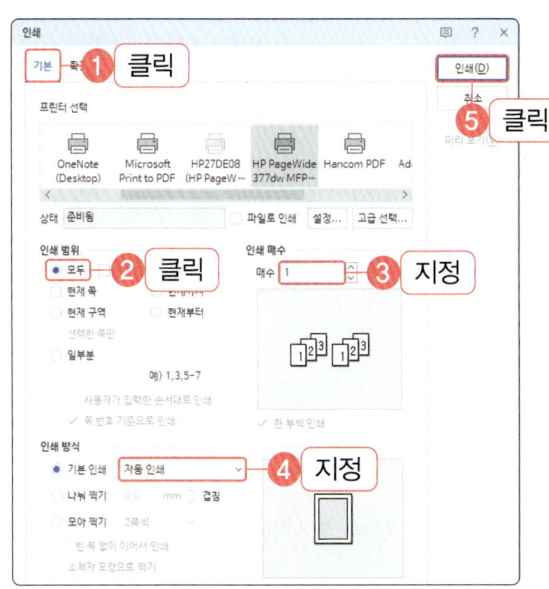

Chapter 05 - 상용구 사용 및 문서 인쇄하기 **33**

4 문서가 인쇄되면 미리 보기 화면을 닫기 위해 [미리 보기] 탭에서 ⊗[닫기]를 클릭합니다.

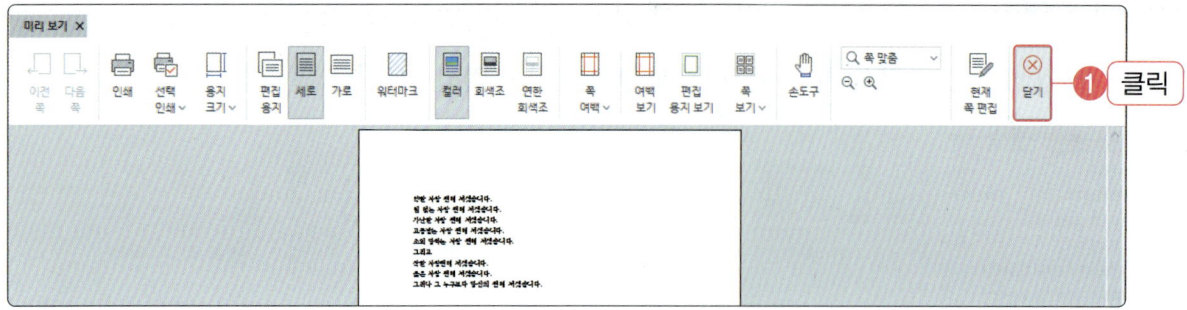

키보드의 Esc를 눌러 미리 보기 화면을 닫을 수 있습니다.

알고 넘어갑시다!

원하는 페이지만 인쇄하기

[인쇄] 대화상자의 [기본] 탭에서 인쇄 범위를 '일부분'으로 선택한 후 쪽 번호 입력란에 원하는 쪽 번호를 입력한 다음 [인쇄] 단추를 클릭하면 원하는 페이지만 인쇄할 수 있습니다.

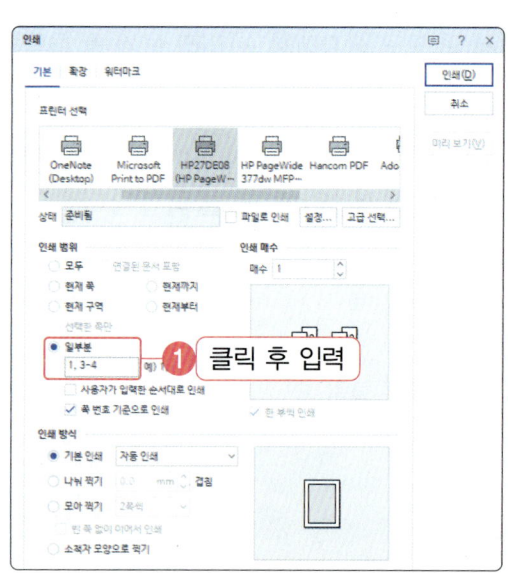

1쪽과 3~4쪽만 인쇄하는 경우 ▶

모아찍기

모아 찍기는 문서를 자동으로 축소하여 한 장의 용지에 원하는 쪽 수만큼씩 들어가게 인쇄하는 기능입니다.

[인쇄] 대화상자의 [기본] 탭에서 인쇄 방식을 '모아 찍기'로 선택한 후 원하는 쪽 수를 선택한 다음 [인쇄] 단추를 클릭하면 한 장의 용지에 원하는 쪽 수만큼씩 들어가게 인쇄할 수 있습니다.

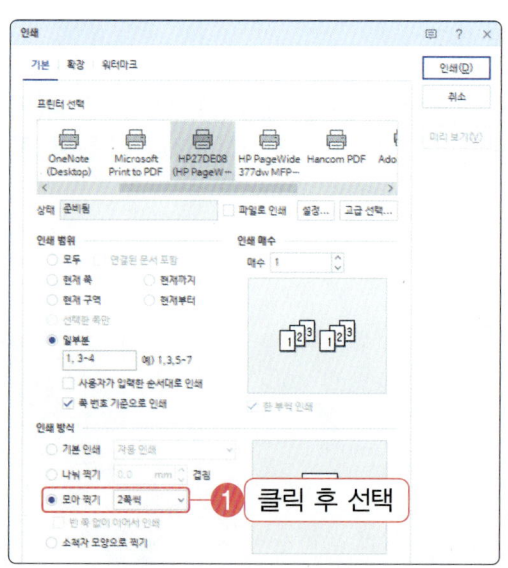

한 장의 용지에 2쪽씩 들어가도록 인쇄하는 경우 ▶

연습문제 H·A·N·G·U·L 2022 Exercise

단계학습₩한글 2022₩기본 Study₩연습파일₩Ch05_연습.hwpx

1 다음과 같이 내용을 상용구로 등록한 후 상용구를 넣어 보세요.

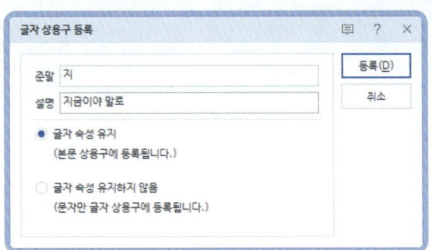 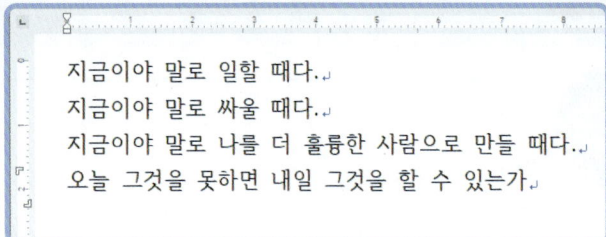

> **Hint**
> [입력] 탭에서 [입력 도우미]-[상용구]-[상용구 내용](또는 Ctrl+F3)을 클릭하면 [상용구] 대화상자가 나타나며, [상용구] 대화상자의 [글자 상용구] 탭에서 ➕[상용구 추가하기]를 클릭하면 내용을 상용구로 등록할 수 있습니다.

2 미리보기로 인쇄되는 모양을 확인한 후 문서를 인쇄해 보세요.

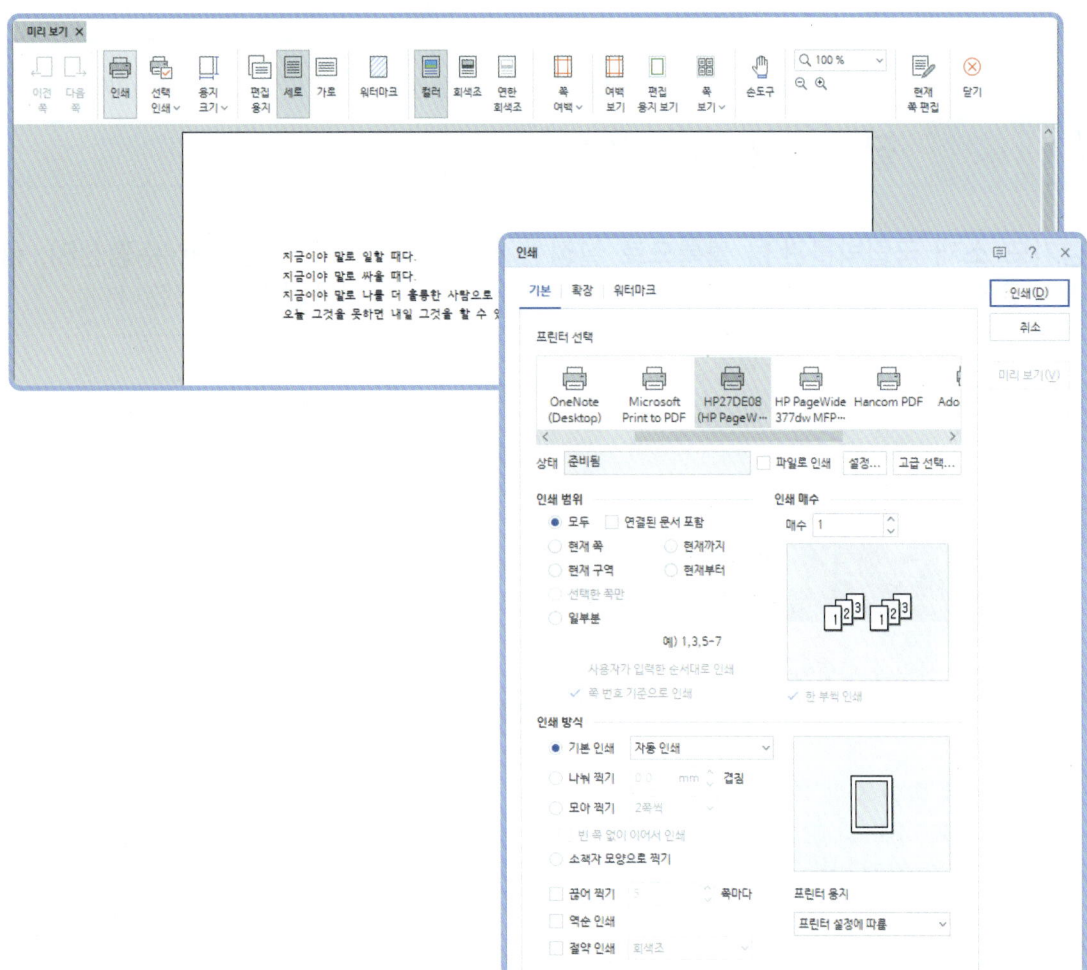

Chapter 05 - 상용구 사용 및 문서 인쇄하기

Chapter 06 글자 모양과 문단 모양 지정하기

기본 Study / Hangul 2022

글꼴, 글자 크기, 글자 색 등의 글자 모양을 지정하거나 왼쪽 정렬, 오른쪽 정렬, 줄 간격 등의 문단 모양을 지정하면 문서를 보기 좋고 예쁘게 꾸밀 수 있습니다.
그럼, 글자 모양과 문단 모양을 지정하는 방법에 대해 알아보겠습니다.

미리 보기

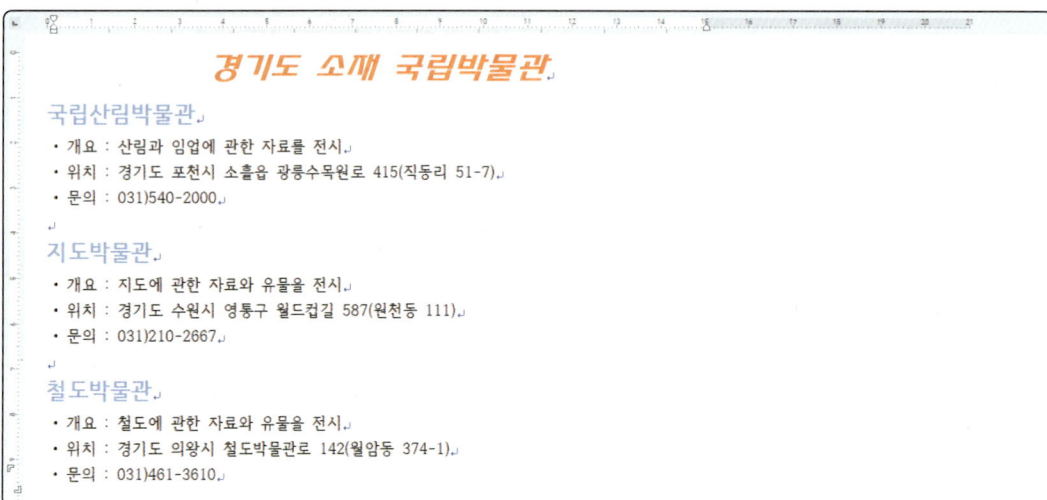

단계학습₩한글 2022₩기본 Study₩예제파일₩Ch06.hwpx

01 글자 모양 지정하기

1 '경기도 소재 국립박물관'을 블록으로 설정한 후 [서식] 탭에서 **글꼴(HY수평선B)**, **글자 크기(20)**, **글자 색(주황(RGB: 255,132,58)**을 선택한 다음 **[기울임]**을 클릭합니다.

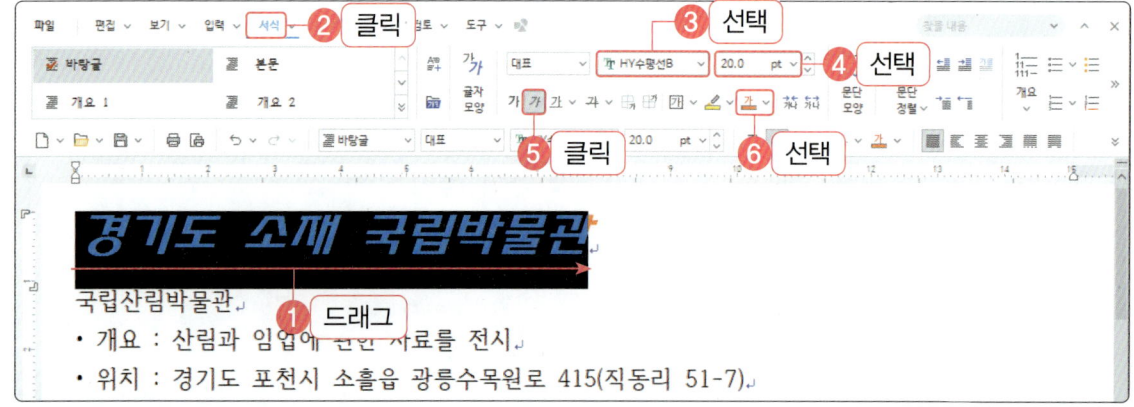

글자 색 선택 방법
- [글자 색]의 [목록] 단추를 클릭한 후 [테마 색상표]로 마우스 포인터를 가져가면 기본, 오피스, 잔상 등의 색상 테마를 선택할 수 있습니다.

알고 넘어갑시다!

[서식] 탭의 글자 관련 도구 살펴보기

1. **글자 모양** : 글자모양 대화상자를 표시합니다.
2. **언어** : 사용할 언어를 선택합니다.
3. **글꼴** : 글자의 모양을 변경합니다.
4. **글자 크기** : 글자 크기를 변경합니다.
5. **진하게** : 글자를 굵게 표시합니다.
6. **기울임** : 글자를 오른쪽으로 기울입니다.
7. **밑줄** : 글자 아래에 선을 긋습니다.
8. **취소선** : 글자 중간에 선을 긋습니다.
9. **아래 첨자** : 글자를 아래 첨자로 표시합니다.
10. **위 첨자** : 글자를 위 첨자로 표시합니다.
11. **글자 테두리** : 글자에 테두리를 넣습니다.
12. **형광펜** : 형광펜으로 글자를 칠합니다.
13. **글자 색** : 글자의 색을 변경합니다.
14. **자간 좁게** : 글자 사이의 간격을 1%씩 줄입니다.
15. **자간 넓게** : 글자 사이의 간격을 1%씩 늘립니다.

2 '국립산림박물관'을 블록으로 설정한 후 [서식] 탭에서 **글꼴(함초롬돋움), 글자 크기(14), 글자 색(하늘색(RGB: 97,130,214) 40% 밝게)을 선택**한 다음 **[진하게]를 클릭**합니다.

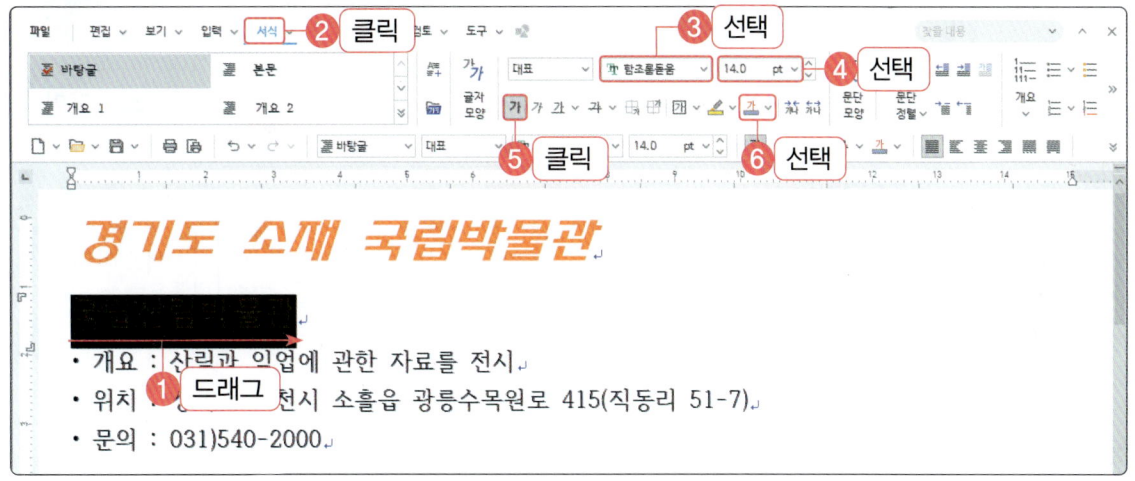

3 같은 방법으로 다음과 같이 '국립산림박물관'에 지정한 **글자 모양을 '지도박물관'과 '철도박물관'에 지정**합니다.

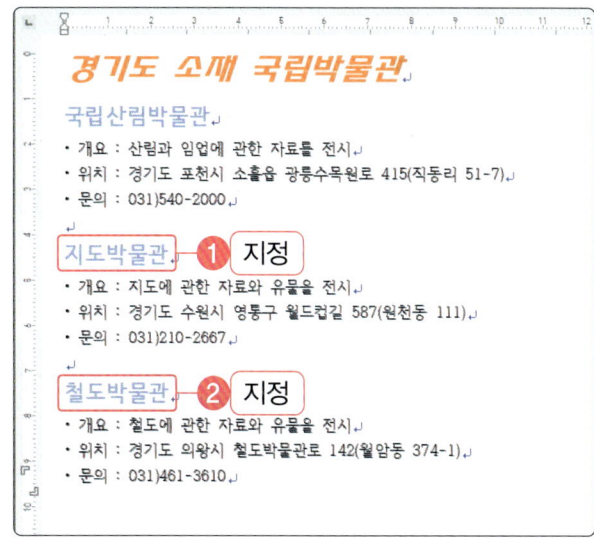

Chapter 06 - 글자 모양과 문단 모양 지정하기 **37**

알고 넘어갑시다!

글자 모양 대화상자를 사용하여 글자 모양 지정하기

[글자 모양] 대화상자는 [서식] 탭의 [목록] 단추를 클릭한 후 [글자 모양]을 클릭하거나 Alt+L을 사용하여 표시하며, 글꼴 및 크기 등 글자 모양을 수정할 수 있습니다.

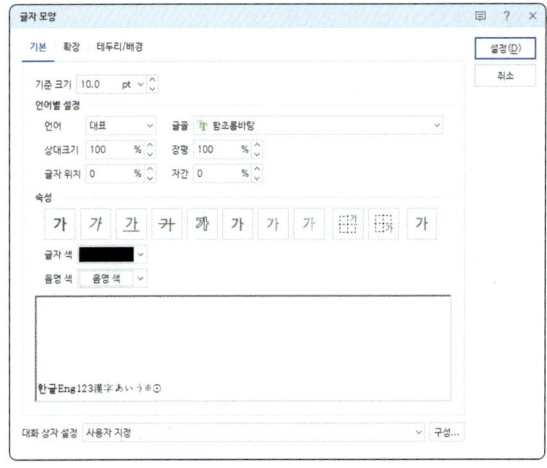

▲ [글자 모양] 대화상자의 [기본] 탭

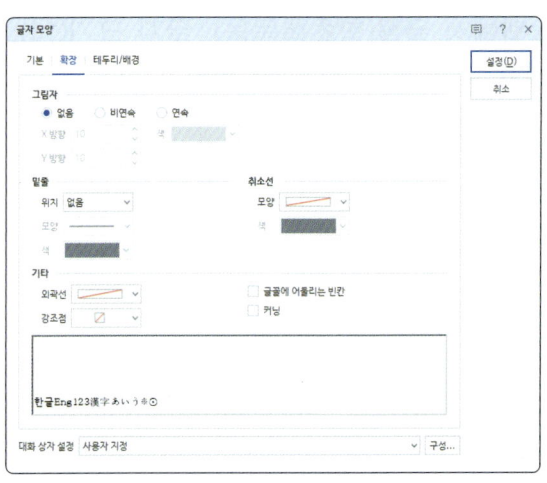
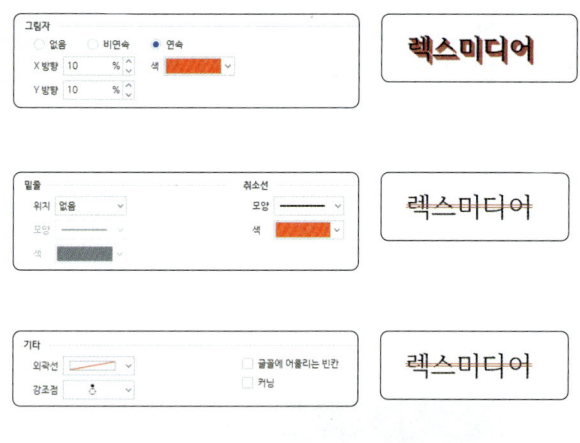

▲ [글자 모양] 대화상자의 [확장] 탭

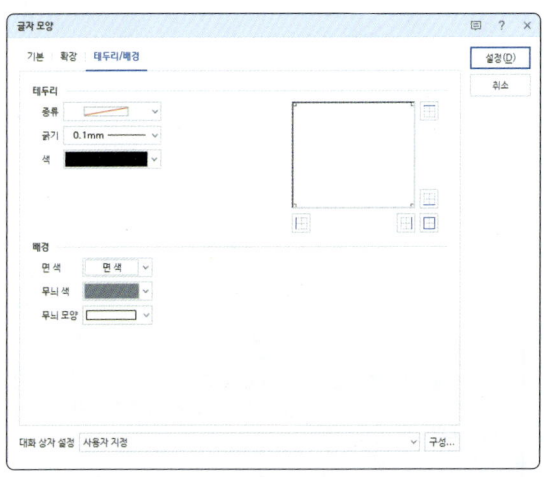
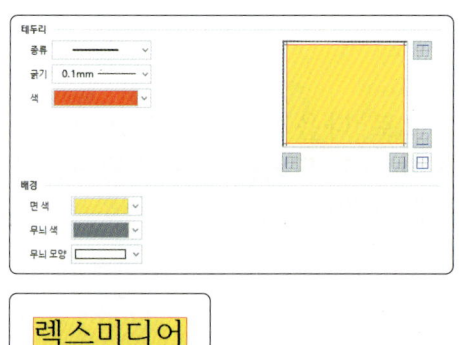

▲ [글자 모양] 대화상자의 [테두리/배경] 탭

02 문단 모양 지정하기

1 '경기도 소재 국립박물관'을 블록으로 설정한 후 [서식] 탭에서 [문단 정렬]-[가운데 정렬](또는 Ctrl+Shift+C)을 클릭합니다.

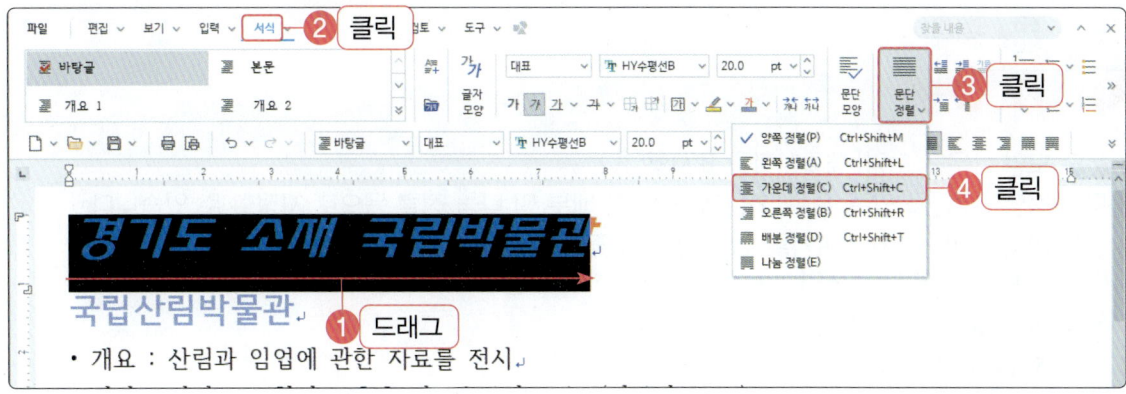

2 국립산림박물관의 개요, 위치, 문의를 블록으로 설정한 후 [서식] 탭에서 [왼쪽 여백 늘리기](또는 Ctrl+Alt+F6)를 네 번 클릭합니다.

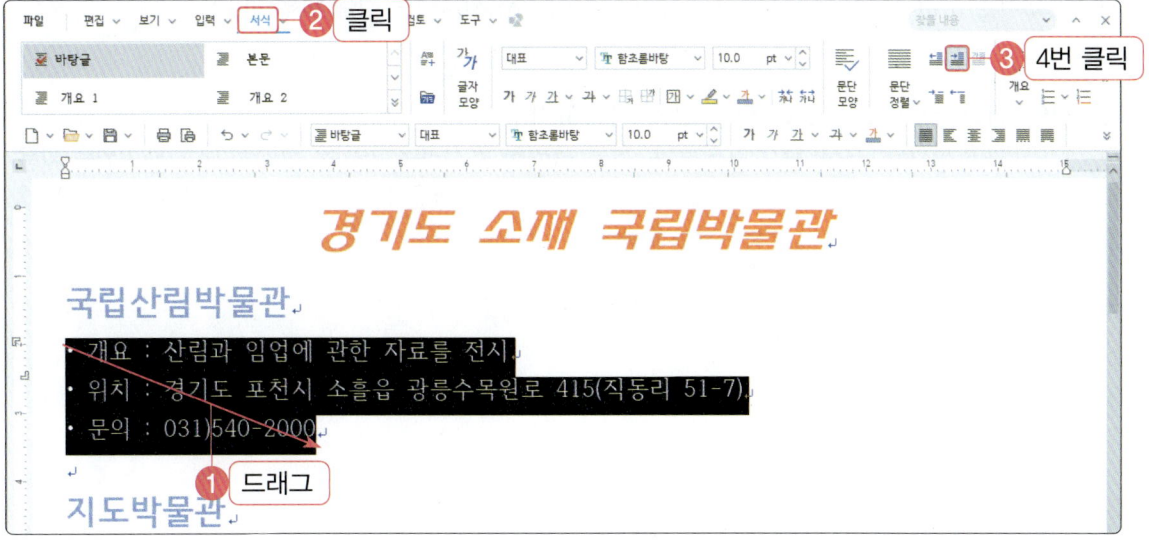

3 같은 방법으로 다음과 같이 국립산림박물관의 개요, 위치, 문의에 지정한 **문단 모양을 지도박물관과 철도박물관의 개요, 위치, 문의에 지정**합니다.

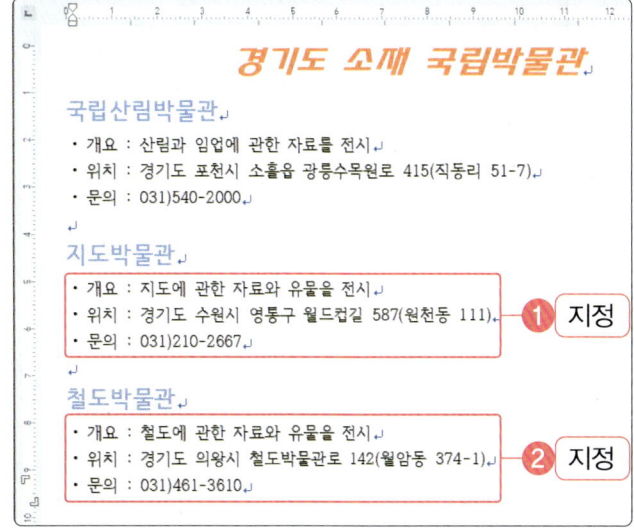

[서식] 탭의 문단 관련 도구 살펴보기

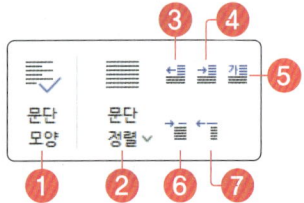

❶ **문단 모양** : [문단 모양] 대화상자를 표시합니다.
❷ **문단 정렬** : 문단을 양쪽, 왼쪽, 가운데, 오른쪽, 배분 및 나눔 정렬 등으로 지정할 수 있습니다.
❸ **왼쪽 여백 줄이기** : 왼쪽 여백을 1pt(포인트)씩 줄입니다.
  (왼쪽 여백은 본문 편집 영역의 왼쪽부터 내용까지의 간격이며 1pt는 0.35146mm입니다.)
❹ **왼쪽 여백 늘리기** : 왼쪽 여백을 1pt씩 늘립니다.
❺ **문단 첫 글자 장식** : 문단 첫 글자를 장식합니다.
  (문단 첫 글자의 크기를 크게 변경하고 글꼴과 면 색 등을 지정할 수 있습니다.)
❻ **첫 줄 들여쓰기** : 들여쓰기를 1pt씩 늘립니다.
  (들여쓰기는 문단 첫 줄이 다른 줄보다 오른쪽으로 들어가서 시작하는 것을 말합니다.)
❼ **첫 줄 내어쓰기** : 내어쓰기를 1pt씩 늘립니다.
  (내어쓰기는 문단 첫 줄이 다른 줄보다 왼쪽으로 나와서 시작하는 것을 말합니다.)

문단 모양 대화상자를 사용하여 문단 모양 지정하기

[문단 모양] 대화상자는 [서식] 탭의 [목록] 단추를 클릭한 후 [문단 모양]을 클릭하거나 Alt+T을 사용하여 표시하며, 정렬 및 여백, 줄 간격 등과 탭 설정, 테두리 및 배경 등을 수정할 수 있습니다.

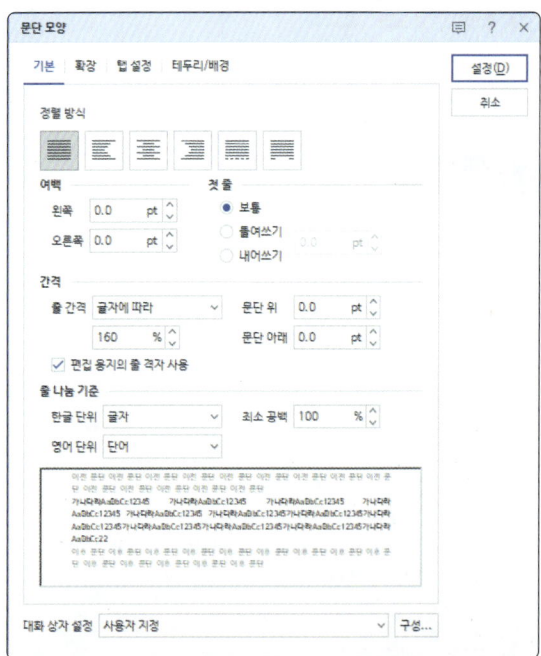

▲ [문단 모양] 대화상자의 [기본] 탭

연습문제 Exercise

단계학습₩한글 2022₩기본 Study₩연습파일₩Ch06_연습.hwpx

1 다음과 같이 글자 모양을 변경해 보세요.

- 광역시 소재 국립박물관
  - 글꼴 : HY나무B
  - 글자 크기 : 20pt
  - 글자 색 : 남색(RGB: 58,60,132)
  - 속성 : 가[진하게]
- 국립광주박물관/국립대구박물관/장생포고래박물관
  - 글꼴 : 양재 둘기체M
  - 글자 크기 : 16pt
  - 글자 색 : 초록(RGB: 40,155,110)

2 다음과 같이 문단 모양을 변경해 보세요.

- 광역시 소재 박물관 : 가운데 정렬
- 내용 전체 : 줄 간격(140)

Hint 내용 전체를 블록으로 설정한 후 [서식] 탭에서 [문단 모양]을 클릭, [문단 모양] 대화상자가 나타나면 줄 간격에 '140'을 입력하면 내용 전체의 줄 간격을 '140'으로 지정할 수 있습니다.

기본 Study

Chapter 07

문단 첫 글자 장식과 문단 테두리/배경 지정하기

문단 테두리/배경을 지정하면 문단에 테두리를 넣거나 문단 배경을 면 색과 무늬로 채워 문단을 보기좋고 예쁘게 꾸밀 수 있습니다.
그럼, 문단 첫 글자를 장식하고 문단 테두리/배경을 지정하는 방법에 대해 알아보겠습니다.

미리보기

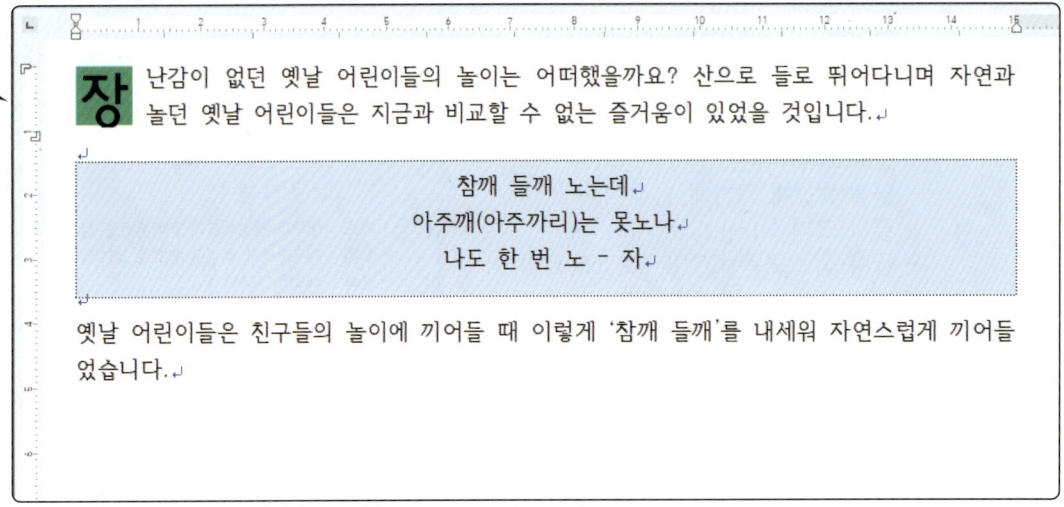

단계학습₩한글 2022₩기본 Study₩예제파일₩Ch07.hwpx

01 문단 첫 글자 장식하기

1 문단 첫 글자를 장식하기 위해 **1번째 문단에 커서**를 둔 후 [서식] 탭에서 [**문단 첫 글자 장식**]을 클릭합니다.

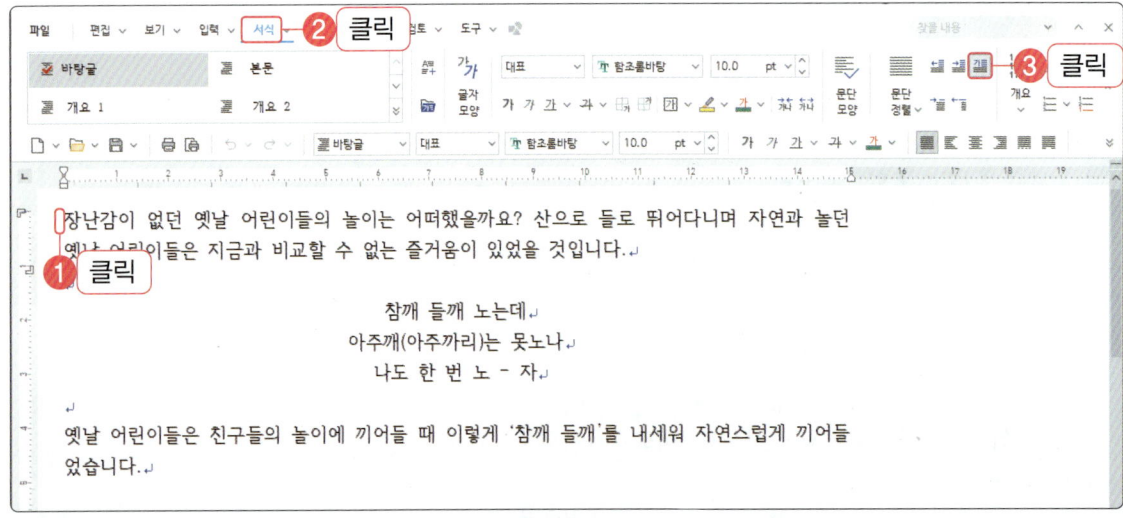

문단 첫 글자 장식하기
[서식] 탭의 [목록] 단추를 클릭한 다음 [문단 첫 글자 장식]을 클릭해도 문단 첫 글자를 장식할 수 있습니다.

2 [문단 첫 글자 장식] 대화상자가 나타나면 **모양**(■[2줄])을 **선택**한 후 글꼴(한컴 윤고딕 230), 면 색(초록(RGB: 40,155,110)), 본문과의 간격(2)을 **지정**한 다음 [설정] 단추를 클릭합니다.

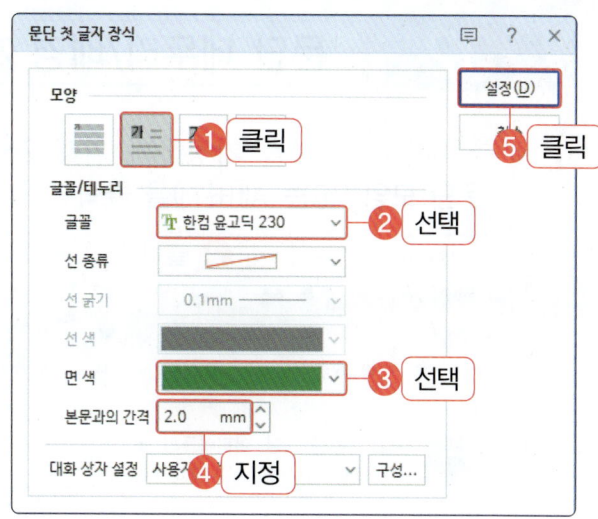

3 다음과 같이 문단 첫 글자가 장식됩니다.

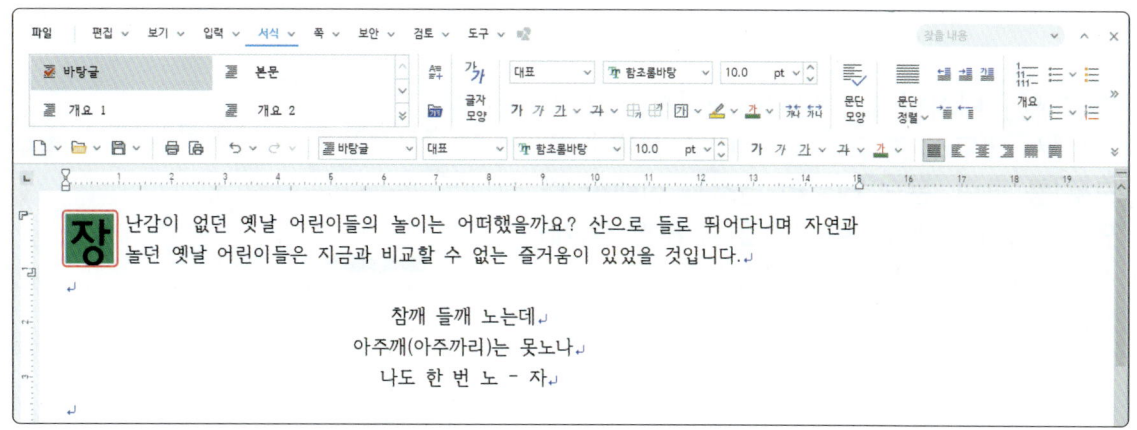

[문단 첫 글자 장식] 대화상자에서 ■[없음]을 선택하면 문단 첫 글자 장식을 제거할 수 있습니다.

알고 넘어갑시다!

문단 첫 글자 장식하고 글자 모양 지정하기

문단 첫 글자를 장식한 후 문단 첫 글자를 블록으로 설정한 다음 글자 색이나 속성(가[진하게], 가[기울임] 등) 등의 글자 모양을 지정하면 다음과 같이 문단 첫 글자를 더욱 보기 좋고 예쁘게 꾸밀 수 있습니다.

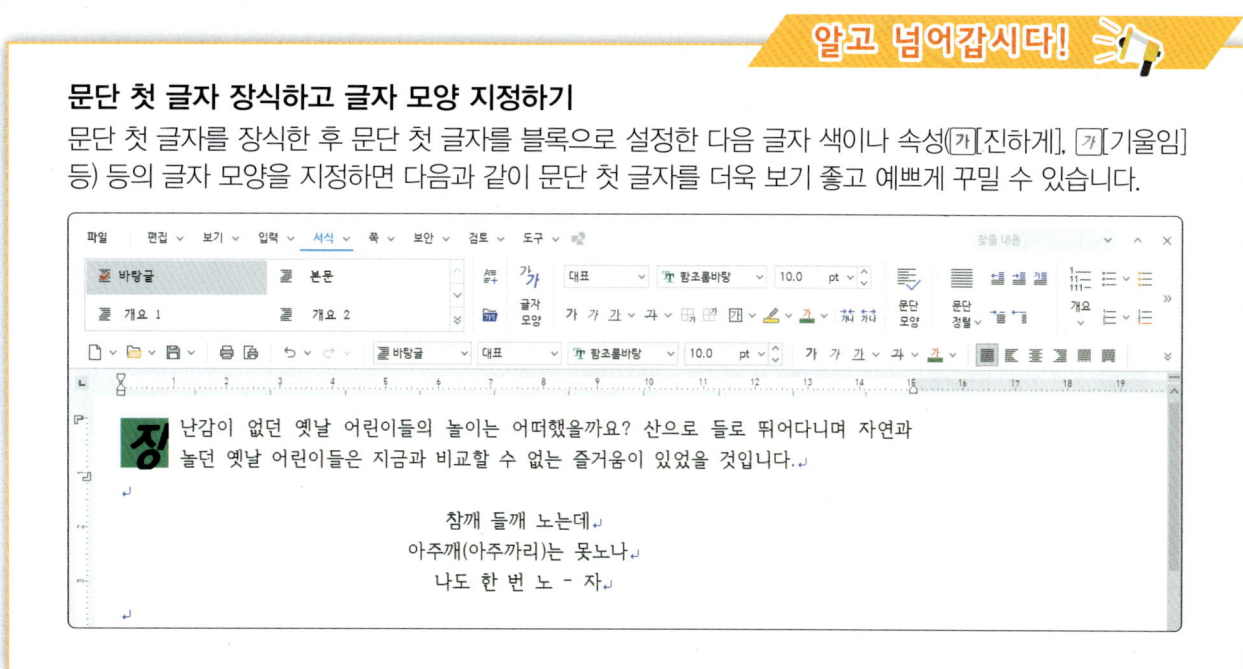

02 문단 테두리/배경 지정하기

1 문단 테두리/배경을 지정하기 위해 **2~4번째 문단을 블록으로 설정**한 후 [서식] 탭에서 [문단 모양](또는 Alt+T)을 클릭합니다.

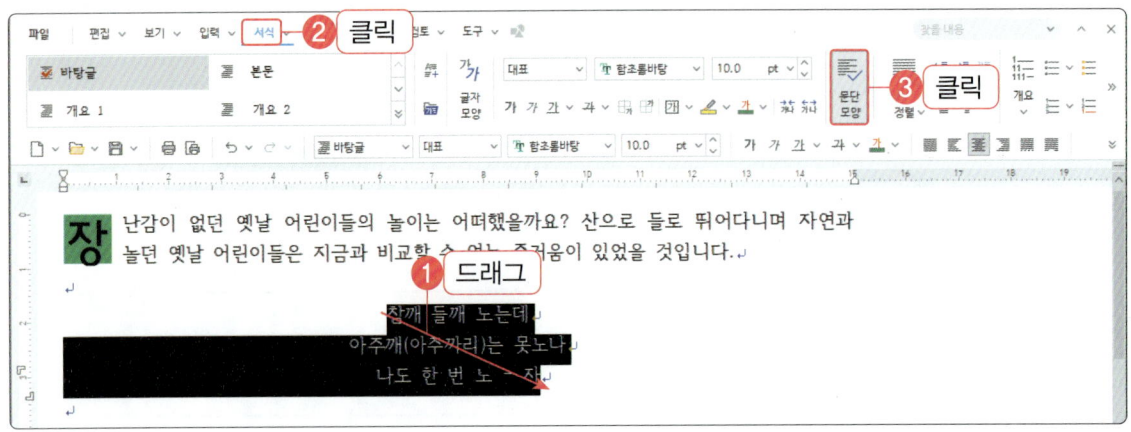

2 [문단 모양] 대화상자가 나타나면 [테두리/배경] 탭에서 **테두리 종류([점선])를 선택**한 후 [모두]를 클릭, 문단 테두리 연결을 선택한 다음 **면 색(하늘색(RGB: 97,130,214) 80% 밝게)을 선택**하고 **위쪽/아래쪽 간격(2)을 입력**한 후 [설정] 단추를 클릭합니다.

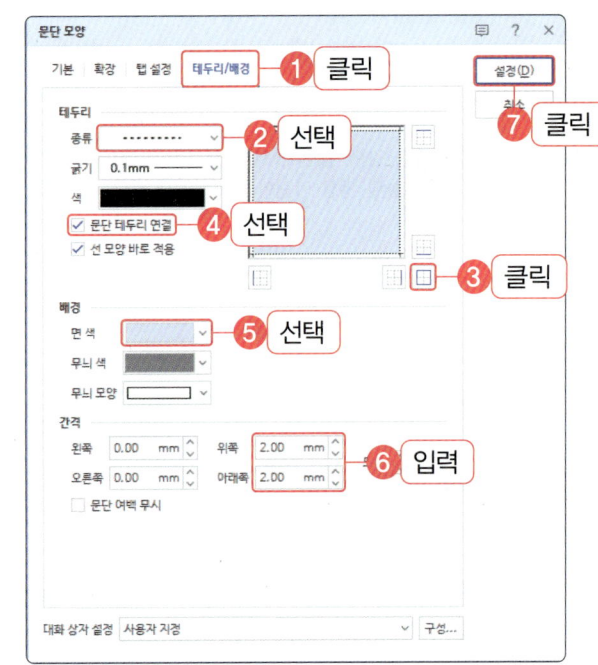

3 다음과 같이 문단 테두리/배경이 지정됩니다.

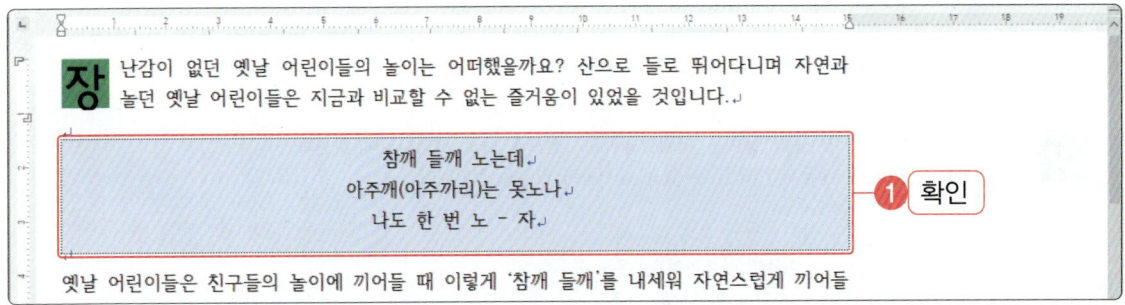

[문단 모양] 대화상자의 [테두리/배경] 탭에서 [문단 테두리 연결]을 선택 해제한 경우에는 문단별로 테두리가 표시됩니다.

📖 단계학습₩한글 2022₩기본 Study₩연습파일₩Ch07_연습.hwpx

1 다음과 같이 문단 첫 글자를 장식해 보세요.

- 1번째 문단 : 모양([2줄]), 글꼴(굴림체), 면 색(주황(RGB: 255,132,58)), 본문과의 간격(2)

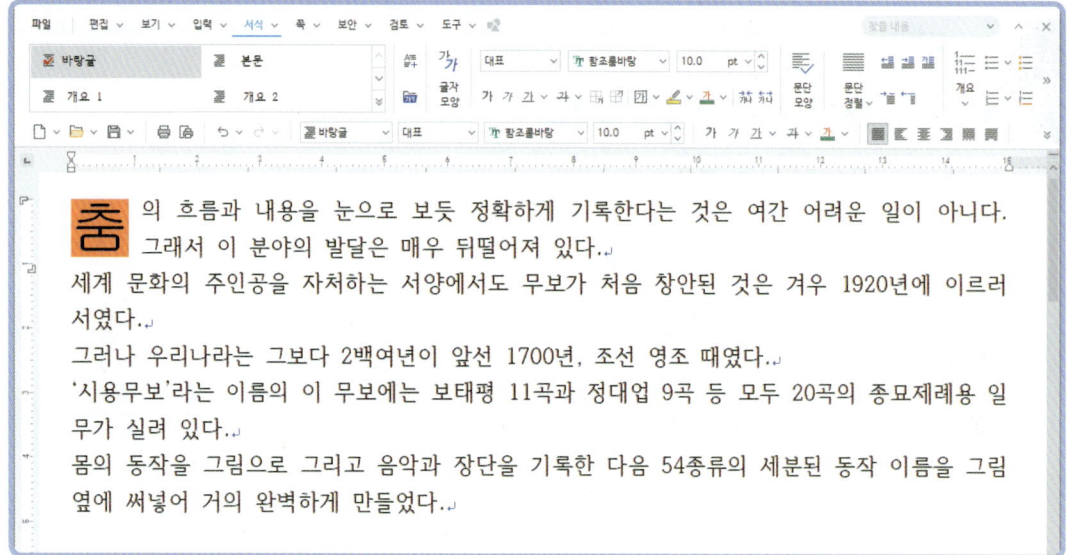

Hint
1번째 문단에 커서를 둔 후 [서식] 탭에서 [문단 첫 글자 장식]을 클릭하면 문단 첫 글자를 장식할 수 있습니다.

2 다음과 같이 문단 모양을 변경해 보세요.

- 4번째 문단 : 테두리 종류([파선]), 굵기(0.4mm), [모두], 면 색(보라(RGB: 157,92,187) 80% 밝게), 위쪽 간격(2)

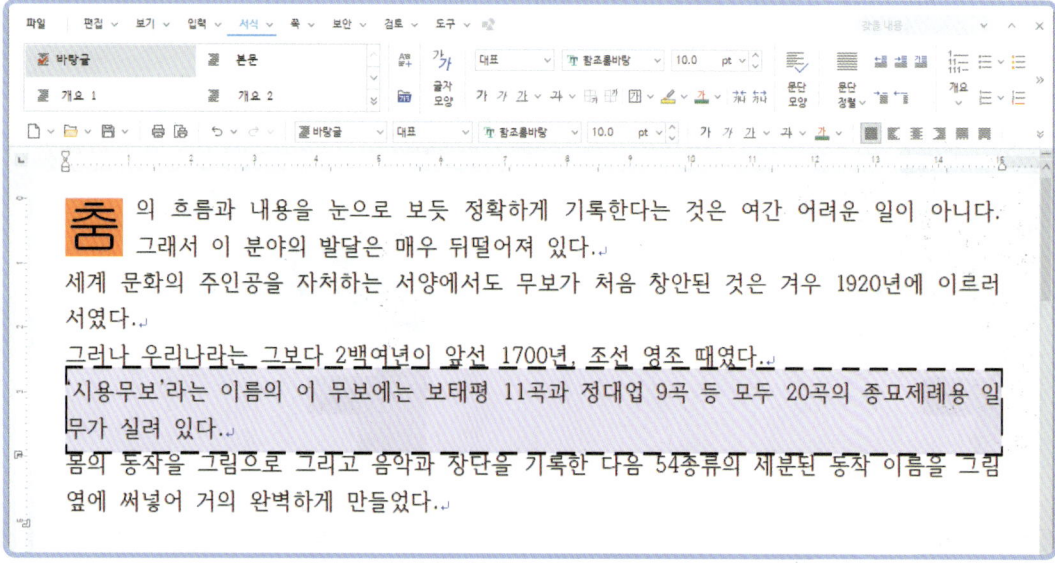

Chapter 07 - 문단 첫 글자 장식과 문단 테두리/배경 지정하기

기본 Study

Chapter 08

문단 번호와 글머리표 지정하기

문단 번호는 문단 앞에 붙이는 번호를 말하고, 글머리표는 문단 앞에 붙이는 기호를 말합니다. 여러 개의 내용을 나열할 때 문단 번호나 글머리표를 지정하면 내용을 일목요연하게 보여줄 수 있습니다.
그럼, 문단 번호와 글머리표를 지정하는 방법에 대해 알아보겠습니다.

미리보기

스페셜K 타악 부문 개요
- A. 일시 및 장소
  - ◆ 일시 : 9월 13일 오후6시
  - ◆ 장소 : NH아트홀
- B. 출연진 소개 및 순서
  - 1. 나래북
  - 2. 예빛
  - 3. 타악앙상블
  - 4. 솔바람

단계학습₩한글 2022₩기본 Study₩예제파일₩Ch08.hwpx

01 문단 번호 지정하기

1 문단 번호를 지정하기 위해 **2~9번째 문단을 블록으로 설정**한 후 [서식] 탭의 [목록] 단추를 클릭한 다음 [문단 번호 모양]을 클릭합니다.

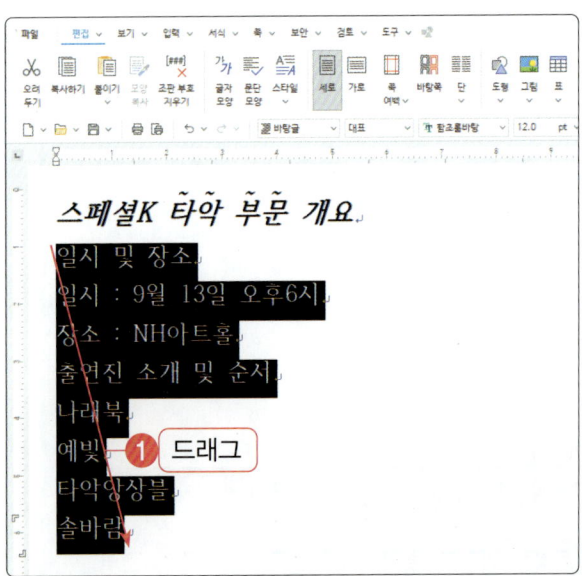

문단을 블록으로 설정한 후 [서식] 탭의 [목록] 단추를 클릭한 다음 [문단 번호 적용/해제]를 선택하거나 [서식] 탭에서 [문단 번호]를 선택하면 기본 문단 번호 모양(1. 가. 1) 가) (1) (가) ①)이 지정됩니다.

2 [글머리표 및 문단 번호] 대화상자가 나타나면 [문단 번호] 탭에서 **문단 번호 모양(1. 가. 1) 가))를 선택**한 후 **[사용자 정의] 단추를 클릭**합니다.

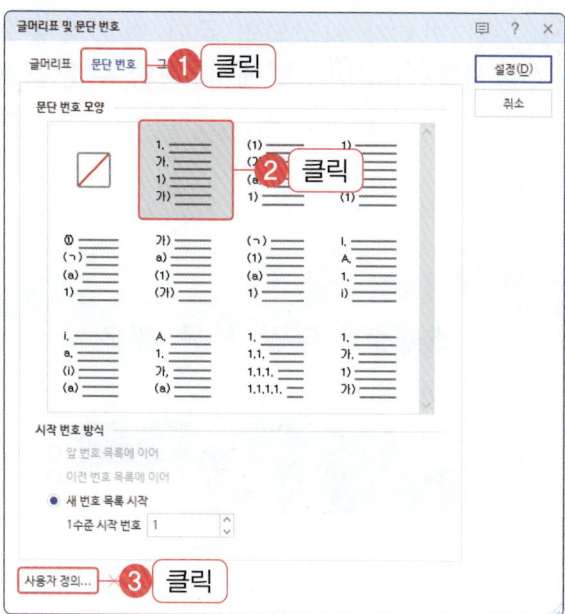

- [글머리표 및 문단 번호] 대화상자의 [문단 번호] 탭은 [서식] 탭에서 [문단 번호]의 [목록] 단추를 클릭한 후 [문단 번호 모양]을 클릭하여 나타나게 할 수도 있습니다.
- 문단 번호 모양을 '(없음)'으로 선택하면 문단 번호를 제거할 수 있습니다.

3 [문단 번호 사용자 정의 모양] 대화상자가 나타나면 **수준(1수준)을 선택**한 후 **번호 모양(A,B,C), 너비 조정(10), 정렬(오른쪽)을 지정**합니다. 그런다음 **수준(2수준)을 클릭**한 후 **번호 모양(1,2,3), 너비 조정(20), 정렬(오른쪽)을 지정**한 다음 **[설정] 단추를 클릭**합니다.

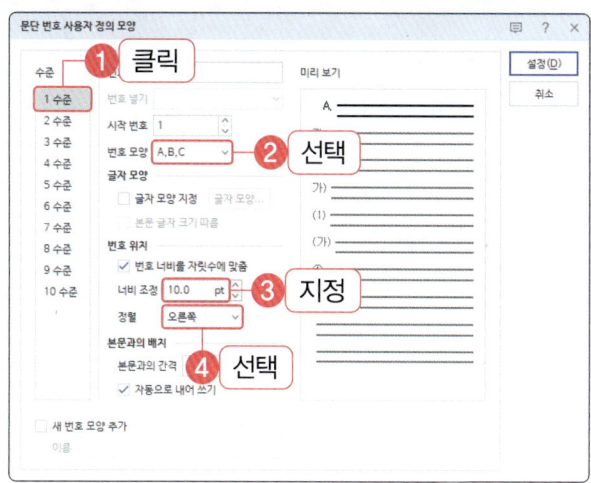 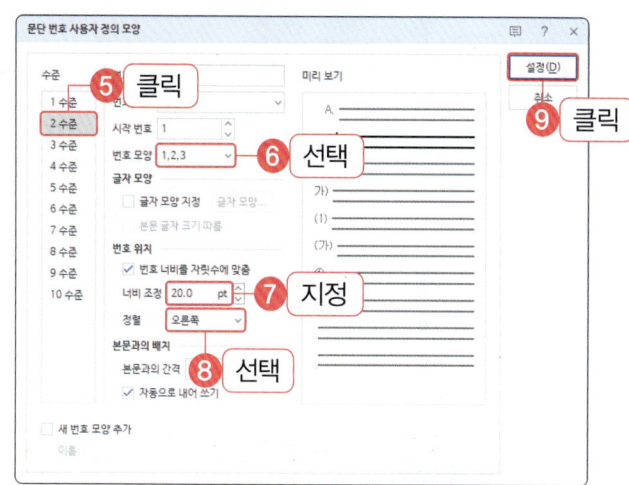

4 [문단 번호/글머리표] 대화상자가 다시 나타나면 **[설정] 단추를 클릭**합니다.

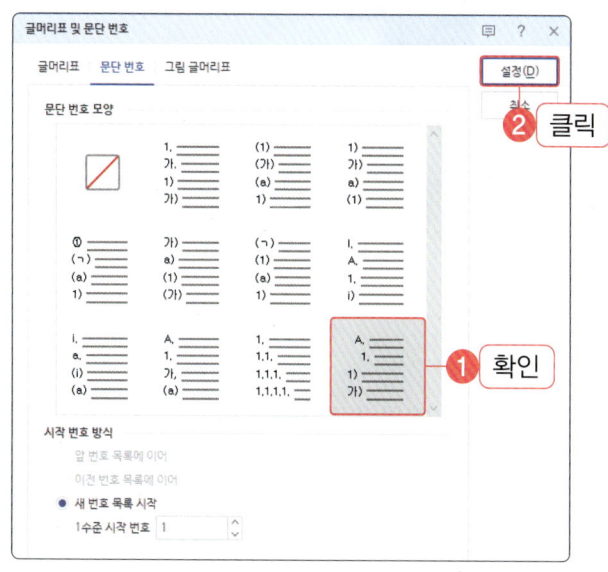

Chapter 08 – 문단 번호와 글머리표 지정하기 **47**

5 문단 번호가 지정되면 문단 번호 수준을 낮추기 위해 **3번째 문단과 4번째 문단을 블록으로 설정**한 후 [서식] 탭에서 **[한 수준 감소]를 클릭**합니다.

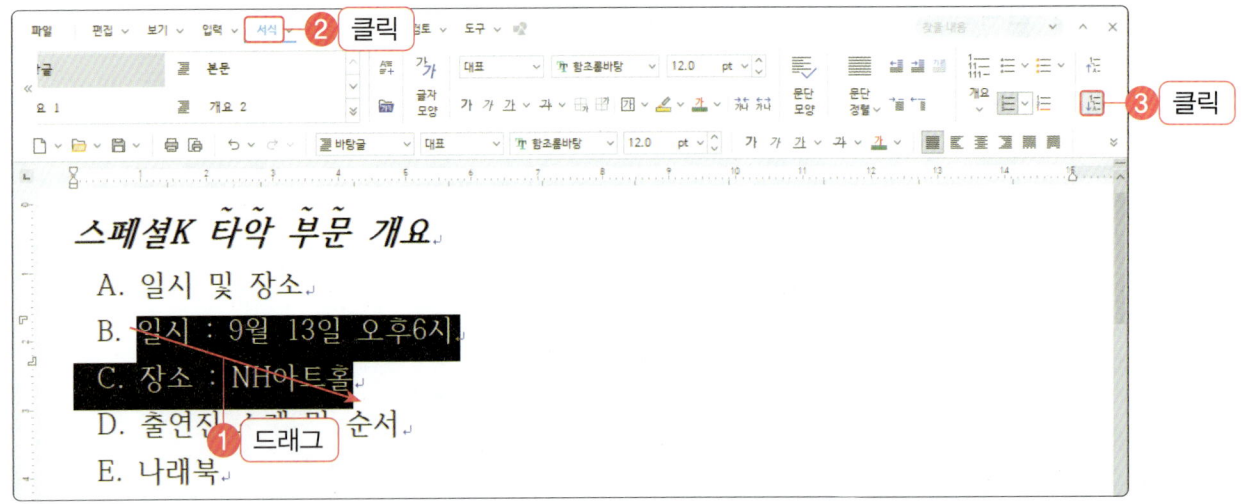

문단을 블록으로 설정한 후 [서식] 탭의 [목록] 단추를 클릭한 다음 [한 수준 감소]를 클릭하면 문단 번호 수준을 낮출 수 있습니다.

알고 넘어갑시다!

문단 번호를 새 번호로 시작하기

문단을 블록으로 설정한 후 [서식] 탭에서 [문단 번호 새 번호로 시작]을 클릭하면 블록으로 설정한 문단의 문단 번호를 새 번호로 시작할 수 있습니다.

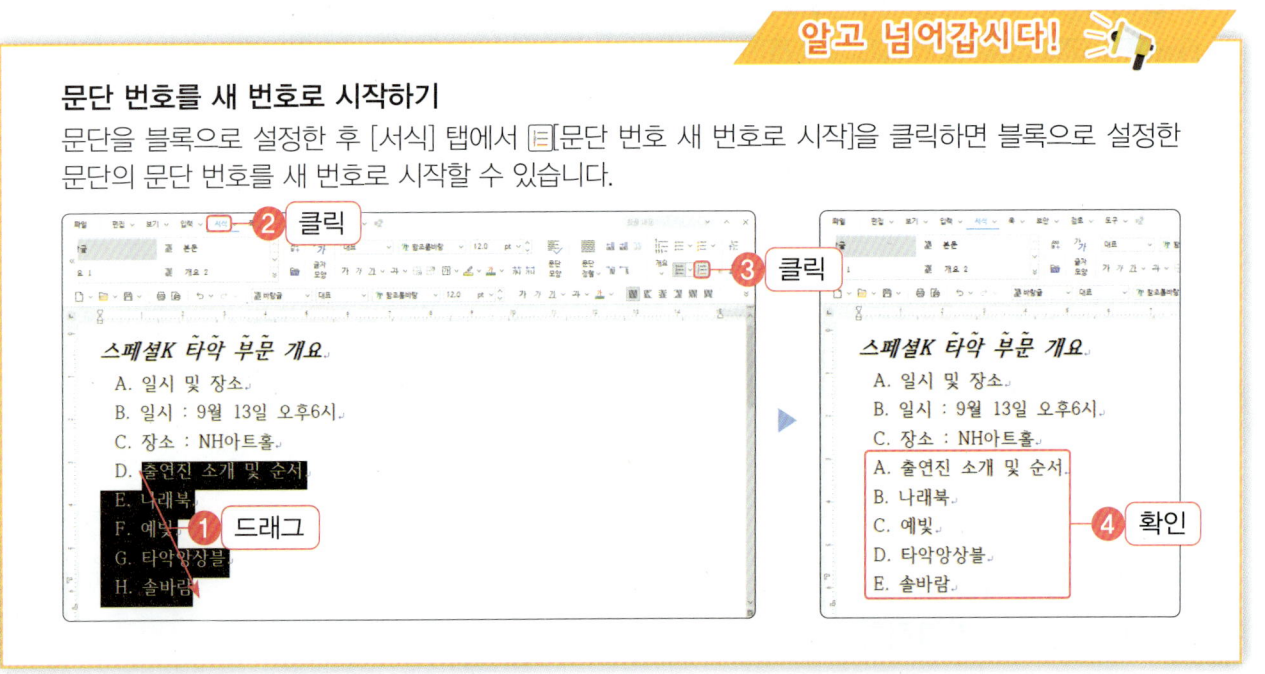

6 같은 방법으로 다음과 같이 **6~9번째 문단의 문단 번호 수준을 한 수준 낮춥**니다.

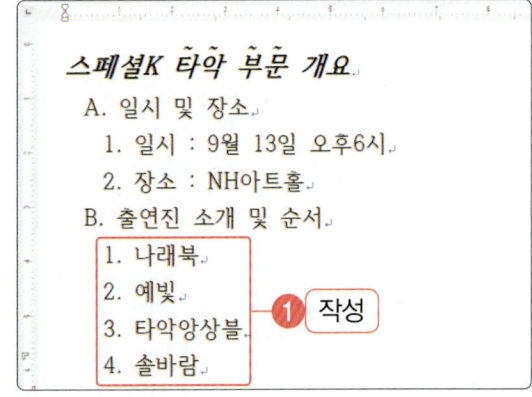

문단을 블록으로 설정한 후 [서식] 탭의 [목록] 단추를 클릭한 다음 [한 수준 증가]를 클릭하거나 [서식] 탭에서 [한 수준 증가]를 클릭하면 문단 번호 수준을 높일 수 있습니다.

02 글머리표 지정하기

1 글머리표를 지정하기 위해 **3~4번째 문단을 블록으로 설정**한 후 [서식] 탭의 [목록] 단추를 **클릭**한 다음 **[문단 번호 모양]을 클릭**합니다.

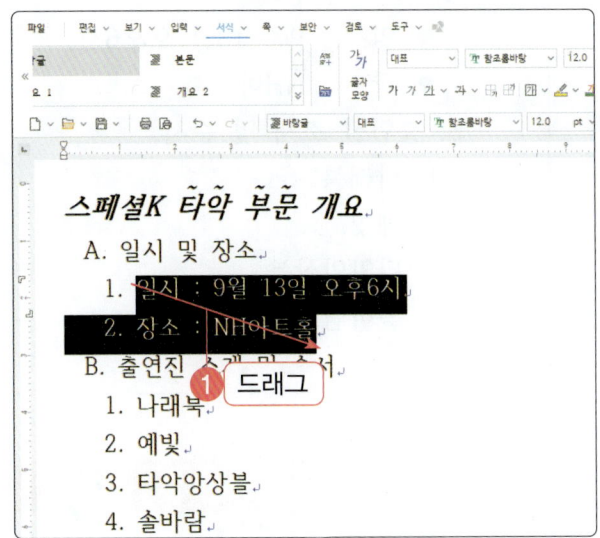 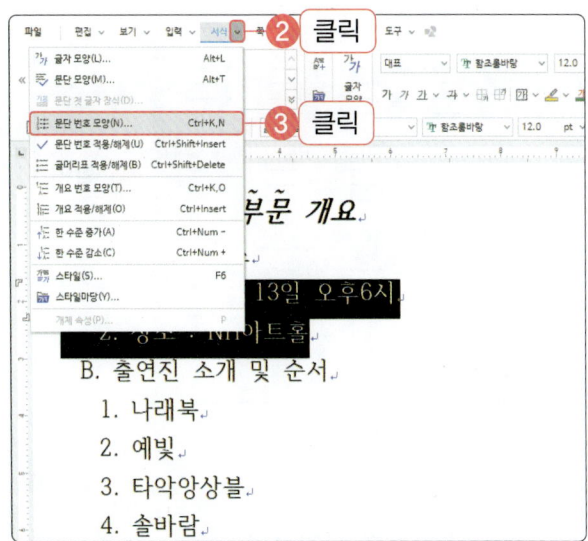

> 문단을 블록으로 설정한 후 [서식] 탭의 [목록] 단추를 클릭한 다음 [글머리표 적용/해제]를 선택하거나 [서식] 탭에서 [글머리표]를 선택하면 기본 글머리표(•)가 지정됩니다.

2 [문단 번호/글머리표] 대화상자가 나타나면 [글머리표] 탭에서 **글머리표 모양(◆)을 클릭**한 후 **[사용자 정의] 단추를 클릭**합니다.

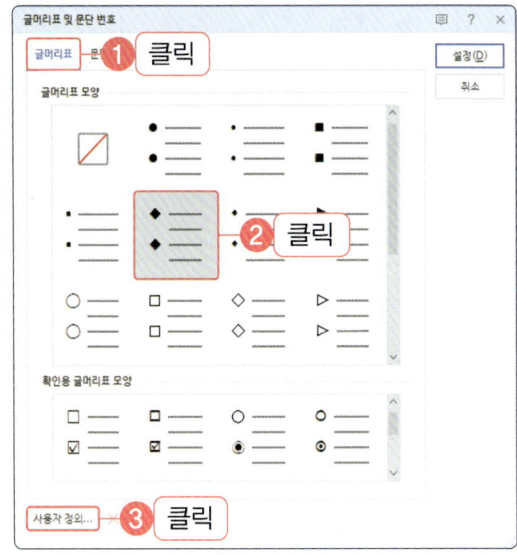

3 [글머리표 사용자 정의 모양] 대화상자가 나타나면 **너비 조정(20)과 정렬(오른쪽)을 지정**한 후 **[설정] 단추를 클릭**합니다.

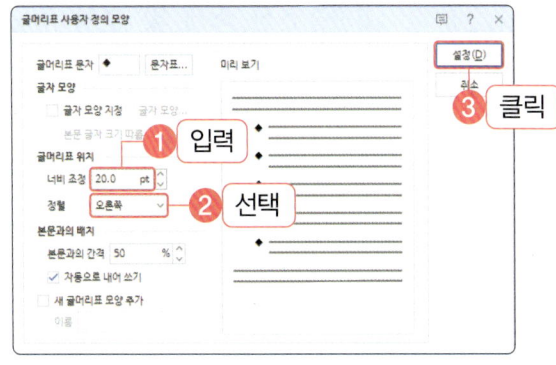

4 [문단 번호/글머리표] 대화상자가 다시 나타나면 **[설정]** 단추를 클릭합니다.

 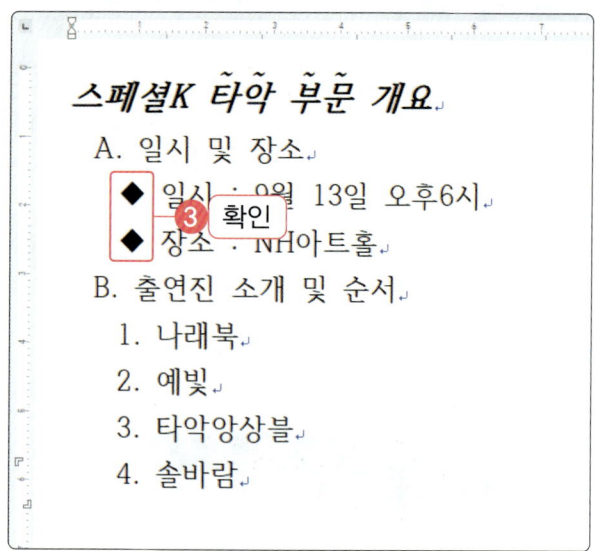

알고 넘어갑시다!

그림 글머리표 지정하기

[글머리표 및 문단 번호] 대화상자의 [그림 글머리표] 탭에서 그림 글머리표 모양을 선택하면 다음과 같이 해당 그림 글머리표를 지정할 수 있습니다.

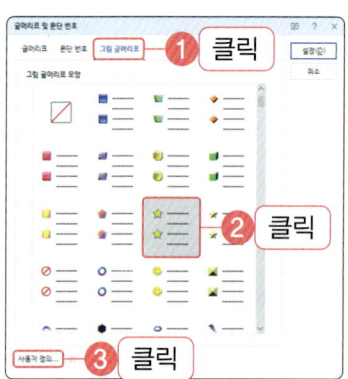 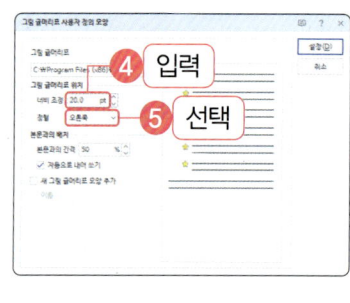 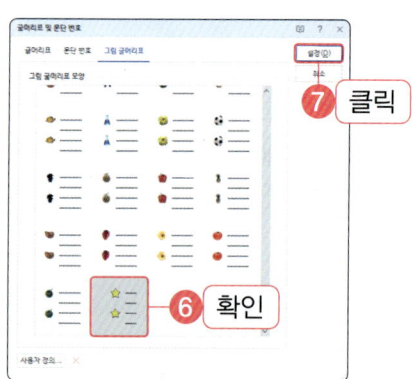

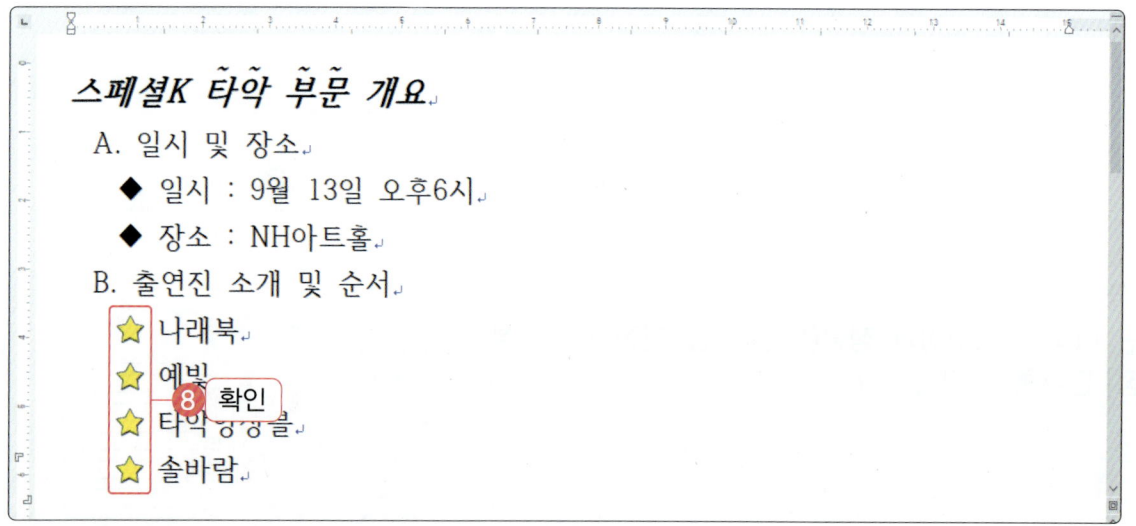

1 다음과 같이 문단 번호를 지정해 보세요.
- 2번째 문단/5번째 문단 : 수준(1수준), 번호 모양(가,나,다), 너비 조정(5), 정렬(오른쪽)
- 3번째 문단/4번째 문단/6~9번째 문단 : 수준(2수준), 번호 모양(a,b,c), 너비 조정(10), 정렬(오른쪽)

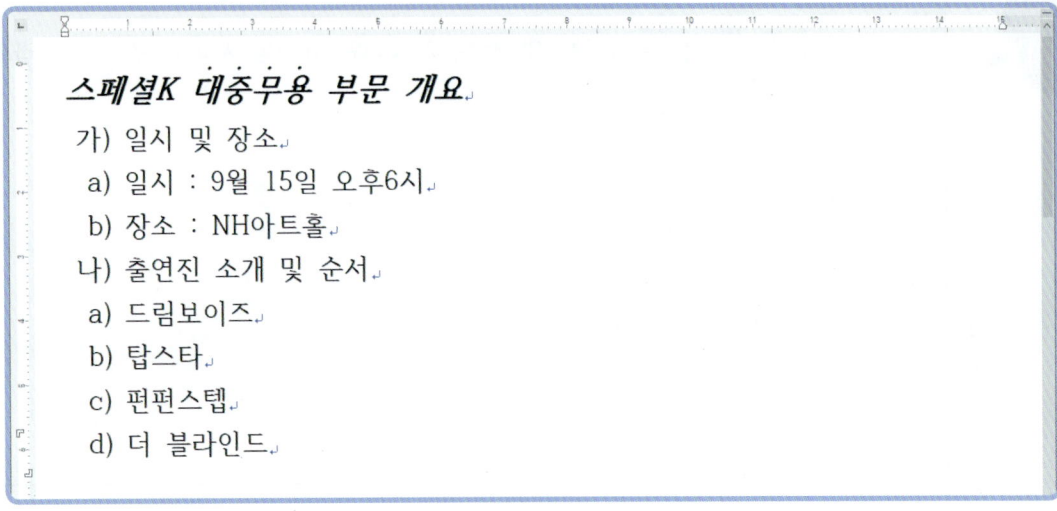

2 다음과 같이 문단 번호를 지정해 보세요.
- 2번째 문단/5번째 문단 : 문단 번호 제거
- 3번째 문단/4번째 문단 : 글머리표 모양(▶), 너비 조정(10), 정렬(오른쪽)

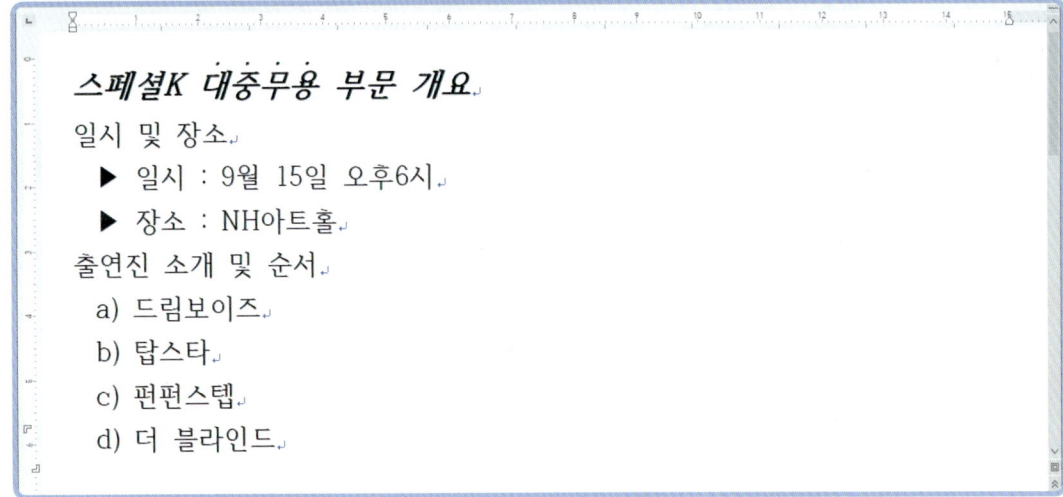

Hint 문단 번호 제거는 2번째 문단에 커서를 둔 후 [서식] 탭에서 [목록] 단추를 클릭한 후 [문단 번호 적용/해제]를 클릭합니다. 같은 방법으로 5번째 문단에도 [문단 번호 적용/해제]를 클릭하여 문단 번호를 제거합니다.

기본 Study

Chapter 09

스타일 사용 및 모양 복사하기

Hangul 2022

스타일은 글자 모양이나 문단 모양 등을 미리 지정하여 하나의 형식으로 만들어 놓은 것입니다. 스타일을 만들어 놓으면 글자 모양이나 문단 모양 등을 한 번에 지정할 수 있습니다.
그럼, 스타일을 사용하고 모양을 복사하는 방법에 대해 알아보겠습니다.

미리보기

○ 프랑스(France)는 유럽 대륙의 서부, 지중해와 대서양 사이에 위치한 나라로 정식 명칭은 프랑스공화국이다.

• 수도 : 파리
• 공용어 : 프랑스어
• 통화 : 유로화(Euro)
• 면적 : 674,843㎢
• 인구 : 65,630,692명(2025년)

단계학습₩한글 2022₩기본 Study₩예제파일₩Ch09.hwpx

01 스타일 사용하기

1 스타일을 만들기 위해 [서식] 탭의 [목록] 단추를 클릭한 후 [스타일](또는 F6)을 클릭합니다.

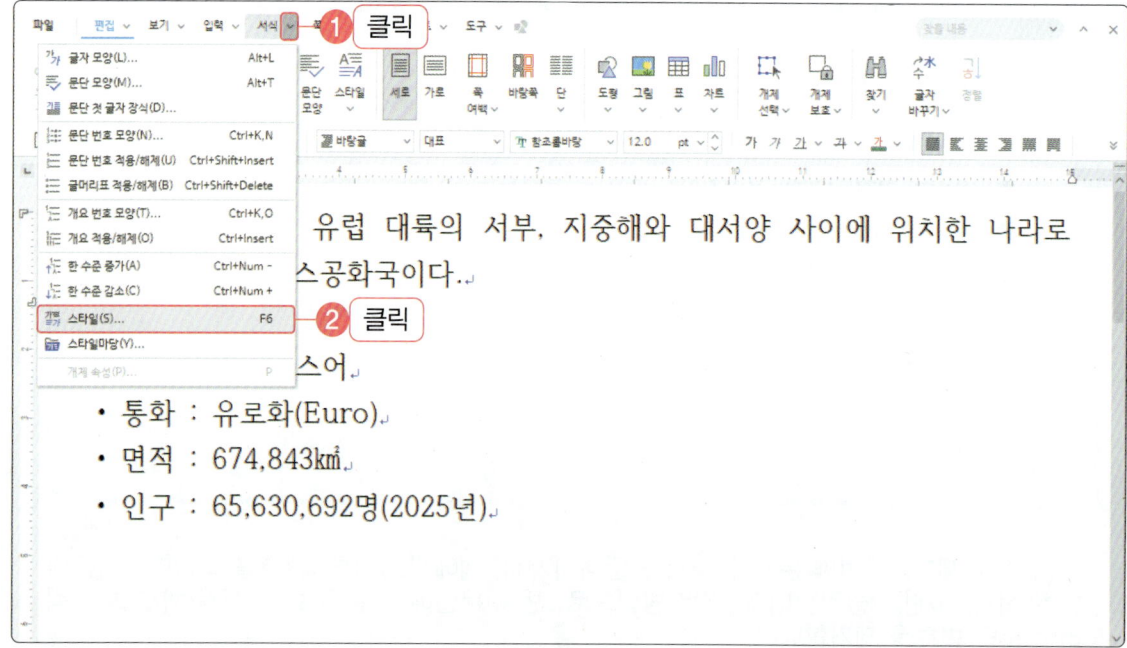

2 [스타일] 대화상자가 나타나면 ⊞[스타일 추가하기]를 클릭합니다.

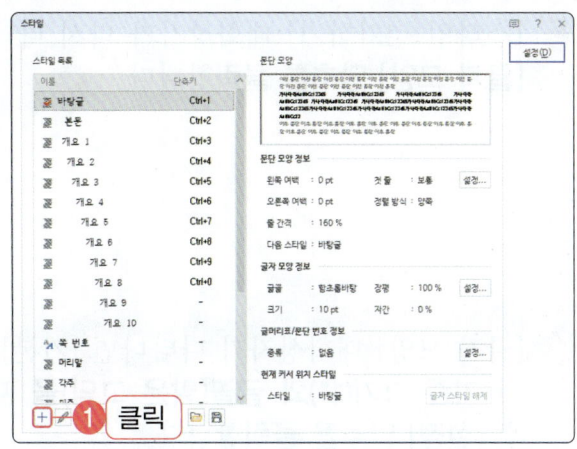

- ✏[스타일 편집하기] : 스타일 목록에서 선택한 스타일을 수정할 수 있습니다.
- ✕[스타일 지우기] : 스타일 목록에서 선택한 스타일을 삭제할 수 있습니다.

3 [스타일 추가하기] 대화상자가 나타나면 **스타일 이름(프랑스)을 입력**한 후 **스타일 종류(문단)를 선택**한 다음 **[문단 모양] 단추를 클릭**합니다.

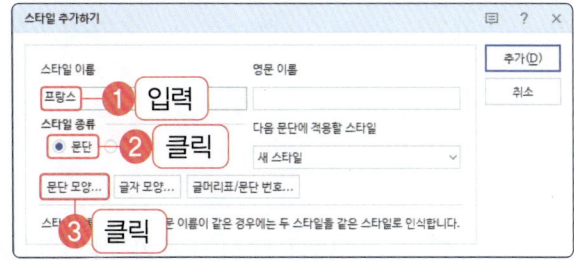

스타일 종류 알아보기
- 문단 스타일 : 문단 기준으로 글자 모양, 문단 모양, 문단 번호, 글머리표 등을 미리 지정할 수 있습니다.
- 글자 스타일 : 글자 기준으로 글자 모양을 미리 지정할 수 있습니다.

4 [문단 모양] 대화상자가 나타나면 [기본] 탭에서 **문단 아래(5)를 입력**한 후 **[설정] 단추를 클릭**합니다.

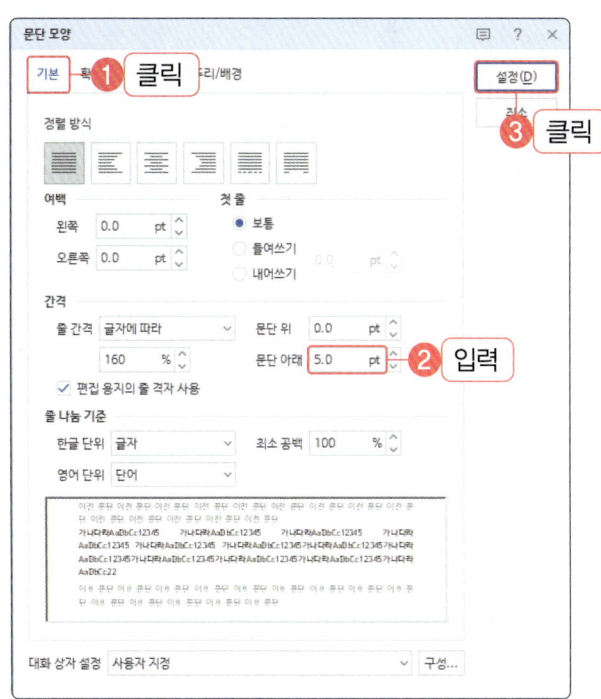

Chapter 09 - 스타일 사용 및 모양 복사하기 **53**

5 [스타일 추가하기] 대화상자가 다시 나타나면 [글자 모양] 단추를 클릭합니다.

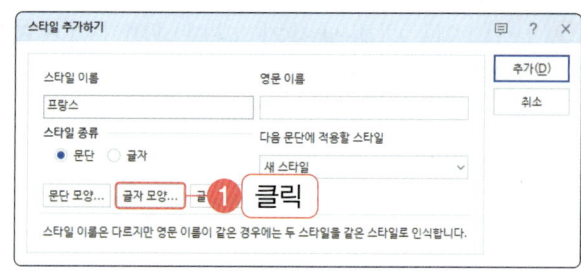

6 [글자 모양] 대화상자가 나타나면 [기본] 탭에서 **기준 크기(11)와 글꼴(맑은 고딕)을 지정**한 후 [설정] 단추를 클릭합니다.

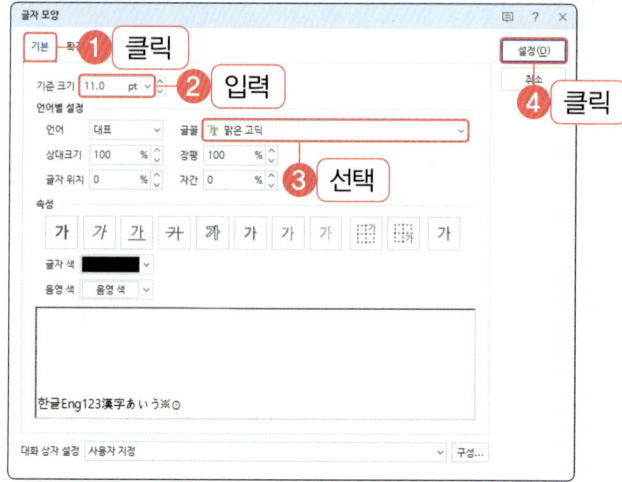

7 [스타일 추가하기] 대화상자가 다시 나타나면 [글머리표/문단 번호] 단추를 클릭합니다.

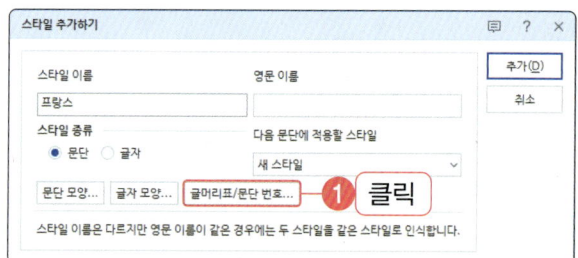

8 [글머리표 및 문단번호] 대화상자가 나타나면 [그림 글머리표] 탭에서 **그림 글머리표 모양(▦)을 선택**한 후 [설정] 단추를 클릭합니다.

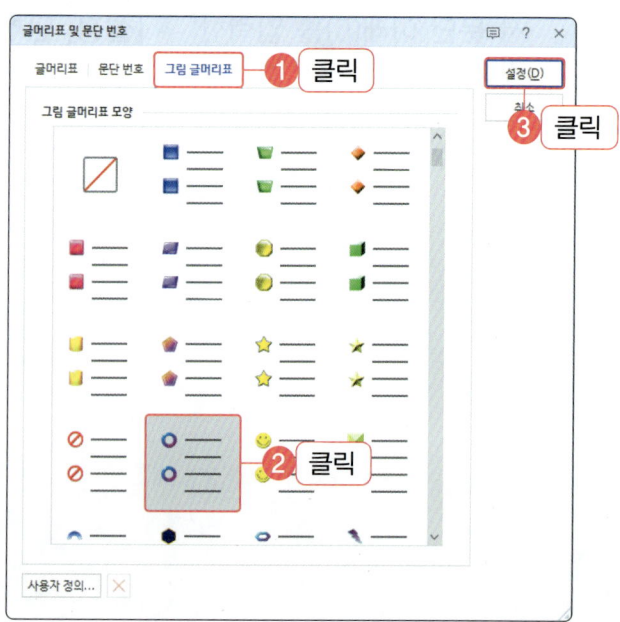

9 [스타일 추가하기] 대화상자가 다시 나타나면 [추가] 단추를 클릭합니다.

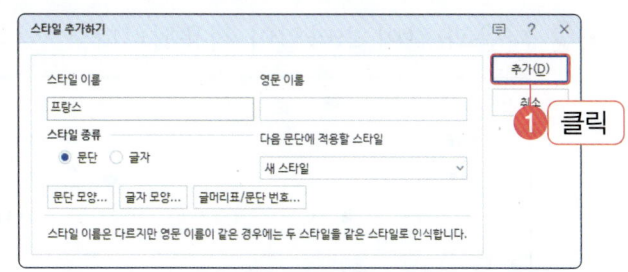

10 [스타일] 대화상자가 다시 나타나면 ✕[닫기] 단추를 클릭합니다.

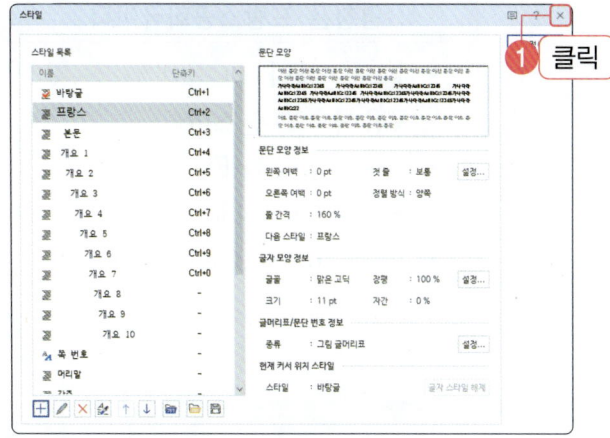

- [설정] 단추를 클릭하면 현재 커서가 위치한 문단에 '프랑스' 스타일이 적용됩니다. 현재 커서가 위치한 문단에 '프랑스' 스타일을 적용하지 않기 위해 ✕[닫기] 단추를 클릭한 것입니다.
- [문단 스타일]은 ≣ 아이콘으로 표시되고, [글자 스타일]은 🅰 아이콘으로 표시됩니다.

11 스타일을 적용하기 위해 **1번째 문단에 커서**를 둔 후 [서식] 탭에서 **스타일(프랑스)을 클릭**합니다.

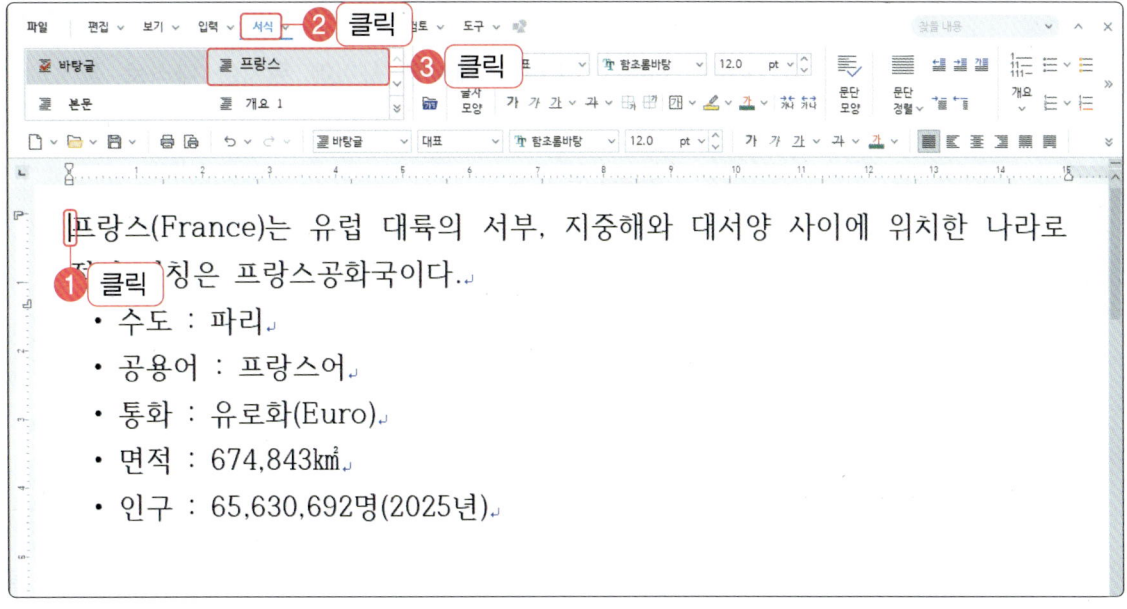

[서식] 탭의 ⌄[목록] 단추를 클릭한 후 [스타일](또는 F6)을 클릭합니다. 그런다음 [스타일] 대화상자가 나타나면 스타일(프랑스)을 선택한 후 [설정] 단추를 클릭합니다.

12 다음과 같이 스타일이 적용됩니다.

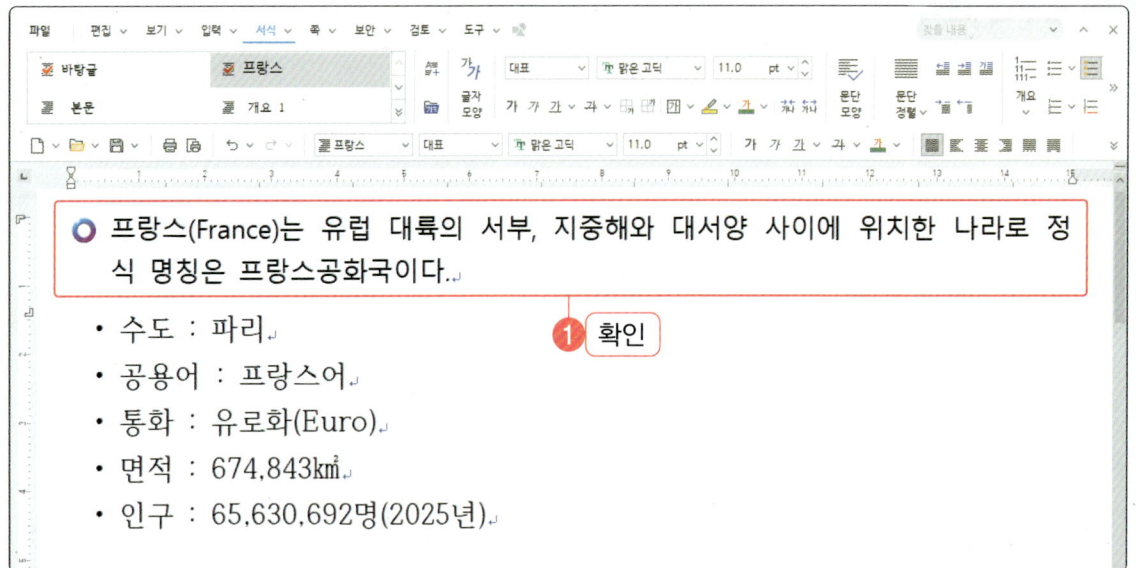

알고 넘어갑시다!

스타일 작업 창을 사용하여 바로 스타일 적용하기

[보기] 탭의 [목록] 단추를 클릭한 후 [작업 창]–[스타일]을 클릭하면 스타일 작업 창이 나타납니다. 스타일을 적용할 문단에 커서를 위치하고 스타일 작업 창에서 지정할 스타일을 선택하면 바로 해당 스타일을 적용할 수 있습니다.

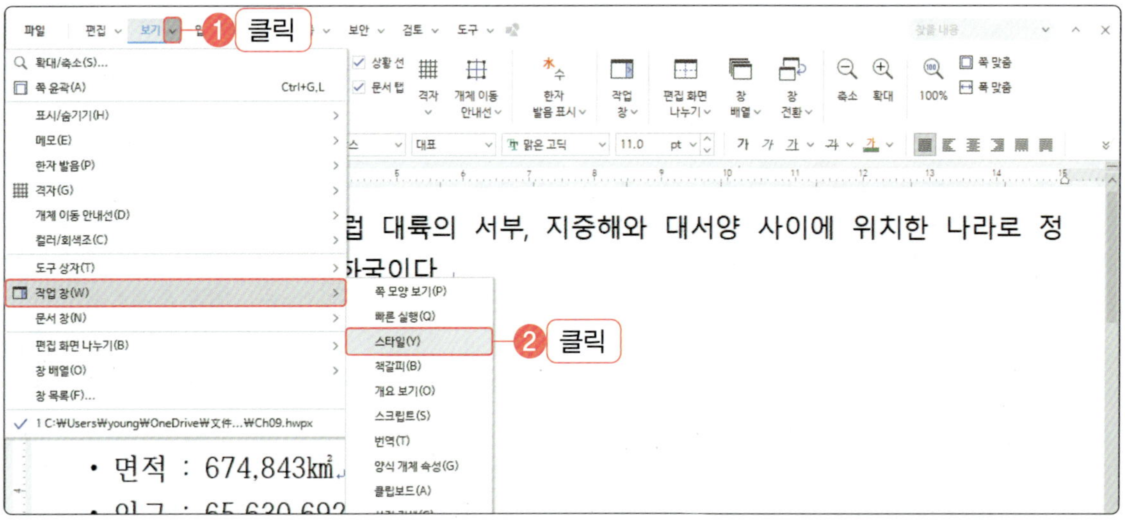

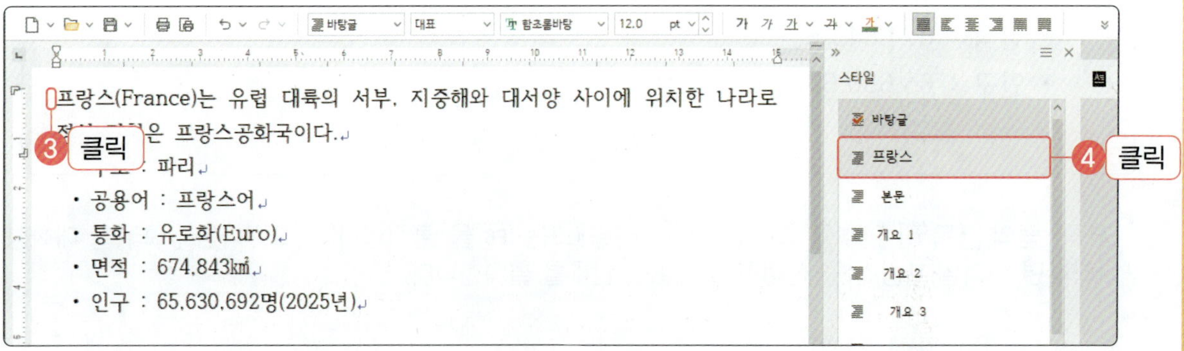

02 모양 복사하기

1 글자 모양을 지정하기 위해 '수도'를 블록으로 설정한 후 [서식] 탭에서 가[진하게]를 클릭한 다음 **글자 색(하늘색(RGB: 97,130,214))을 선택**합니다.

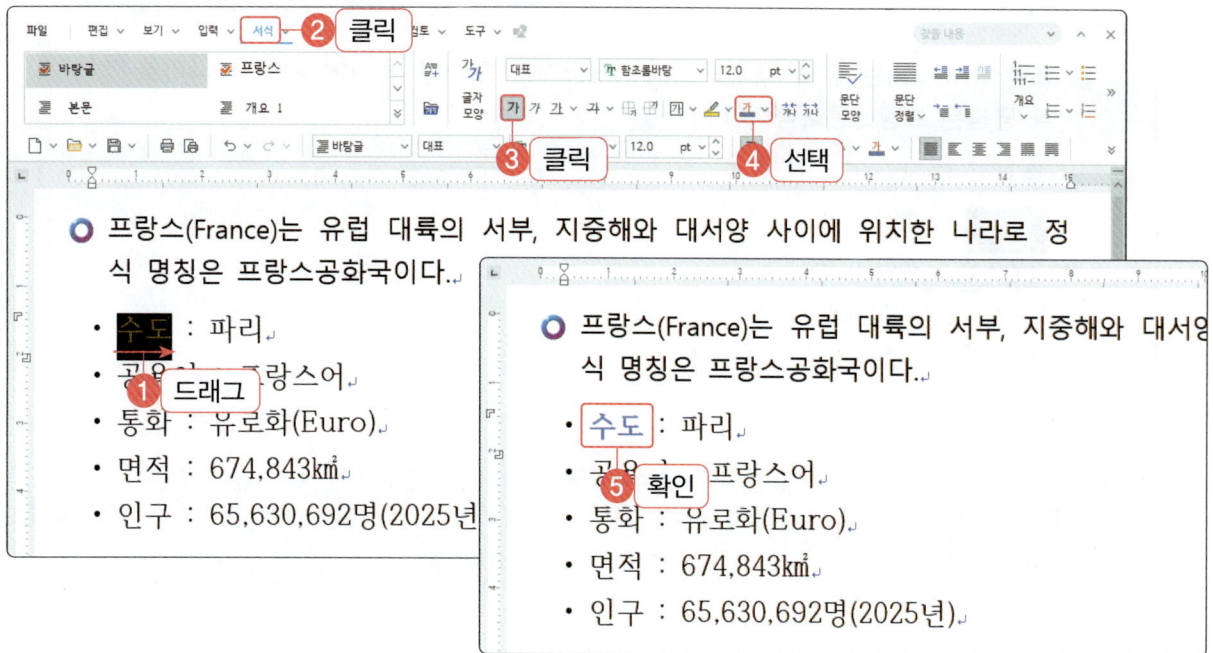

2 모양을 복사하기 위해 '수도' 뒤에 커서를 둔 후 [편집] 탭에서 [모양 복사](또는 Alt+C)를 클릭합니다.

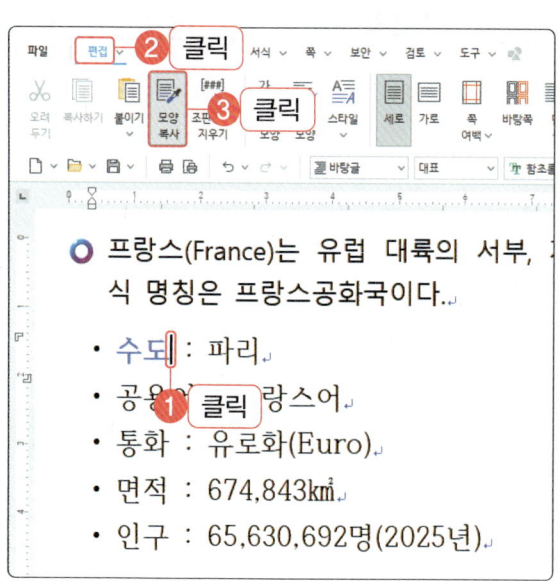

'수도' 뒤에 커서를 둔 후 [편집] 탭의 [목록] 단추를 클릭한 다음 [모양 복사]를 클릭하거나 Alt+C를 눌러 모양을 복사할 수도 있습니다.

3 [모양 복사] 대화상자가 나타나면 **[글자 모양]을 선택**한 후 **[복사] 단추를 클릭**합니다.

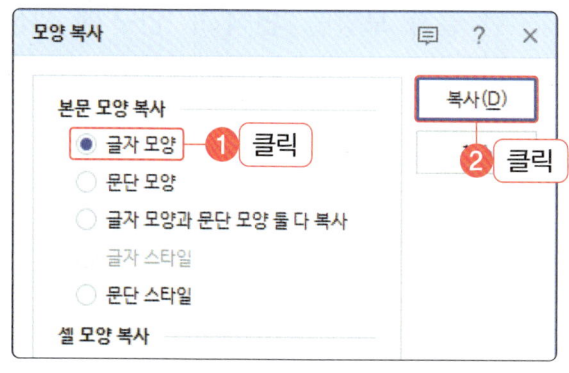

4 '공용어'를 블록으로 설정한 후 [편집] 탭에서 [모양 복사](또는 Alt+C)를 클릭합니다.

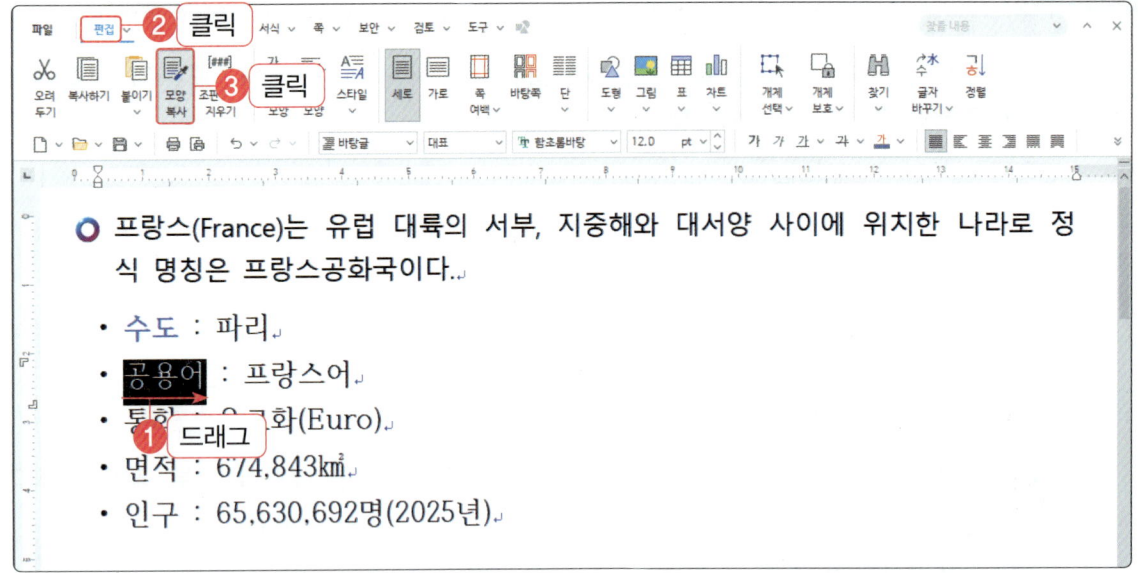

> 내용 뒤에 커서를 위치시킨 후 [편집] 탭에서 [모양 복사]를 클릭하면 커서 앞에 있는 내용의 모양이 복사되고, 내용을 블록으로 설정한 후 [편집] 탭에서 [모양 복사]를 클릭하면 복사한 모양이 블록으로 설정한 내용에 지정됩니다.

5 '통화'를 블록으로 설정한 후 [편집] 탭에서 [모양 복사](또는 Alt+C)를 클릭합니다.

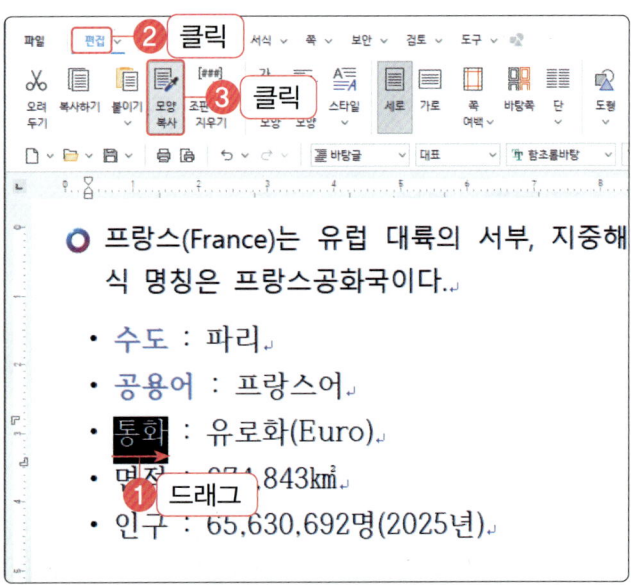

> 모양 복사는 가장 마지막에 복사한 모양을 기억합니다. 따라서 '수도'에 지정한 글자 모양을 다시 복사하지 않아도 '수도'에 지정한 글자 모양이 '통화'에 지정됩니다.

6 같은 방법으로 다음과 같이 '수도'에 지정한 글자 모양을 **'면적'과 '인구'에 지정**합니다.

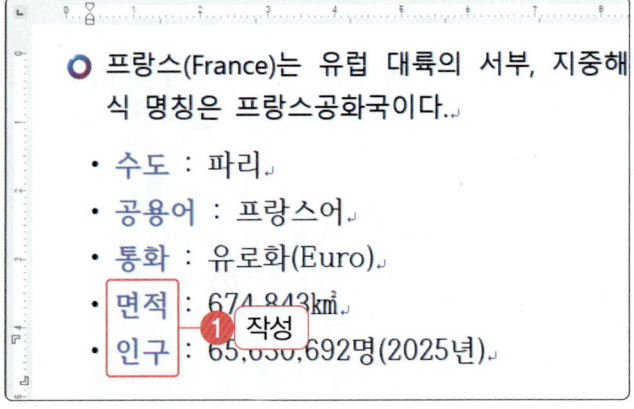

📁 단계학습₩한글 2022₩기본 Study₩연습파일₩Ch09_연습.hwpx

1 다음과 같이 스타일을 만든 후 '유럽 대륙의 중부에 위치한 나라'에 스타일을 적용해 보세요.

- 독일 스타일 : 스타일 종류(글자),
  글자 모양 : 글꼴(맑은 고딕), 속성(가[진하게]), 글자 색(보라(RGB: 157,92,187))

독일(Germany)은 **유럽 대륙의 중부에 위치한 나라**로 정식 명칭은 독일연방공화국이다.
- 수도 : 베를린
- 공용어 : 독일어
- 통화 : 유로화(Euro)
- 면적 : 357,022㎢
- 인구 : 84,552,242명(2025년)

Hint
'유럽 대륙의 중부에 위치한 나라'를 블록으로 설정한 후 스타일 작업 창에서 '독일' 스타일을 선택하면 '유럽 대륙의 중부에 위치한 나라'에 '독일' 스타일을 적용할 수 있습니다.

2 다음과 같이 '수도'에 글자 모양을 지정한 후 모양 복사를 사용하여 '수도'에 지정한 글자 모양을 '공용어', '통화', '면적', '인구'에 지정해 보세요.

- 수도 : 글꼴(맑은 고딕), 속성(가[진하게]), 글자 색(하늘색(RGB: 97,130,214) 50% 어둡게)

독일(Germany)은 **유럽 대륙의 중부에 위치한 나라**로 정식 명칭은 독일연방공화국이다.
- **수도** : 베를린
- **공용어** : 독일어
- **통화** : 유로화(Euro)
- **면적** : 357,022㎢
- **인구** : 84,552,242명(2025년)

Chapter 09 – 스타일 사용 및 모양 복사하기

기본 Study

Chapter 10

블록 계산 및 정렬하기

블록 계산은 블록으로 설정한 내용에 있는 숫자들의 합계나 평균을 구하는 기능이고, 정렬은 블록으로 설정한 내용을 일정한 순서에 의해 차례대로 재배열하는 기능입니다.
그럼, 블록 계산하고 정렬하는 방법에 대해 알아보겠습니다.

미리 보기

단계학습₩한글 2022₩기본 Study₩예제파일₩Ch10.hwpx

01 블록 계산하기

1 합계를 구하기 위해 **10월의 경부선, 호남선, 경전선, 전라선 여객수송현황을 블록으로 설정**한 후 [도구] 탭에서 [블록 계산]-[블록 합계]를 클릭합니다.

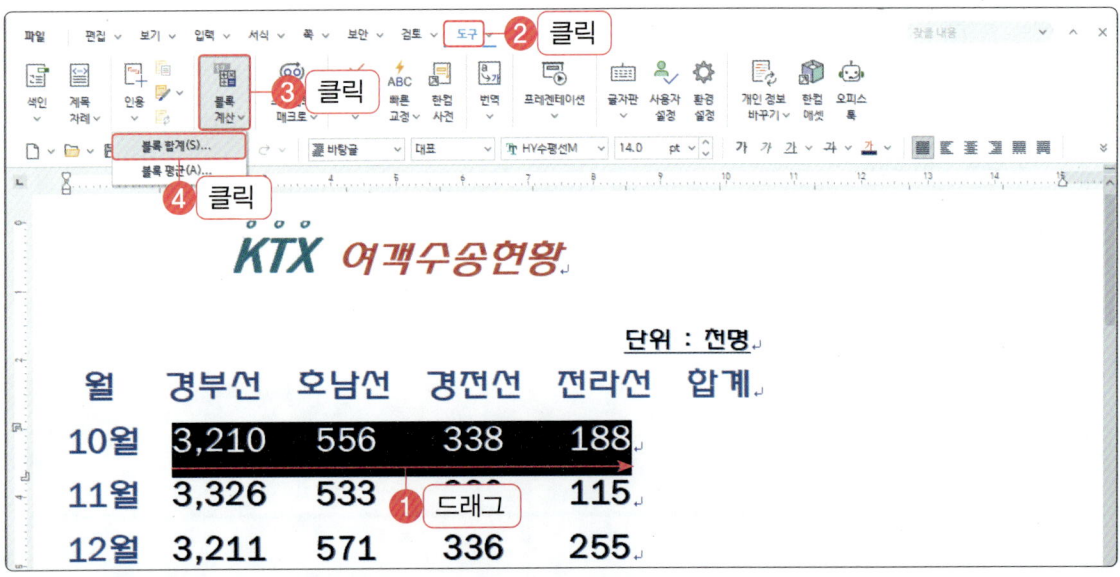

10월의 경부선, 호남선, 경전선, 전라선 여객수송현황을 블록으로 설정한 후 [도구] 탭의 [목록] 단추를 클릭한 다음 [블록 계산]-[블록 합계]를 클릭하여 합계를 구할 수도 있습니다.

2 [블록 계산 결과] 대화상자가 나타나면 [합계]를 선택한 후 [세 자리마다 쉼표로 자리 구분]을 선택한 다음 [넣기] 단추를 클릭합니다.

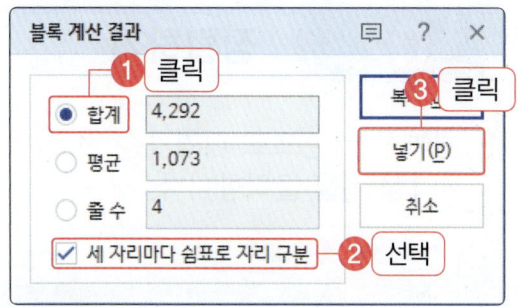

> 블록으로 설정한 내용 중에서 글자와 괄호([], {}, ()) 안에 있는 내용은 무시하고 계산합니다.

3 합계가 넣어지면 합계를 띄우기 위해 **합계 앞에 커서를 둔 후** SpaceBar 를 세 번 누릅니다.

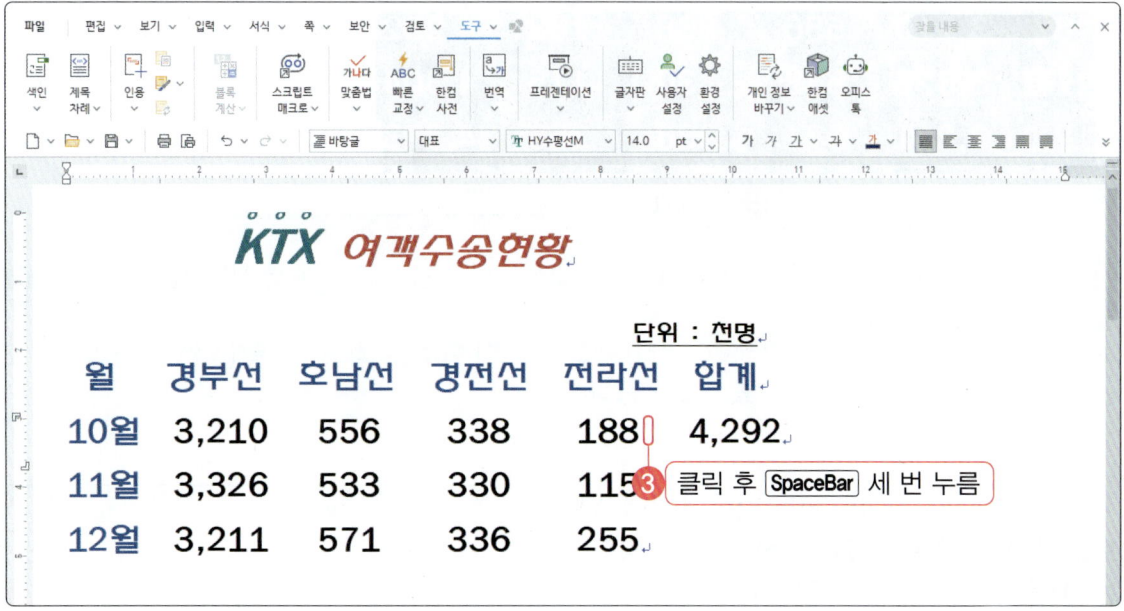

4 같은 방법으로 다음과 같이 합계를 구합니다.

Chapter 10 – 블록 계산 및 정렬하기 **61**

02 정렬하기

1 합계를 기준으로 내림차순 정렬하기 위해 **4~6번째 문단을 블록으로 설정**한 후 **[편집] 탭**에서 **[정렬]을 클릭**합니다.

- 정렬에는 작은 값에서 큰 값 순으로 재배열하는 오름차순 정렬과 큰 값에서 작은 값 순으로 재배열하는 내림차순 정렬이 있습니다.
- 4~6번째 문단을 블록으로 설정한 후 [편집] 탭의 [목록] 단추를 클릭한 다음 [정렬]을 클릭하여 호남선을 기준으로 내림차순 정렬을 할 수도 있습니다.

2 [정렬] 대화상자가 나타나면 **기준 1에서 위치(필드6)와 형식(숫자(987))을 선택**한 후 **필드 구분(빈칸)을 선택**한 다음 **[연속된 구분 기호 무시]를 선택**하고 **[실행] 단추를 클릭**합니다.

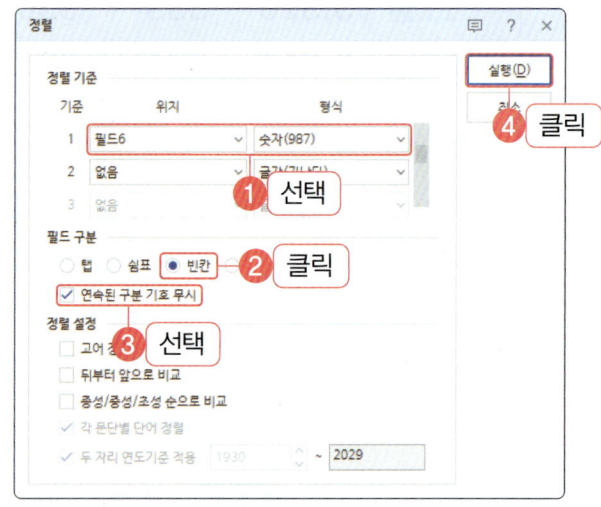

- 필드는 세로 방향에 있는 자료로 월, 경부선, 호남선, 경전선, 전라선, 합계 등을 말합니다.
- [연속된 구분 기호 무시]를 선택하면 필드 사이에 필드 구분자(빈칸)가 여러 개 있는 경우, 하나만 있는 것으로 간주하여 필드를 구분합니다.
- '필드6'은 6번째 필드(합계)를 말하고, '숫자(987)'은 큰 숫자에서 작은 숫자 순으로 재배열하는 내림차순 정렬을 말합니다.

3 다음과 같이 합계를 기준으로 내림차순 정렬됩니다.

연습문제 Exercise

📄 단계학습₩한글 2022₩기본 Study₩연습파일₩Ch10_연습.hwpx

1 다음과 같이 블록 계산을 사용하여 평균을 구해 보세요.

가족과 함께하는 시간

단위 : 분

구분	남자	여자	평균
가족보살피기	20	40	30
식사	34	40	37
가사	27	99	63
관련이동시간	27	29	28

2 다음과 같이 정렬을 사용하여 평균을 기준으로 내림차순 정렬을 해 보세요.

가족과 함께하는 시간

단위 : 분

구분	남자	여자	평균
가사	27	99	63
식사	34	40	37
가족보살피기	20	40	30
관련이동시간	27	29	28

Hint
4~7번째 문단을 블록으로 설정한 후 [도구] 탭에서 [정렬]을 클릭하면 평균을 기준으로 내림차순 정렬을 할 수 있습니다.

탭 지정하기

단계학습₩한글 2022₩기본 Study₩예제파일₩Sp01.hwpx

문서를 작성할 때 일정한 간격으로 띄어서 입력해야 하는 경우 [SpaceBar]를 사용하는 것보다 [Tab]을 사용하는 것이 편리합니다. 한글에서는 [Tab]을 누를 때 띄우는 간격을 지정할 수 있습니다.
그럼, 탭을 지정하는 방법에 대해 알아보겠습니다.

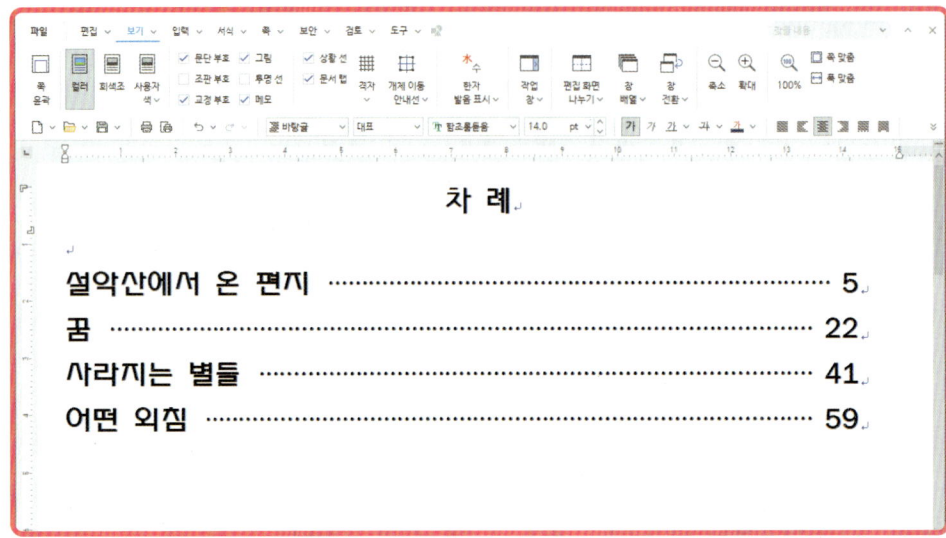

1 탭을 지정하기 위해 **커서를 3번째 문단에 위치**시키고, [서식] 탭의 **[목록] 단추를 클릭**한 후 [문단 모양](또는 [Alt]+[T])을 클릭합니다.

2 [문단 모양] 대화상자가 나타나면 [탭 설정] 탭에서 **탭 종류(오른쪽)와 채울 모양(점선)을 선택**한 후 **탭 위치(370)를 입력**한 다음 **[추가] 단추를 클릭**하여 탭이 탭 목록에 추가되면 **[설정] 단추를 클릭**합니다.

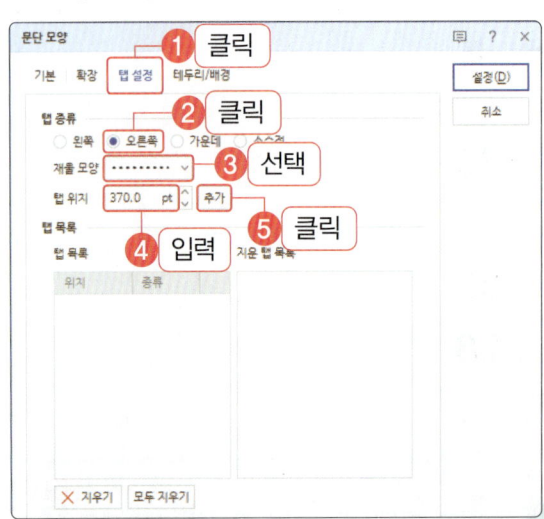
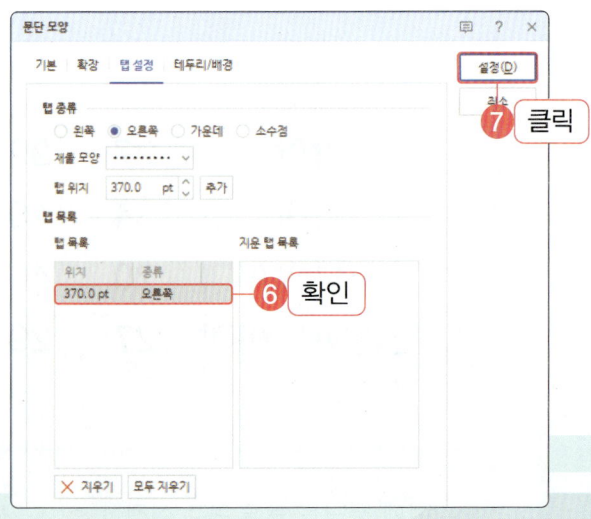

- [지우기] : 탭 목록에서 선택한 탭을 지웁니다.
- [모두 지우기] : 탭 목록의 모든 탭을 지웁니다.

3 탭이 지정되면 3번째 문단에 '**설악산에서 온 편지**'를 **입력**한 후 Tab 을 누릅니다. 탭 간격만큼 점선으로 표시되면 '**5**'를 **입력**한 후 Enter 를 누릅니다. 같은 방법으로 다음과 같이 **내용을 입력**합니다.

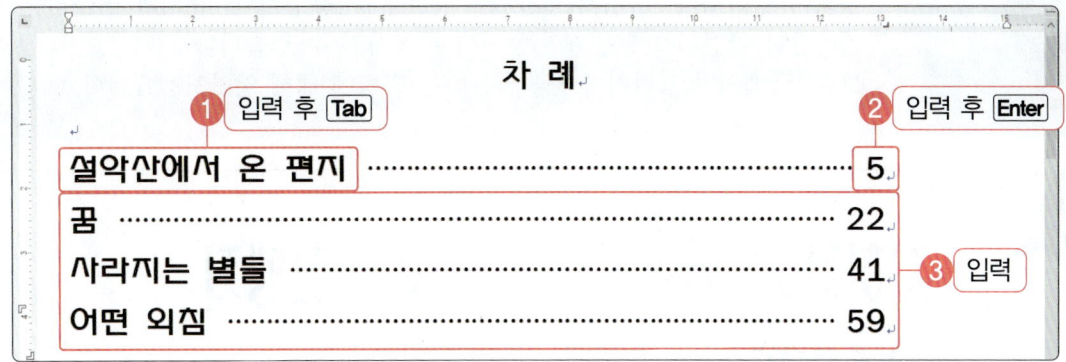

- 가로 눈금자에 왼쪽 탭은 ⌊ 모양, 오른쪽 탭은 ⌋ 모양, 가운데 탭은 ⊥ 모양, 소수점 탭은 ⊥ 모양으로 표시됩니다. 여기서는 370pt 위치에 오른쪽 탭을 지정하였으므로 가로 눈금자의 370pt 위치에 ⌋ 모양이 표시됩니다.
- 가로 눈금자는 [보기] 메뉴의 [문서창]–[가로 눈금자]가 체크되어 있어야 표시됩니다.

4 오른쪽 탭의 위치를 변경하기 위해 **3~6번째 문단을 블록으로 설정**한 후 다음과 같이 ⌋[**오른쪽 탭**]을 **드래그**합니다.

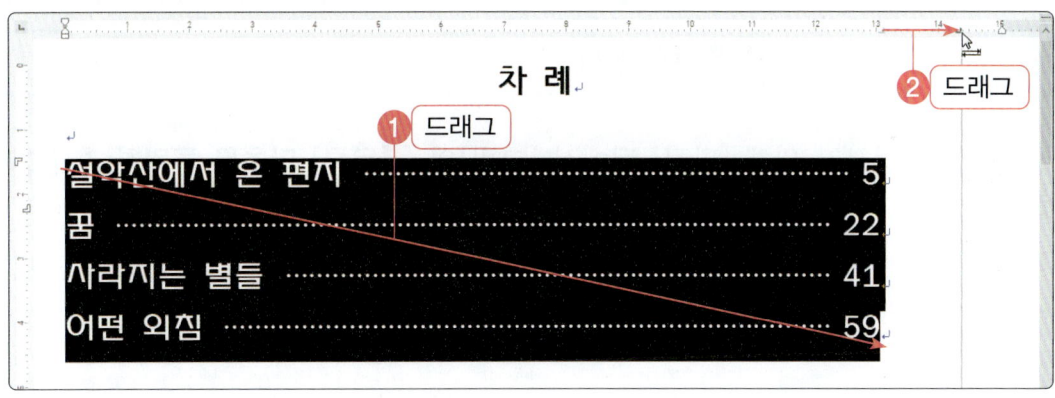

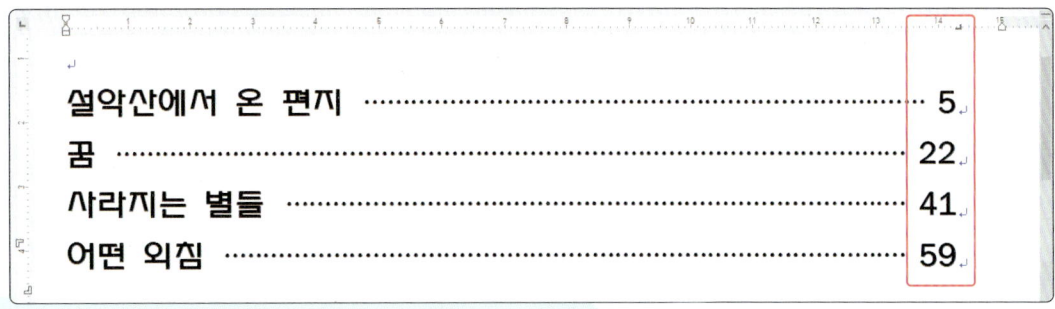

- 3~6번째 문단이 블록으로 지정되어 ⌋[오른쪽 탭]을 드래그했을 때 한꺼번에 변경된 것으로 블록이 지정되어 있지 않은 경우 커서가 위치한 문단의 탭만 변경됩니다.
- 눈금자의 탭 모양에서 마우스 오른쪽 단추를 클릭하면 클릭할 때마다 오른쪽 탭이 가운데 탭 → 소수점 탭 → 왼쪽 탭 → 오른쪽 탭 등의 순서로 변경됩니다.

기본 Study

Chapter 11 그리기마당과 글맵시 활용하기

그리기마당은 한글에서 제공하는 그림 모음으로 그리기 조각과 클립아트로 구성되어 있습니다. 글맵시는 글자를 꾸미는 기능입니다. 문서와 어울리는 그리기마당과 글맵시를 활용하면 문서를 부각시킬 수 있습니다.
그림, 글맵시와 그리기마당을 활용하는 방법에 대해 알아보겠습니다.

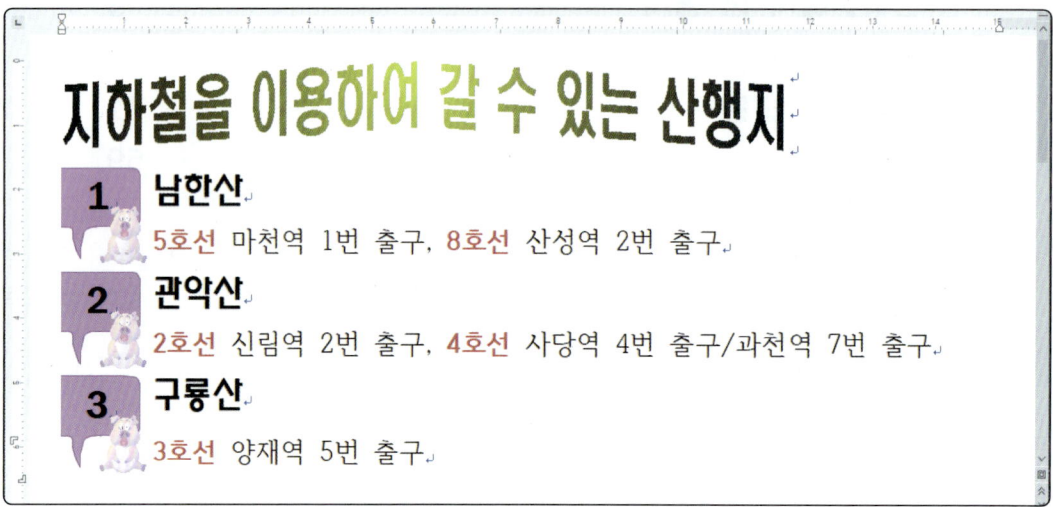

미리보기

▣ 단계학습₩한글 2022₩기본 Study₩예제파일₩Ch11.hwpx

01 그리기마당 활용하기

1 그리기 조각을 삽입하기 위해 [편집] 탭에서 [그림]의 ▽[목록] 단추를 클릭한 후 [그리기마당]을 클릭합니다.

- 편집 창에 직접 입력하는 내용 이외의 그리기 조각, 클립아트, 글맵시, 그림, 도형 등을 '개체'라고 합니다.
- [입력] 탭의 ▽[목록] 단추를 클릭한 후 [그림]-[그리기마당]을 클릭하여 그리기 조각을 삽입할 수도 있습니다.

2 [그리기마당] 대화상자가 나타나면 [그리기 조각] 탭에서 **설명상자(장식)를 선택**한 후 **말풍선09를 클릭**한 다음 **[넣기] 단추를 클릭**합니다.

- 그리기 조각은 한글에서 직사각형, 타원, 선 등의 도형을 사용하여 그린 그림 모음입니다.
- 그리기 조각의 추가는 [클립아트 다운로드]를 클릭 후 원하는 클립아트를 선택, [내려받기]를 클릭하여 추가할 수 있습니다.

3 마우스 포인터가 + 모양으로 변경되면 다음과 같이 **드래그하여 그리기 조각을 삽입**합니다.

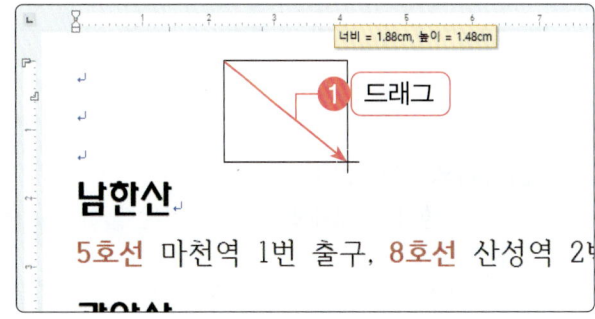

4 그리기 조각의 속성을 지정하기 위해 [도형] 탭에서 [도형 속성](또는 P)을 클릭합니다.

그리기 조각의 바로 가기 메뉴에서 [개체 속성]을 클릭하거나 P를 눌러도 그리기 조각의 속성을 지정할 수 있습니다.

알고 넘어갑시다!

도형 개체의 선택 및 선택 해제하기
- **하나의 개체 선택** : 개체로 마우스 포인터를 가져가서 마우스 포인터가 모양으로 변경되었을 때 클릭합니다.
- **여러 개체 선택** : 개체를 선택한 후 Shift 를 누른 상태에서 다른 개체를 선택합니다.
- **개체 선택 해제** : 문서에서 빈 곳을 클릭하거나 Esc 를 누릅니다.

Chapter 11 – 그리기마당과 글맵시 활용하기

5 [개체 속성] 대화상자가 나타나면 [기본] 탭에서 **너비(15)와 높이(15)를 입력**한 후 **본문과의 배치(▣[어울림])를 선택**한 다음 [여백/캡션] 탭에서 **왼쪽/오른쪽/위쪽/아래쪽 바깥 여백(1)을 입력**한 후 [설정] 단추를 **클릭**합니다.

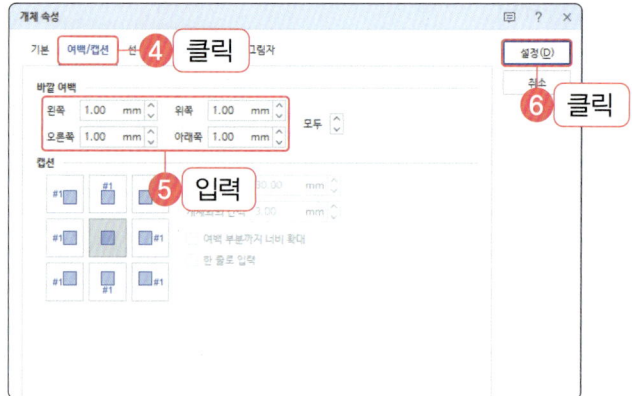

> **알고 넘어갑시다!**
>
> **본문과의 배치 살펴보기**
> - ▣[어울림] : 개체와 내용이 같은 줄에 배치됩니다. 개체와 내용은 서로 차지한 자리를 침범하지 않습니다.
> - ▣[자리 차지] : 개체가 개체의 높이만큼 줄을 전부 차지하여 개체와 내용이 다른 줄에 배치됩니다.
> - ▣[글 앞으로] : 개체가 내용 위에 배치됩니다.
> - ▣[글 뒤로] : 개체가 내용 뒤에 배치됩니다.

6 그리기 조각의 속성이 지정되면 다음과 같이 드래그하여 **그리기 조각을 이동**시킨 후 **글자 속성(글꼴(HY수평선B), 글자크기(16), ᄀ[진하게], ▤[가운데 정렬])을 지정**합니다.

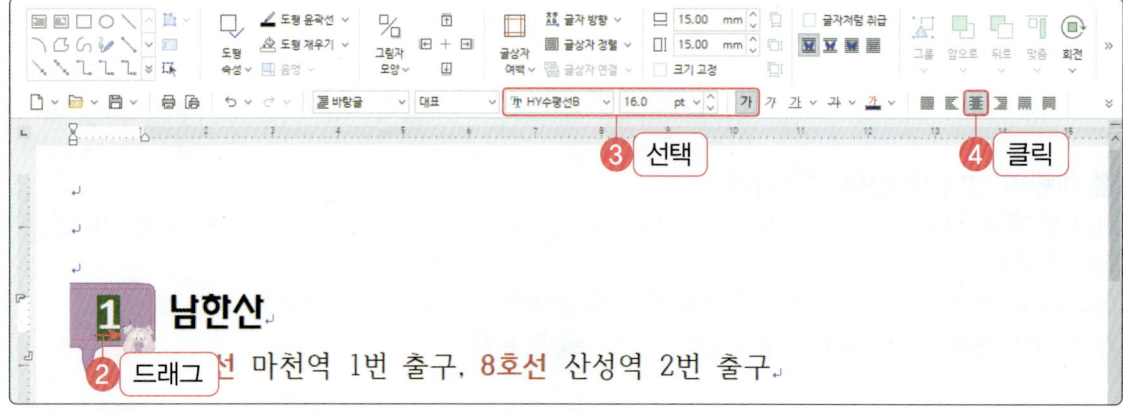

7 같은 방법으로 다음과 같이 **그리기 조각을 삽입**한 후 **그리기 조각의 속성을 지정**합니다.
- 그리기 조각 : '설명상자(장식)' 꾸러미의 '말풍선09' 개체
- 도형의 속성 : 너비(15), 높이(15), 본문과의 배치([어울림]), 왼쪽/오른쪽/위쪽/아래쪽 바깥 여백(1)
- 글꼴의 속성 : 글꼴(HY수평선B), 글자크기(16), [진하게], [가운데 정렬]

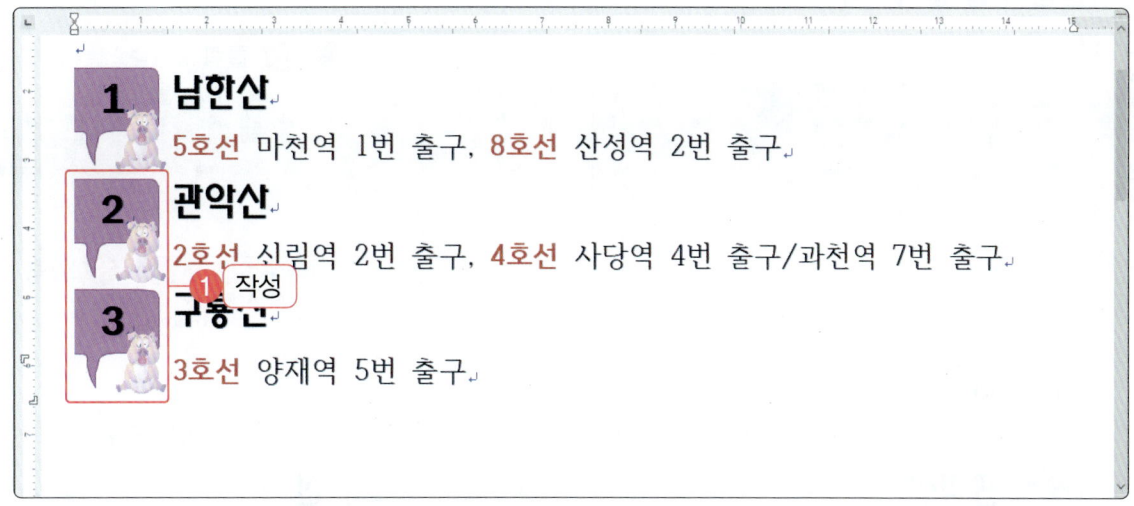

개체를 선택한 후 Delete 를 누르면 개체를 삭제할 수 있습니다.

알고 넘어갑시다!

개체의 순서 변경하기

개체를 서로 겹치면 나중에 삽입한 개체가 먼저 삽입한 개체 위에 겹쳐집니다. 이런 경우에는 개체를 선택한 후 [도형] 탭에서 [앞으로]를 클릭한 다음 [앞으로]/[맨 앞으로]를 클릭하거나 [뒤로]를 클릭한 후 [뒤로]/[맨 뒤로]를 클릭하면 먼저 삽입한 개체가 나중에 삽입한 개체 위에 겹쳐지게 할 수 있습니다.

Chapter 11 - 그리기마당과 글맵시 활용하기

02 글맵시 활용하기

1 글맵시를 만들기 위해 **1줄에 커서를 둔** 후 [입력] 탭의 **[목록] 단추를 클릭**한 다음 [개체]-[글맵시]를 클릭합니다.

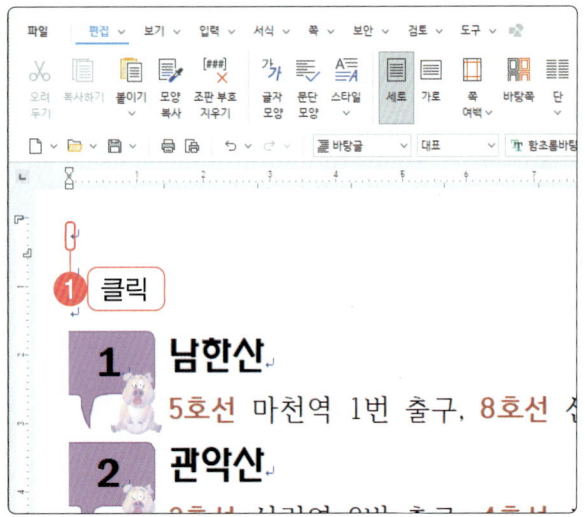
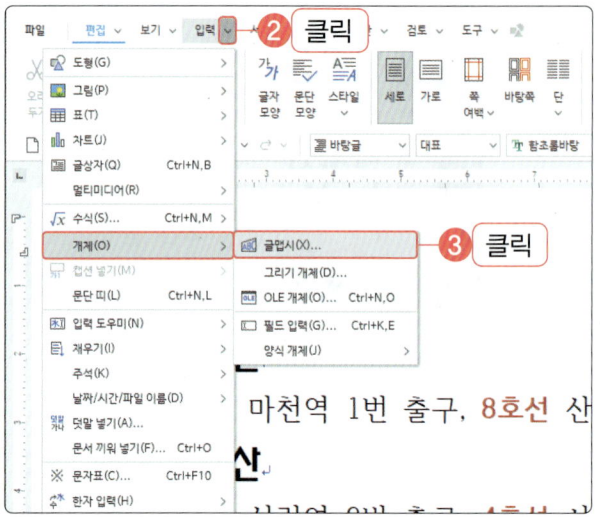

2 [글맵시 만들기] 대화상자가 나타나면 **내용(지하철을 이용하여 갈 수 있는 산행지)을 입력**한 후 **글맵시 모양(▨[갈매기형 수장])과 글꼴(HY헤드라인M)을 선택**한 다음 [설정] 단추를 클릭합니다.

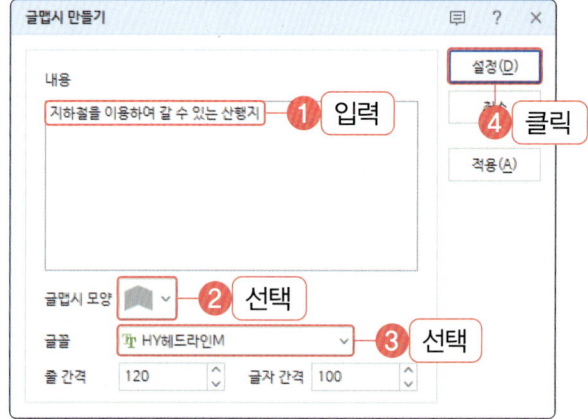

3 글맵시가 만들어지면 글맵시의 크기를 조정하기 위해 다음과 같이 **글맵시의 크기 조정 핸들(●)을 드래그**합니다.

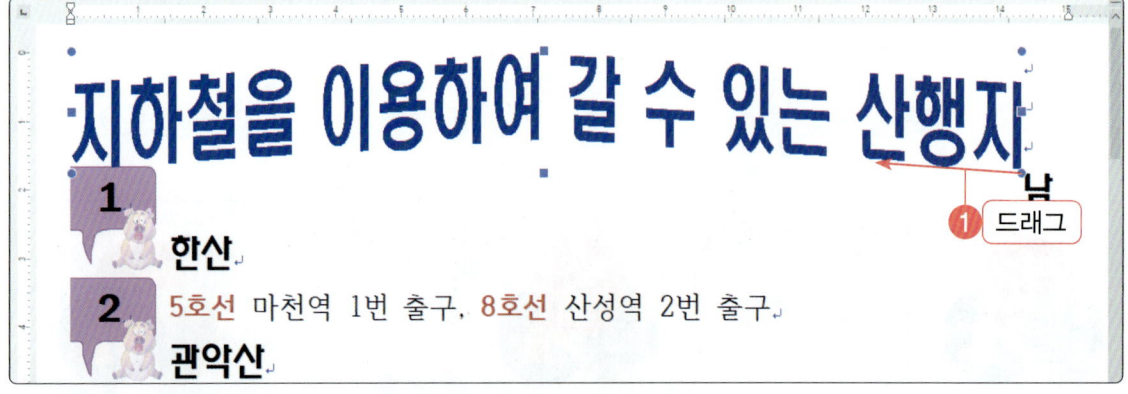

글맵시의 오른쪽 아래 크기 조정 핸들(●)로 마우스 포인터를 가져가서 마우스 포인터의 모양이 ↖ 모양으로 변경되었을 때 드래그하면 크기를 조정할 수 있습니다.

4 글맵시에 채우기를 지정하기 위해 [글맵시] 탭에서 [글맵시 채우기]의 [목록] 단추를 클릭한 후 [다른 채우기]를 클릭합니다.

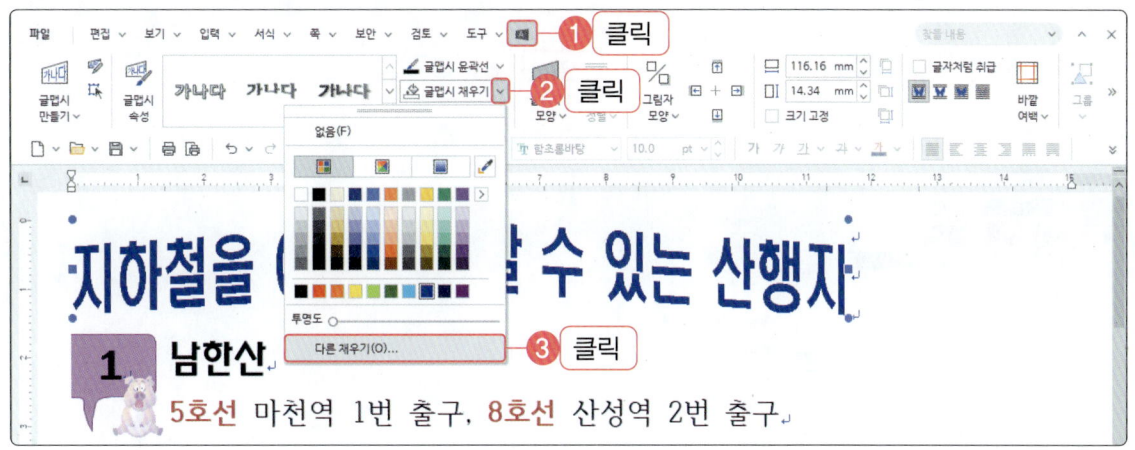

알고 넘어갑시다!

글맵시 스타일 적용하기

글맵시 스타일은 글맵시에 채우기나 그림자 등을 미리 지정하여 하나의 형식으로 만들어 놓은 것입니다. 다음과 같이 글맵시를 선택한 후 [글맵시] 탭에서 [자세히]를 클릭한 다음 글맵시 스타일을 클릭하면 글맵시에 해당 글맵시 스타일을 적용할 수 있습니다.

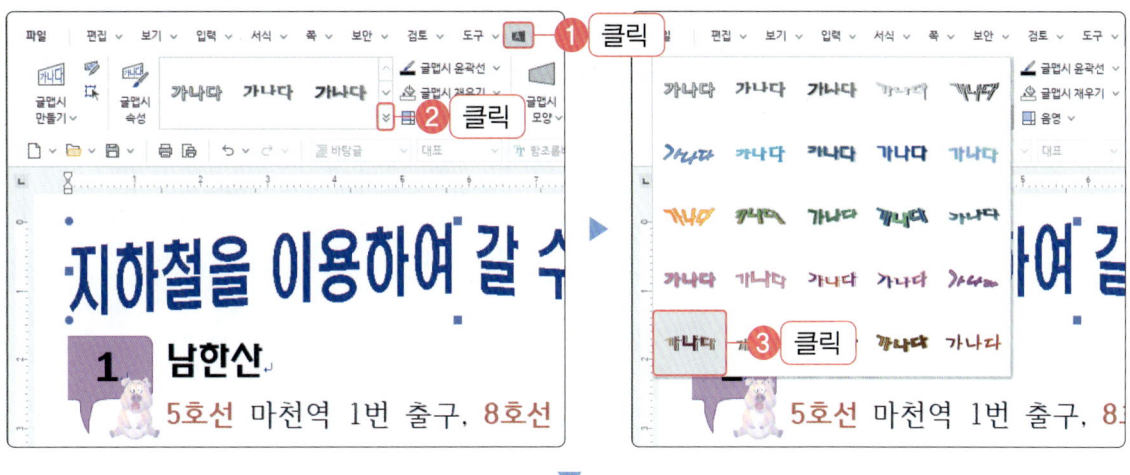

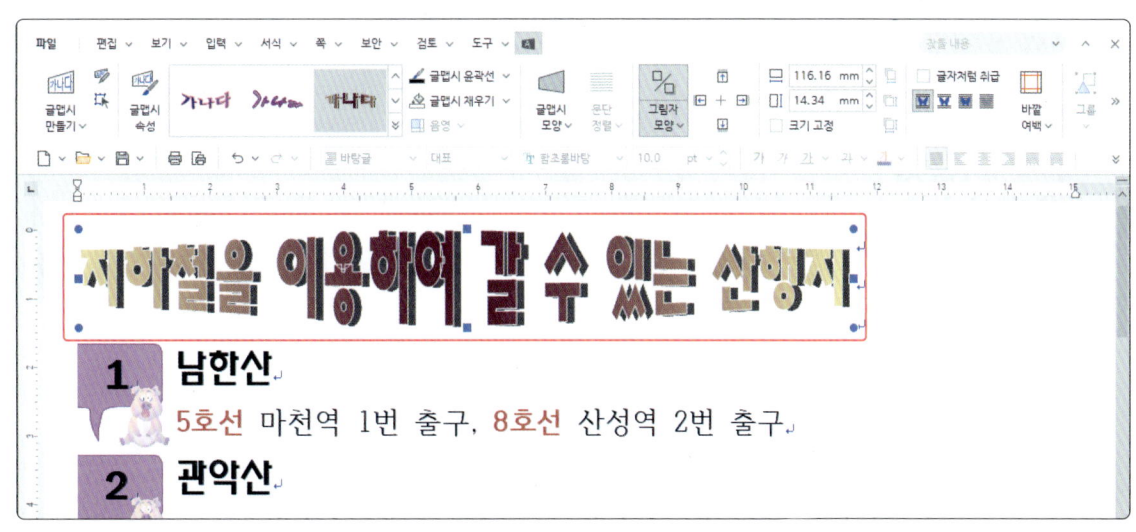

Chapter 11 – 그리기마당과 글맵시 활용하기 **71**

5 [개체 속성] 대화상자의 [채우기] 탭에서 **[그러데이션]**을 선택한 후 **유형(나르시스)**을 선택한 다음 **[설정]** 단추를 클릭합니다.

6 다음과 같이 글맵시의 채우기가 지정됩니다.

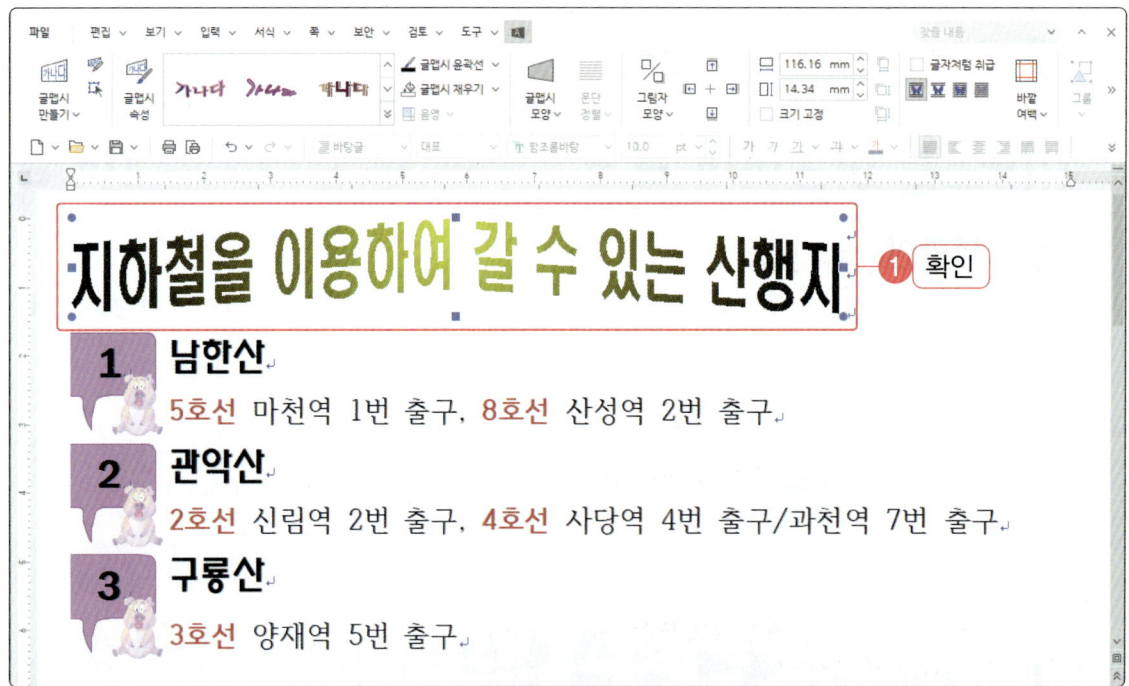

📄 단계학습₩한글 2022₩기본 Study₩연습파일₩Ch11_연습.hwpx

1 다음과 같이 그리기마당을 활용하여 문서를 작성해 보세요.

- 그리기 조각 : '설명상자(제목상자)' 꾸러미의 '제목상자01' 개체
- 그리기 개체의 속성 : 너비(70), 높이(20), 본문과의 배치(🔲[어울림])
- 그리기 개체의 글꼴 : 글꼴(HY울릉도B), 글자 크기(12pt)

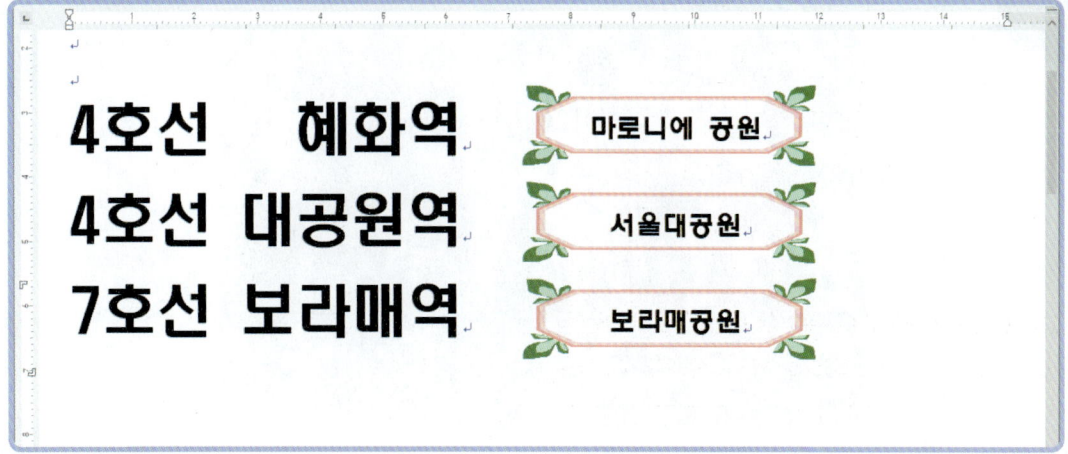

Hint
[편집] 탭의 [그림]-[그리기마당]을 클릭한 후 [그리기마당] 대화상자의 [그리기 조각] 탭에서 꾸러미(설명상자(제목상자))와 개체(제목상자01)를 선택한 다음 [넣기] 단추를 클릭하면 그리기 조각을 삽입할 수 있습니다.

2 다음과 같이 글맵시를 활용하여 문서를 작성해 보세요.

- 글맵시의 글꼴 : 글꼴(한컴 솔잎 M), 글맵시 모양(🔲[아래쪽 리본 사각형]), 그러데이션(유형(가을 햇살))

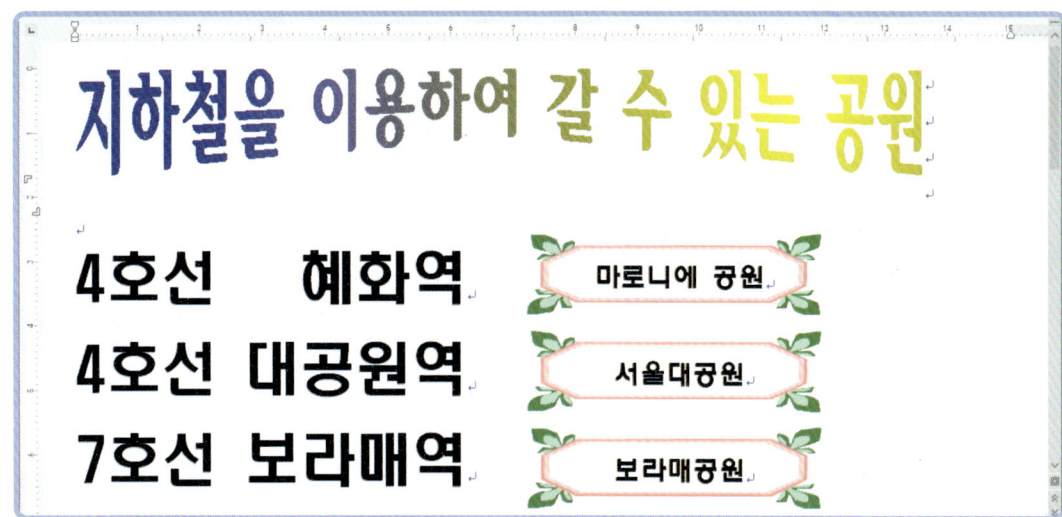

Chapter 11 - 그리기마당과 글맵시 활용하기

기본 Study

Chapter 12

그림 활용하기

한글에서는 저장된 그림을 삽입할 수 있을 뿐만 아니라 그림에 그림자, 반사, 네온 효과 등을 지정하거나 그림을 회색조로 조정할 수도 있습니다.
그럼, 그림을 활용하는 방법에 대해 알아보겠습니다.

미리보기

📄 단계학습₩한글 2022₩기본 Study₩예제파일₩Ch12.hwpx

01 그림 삽입하기

1 그림을 삽입하기 위해 **8번째 문단에 커서를 둔 후** [입력] 탭에서 🖼[그림](또는 Ctrl+N, I)을 클릭합니다.

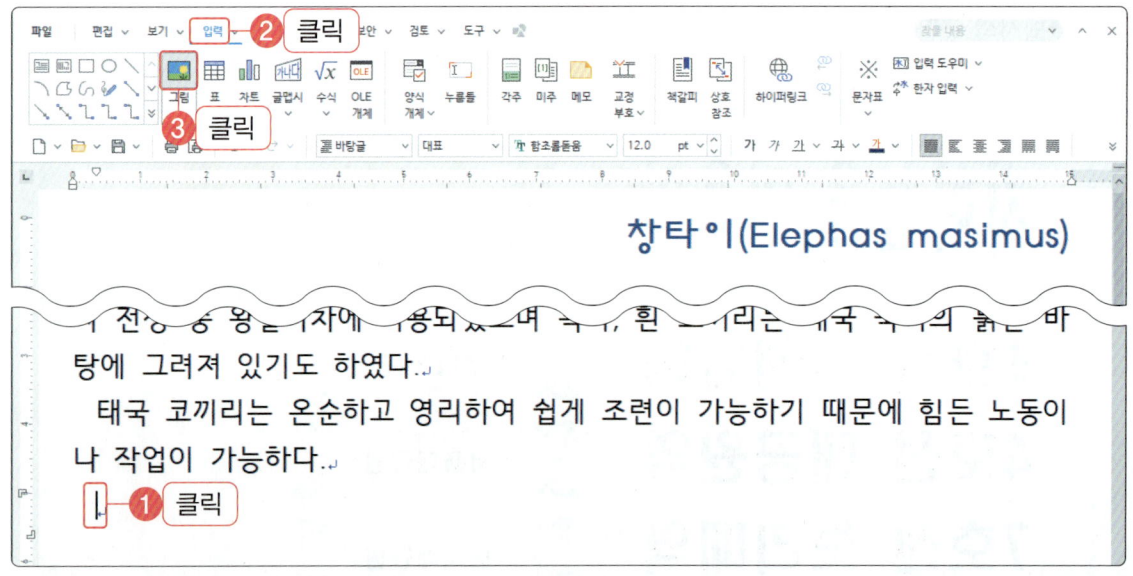

[입력] 탭의 ▽[목록] 단추를 클릭한 후 [그림]-[그림]을 클릭하거나 Ctrl+N, I를 눌러 그림을 삽입할 수도 있습니다.

2 [그림 넣기] 대화상자가 나타나면 **찾는 위치(단계학습₩한글 2022₩기본 Study₩예제파일)를 지정**한 후 **그림(창타이)을 선택**한 다음 **[문서에 포함]과 [글자처럼 취급]을 선택**하고 **[넣기] 단추를 클릭**합니다.

[글자처럼 취급]을 선택하면 그림을 하나의 글자처럼 취급합니다.

3 다음과 같이 그림이 삽입됩니다.

알고 넘어갑시다!

그림 넣기 후 그림이 표시되지 않는 경우 알아보기

그림 넣기를 실행한 후에도 그림이 보이지 않고 삽입된 자리만 표시될 경우 [보기] 탭에서 [그림]을 클릭하여 체크 표시하면 화면에 그림이 표시됩니다.

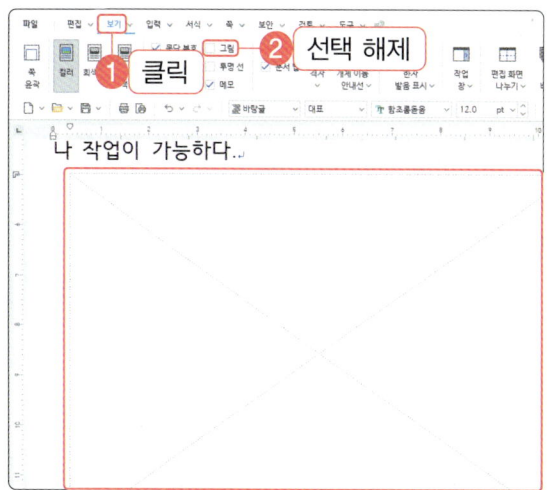 

Chapter 12 - 그림 활용하기

02 그림 편집하기

1 그림에 캡션을 넣기 위해 **그림을 선택**한 후 [그림] 탭에서 [캡션]의 [목록] 단추를 클릭한 다음 [**오른쪽 위**]를 클릭합니다.

2 그림에 캡션이 넣어지면 **캡션 내용(태국 코끼리)을 입력**합니다.

알고 넘어갑시다!

그림에 그림자/반사/네온/옅은 테두리 효과 지정하기

그림을 선택한 후 [그림] 탭에서 [그림 효과]를 클릭하면 [그림자]/[반사]/[네온]/[옅은 테두리] 등의 항목이 표시되며, 원하는 효과의 이름 및 하위 메뉴를 선택하여 원하는 효과를 지정할 수 있습니다.

3 그림을 자르기 위해 **그림을 선택**한 후 [그림] 탭에서 **[자르기]를 선택**합니다.

4 그림에 자르기 핸들이 표시되면 다음과 같이 그림의 **자르기 핸들(▬)을 드래그**합니다.

그림의 위쪽 가운데 자르기 핸들(▬)로 마우스 포인터를 가져가서 마우스 포인터가 ┻ 모양으로 변경되었을 때 아래쪽으로 드래그합니다.

알고 넘어갑시다!

그림 자르기

그림 자르기는 자르기 명령을 실행하지 않고도 그림을 선택한 후 키보드의 Shift 를 누른 상태에서 크기 조정 핸들(●)로 마우스 포인터를 가져가서 포인터 모양이 자르기 핸들 모양(┻)일때 드래그하면 그림을 자를 수 있습니다.

Chapter 12 - 그림 활용하기

5 그림이 잘라지면 [그림] 탭에서 [자르기]를 선택 해제한 후 그림을 회색조로 조정하기 위해 [그림] 탭에서 [색조 조정]-[회색조]를 클릭합니다.

6 다음과 같이 그림이 회색조로 조정됩니다.

알고 넘어갑시다!

그림 스타일 적용하기

그림 스타일은 그림에 그림자 효과나 반사 효과 등을 미리 지정하여 하나의 형식으로 만들어 놓은 것입니다. 그림을 선택한 후 [그림] 탭에서 [자세히]를 클릭한 다음 그림 스타일을 클릭하면 그림에 해당 그림 스타일을 적용할 수 있습니다.

연습문제 Exercise

📄 단계학습₩한글 2022₩기본 Study₩연습파일₩Ch12_연습.hwpx

1 다음과 같이 그림을 삽입해 보세요.

- 그림 삽입 : 찾는 위치(C:₩단계학습₩한글 2022₩기본 Study₩연습파일), 파일 이름(티파야 아트), 문서에 포함, 글자처럼 취급

2 다음과 같이 그림 스타일(🖼[노란색 이중 그림자])을 적용해 보세요.

Hint
그림을 선택한 후 🖼[그림] 탭에서 ▾[자세히]를 클릭한 다음 🖼[노란색 이중 그림자] 클릭하면 그림에 '노란색 이중 그림자' 그림 스타일을 적용할 수 있습니다.

Chapter 12 – 그림 활용하기 **79**

기본 Study

Chapter

13

도형 활용하기

Hangul 2022

한글에서는 직사각형, 타원, 직선 등의 다양한 도형을 삽입할 수 있을 뿐만 아니라 도형을 회전시키거나 도형에 내용을 입력할 수도 있습니다.
그럼, 도형을 활용하는 방법에 대해 알아보겠습니다.

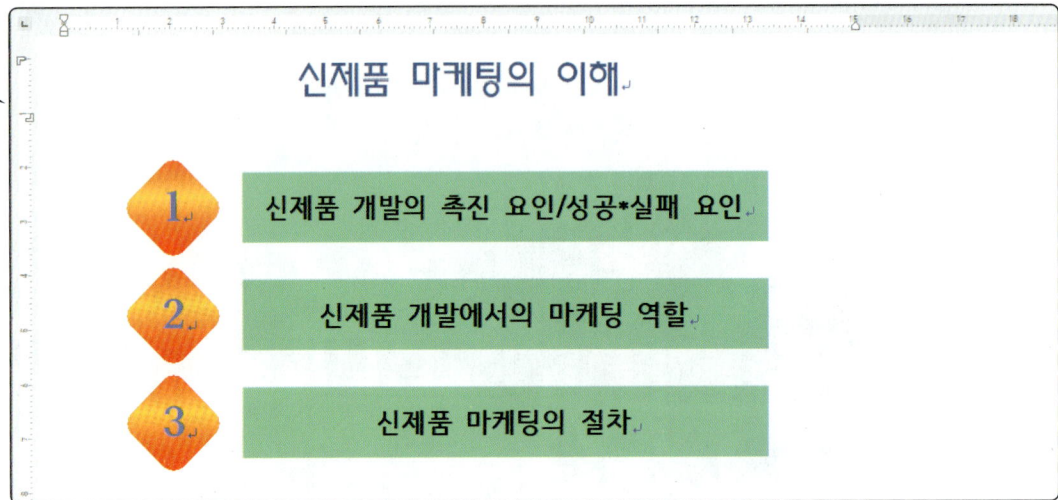

🗎 C:₩단계학습₩한글 2022₩기본 Study₩예제파일₩Ch13.hwpx

01 도형 삽입하고 도형 속성 지정하기

1 도형을 삽입하기 위해 [입력] 탭에서 도형 목록의 ☐[직사각형]을 클릭합니다.

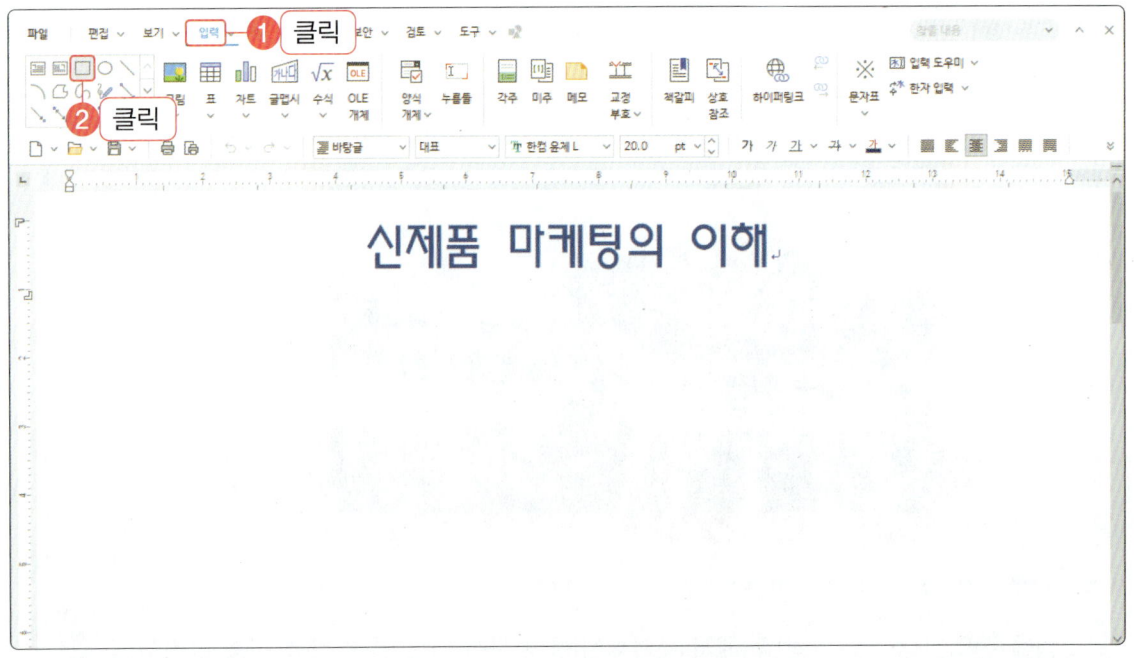

[편집] 탭에서 [도형]의 ▾[목록] 단추를 클릭한 후 ☐[직사각형]을 클릭해도 도형을 삽입할 수 있습니다.

2 마우스 포인터가 + 모양으로 변경되면 다음과 같이 **Shift를 누른 상태에서 드래그**하여 도형을 삽입합니다.

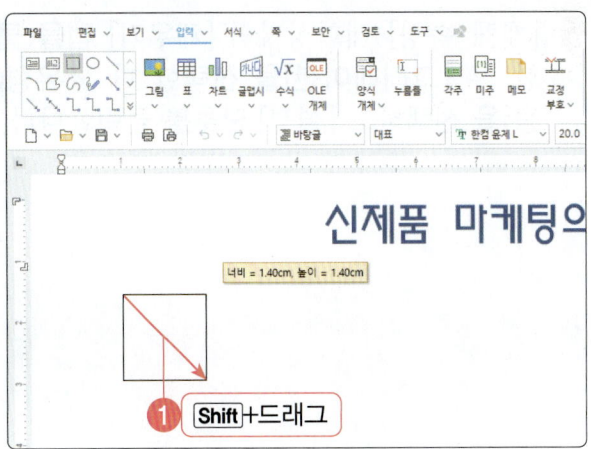

- Shift+드래그 : 정 사각형이나 정원를 그릴 수 있습니다.
- Ctrl+드래그 : 마우스를 처음 클릭한 위치가 도형의 중심이 되어 드래그하면 도형이 작성됩니다.

3 도형의 속성을 지정하기 위해 [도형] 탭에서 [도형 속성](또는 P)을 클릭합니다.

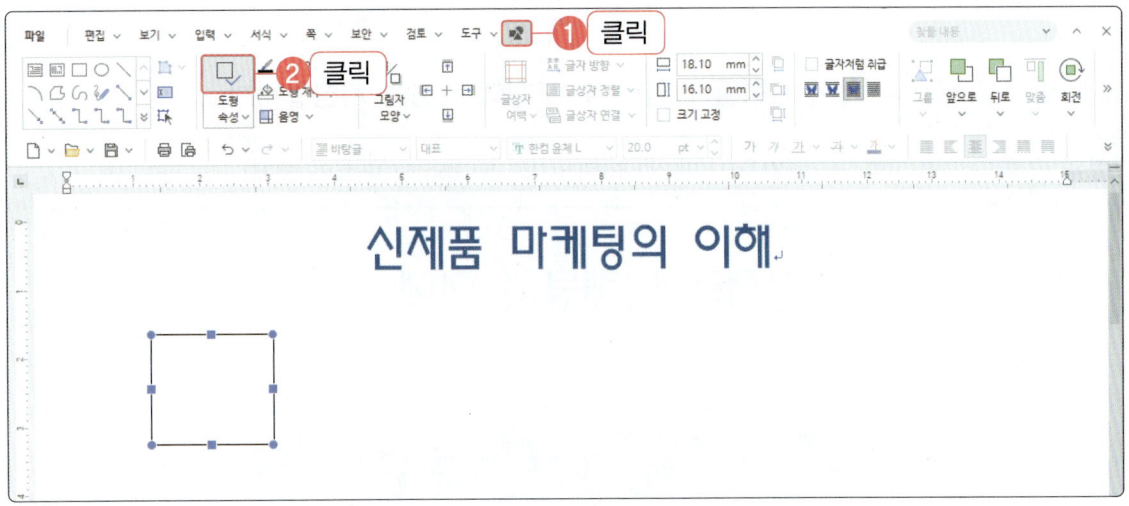

도형의 바로 가기 메뉴에서 [개체 속성]을 클릭하거나 키보드의 P를 눌러 도형의 속성을 지정할 수도 있습니다.

4 [개체 속성] 대화상자가 나타나면 [기본] 탭에서 **회전각(45)을 입력**합니다. 그런다음 **[선]** 탭을 클릭한 후 **선 종류([없음])를 선택**한 다음 **사각형 모서리 곡률([둥근 모양])을 클릭**합니다.

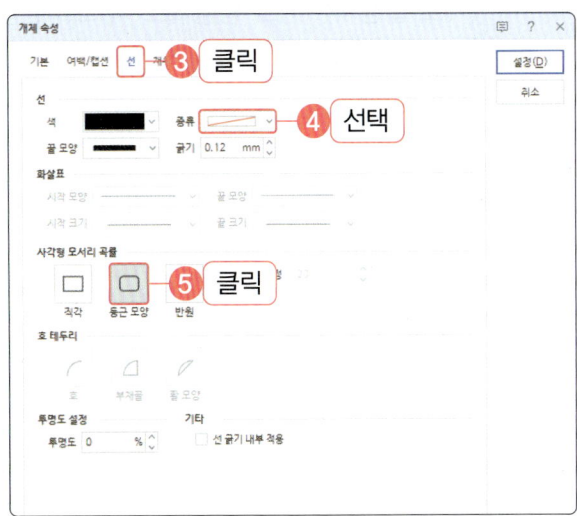

5 [개체 속성] 대화상자의 [채우기] 탭을 클릭한 후 [그러데이션]을 선택한 다음 유형(열광)을 선택하고 [설정] 단추를 클릭합니다.

6 같은 방법으로 다음과 같이 **도형을 삽입**한 후 **도형에 속성을 지정**합니다.
   • 도형 : ▢[직사각형]
   • 도형의 속성 : 선 종류(━━)[없음], 면 색(초록(RGB: 40,155,110) 40% 밝게)

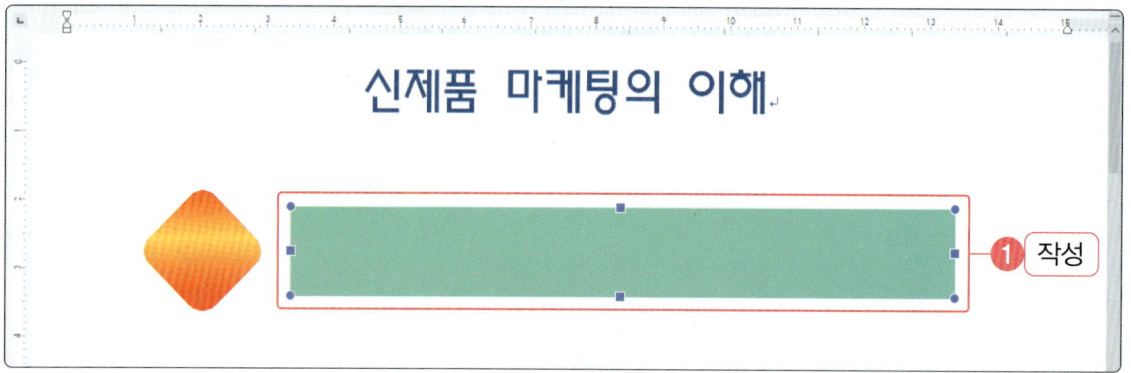

알고 넘어갑시다!

글상자 종류 살펴보기
   • 🔲[가로 글상자] : 가로 방향으로 텍스트가 입력된 상자를 만듭니다.
   • 🔲[세로 글상자] : 세로 방향으로 텍스트가 입력된 상자를 만듭니다.

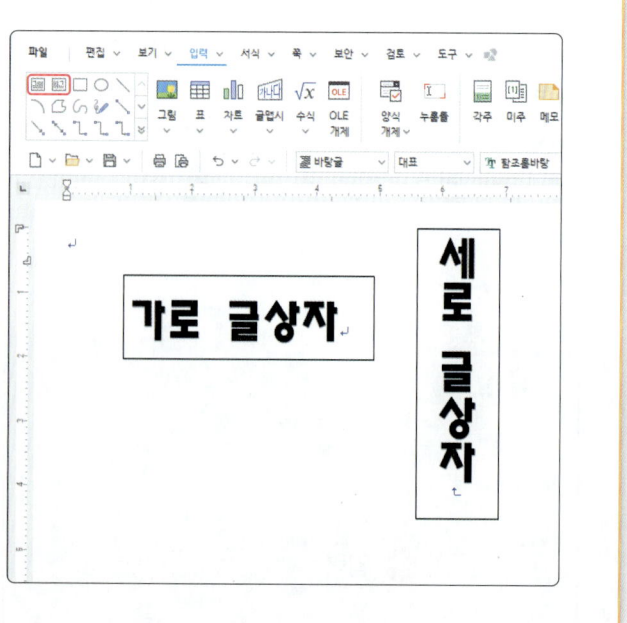

02 도형에 내용 입력하고 도형 복사하기

1. 첫 번째 도형에 내용을 입력하기 위해 **첫 번째 도형을 선택**한 후 [도형] 탭에서 [글자 넣기]를 **클릭**합니다.

2. 첫 번째 도형에 **'1'을 입력**한 후 **블록으로 설정**한 다음 [서식] 도구 상자에서 **글꼴(한컴 솔잎 B), 글자 크기(20), 글자 색(하늘색(RGB: 97,130,214))을 선택**하고 [가운데 정렬]을 **클릭**합니다.

3. 같은 방법으로 다음과 같이 두 번째 도형에 내용을 입력한 후 글꼴 서식을 지정합니다.
   • 글자 모양 : 글꼴(함초롬돋움), 글자 크기(14), [진하게]
   • 문단 모양 : [가운데 정렬]

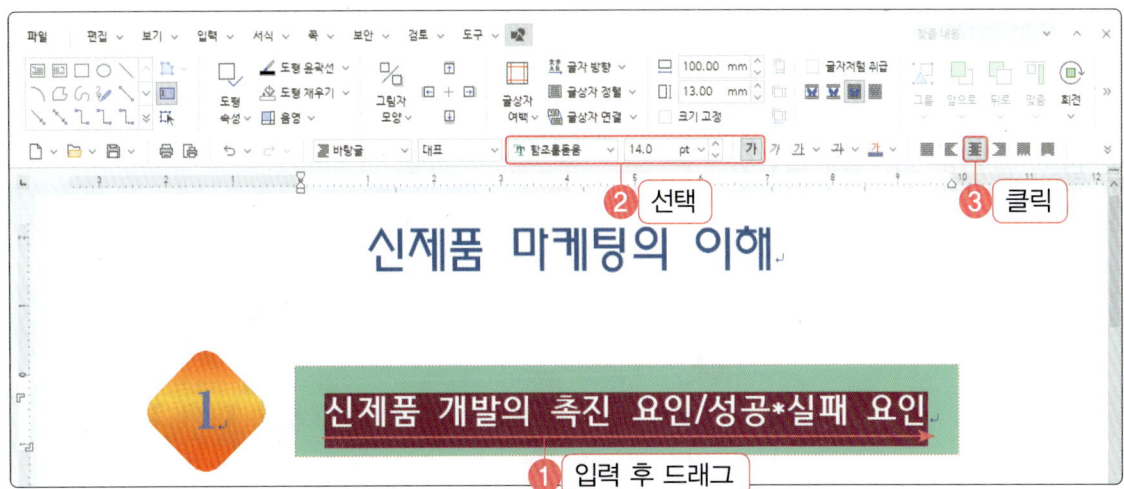

Chapter 13 - 도형 활용하기 **83**

4 첫 번째 도형과 두 번째 도형을 묶기 위해 **첫 번째 도형과 두 번째 도형을 선택**한 후 [도형] 탭에서 **[그룹]-[개체 묶기]를 클릭**합니다.

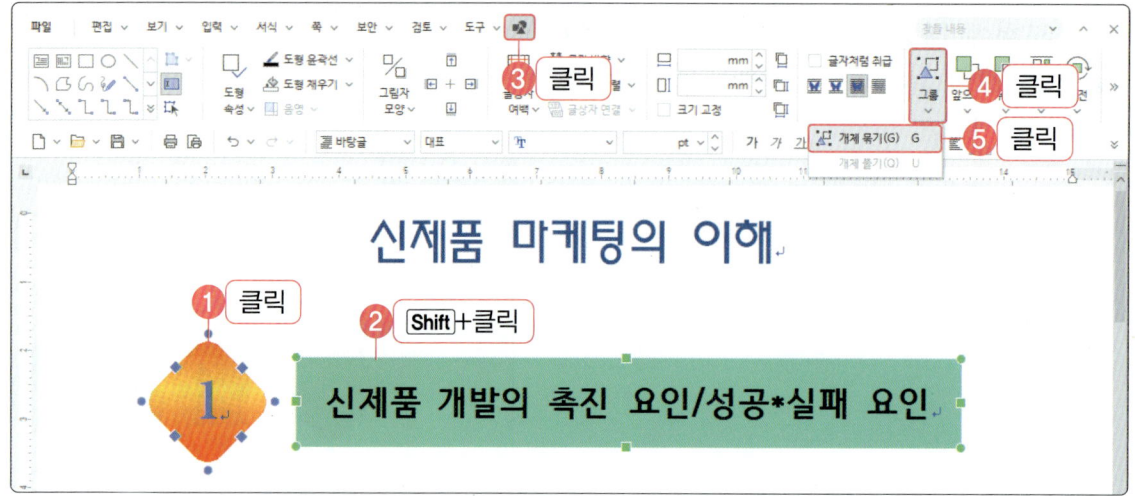

- 개체 묶기 : 여러 개체를 하나로 묶는 기능입니다.
- 개체 풀기 : 하나로 묶인 개체를 풀어 여러 개체로 만듭니다.

5 묶인 도형을 복사하기 위해 다음과 같이 Ctrl과 Shift를 누른 상태에서 묶인 도형을 드래그합니다.

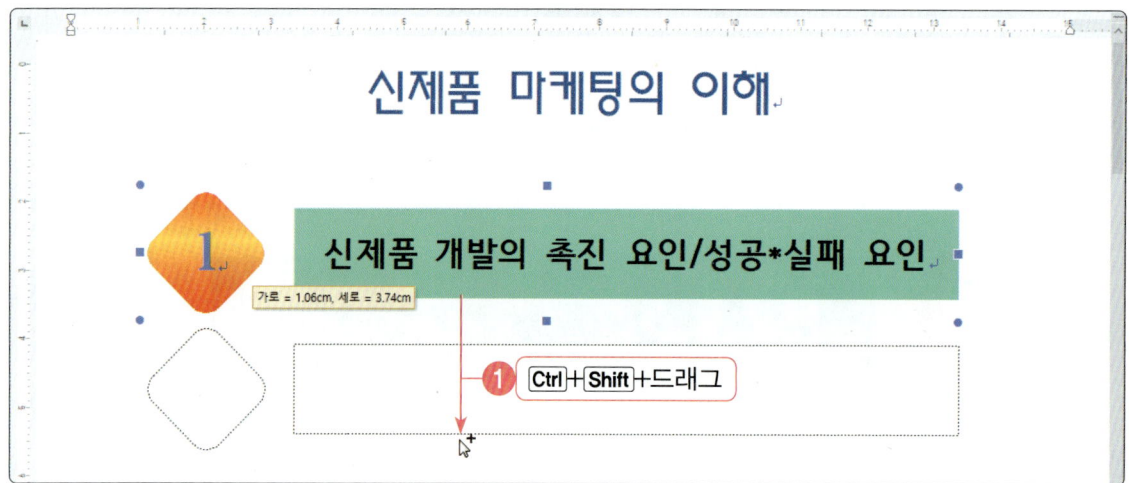

- Ctrl+드래그 : 선택된 개체가 드래그한 위치에 복사됩니다.
- Ctrl+Shift+드래그 : 선택된 개체가 수직 또는 수평 방향으로 동일한 위치에 복사됩니다.

6 묶인 도형이 복사되면 같은 방법으로 **묶인 도형을 하나 더 복사**한 후 **도형의 내용을 수정**합니다.

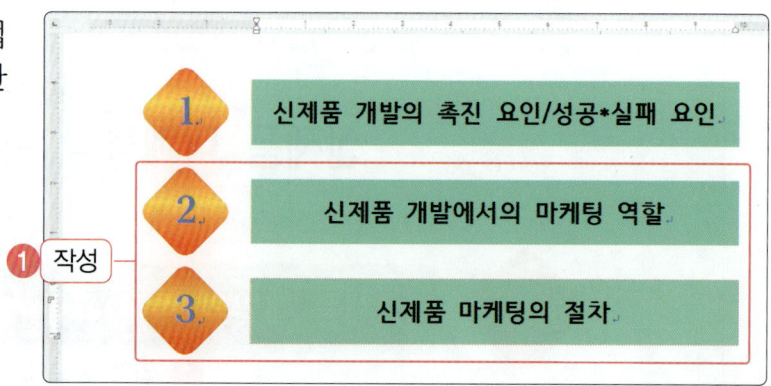

연습문제 Exercise

📄 단계학습₩한글 2022₩기본 Study₩연습파일₩Ch13_연습.hwpx

1 다음과 같이 도형을 삽입한 후 도형에 내용을 입력해 보세요.
  - 도형 : ▭[직사각형]
  - 도형의 속성 : 선 종류(선 없음), 사각형 모서리 곡률(둥근 모양), 그러데이션(유형(하늬바람))
  - 도형 내용 : 글꼴(HY강B), 글자 크기(14), 글자 색(하양), ≡[가운데 정렬]

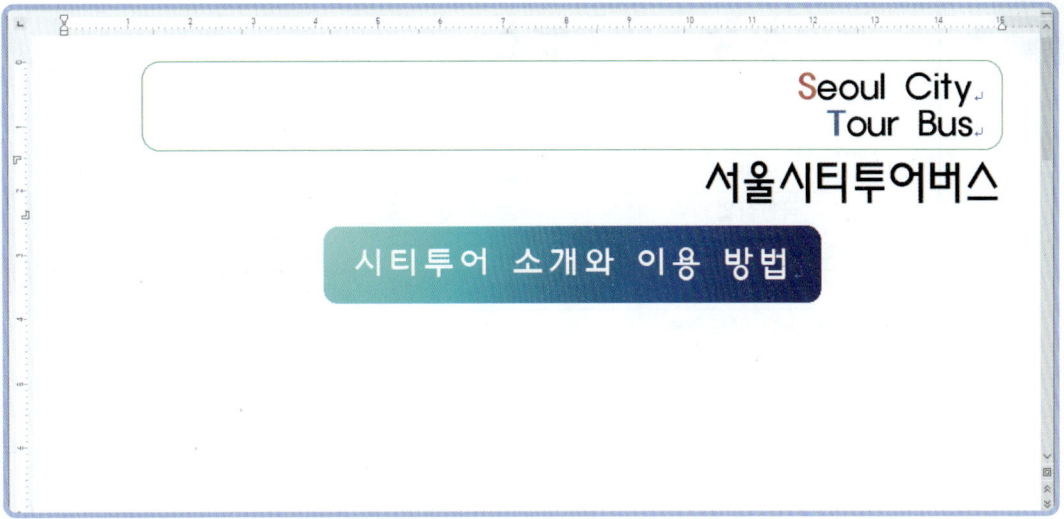

2 다음과 같이 도형을 복사한 후 도형의 내용을 수정해 보세요.

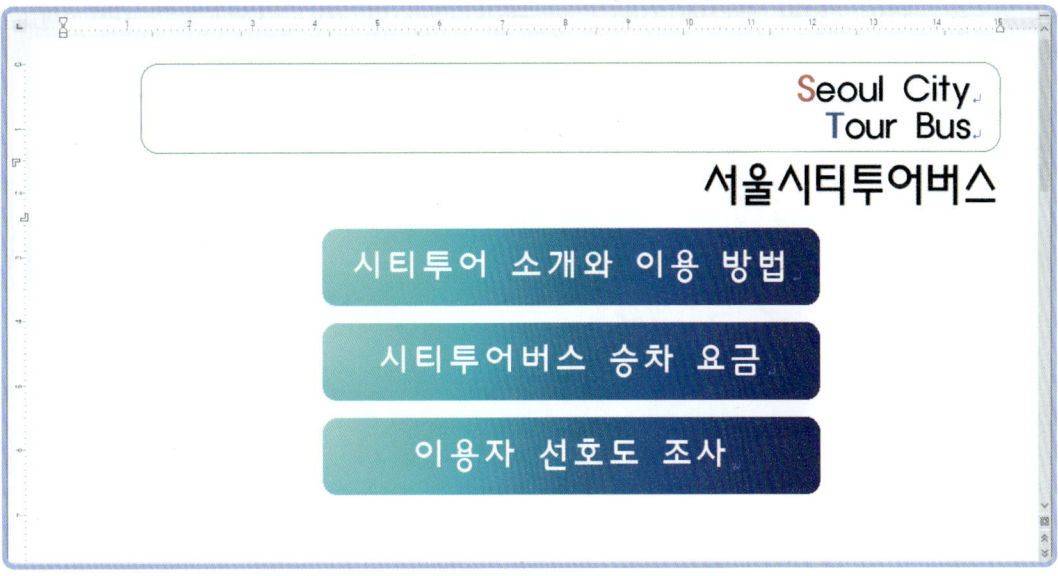

Hint 도형을 선택한 후 Ctrl과 Shift를 누른 상태에서 도형을 아래쪽으로 드래그하면 도형을 복사할 수 있습니다.

기본 Study

Chapter 14 표 만들기

표를 만들면 복잡한 내용이나 수치 자료 등을 일목요연하게 보여줄 수 있습니다. 표는 가로 방향인 줄과 세로 방향인 칸으로 구성되어 있습니다. 따라서 표를 만들려면 먼저 줄 수와 칸 수를 지정해야 합니다.
그럼, 표를 만드는 방법에 대해 알아보겠습니다.

미리보기

천만관객 한국영화

영화명	개봉일	관객수
명량	2014. 07. 30.	17,616,371
극한직업	2019. 01. 23.	16,266,491
신과함께-죄와 벌	2017. 12. 20.	14,414,658
국제시장	2014. 12. 17.	14,266,489
어벤져스: 엔드게임	2019. 04. 24.	13,977,602

📂 단계학습₩한글 2022₩기본 Study₩예제파일₩Ch14.hwpx

01 표 만들고 표 내용 입력하기

1 표를 만들기 위해 **2번째 문단**에 커서를 둔 후 [입력] 탭에서 ▦[표](또는 Ctrl+N, T)를 클릭합니다.

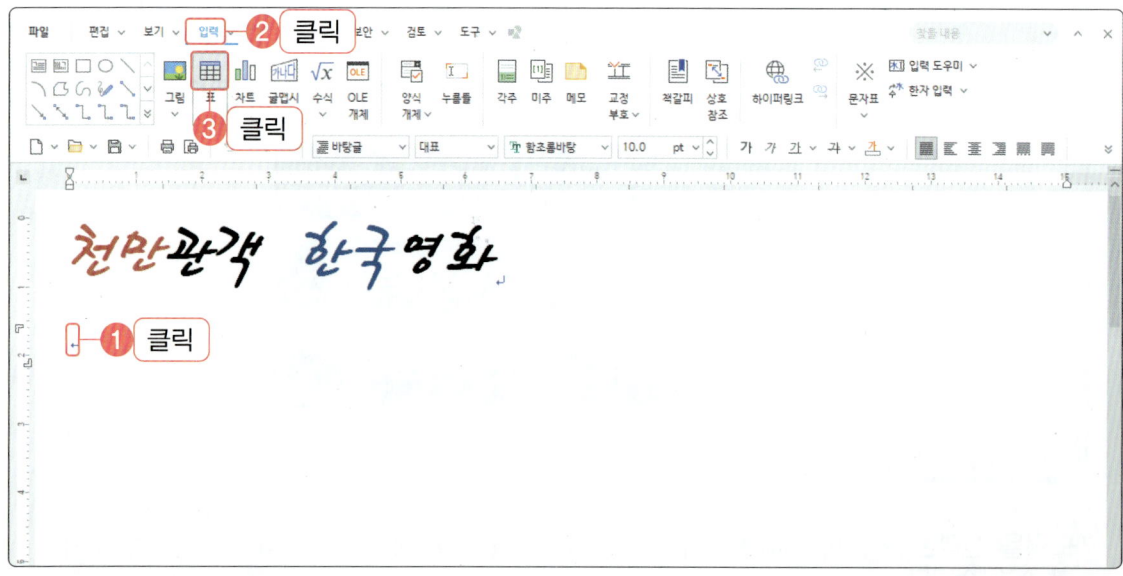

[입력] 탭의 ▼[목록] 단추를 클릭한 후 [표]-[표 만들기]를 클릭하거나 Ctrl+N, T를 눌러 표를 만들 수도 있습니다.

2 [표 만들기] 대화상자가 나타나면 **줄 수(6)와 칸 수(3)를 입력**한 후 **[글자처럼 취급]을 선택**한 다음 **[만들기] 단추를 클릭**합니다.

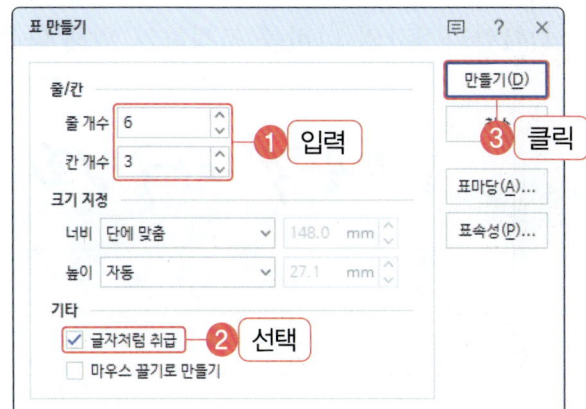

[글자처럼 취급]을 선택하면 표를 하나의 글자처럼 취급합니다.

3 표가 만들어지면 다음과 같이 **각 셀에 표 내용을 입력**합니다.

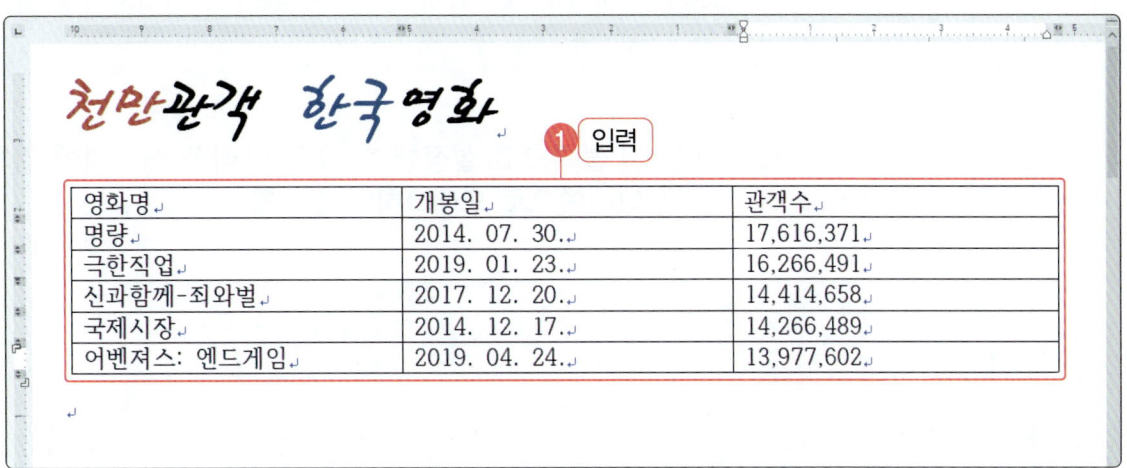

1줄 1칸을 클릭한 후 '영화명'을 입력한 다음 1줄 2칸을 클릭하거나 →를 누르면 1줄 2칸으로 이동할 수 있습니다. ←/→/↑/↓를 누르면 왼쪽/오른쪽/위쪽/아래쪽으로 한 셀씩 이동됩니다.

알고 넘어갑시다!

셀(Cell)이란?
표에서 줄과 칸이 교차하면서 생긴 영역을 '셀'이라고 합니다. 각 셀은 다음과 같이 나타냅니다.

	1칸	2칸	3칸	4칸
1줄	1줄 1칸	1줄 2칸	1줄 3칸	1줄 4칸
2줄	2줄 1칸	2줄 2칸	2줄 3칸	2줄 4칸
3줄	3줄 1칸	3줄 2칸	3줄 3칸	3줄 4칸

02 표 크기 조정하기

1 1칸과 2칸의 너비를 조정하기 위해 다음과 같이 **1칸과 2칸의 경계선을 드래그**합니다.

1칸과 2칸의 경계선으로 마우스 포인터를 가져가서 마우스 포인터가 ⊬ 모양으로 변경되었을 때 왼쪽으로 드래그합니다.

2 표의 높이를 조정하기 위해 **표 전체를 셀 블록으로 설정**한 후 표의 아래쪽 테두리에 위치하여 마우스 포인터 모양이 ⇕ 모양일 때 **아래쪽으로 드래그하여 높이를 조정**합니다.

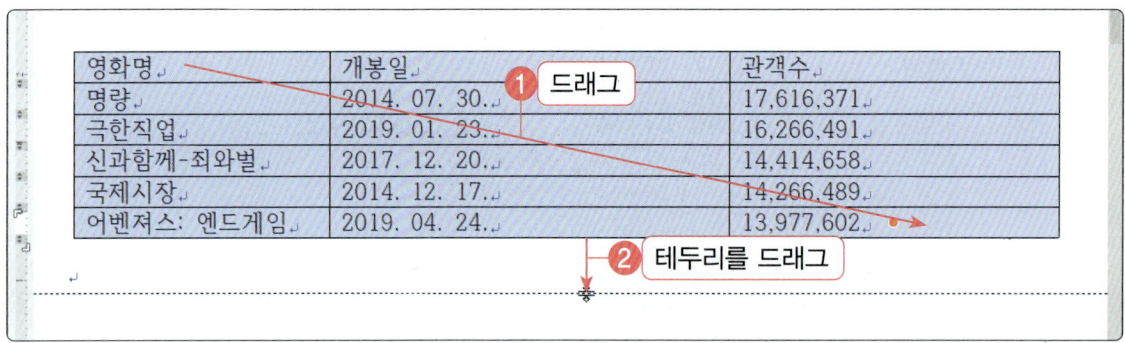

알고 넘어갑시다!

셀 블록으로 설정하기
- **F5** 한 번 : 커서가 위치한 셀을 블록 설정합니다.
- **F5** 두 번+방향키 : 커서가 위치한 셀부터 방향키로 이동한 셀까지 연속적인 셀 블록을 설정합니다.
- **F5** 세 번 : 표 전체의 셀 블록을 설정합니다.
- 마우스로 드래그 : 마우스로 드래그하여 선택한 연속적인 셀을 셀 블록으로 설정합니다.
- **Shift**+클릭 : 커서가 위치한 셀 부터 **Shift**를 누른 상태에서 클릭한 셀까지 셀 블록을 설정합니다.
- **Ctrl**+클릭 : **Ctrl**을 누른 상태에서 클릭한 비 연속적인 셀을 셀 블록으로 설정합니다.

 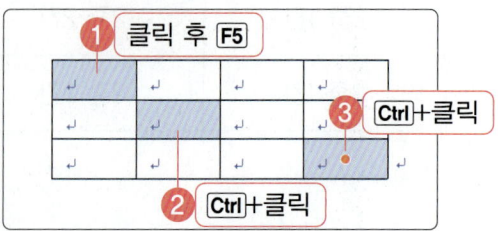

3 다음과 같이 표의 높이가 조정됩니다.

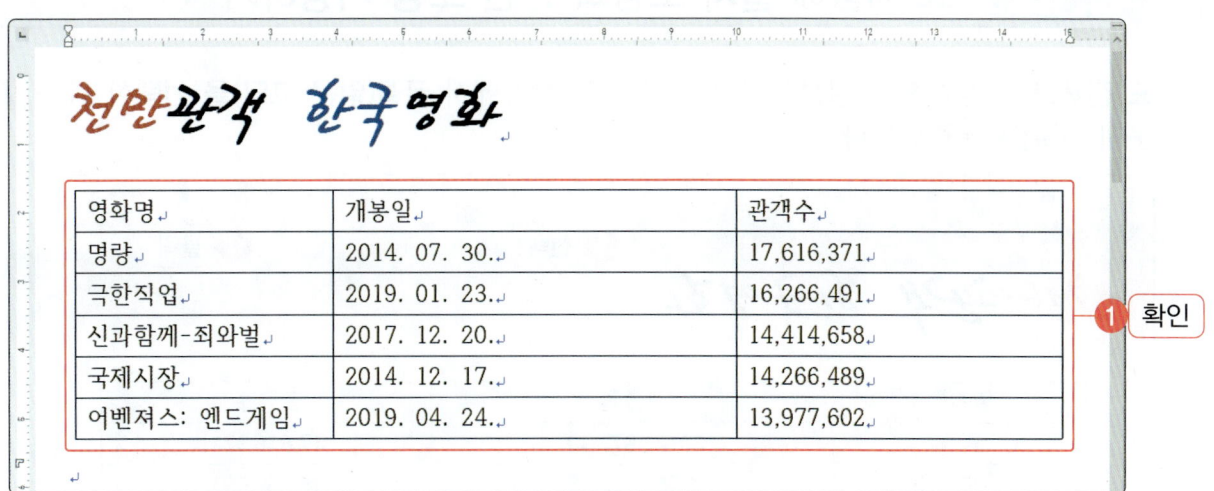

알고 넘어갑시다!

키보드를 사용하여 셀 크기 조정하기

- Ctrl+← : 셀 블록으로 설정한 모든 칸의 너비를 줄이면서 표의 너비를 줄입니다.
- Ctrl+→ : 셀 블록으로 설정한 모든 칸의 너비를 늘리면서 표의 너비를 늘립니다.
- Ctrl+↑ : 셀 블록으로 설정한 모든 줄의 높이를 줄이면서 표의 높이를 줄입니다.
- Ctrl+↓ : 셀 블록으로 설정한 모든 줄의 높이를 늘리면서 표의 높이를 늘립니다.

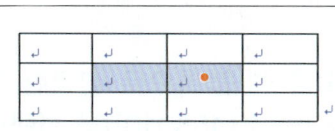

- Alt+← : 표의 크기는 변하지 않고 셀 블록으로 설정한 마지막 칸의 너비를 줄이면서 이웃한 칸의 너비를 늘립니다.
- Alt+→ : 표의 크기는 변하지 않고 셀 블록으로 설정한 마지막 칸의 너비를 늘리면서 이웃한 오른쪽 칸의 너비를 줄입니다.
- Alt+↑ : 표의 크기는 변하지 않고 셀 블록으로 설정한 마지막 줄의 높이를 줄이면서 이웃한 아래쪽 줄의 높이를 늘립니다.
- Alt+↓ : 표의 크기는 변하지 않고 셀 블록으로 설정한 줄의 높이를 늘리면서 이웃한 아래쪽 줄의 높이를 줄입니다.

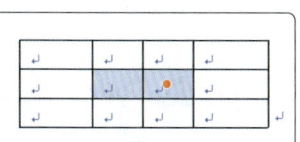
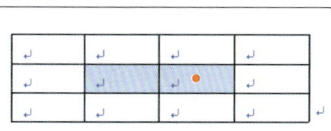

- Shift+← : 표의 크기는 변하지 않고 셀 블록으로 설정한 마지막 셀의 너비를 줄이면서 이웃한 오른쪽 셀의 너비를 늘립니다.
- Shift+→ : 표의 크기는 변하지 않고 셀 블록으로 설정한 마지막 셀의 너비를 늘리면서 이웃한 오른쪽 셀의 너비를 줄입니다.
- Shift+↑ : 표의 크기는 변하지 않고 셀 블록으로 설정한 마지막 셀의 높이를 줄이면서 이웃한 아래쪽 셀의 높이를 늘립니다.
- Shift+↓ : 표의 크기는 변하지 않고 셀 블록으로 설정한 마지막 셀의 높이를 늘리면서 이웃한 아래쪽 셀의 높이를 줄입니다.

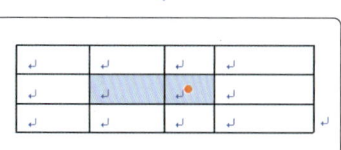

03 표 내용에 글자 모양과 문단 모양 지정하기

1 표 전체를 셀 블록으로 설정한 후 [서식] 도구 상자에서 **글꼴(맑은 고딕)**을 선택한 다음 [가운데 정렬]을 클릭합니다.

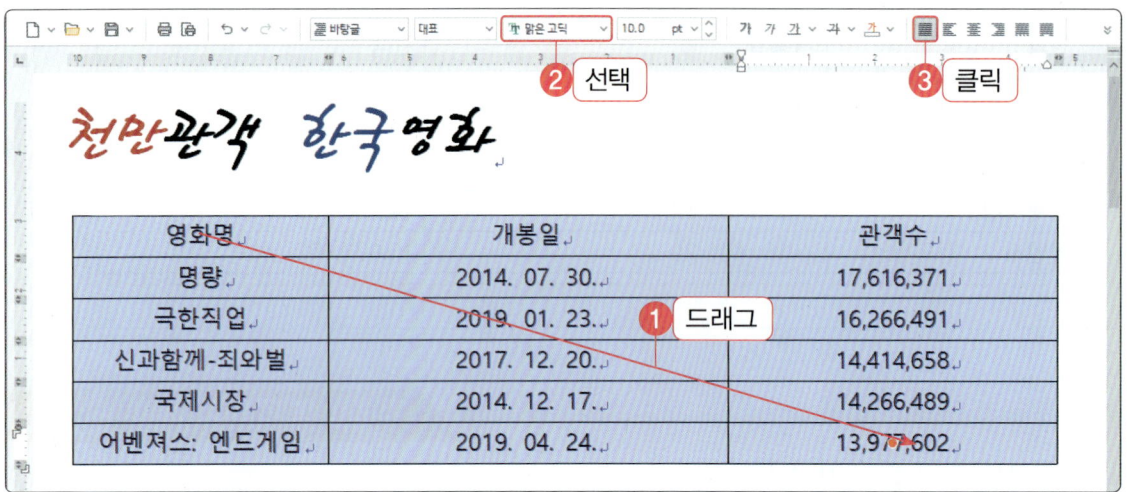

2 1줄을 셀 블록으로 설정한 후 [서식] 도구 상자에서 [진하게]를 클릭한 다음 **글자 색(초록(RGB: 40,155,110))**을 선택합니다.

3 다음과 같이 표 내용에 글자 모양과 문단 모양이 지정됩니다.

연습문제 Exercise

📄 단계학습₩한글 2022₩기본 Study₩연습파일₩Ch14_연습.hwpx

1 다음과 같이 표를 작성한 후 표 내용을 입력해 보세요.

북촌8경

북촌1경	창덕궁 전경
북촌2경	원서동 공방길
북촌3경	가회동 11번지 일대
북촌4경	가회동 31번지 언덕
북촌5경	가회동 골목길(내름)
북촌6경	가회동 골목길(오름)
북촌7경	가회동 31번길
북촌8경	삼청동 돌계단길

2 다음과 같이 표의 크기를 조정한 후 표 내용에 글자 모양과 문단 모양을 지정해 보세요.

- 표 전체 : 글꼴(돋움체), 글자 크기(11), [가운데 정렬]
- 1칸 : 글자 색(하늘색(RGB: 97,130,214))
- 2칸 : 글자 색(주황(RGB: 255,132,58))

북촌8경

북촌1경	창덕궁 전경
북촌2경	원서동 공방길
북촌3경	가회동 11번지 일대
북촌4경	가회동 31번지 언덕
북촌5경	가회동 골목길(내름)
북촌6경	가회동 골목길(오름)
북촌7경	가회동 31번길
북촌8경	삼청동 돌계단길

기본 Study
Chapter 15
Hangul 2022

표 편집하기

표는 셀을 나누거나 합치고 셀 테두리와 셀 배경을 지정하는 등 다양하게 편집할 수 있습니다. 또한, 계산식을 사용하여 합계나 평균 등을 구하거나 1,000 단위 구분 쉼표를 넣을 수도 있습니다.
그림, 표를 편집하는 방법에 대해 알아보겠습니다.

미리 보기

의류 판매량

분류	상품명	판매량
남성	점퍼	1,280
	패딩	1,050
	조끼	980
여성	티셔츠	1,450
	원피스	750
	치마	1,230
합계		6,740

단계학습₩한글 2022₩기본 Study₩예제파일₩Ch15.hwpx

01 셀 나누고 합치기

1 셀을 나누기 위해 **2줄 2칸~3줄 3칸을 셀 블록으로 설정**한 후 [표 레이아웃] 탭에서 [셀 나누기](또는 S)를 클릭합니다.

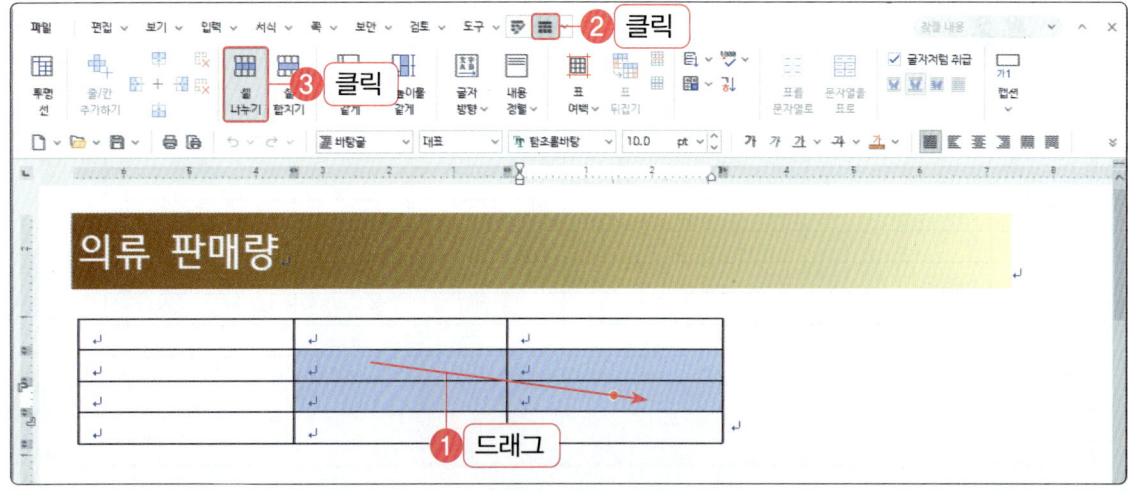

- 셀 나누기는 커서를 둔 셀이나 셀 블록으로 설정한 셀을 나누어 두 개 이상의 셀로 만드는 것을 말합니다.
- 2줄 2칸~3줄 3칸을 셀 블록으로 설정한 후 [표 레이아웃] 탭의 [목록] 단추를 클릭한 다음 [셀 나누기]를 클릭하거나 S를 눌러 셀을 나눌 수도 있습니다.

2 [셀 나누기] 대화상자가 나타나면 **줄 개수를 선택**한 후 **줄 개수(3)를 입력**한 다음 **[나누기] 단추를 클릭**합니다.

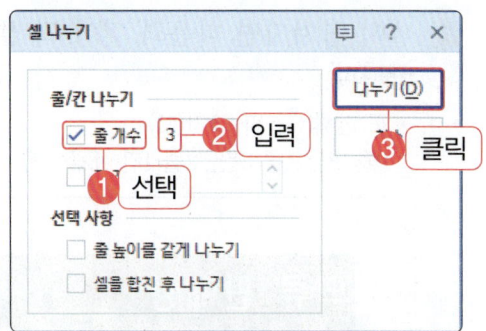

[칸 개수]가 선택되어 있으면 선택 해제합니다.

3 셀이 나누어지면 셀을 합치기 위해 8줄 1칸~8줄 2칸을 셀 블록으로 설정한 후 [표 레이아웃] 탭에서 [셀 합치기](또는 M)를 클릭합니다.

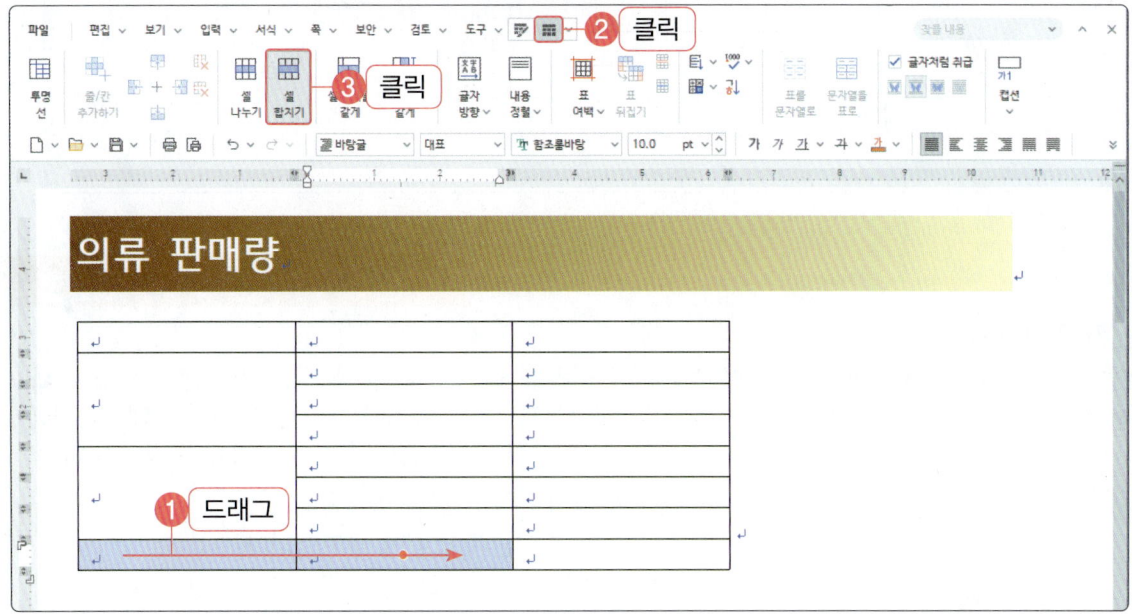

- 셀 합치기는 셀 블록으로 설정한 두 개 이상의 셀을 합쳐서 하나의 셀로 만드는 것을 말합니다.
- 8줄 1칸~8줄 2칸을 셀 블록으로 설정한 후 [표 레이아웃] 탭의 [목록] 단추를 클릭한 다음 [셀 합치기]를 클릭하거나 M을 눌러 셀을 합칠 수도 있습니다.

알고 넘어갑시다!

셀 높이를 같게와 셀 너비를 같게

셀을 나누거나 합치다 보면 셀의 높이나 너비가 서로 달라지는 경우가 있습니다. 이런 경우, 표 전체를 셀 블록으로 설정한 후 [표 레이아웃] 탭의 [목록] 단추를 클릭한 다음 [셀 높이를 같게]를 클릭하거나 H를 누르면 셀의 높이를 같게 만들 수 있고, [셀 너비를 같게]를 클릭하거나 W를 누르면 셀의 너비를 같게 만들 수 있습니다.

4 셀이 합쳐지면 다음과 같이 **각 셀에 내용을 입력**한 후 **표 내용에 글자 모양과 문단 모양을 지정**합니다.

- 표 전체 : 글자 크기(11)
- 1줄 1칸~1줄 3칸, 2줄 1칸~8줄 2칸 : [가운데 정렬]
- 1줄 : [진하게]
- 2줄 3칸~8줄 3칸 : [오른쪽 정렬]

알고 넘어갑시다!

줄/칸 추가하기

셀을 선택한 후 [표 레이아웃] 탭의 [목록] 단추를 클릭, [줄/칸 추가하기]를 클릭하거나 Alt+Insert를 누르면 다음과 같이 [줄/칸 추가하기] 대화상자가 나타납니다. [줄/칸 추가하기] 대화상자에서 왼쪽/오른쪽/위쪽/아래쪽을 선택한 후 [추가] 단추를 클릭하면 줄이나 칸을 추가할 수 있습니다.

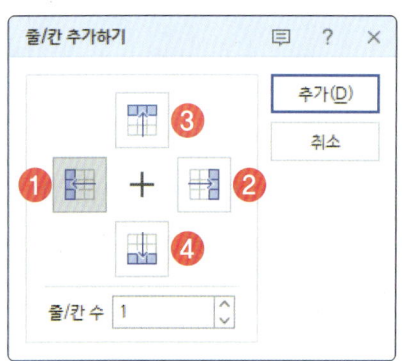

❶ 선택한 셀의 왼쪽에 칸을 추가합니다.
❷ 선택한 셀의 오른쪽에 칸을 추가합니다.
❸ 선택한 셀의 위쪽에 줄을 추가합니다.
❹ 선택한 셀의 아래쪽에 줄을 추가합니다.

줄/칸 지우기

셀을 선택한 후 [표 레이아웃] 탭의 [목록] 단추를 클릭, [줄/칸 지우기]를 클릭하거나 Alt+Delete를 누르면 다음과 같이 [줄/칸 지우기] 대화상자가 나타납니다. [줄/칸 지우기] 대화상자에서 칸/줄을 선택한 후 [지우기] 단추를 클릭하면 줄이나 칸을 지울 수 있습니다.

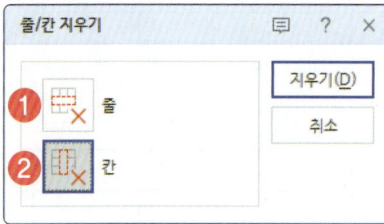

❶ 선택한 셀이 있는 줄 전체를 지웁니다.
❷ 선택한 셀이 있는 칸 전체를 지웁니다.

02 셀 테두리와 셀 배경 지정하기

1 셀 테두리를 지정하기 위해 **표 전체를 셀 블록으로 설정**한 후 ▦[표 레이아웃] 탭의 ▾[목록] **단추를 클릭**한 다음 [셀 테두리/배경]–[**각 셀마다 적용**](또는 L)을 클릭합니다.

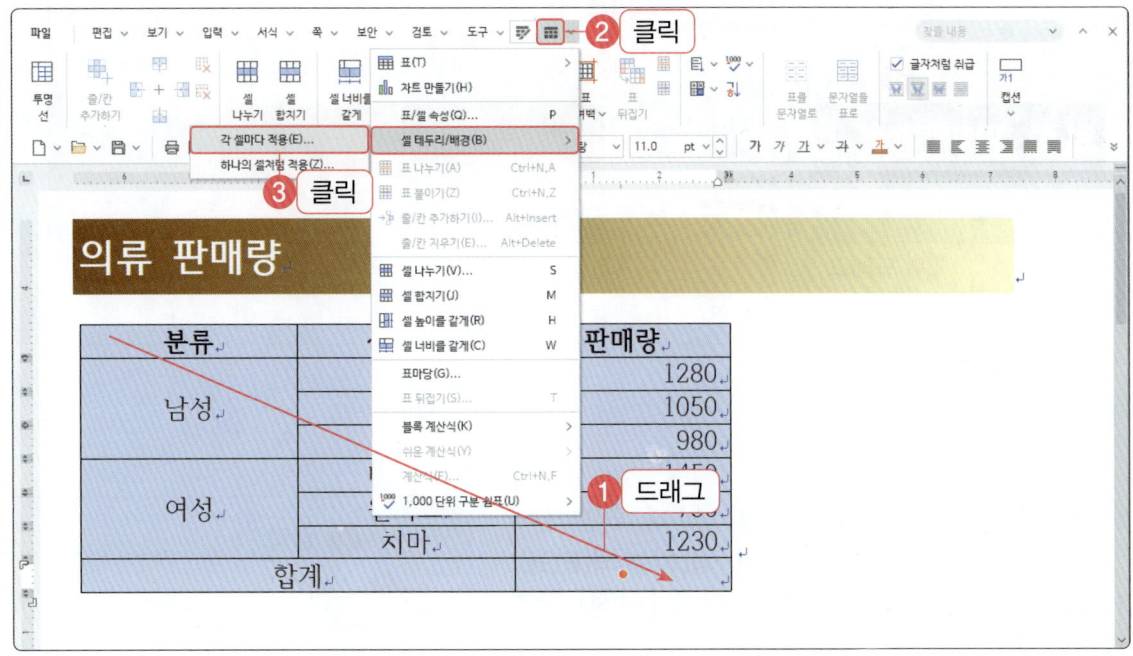

알고 넘어갑시다!

각 셀마다 적용과 하나의 셀처럼 적용

[각 셀마다 적용]을 클릭하면 다음과 같이 각 셀마다 셀 테두리나 셀 배경 등을 지정하지만 [하나의 셀처럼 적용]을 클릭하면 셀 블록으로 설정한 셀을 하나의 셀처럼 간주하여 셀 테두리나 셀 배경 등을 지정합니다.

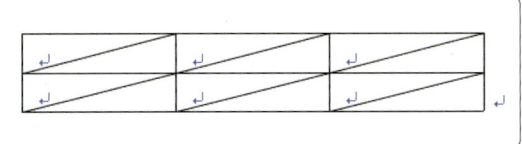 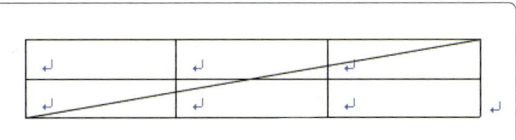

▲ [각 셀마다 적용]을 클릭하여 대각선을 넣은 경우　　▲ [하나의 셀처럼 적용]을 클릭하여 대각선을 넣은 경우

2 [셀 테두리/배경] 대화상자가 나타나면 [테두리] 탭에서 **테두리 종류**(▭ ▾[없음])을 **선택**한 후 ▣[**왼쪽**]과 ▣[**오른쪽**]을 **선택**한 다음 [설정] 단추를 **클릭**합니다.

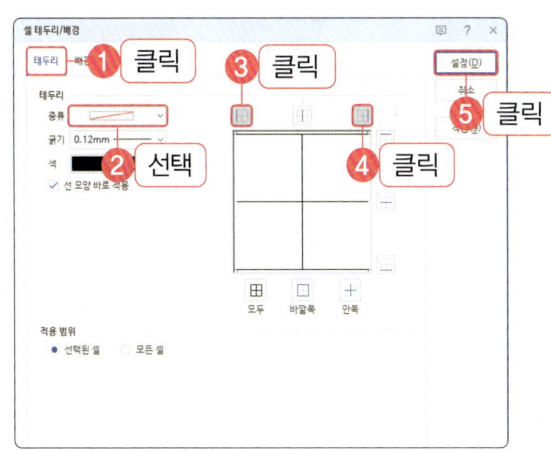

Chapter 15 – 표 편집하기　**95**

3 셀 배경을 지정하기 위해 **1줄을 셀 블록으로 설정**한 후 [표 레이아웃] 탭의 [목록] 단추를 클릭한 다음 [셀 테두리/배경]-[각 셀마다 적용]을 클릭합니다.

1줄을 셀 블록으로 설정한 후 C를 눌러 셀 배경을 지정할 수도 있습니다.

4 [셀 테두리/배경] 대화상자가 나타나면 [배경] 탭에서 [색]을 선택한 후 면 색(하늘색(RGB: 97,130,214) 40% 밝게)을 선택한 다음 [설정] 단추를 클릭합니다.

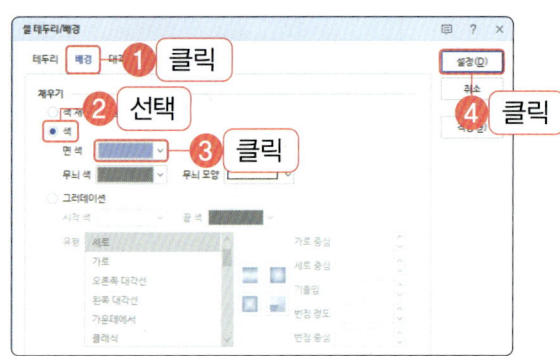

알고 넘어갑시다!

표 스타일 적용하기

표 스타일은 셀 테두리나 셀 배경 등을 미리 지정하여 하나의 형식으로 만들어 놓은 것입니다. 표를 선택한 후 [표 디자인] 탭에서 [자세히]를 클릭한 다음 표 스타일을 선택하면 해당 표 스타일을 적용할 수 있습니다.

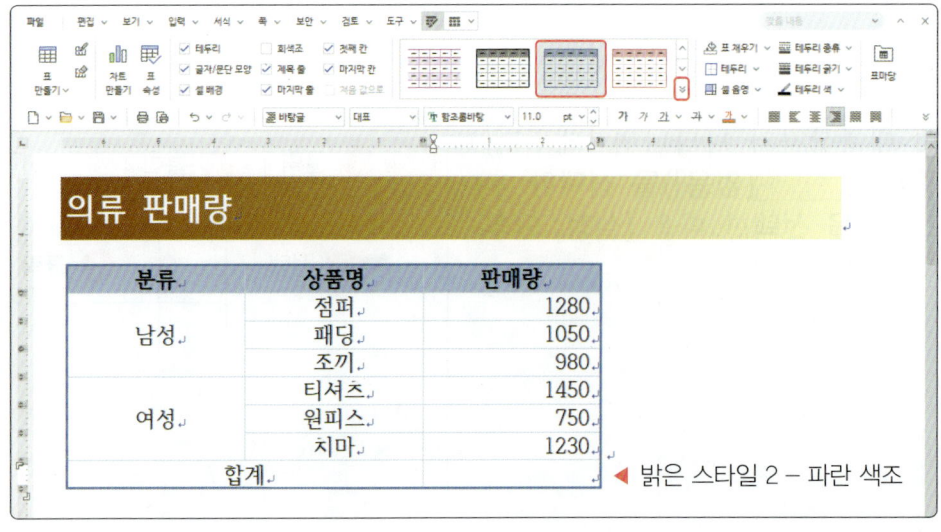

◀ 밝은 스타일 2 – 파란 색조

96 한글 2022 기본 Study

5 다음과 같이 셀 배경이 지정됩니다.

의류 판매량

분류	상품명	판매량
남성	점퍼	1280
	패딩	1050
	조끼	980
여성	티셔츠	1450
	원피스	750
	치마	1230
합계		

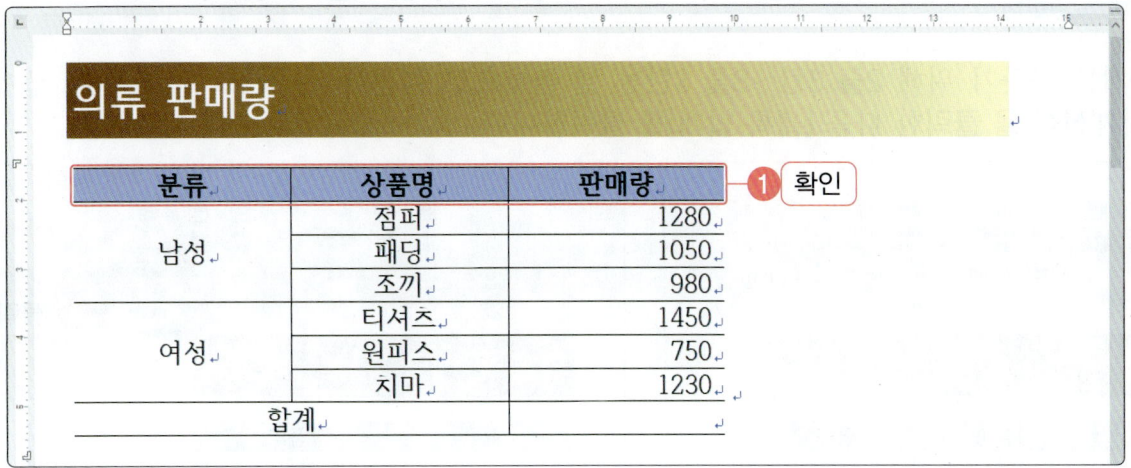

알고 넘어갑시다!

셀 대각선 넣기

다음과 같이 [셀 테두리/배경] 대화상자의 [대각선] 탭에서 대각선 종류를 선택한 후 대각선을 선택하면 셀에 해당 대각선을 넣을 수 있습니다.

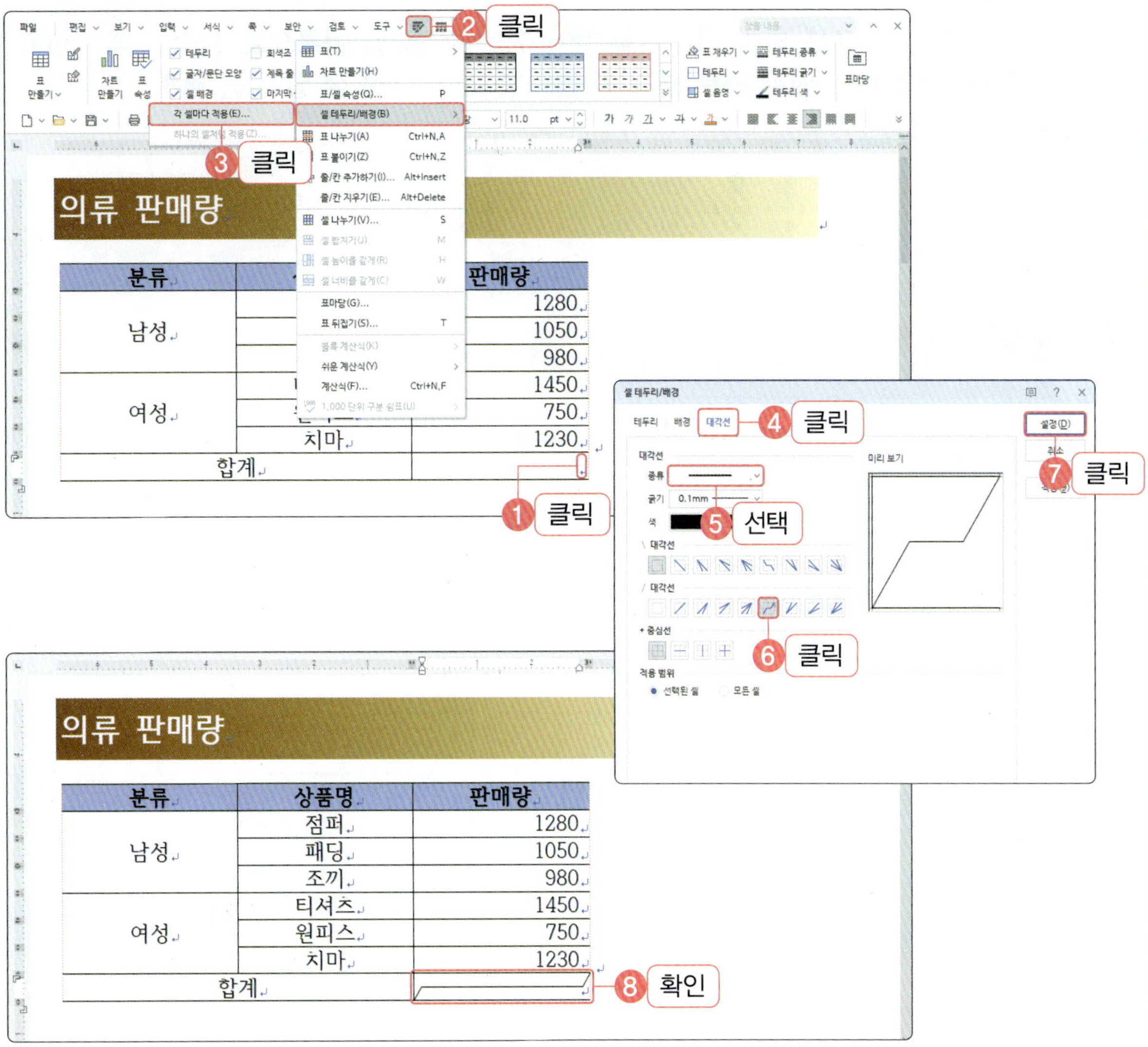

03 계산식 사용하고 1,000 단위 구분 쉼표 넣기

1 합계를 구하기 위해 **2줄 3칸~8줄 3칸을 셀 블록으로 설정**한 후 [표 레이아웃] 탭에서 **[계산식]**을 클릭한 다음 **[블록 합계]**를 클릭합니다.

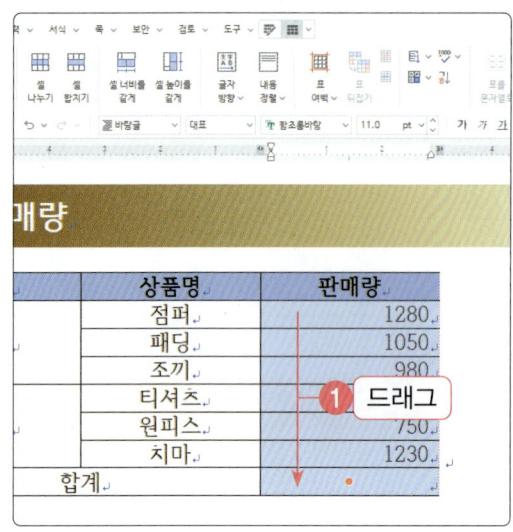
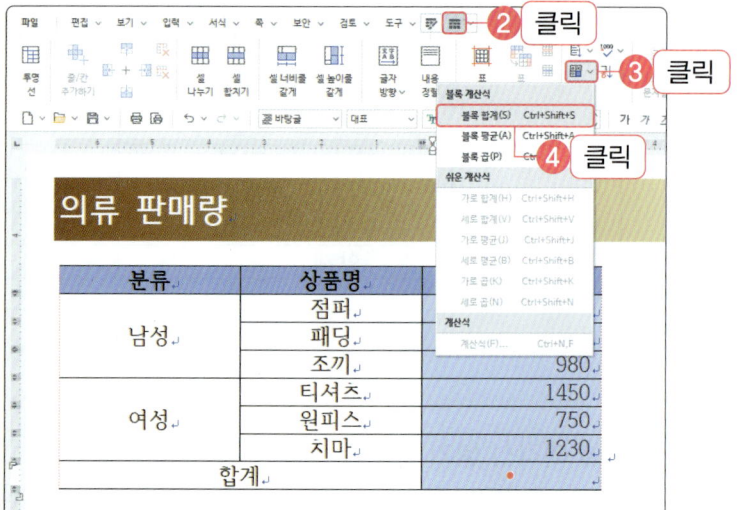

2 1,000 단위 구분 쉼표를 넣기 위해 **2줄 3칸~7줄 3칸을 셀 블록으로 설정**한 후 [표 레이아웃] 탭에서 **[1,000 단위 구분 쉼표]**를 클릭한 다음 **[자릿점 넣기]**를 클릭합니다.

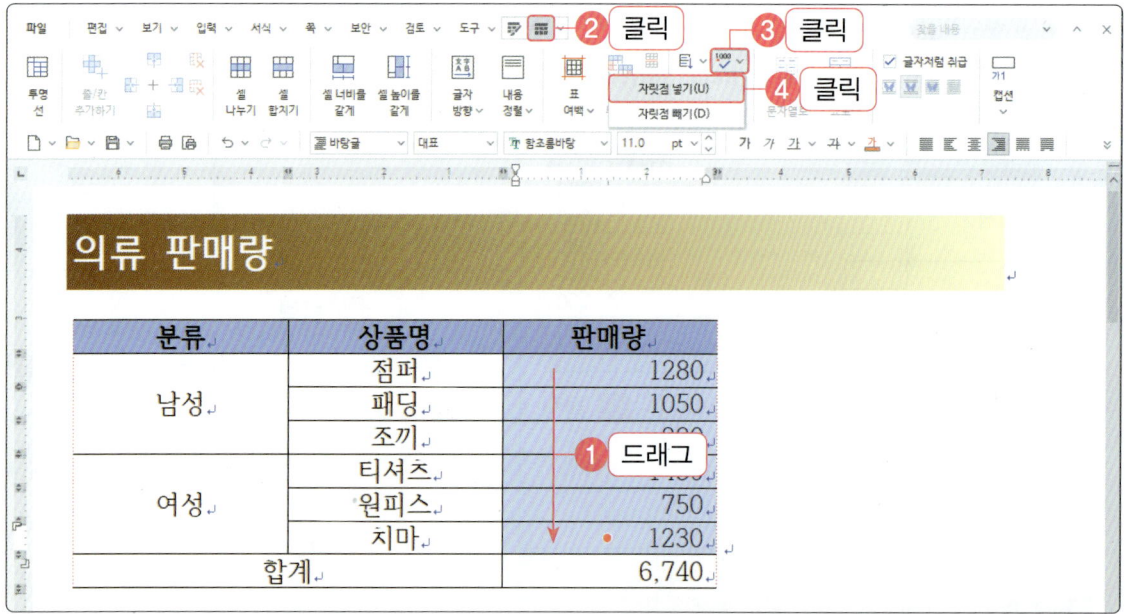

3 다음과 같이 1,000 단위 구분 쉼표가 넣어집니다.

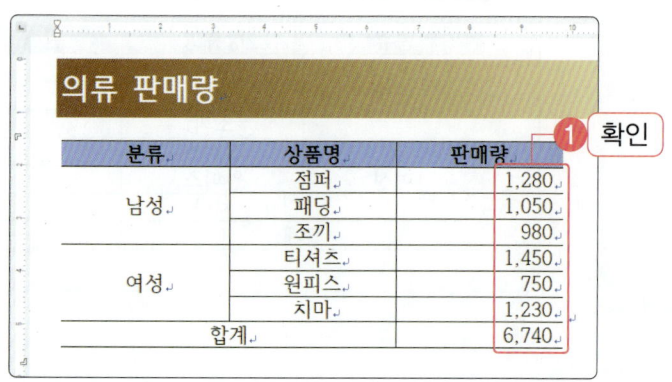

연습문제

📁 단계학습₩한글 2022₩기본 Study₩연습파일₩Ch15_연습.hwpx

1 다음과 같이 셀을 나누고 합친 후 각 셀에 표 내용을 입력한 다음 셀 테두리와 셀 배경을 지정해 보세요.

- 표 전체 : 글자 크기(11), 셀 테두리(왼쪽/오른쪽(테두리 종류(선 없음)))
- 1줄 : 🗛[진하게], 셀 테두리(아래(테두리 종류(이중 실선))), 셀 배경색(보라(RGB: 157,92,187) 60% 밝게)
- 1줄 1칸~1줄 3칸, 2줄 1칸~6줄 2칸 : ≡[가운데 정렬]
- 2줄 3칸~6줄 3칸 : ≡[오른쪽 정렬]

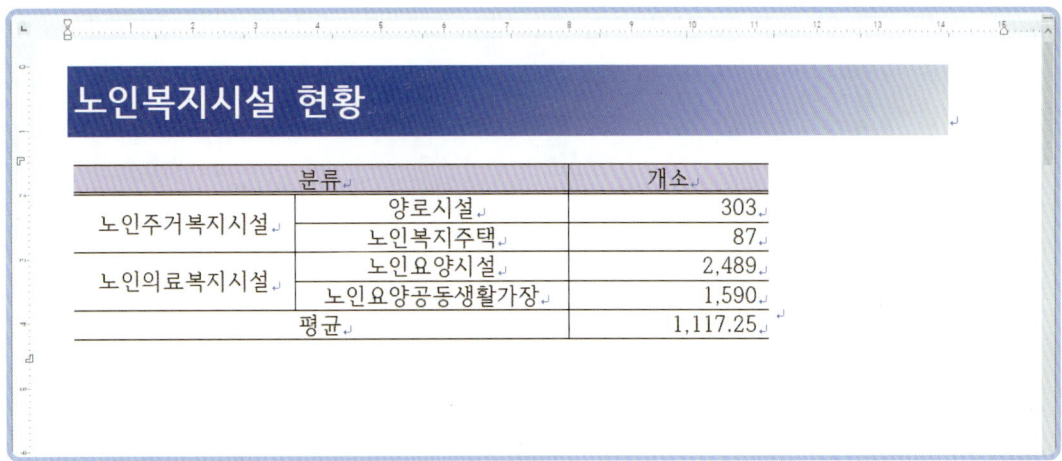

2 다음과 같이 계산식을 이용하여 평균을 구한 후 2줄 3칸~5줄 3칸에 1,000 단위 구분 쉼표를 넣어 보세요.

Hint 2줄 3칸~6줄 3칸을 셀 블록으로 설정한 후 [표 레이아웃] 탭에서 [계산식]을 클릭한 다음 [블록 평균]을 클릭하면 평균을 계산할 수 있습니다.

기본 Study

Chapter 16

차트 작성하기

Hangul 2022

차트는 수치 자료를 분석하여 그 관계를 일정한 양식의 그림으로 나타낸 것입니다. 차트를 작성하면 수치 자료를 막대나 원 등으로 표시해 주므로 수치 자료를 한 눈에 파악할 수 있습니다.
그럼, 차트를 작성하는 방법에 대해 알아보겠습니다.

미리보기

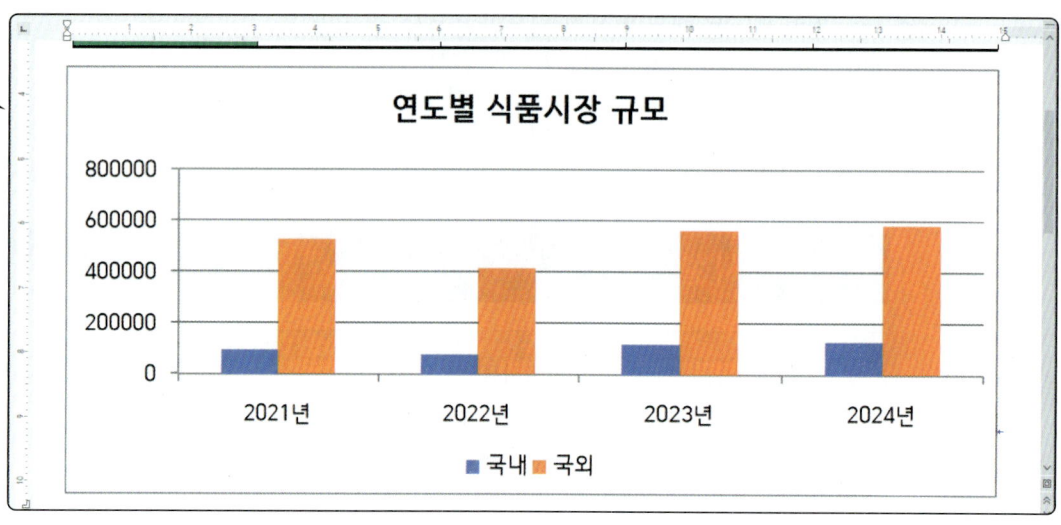

단계학습₩한글 2022₩기본 Study₩예제파일₩Ch16.hwpx

01 차트 만들기

1 차트를 만들기 위해 **표 전체를 셀 블록으로 설정**한 후 [표 디자인] 탭에서 **[차트 만들기]를 클릭**합니다.

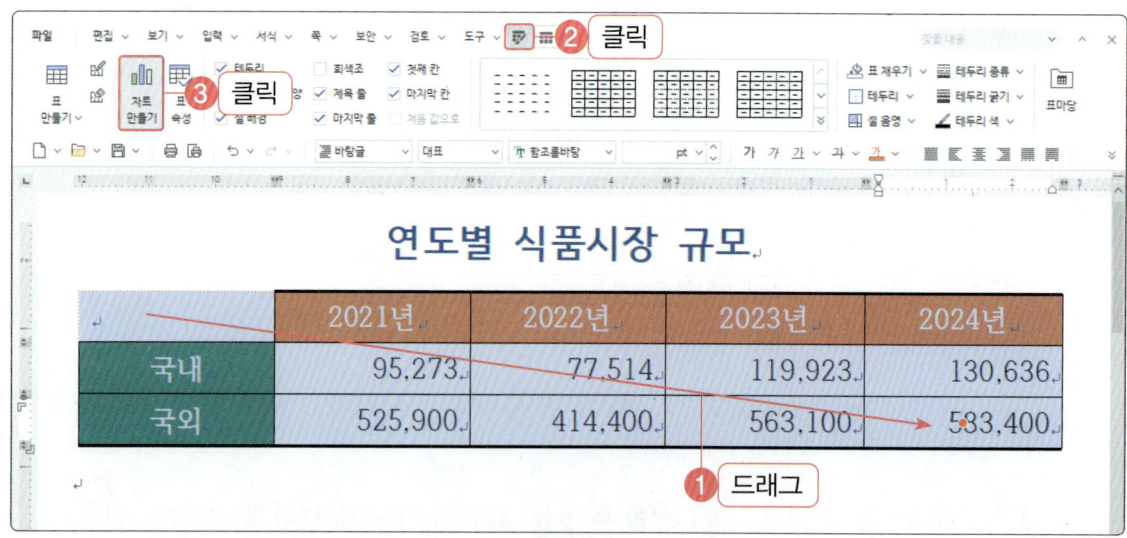

차트 데이터(차트로 작성할 자료)를 셀 블록으로 설정한 후 [표 레이아웃] 탭의 [목록] 단추를 클릭한 다음 [차트 만들기]를 클릭하거나 [편집] 탭에서 [차트] 또는 [입력] 탭에서 [차트]를 클릭하여 차트를 만들 수도 있습니다.

2 [차트 데이터 편집] 대화상자가 나타나면 ⊠[닫기]를 클릭합니다.

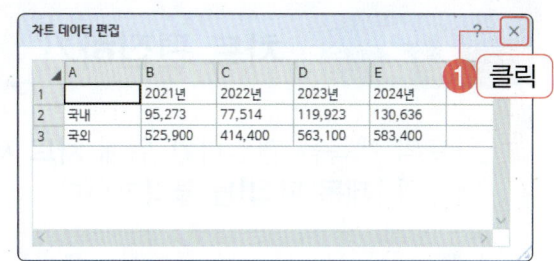

3 **차트를 선택**한 후 [차트 서식] 탭에서 **[글자처럼 취급]을 선택**합니다.

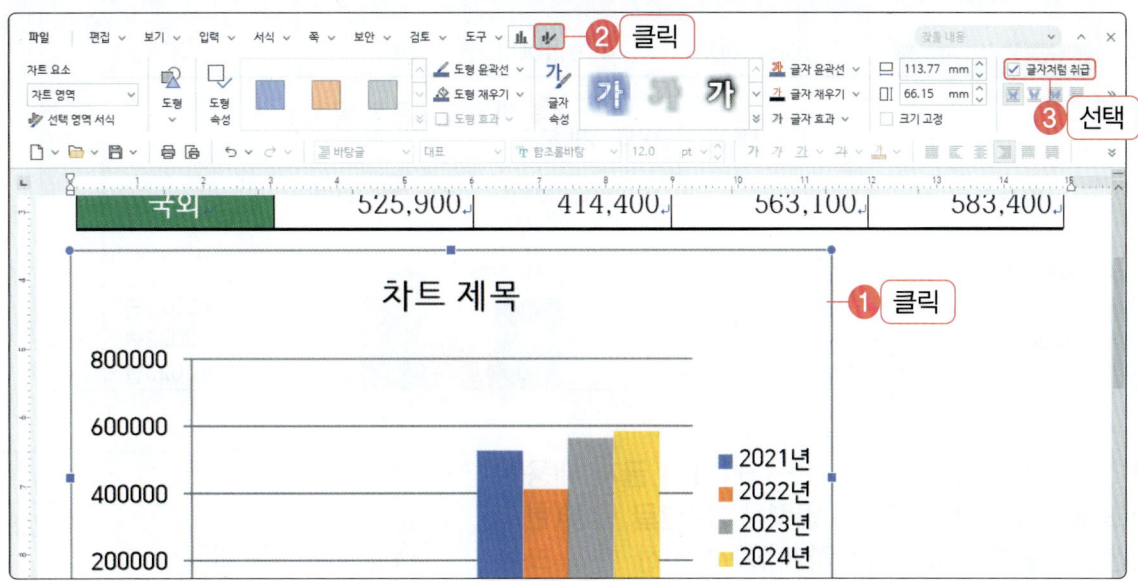

- 차트로 마우스 포인터를 가져가서 마우스 포인터 모양이 로 변경되었을 때 클릭하면 차트를 선택할 수 있습니다.
- [글자처럼 취급]을 선택하면 차트를 하나의 글자처럼 취급합니다.

4 차트의 크기를 조정하기 위해 다음과 같이 **차트의 크기 조정 핸들(■)을 드래그**합니다.

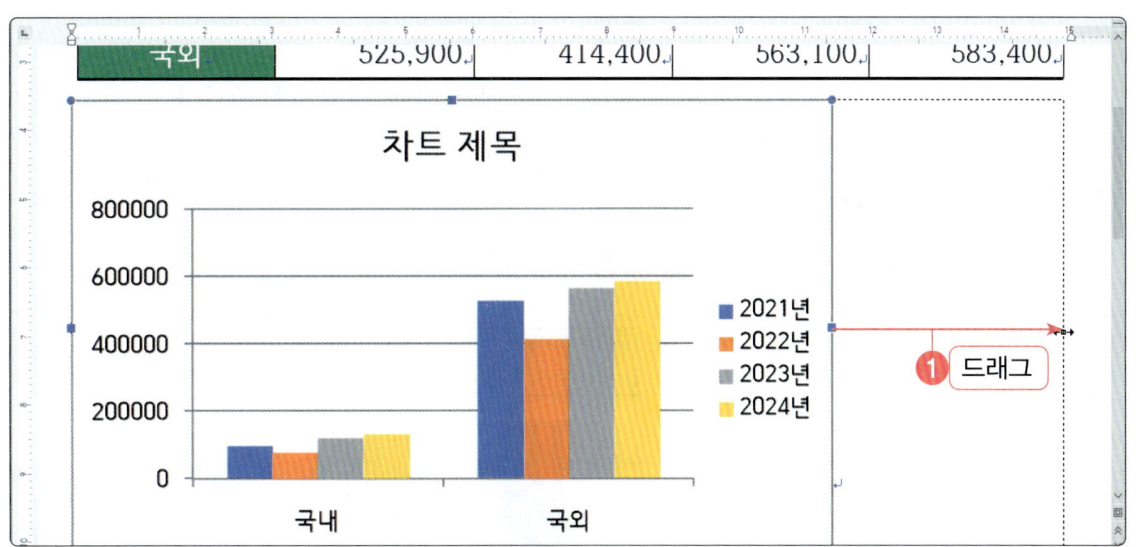

차트의 오른쪽 가운데 크기 조정 핸들(■)로 마우스 포인터를 가져가서 마우스 포인터 모양이 ↔ 로 변경되었을 때 오른쪽으로 드래그합니다.

Chapter 16 - 차트 작성하기 **101**

02 차트 편집하기

1. 차트의 제목을 편집하기 위해 **차트 제목을 선택**한 후 **마우스 오른쪽 단추**를 눌러 바로 가기 메뉴의 [**제목 편집**]을 클릭합니다.

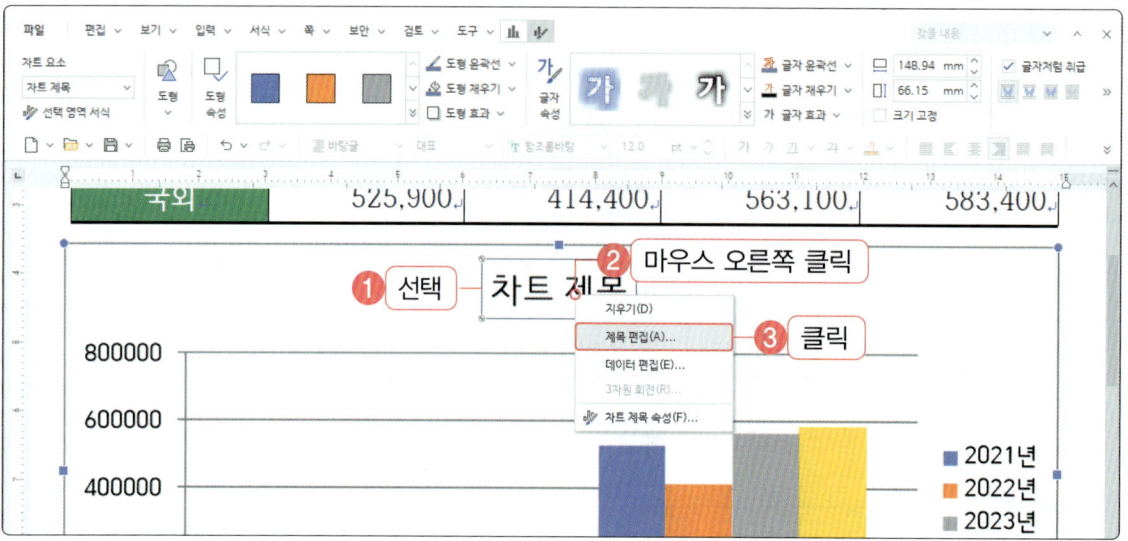

2. [차트 글자 모양] 대화상자가 나타나면 **글자 내용**(연도별 식품시장 규모)을 **입력**한 후 **한글 글꼴**(한컴산뜻돋움)과 속성([진하게])를 **지정**한 다음 **크기(14)를 입력**하고 [설정] 단추를 클릭합니다.

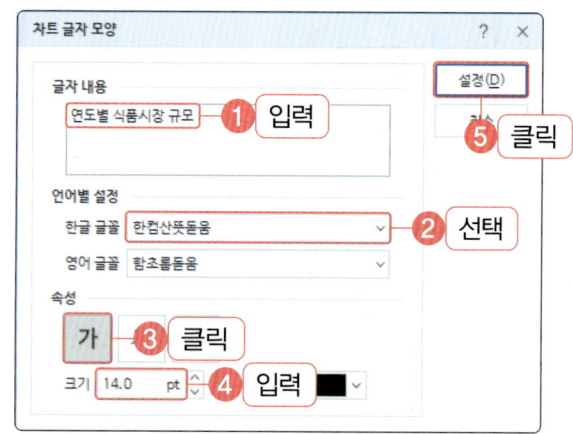

3. 차트 제목이 수정되면 범례의 위치를 변경하기 위해 **범례를 더블클릭**합니다.

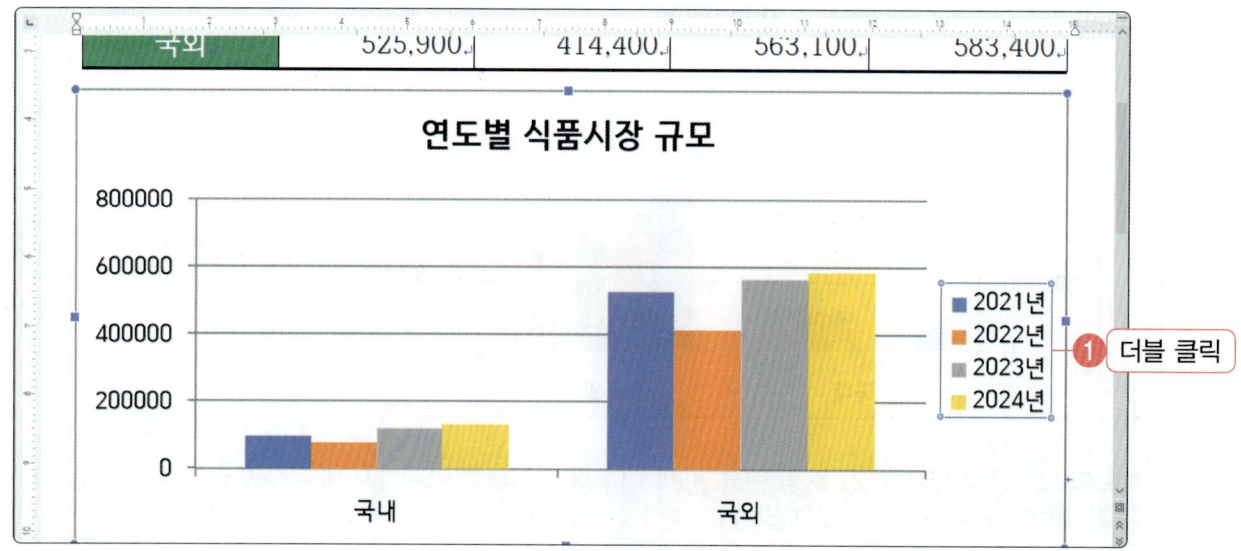

4 화면 오른쪽에 범례의 개체 속성이 표시되면 **범례 위치(아래쪽)를 선택**한 후 ☒**[닫기] 단추를 클릭**하여 개체 속성을 닫습니다.

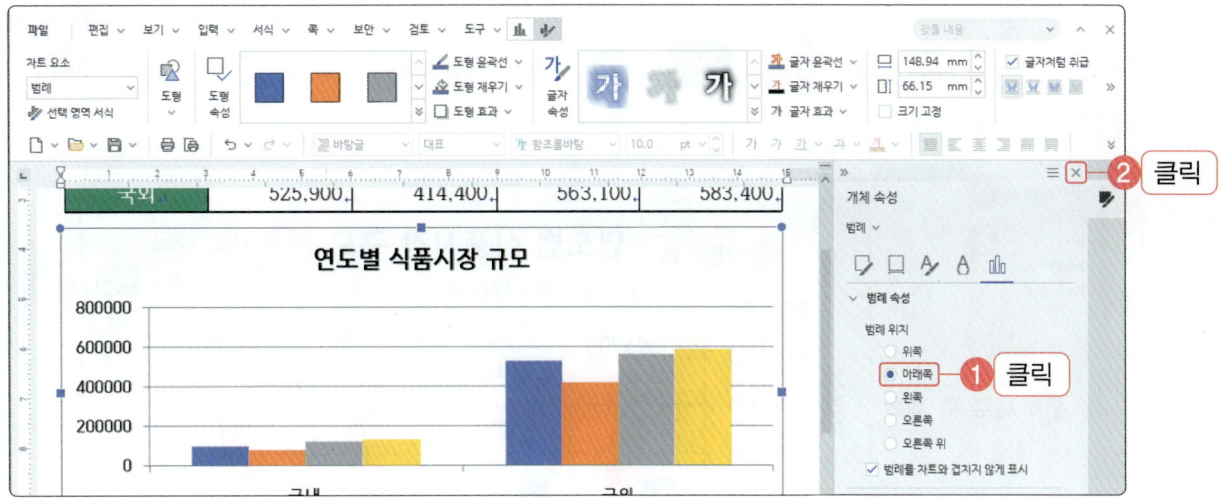

5 범례의 위치가 변경되면 차트의 가로 및 세로 축 데이터를 전환하여 표시하기 위해 [차트 디자인] 탭에서 **[줄/칸 전환]을 클릭**합니다.

6 차트의 줄과 칸에 해당하는 데이터가 서로 전환되어 차트 모양이 표시됩니다.

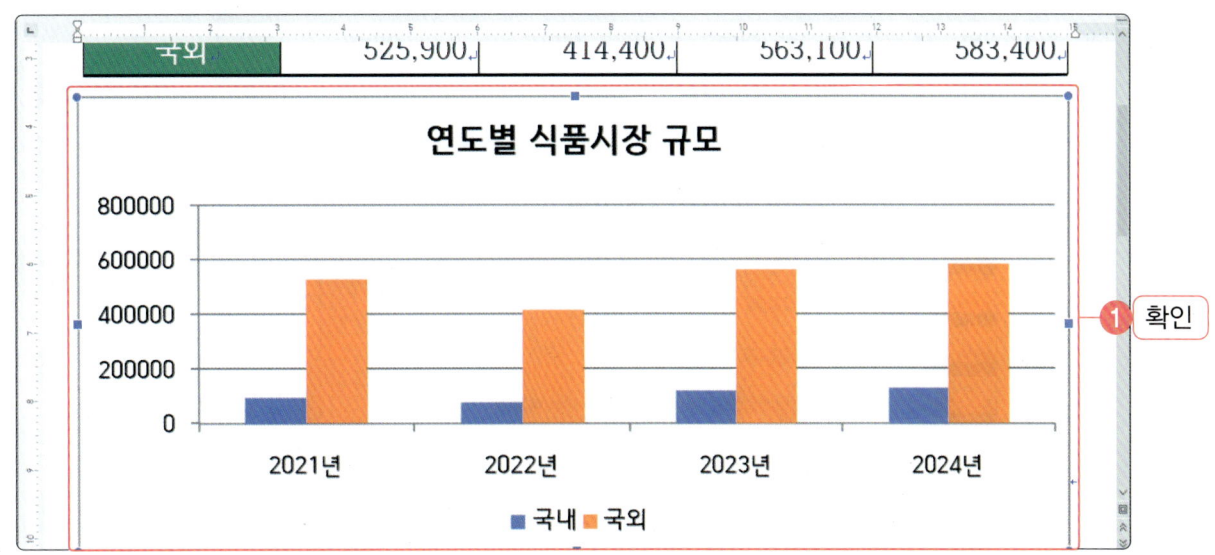

Chapter 16 - 차트 작성하기 **103**

차트의 구성 알아보기

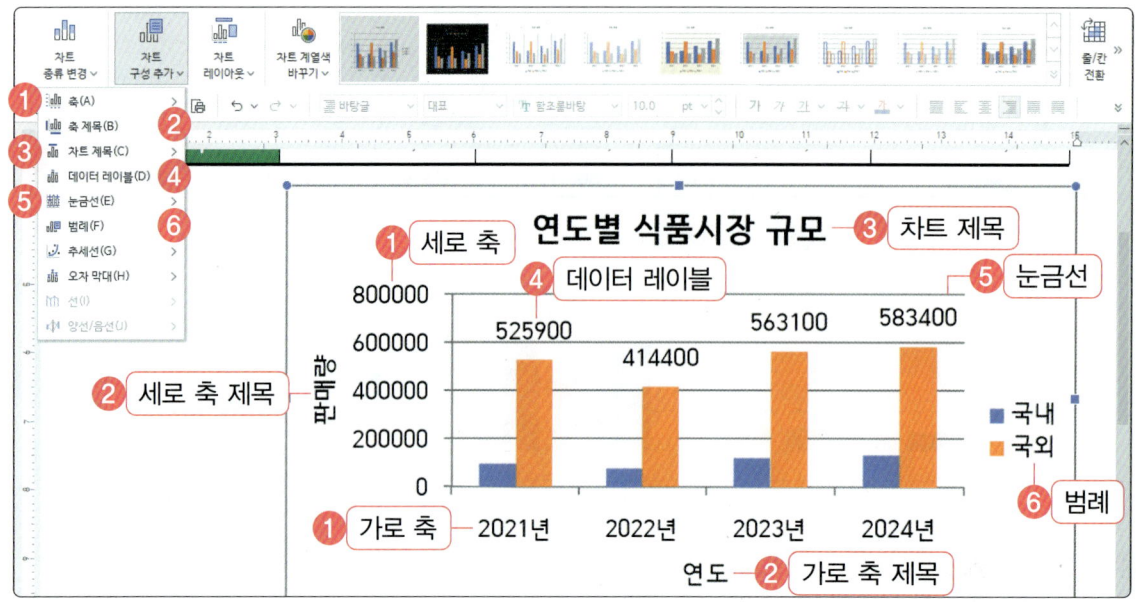

차트 종류 변경하기

차트를 선택한 후 [차트 디자인] 탭에서 [차트 종류 변경]을 클릭하면 차트의 다양한 모양이 표시되며, 원하는 모양을 선택하면 차트 종류를 변경할 수 있습니다.

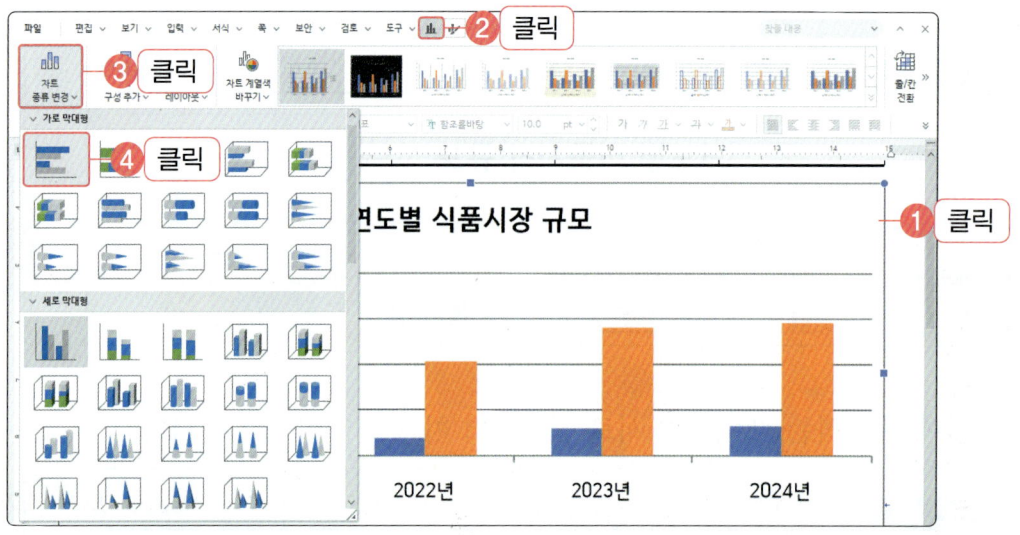

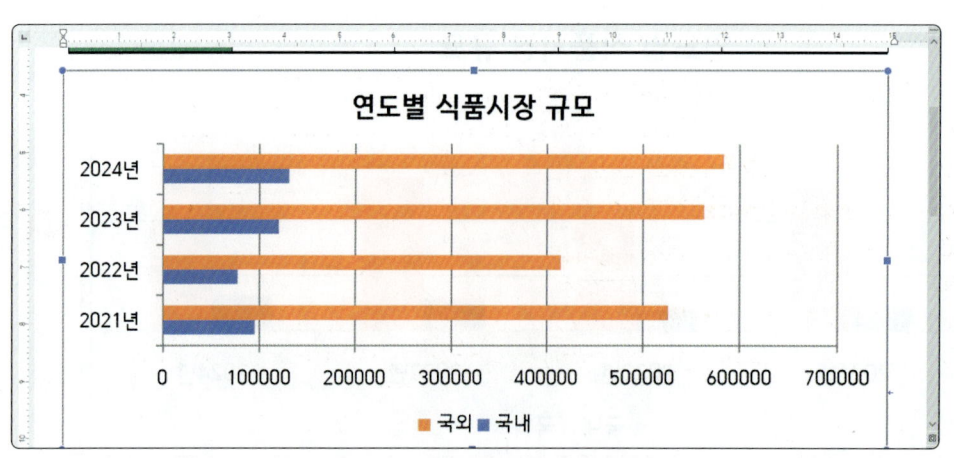

📁 단계학습₩한글 2022₩기본 Study₩연습파일₩Ch16_연습.hwpx

1 다음과 같이 차트를 만들어 보세요.
- 차트 데이터 : 2줄 1칸 ~ 3줄 5칸
- 차트 배치 : 글자처럼 취급

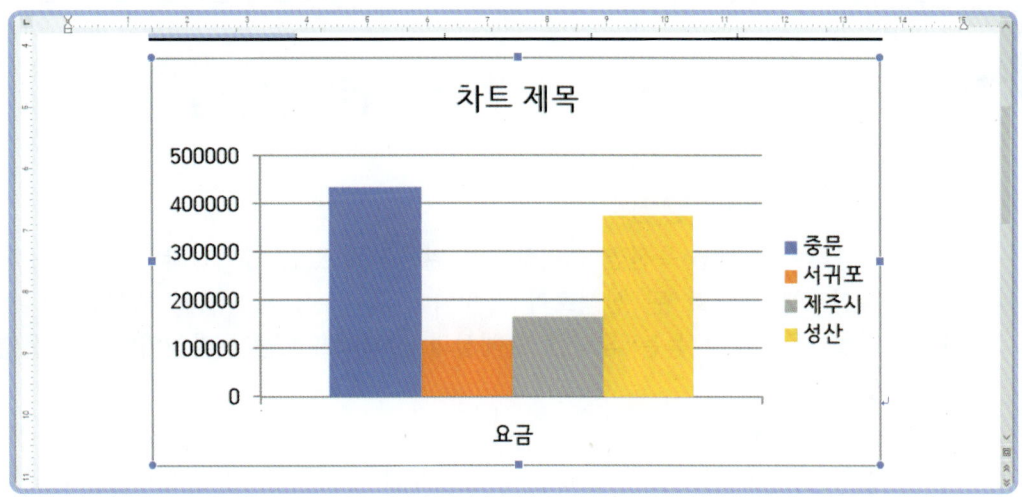

2 다음과 같이 차트를 편집해 보세요.
- 차트 제목 : 글꼴(맑은 고딕), 속성(가[진하게]), 크기(14), 위치(위)
- 범례 : 위치(오른쪽)
- 차트 종류 : 결과 화면을 참고하여 줄/칸 전환 후 [3차원 원형]
- 데이터 레이블 표시 : 결과 화면 참고

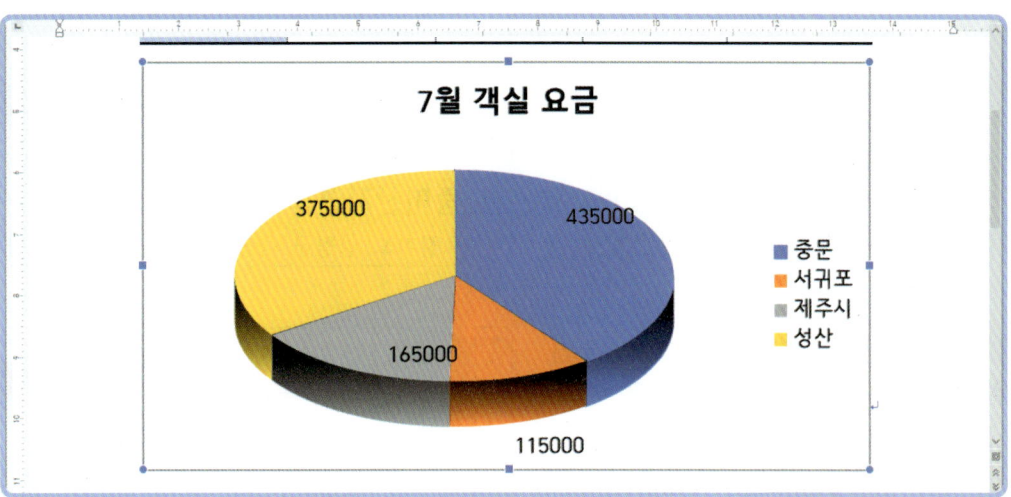

Hint 차트의 종류 변경은 3차원 원형 차트로 바꾸기 전에 먼저 [차트 디자인] 탭에서 [줄/칸 전환]을 클릭하여 차트의 가로/세로 축을 바꾸어 데이터를 표시한 후 차트 종료를 변경해야 결과 화면과 같이 표시할 수 있습니다.

기본 Study
Chapter 17
쪽 번호 매기고 쪽 테두리/배경 지정하기

쪽 번호 매기기는 문서에 쪽 번호를 자동으로 매겨주는 기능입니다. 쪽 테두리/배경을 지정하면 문서의 각 쪽에 테두리를 넣거나 쪽 배경을 면 색과 무늬 등으로 채워 문서를 보기 좋고 예쁘게 꾸밀 수 있습니다.
그럼, 쪽 번호를 매기고 쪽 테두리/배경을 지정하는 방법에 대해 알아보겠습니다.

미리 보기

 단계학습₩한글 2022₩기본 Study₩예제파일₩Ch17.hwpx

01 쪽 번호 매기기

1 쪽 번호를 매기기 위해 [쪽] 탭에서 [쪽 번호 매기기](또는 Ctrl+N,P)를 클릭합니다.

- [보기] 탭에서 [쪽 윤곽]을 선택하면 쪽 윤곽이 보이게 화면이 변경됩니다.
- [쪽] 탭의 [목록] 단추를 클릭한 후 [쪽 번호 매기기]를 클릭하거나 Ctrl+N,P를 눌러 쪽 번호를 매길 수도 있습니다.

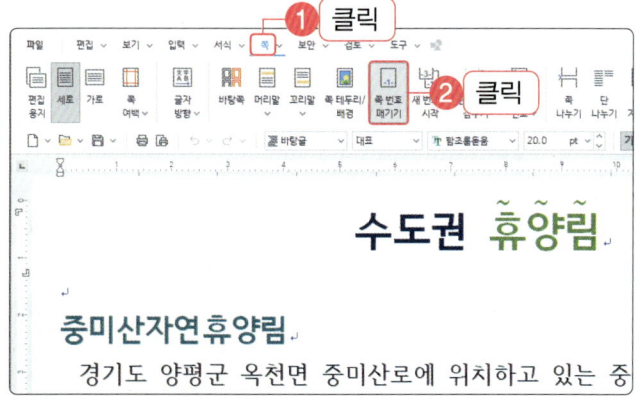

2 [쪽 번호 매기기] 대화상자가 나타나면 **번호 위치 (오른쪽 위)를 선택**한 후 **번호 모양(1,2,3)과 [줄표 넣기]를 선택**한 다음 **[넣기] 단추를 클릭**합니다.

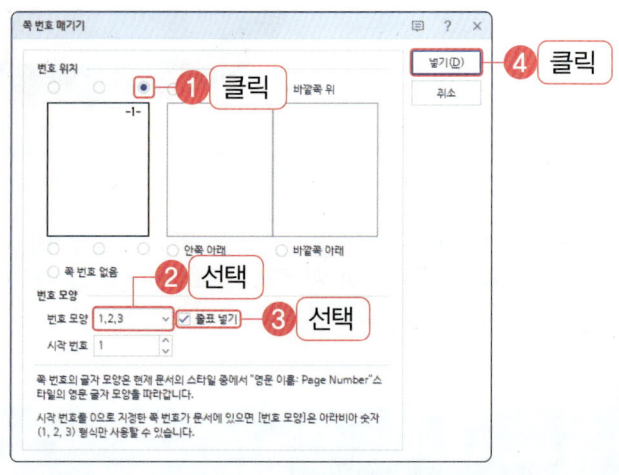

3 다음과 같이 쪽 번호가 매겨집니다.

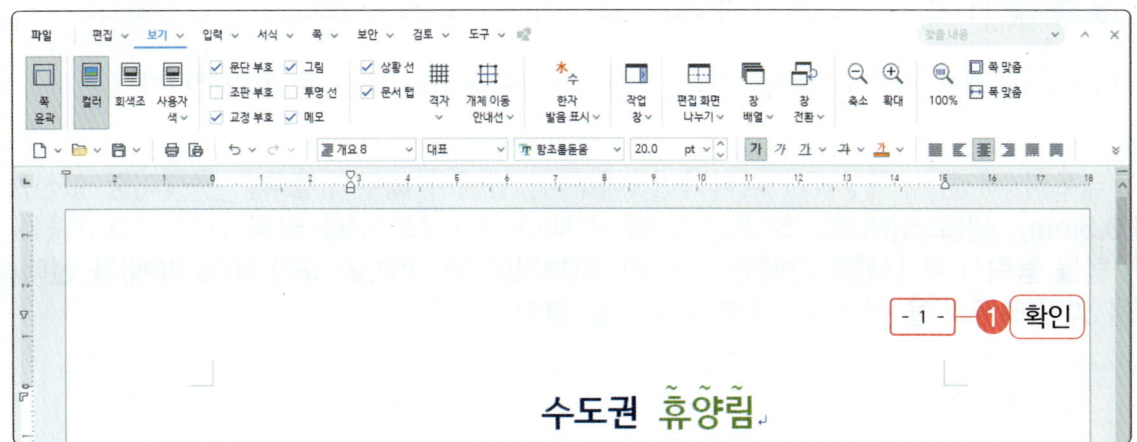

알고 넘어갑시다!

쪽 번호 지우기

[보기] 탭에서 [조판 부호]를 선택하면 [쪽 번호 위치]를 확인할 수 있습니다. 쪽 번호를 지우려면 [쪽 번호 위치] 앞에 커서를 둔 후 Delete 를 누르면 됩니다.

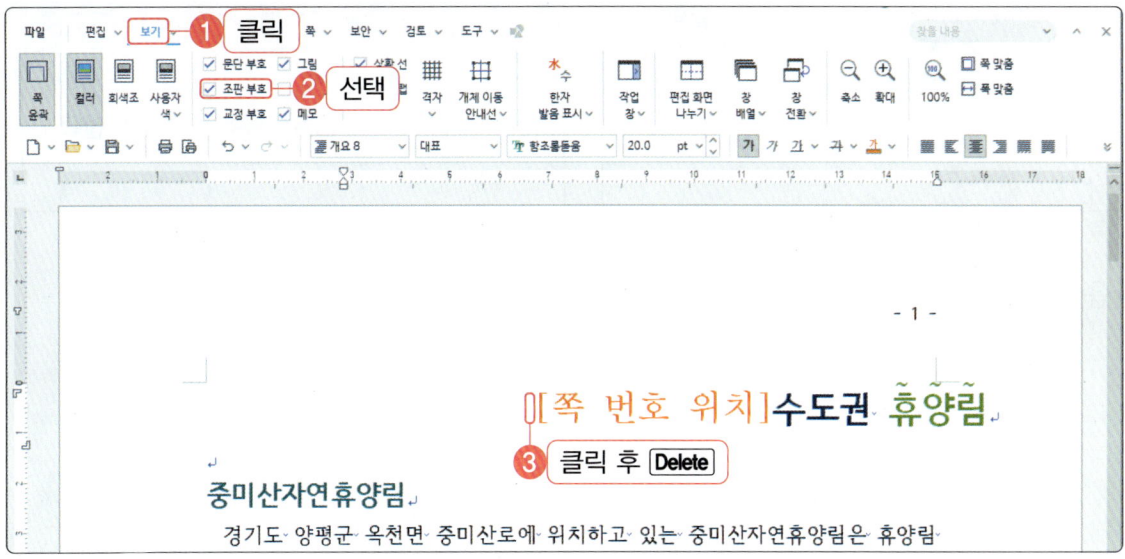

새 번호로 시작

[쪽] 탭에서 [새 번호로 시작]을 클릭하면 [새 번호로 시작] 대화상자가 나타납니다. [새 번호로 시작] 대화상자에서 번호 종류를 [쪽 번호]로 선택한 후 시작 번호를 입력한 다음 [넣기] 단추를 클릭하면 쪽 번호를 새 번호로 시작할 수 있습니다.

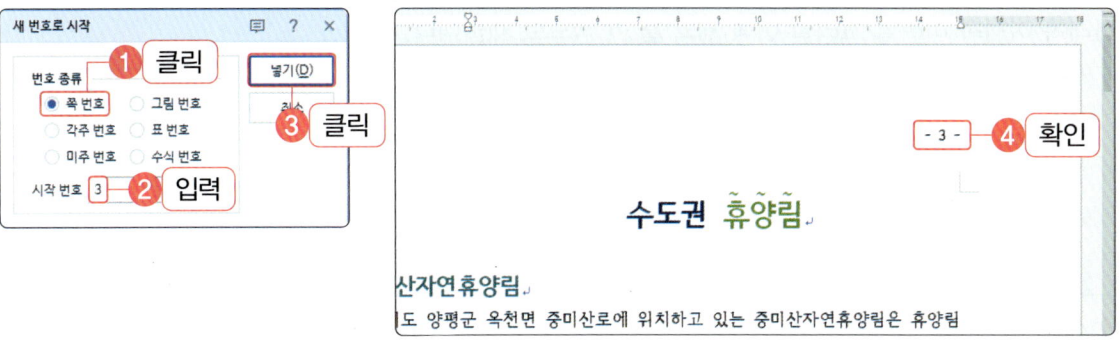

02 쪽 테두리/배경 지정하기

1 쪽 테두리/배경을 지정하기 위해 [쪽] 탭에서 [쪽 테두리/배경]을 클릭합니다.

2 [쪽 테두리/배경] 대화상자가 나타나면 [테두리] 탭에서 **테두리 종류(이중 실선), 굵기(0.5mm), 색(보라(RGB: 157,92,187))**을 선택한 후 [모두]를 클릭합니다. 그런다음 [배경] 탭을 클릭한 후 [색]을 선택한 다음 **면 색(보라(RGB: 157,92,187) 80% 밝게)**을 선택하고 **채울 영역(테두리)**을 선택한 후 [설정] 단추를 클릭합니다.

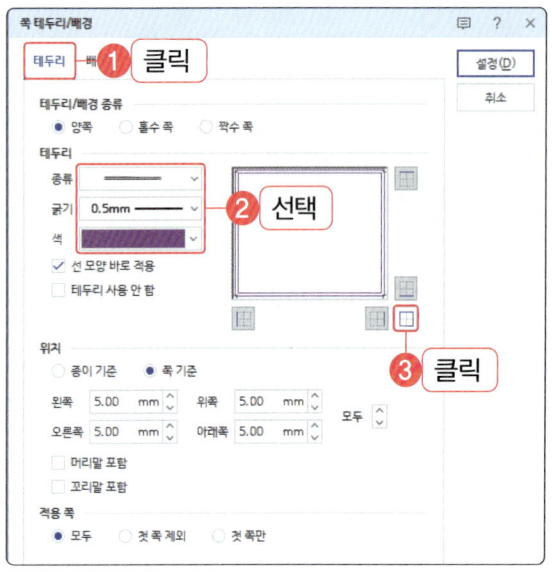 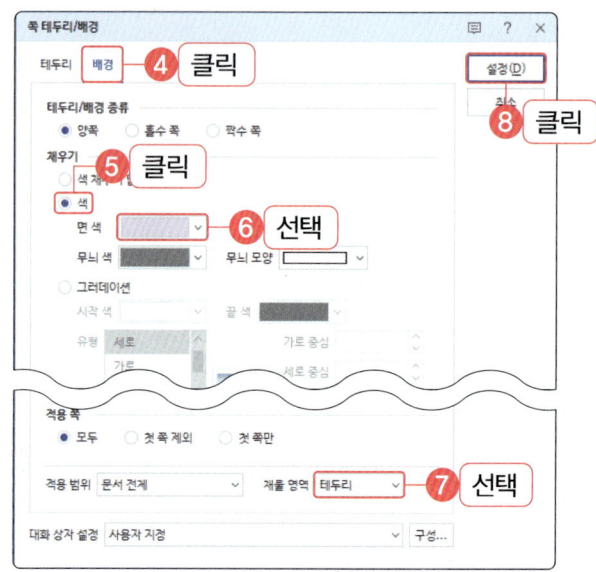

3 다음과 같이 쪽 테두리/배경이 지정됩니다.

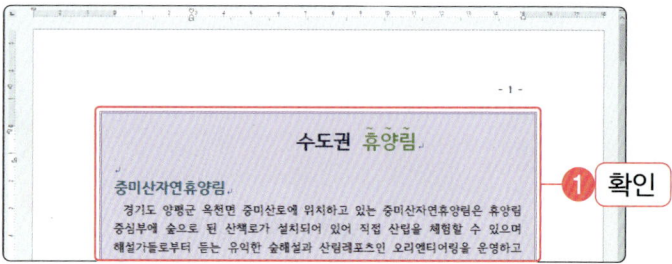

알고 넘어갑시다!

채울 영역

[쪽 테두리/배경] 대화상자의 [배경] 탭에서 채울 영역을 [종이]로 선택한 경우에는 다음과 같이 편집 용지 전체를 면 색으로 채우고, [쪽]을 선택한 경우에는 본문 편집 영역 안쪽(왼쪽/오른쪽/위쪽/아래쪽 여백과 머리말/꼬리말 여백 제외)을 면 색으로 채웁니다.

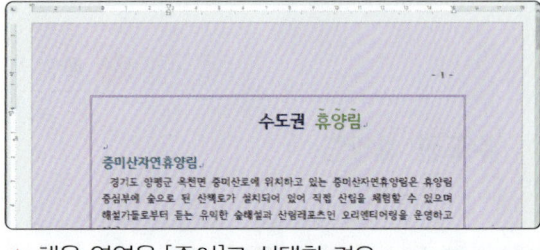 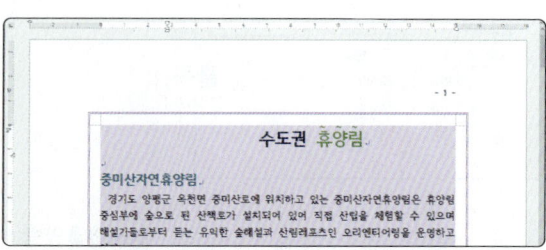

▲ 채울 영역을 [종이]로 선택한 경우　　▲ 채울 영역을 [쪽]으로 선택한 경우

연습문제 Exercise

단계학습₩한글 2022₩기본 Study₩연습파일₩Ch17_연습.hwpx

1 다음과 같이 쪽 번호를 매겨 보세요.
- 쪽 번호 매기기 : 번호 위치(왼쪽 위), 번호 모양(A,B,C), [줄표 넣기] 선택

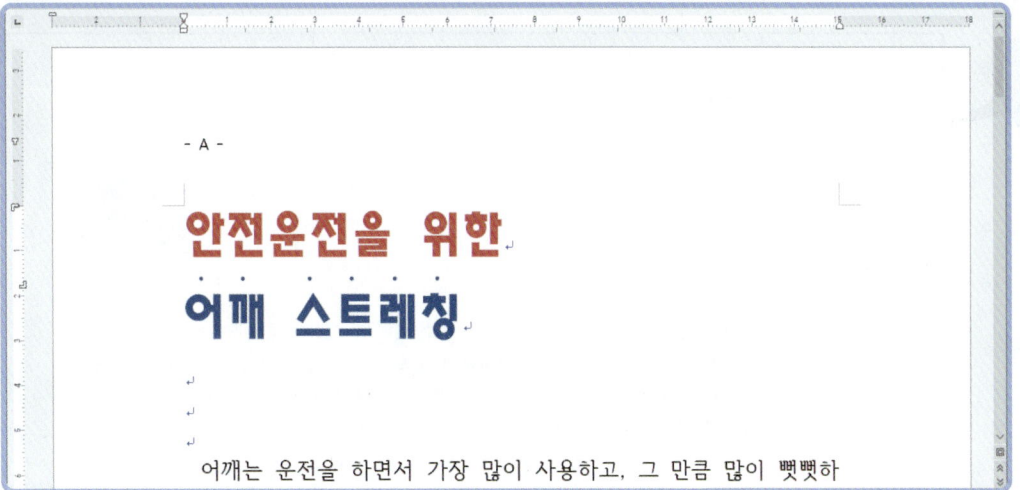

Hint
[쪽] 탭에서 [쪽 번호 매기기]를 클릭하면 쪽 번호를 매길 수 있습니다.

2 다음과 같이 쪽 테두리/배경을 지정해 보세요.
- 쪽 테두리 : 테두리 종류[이중 실선], 굵기(1mm), [모두], 색(하늘색(RGB: 97,130,214))
- 쪽 배경 : 색(하늘색(RGB: 97,130,214) 80% 밝게), 채울 영역(테두리)

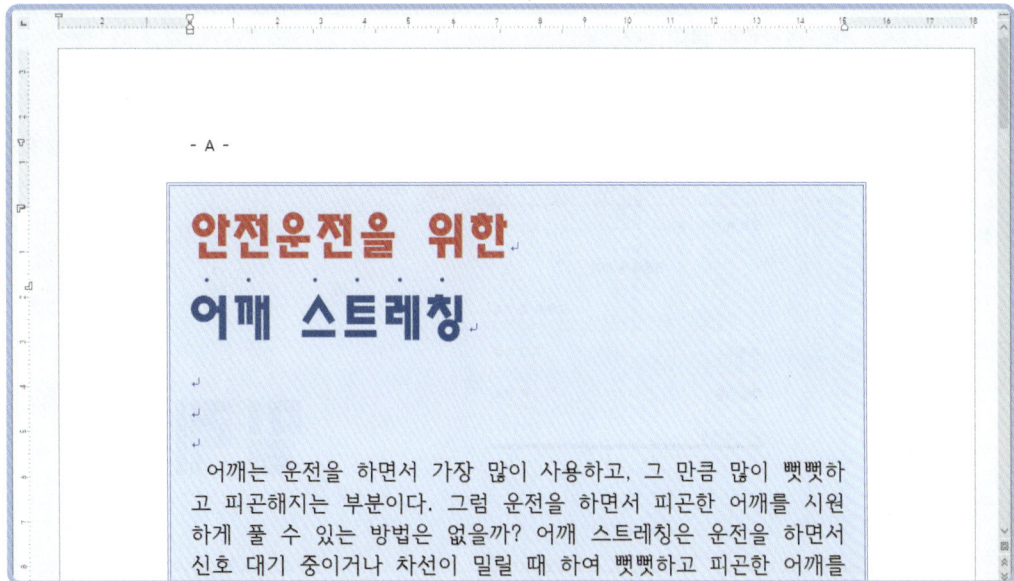

기본 Study

Chapter 18

머리말/꼬리말과 주석 삽입하기

머리말은 쪽의 상단, 꼬리말은 쪽의 하단에 고정적으로 들어가는 내용을 말합니다. 주석은 내용에 대한 보충 설명이나 참조 등을 말하며 해당 쪽의 하단에 넣은 각주와 마지막 쪽에 넣는 미주가 있습니다.
그럼, 머리말/꼬리말과 각주를 삽입하는 방법에 대해 알아보겠습니다.

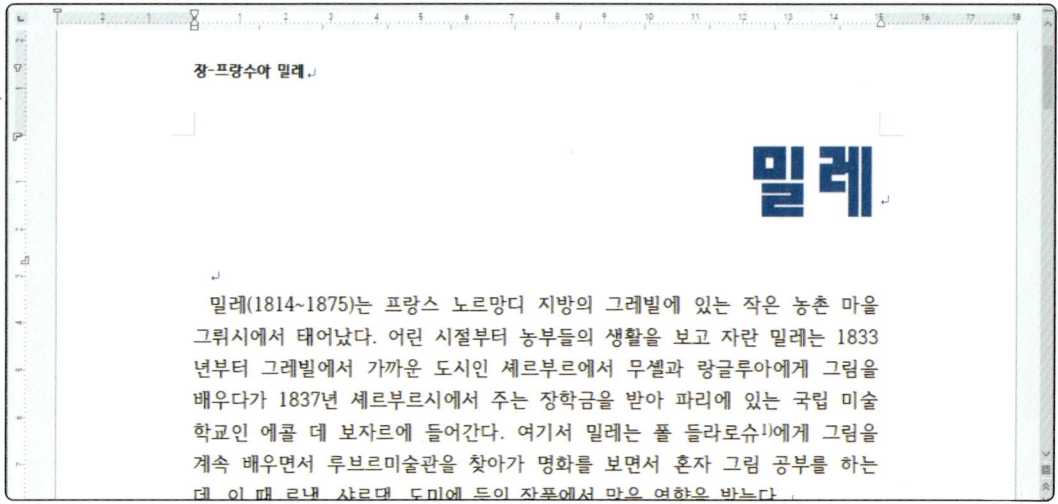

단계학습₩한글 2022₩기본 Study₩예제파일₩Ch18.hwpx

01 머리말/꼬리말 삽입하기

1 머리말을 삽입하기 위해 [쪽] 탭에서 [머리말]을 클릭한 후 [위쪽]-[양쪽]을 클릭한 다음 [모양 없음]을 클릭합니다.

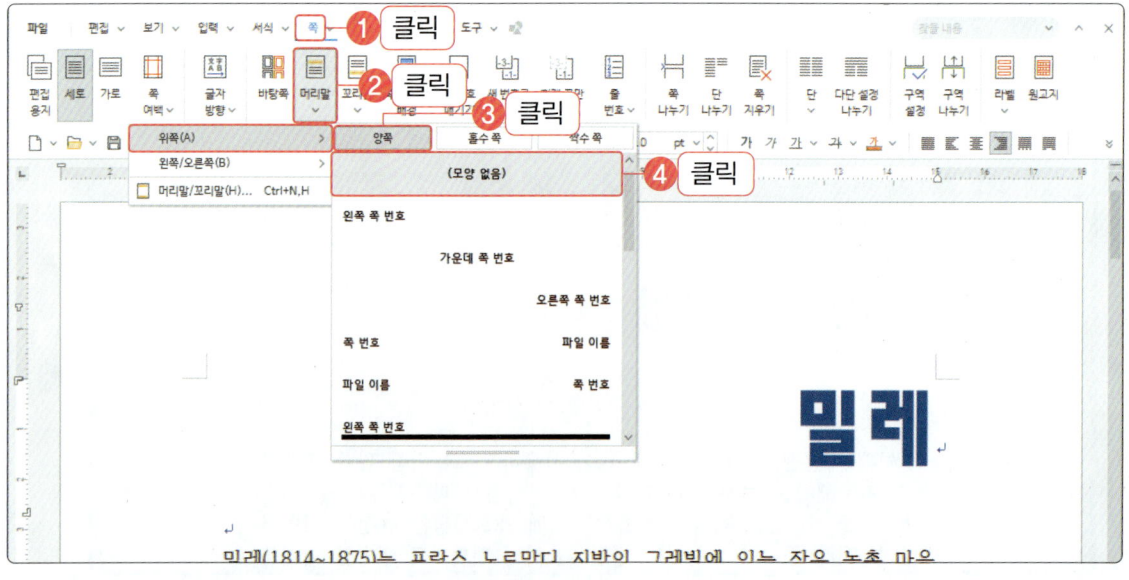

현재 화면은 머리말/꼬리말과 각주를 화면으로 확인하기 위해 [보기] 탭에서 [쪽 윤곽]을 선택하여 쪽 윤곽을 보이게 한 화면입니다.

2 머리말 입력 화면이 나타나면 **머리말(장-프랑수아 밀레)을 입력**한 후 **내용을 블록으로 설정**한 다음 [서식] 도구 상자에서 **[진하게]를 클릭**합니다. 그런다음 [머리말/꼬리말] 탭에서 **[닫기]를 클릭**합니다.

3 다음과 같이 머리말이 삽입됩니다.

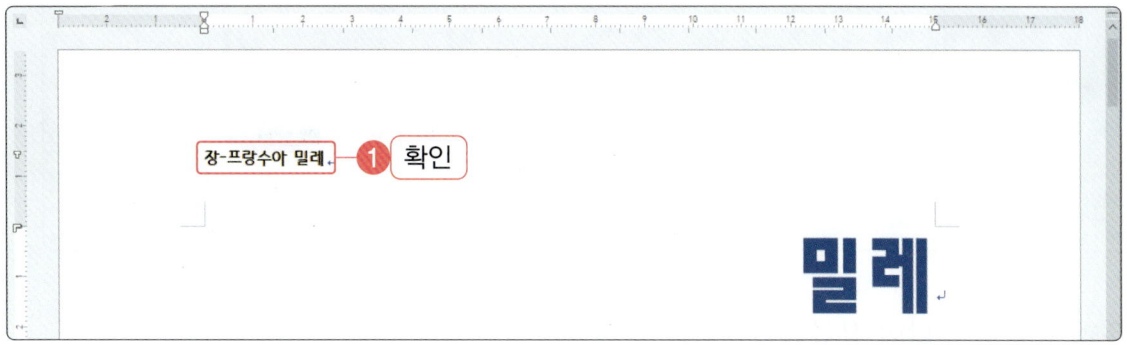

4 꼬리말을 삽입하기 위해 [쪽] 탭에서 **[꼬리말]을 클릭**한 후 [양쪽]을 클릭한 다음 [모양 없음]을 클릭합니다.

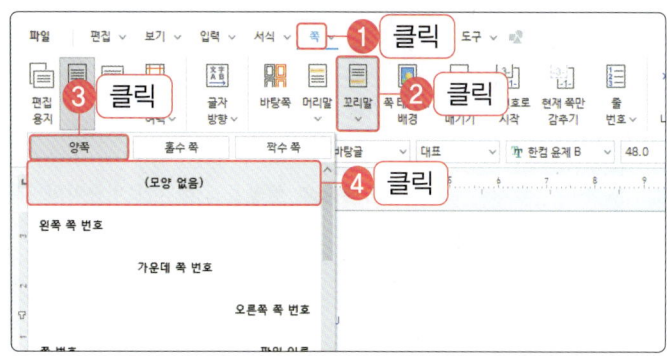

알고 넘어갑시다!

[머리말/꼬리말] 대화상자를 이용하여 머리말/꼬리말 삽입하기

[머리말/꼬리말] 대화상자를 이용하여 머리말/꼬리말을 삽입할 수도 있습니다. [머리말/꼬리말] 대화상자는 [쪽] 탭의 [목록] 단추를 클릭한 후 [머리말/꼬리말]을 클릭하거나 Ctrl+N,H를 누르면 나타납니다.

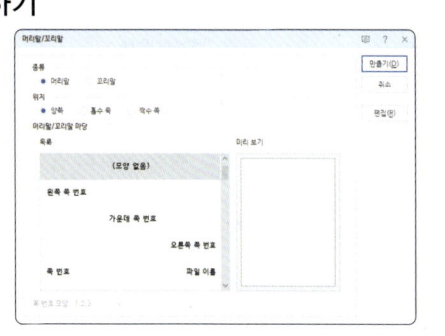

5 꼬리말 입력 화면이 나타나면 **꼬리말(아슬란갤러리)을 입력**한 후 **내용을 블록으로 설정**한 다음 [서식] 도구 상자에서 [오른쪽 정렬]을 클릭합니다. 그런다음 [머리말/꼬리말] 탭에서 [닫기]를 클릭합니다.

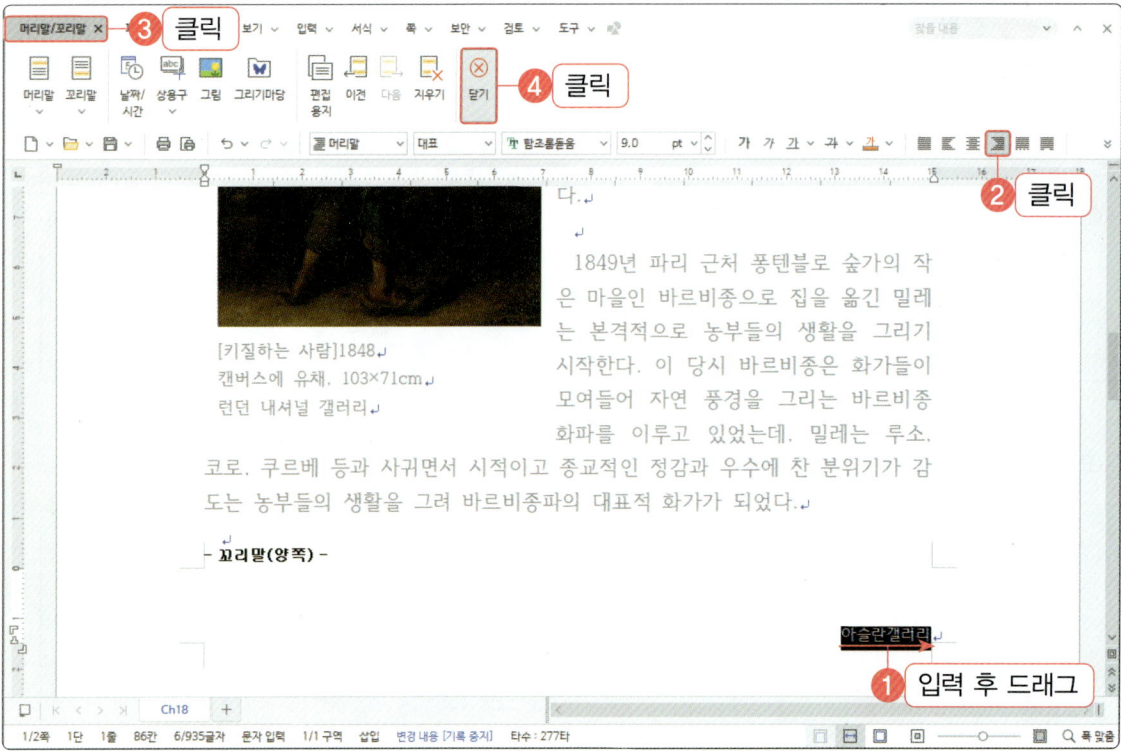

6 다음과 같이 꼬리말이 삽입됩니다.

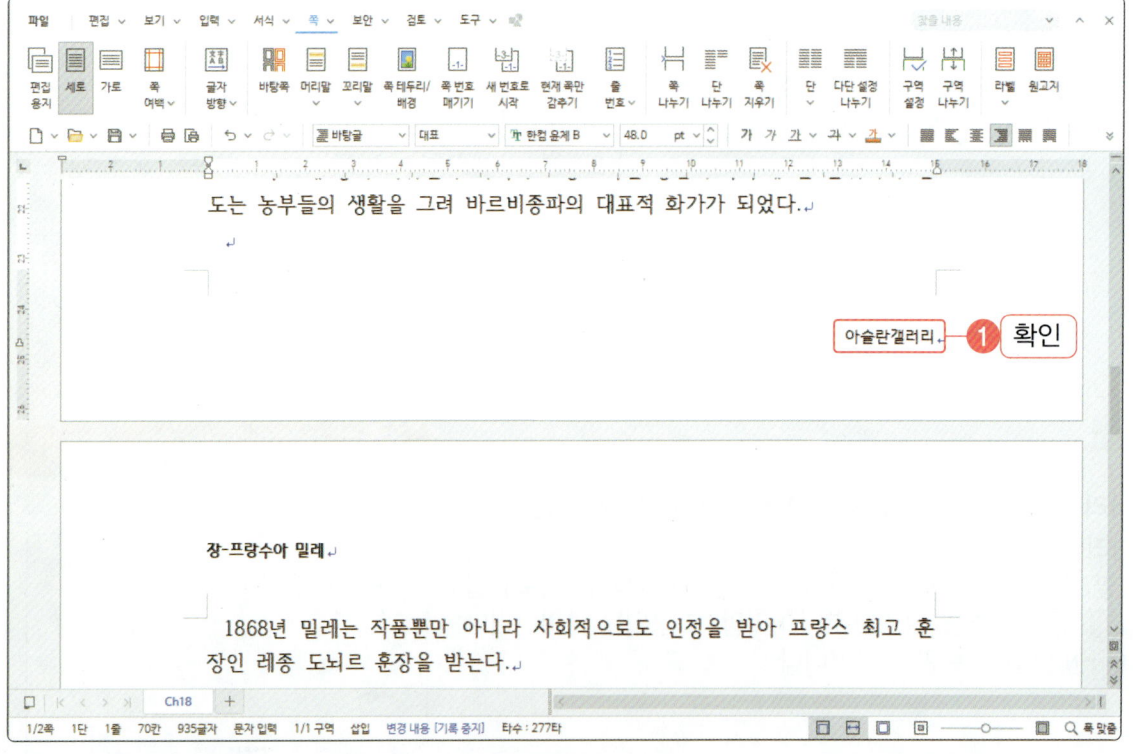

> 세로 이동 막대를 아래쪽으로 드래그하면 꼬리말을 확인할 수 있습니다.

02 주석 삽입하기

1 각주를 삽입하기 위해 '**폴 들라로슈**' 뒤에 커서를 둔 후 [입력] 탭에서 [각주](또는 Ctrl+N, N)를 클릭합니다.

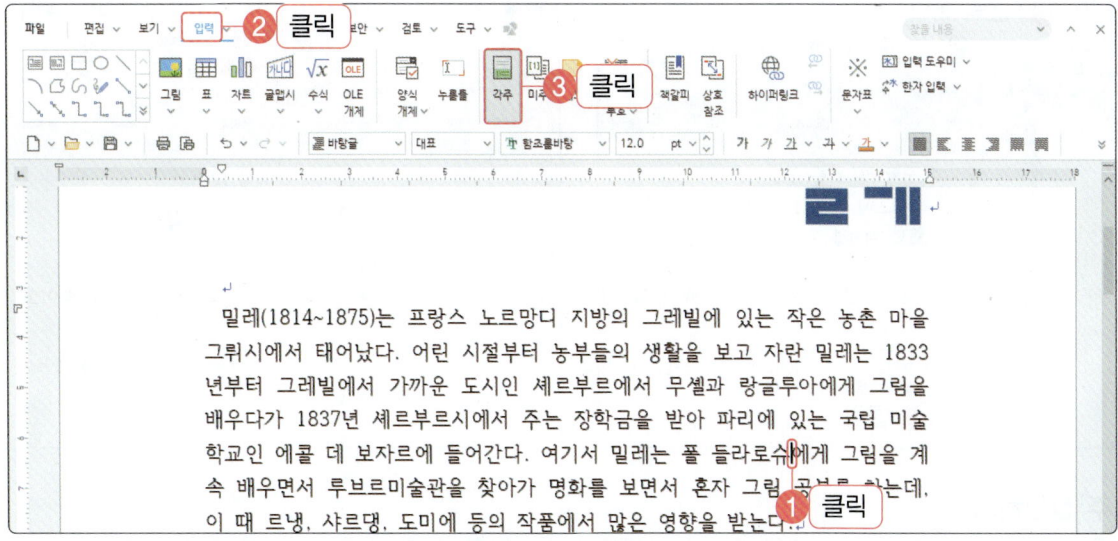

2 각주 입력 화면이 나타나면 다음과 같이 **각주를 입력**합니다. 그런다음 [주석] 탭에서 [닫기]를 클릭합니다.

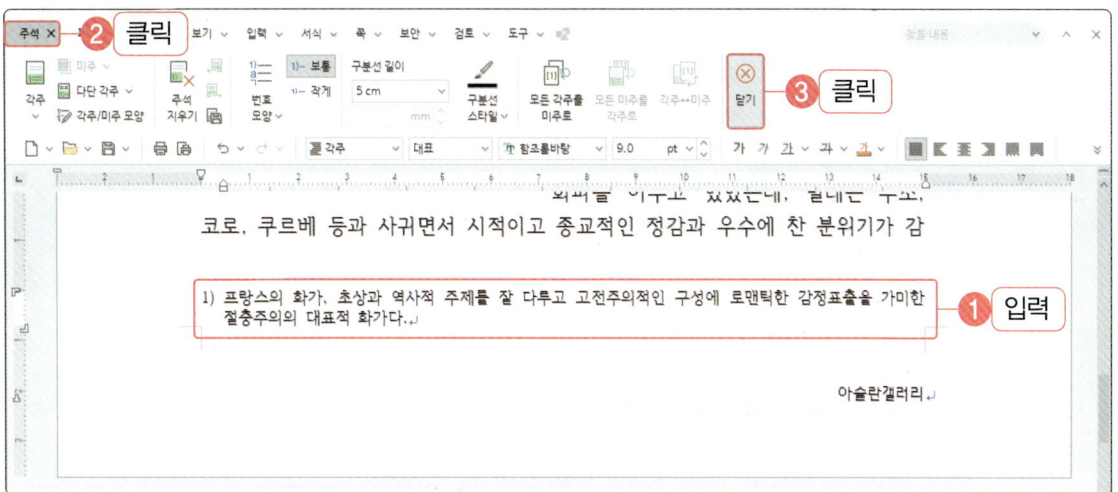

- 각주는 해당 쪽의 하단에 넣어집니다.
- Shift+Esc를 눌러 각주 입력 화면을 닫을 수 있습니다.

3 다음과 같이 각주가 삽입됩니다.

밀레(1814~1875)는 프랑스 노르망디 지방의 그레빌에 있는 작은 농촌 마을 그뤼시에서 태어났다. 어린 시절부터 농부들의 생활을 보고 자란 밀레는 1833년부터 그레빌에서 가까운 도시인 셰르부르에서 무셸과 랑글루아에게 그림을 배우다가 1837년 셰르부르시에서 주는 장학금을 받아 파리에 있는 국립 미술학교인 에콜 데 보자르에 들어간다. 여기서 밀레는 폴 들라로슈1)에게 그림을 계속 배우면서 루브르미술관을 찾아가 명화를 보면서 혼자 그림 공부를 하는데, 이 때 르냉, 샤르댕, 도미에 등의 작품에서 많은 영향을 받는다.

Chapter 18 - 머리말/꼬리말과 주석 삽입하기

각주 번호 모양 변경하기

다음과 같이 각주 입력 화면에 커서를 둔 후 [주석] 탭에서 [번호 모양]을 클릭한 다음 각주 번호를 선택하면 각주 번호를 변경할 수 있습니다.

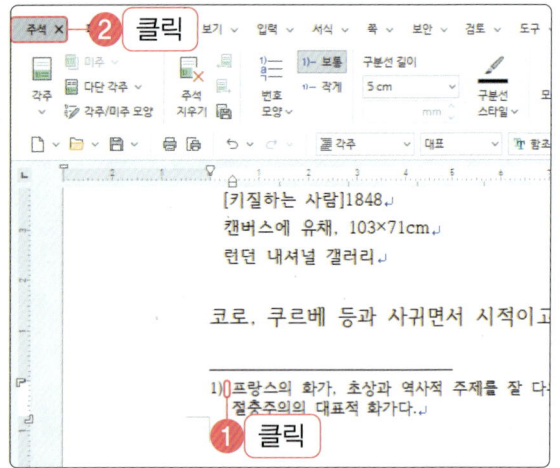 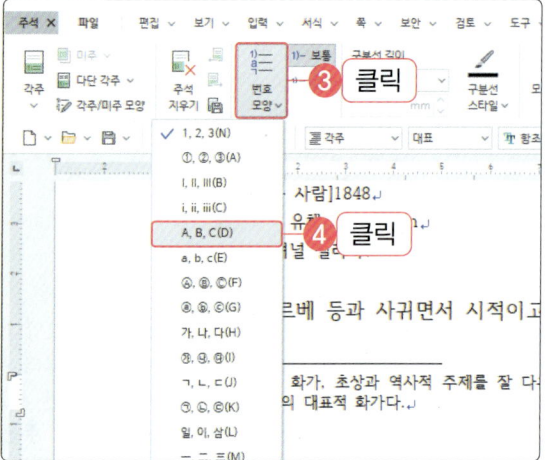

미주 삽입하기

다음과 같이 미주를 삽입할 내용 뒤에 커서를 둔 후 [입력] 탭에서 [미주]를 클릭하면 미주 입력 화면이 나타납니다. 미주 입력 화면에서 미주를 입력한 후 [주석] 탭에서 [닫기]를 클릭하면 미주를 삽입할 수 있습니다. 미주는 마지막 쪽에 넣어지며 [입력] 탭의 [목록] 단추를 클릭한 후 [주석]-[미주]를 클릭하거나 Ctrl+N, E를 눌러 미주를 삽입할 수도 있습니다.

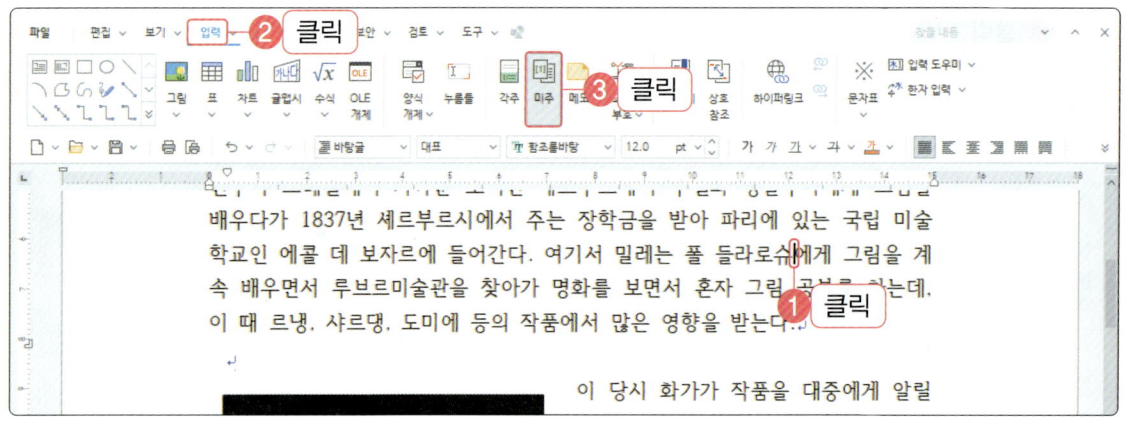

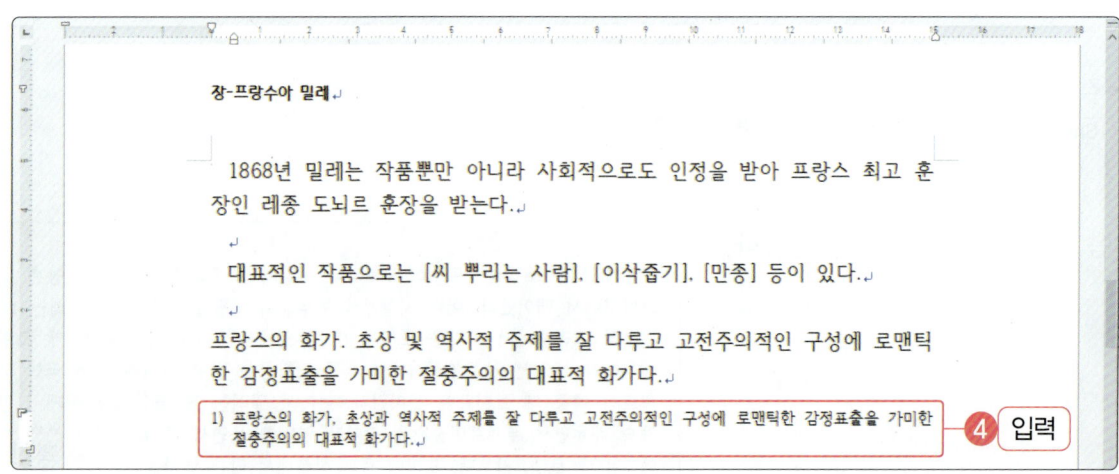

1 다음과 같이 머리말을 삽입해 보세요.
- 위치 : 양쪽
- 머리말/꼬리말 마당 : 모양 없음

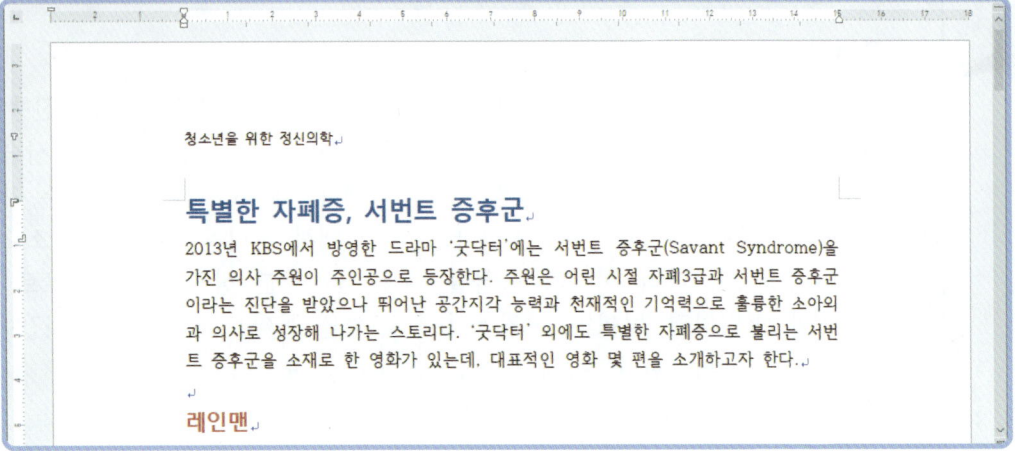

2 다음과 같이 '서번트 증후군(Savant Syndrome)'에 각주를 삽입해 보세요.

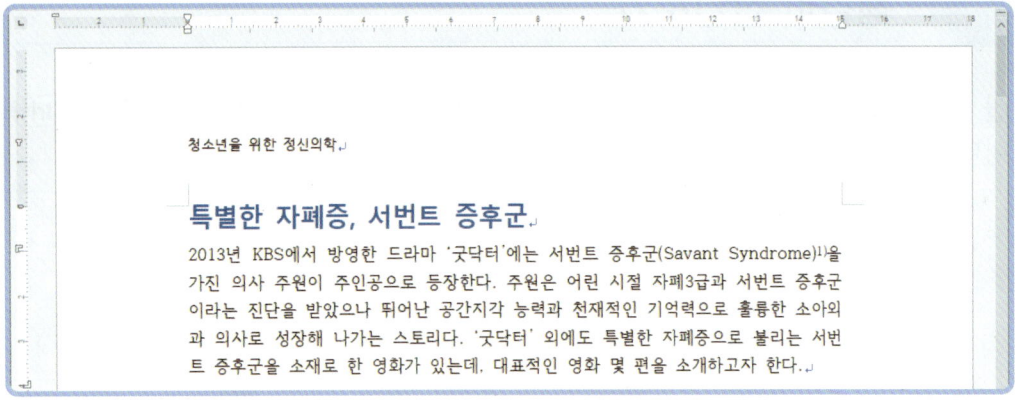

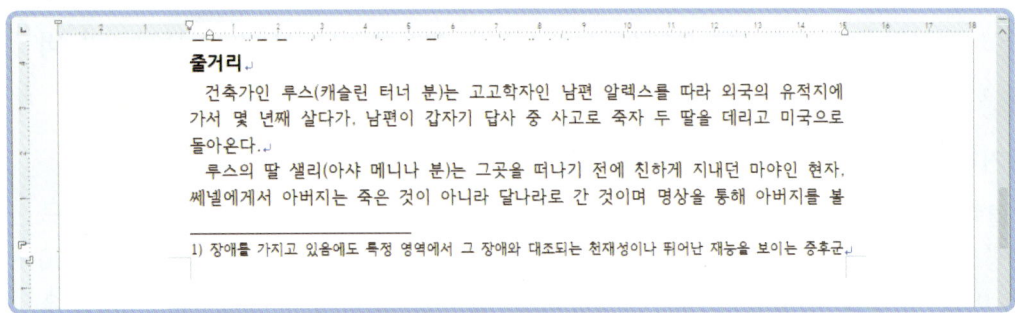

> **Hint**
> '서번트 증후군(Savant Syndrome)' 뒤에 커서를 둔 후 [입력] 탭에서 [각주]를 클릭하면 '서번트 증후군(Savant Syndrome)'에 각주를 삽입할 수 있습니다.

기본 Study

Chapter 19 책갈피 삽입하고 다단 설정하기

책갈피는 문서의 여러 곳에 책갈피를 넣어 두었다가 현재 커서의 위치에 상관없이 책갈피가 넣어져 있는 위치로 커서를 곧바로 이동시키는 기능입니다.
다단 설정은 한 쪽이나 문단을 여러 개의 단으로 나누는 기능입니다.
그럼, 책갈피를 사용하고 다단을 설정하는 방법에 대해 알아보겠습니다.

Hangul 2022

미리보기

> **볼거리**
>
> 나이트 사파리는 1994년에 개장한 세계 최초의 야간 야생 공원으로 싱가포르관광청이 수여하는 '최고의 관광명소'에 9번이나 선정된 곳이다. 115종 1,000여 마리 이상의 동물들이 40만 평방미터 넓이의 공원에서 풀을 뜯고 사냥을 한다. 야생성이 강한 동물들의 나이트쇼가 야외극장에서 하루 3번 정도 무료로 진행된다. 트램을 타고 사자, 호랑이, 사슴, 하이에나, 맥, 코끼리 등을 아주 가까운 거리에서 만나볼 수 있으며 소요시간은 30~40분 정도 된다. 도보로 구석구석을 돌아보고 싶다면 2시간여 정도가 소요된다.

📁 단계학습₩한글 2022₩기본 Study₩예제파일₩Ch19.hwpx

01 책갈피 삽입하기

1 책갈피를 넣기 위해 **'볼거리'** 앞에 커서를 둔 후 [입력] 탭에서 📑[책갈피](또는 Ctrl+K,B)를 클릭합니다.

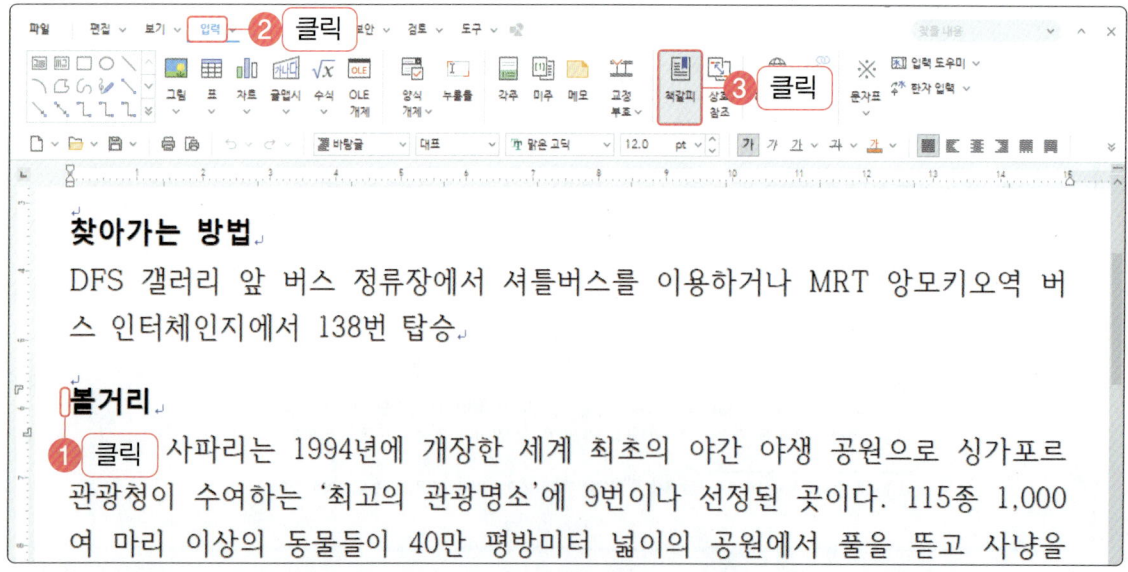

'볼거리' 앞에 커서를 둔 후 [입력] 탭의 [목록] 단추를 클릭한 다음 [책갈피]를 클릭하거나 Ctrl+K,B를 눌러 책갈피를 삽입할 수도 있습니다.

2 [책갈피] 대화상자가 나타나면 **책갈피 이름(볼거리)을 입력**한 후 **[넣기] 단추를 클릭**합니다.

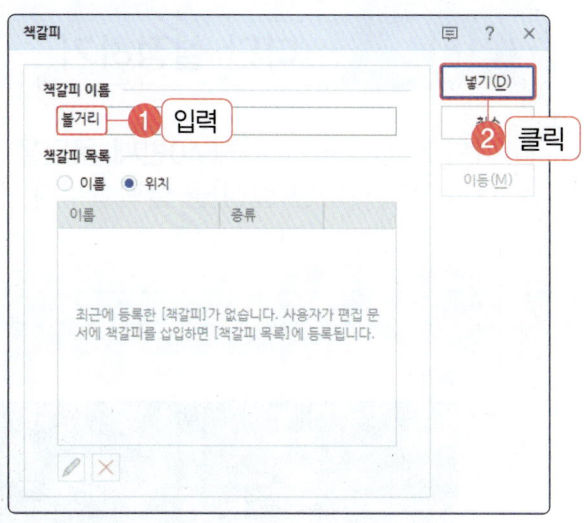

3 책갈피가 삽입되면 책갈피가 넣어져 있는 위치로 커서가 곧바로 이동하는지 확인하기 위해 '싱가포르 나이트' 앞에 커서를 둔 후 [입력] 탭에서 **[책갈피]를 클릭**합니다.

4 [책갈피] 대화상자가 나타나면 **책갈피 목록(볼거리)을 선택**한 후 **[이동] 단추를 클릭**합니다.

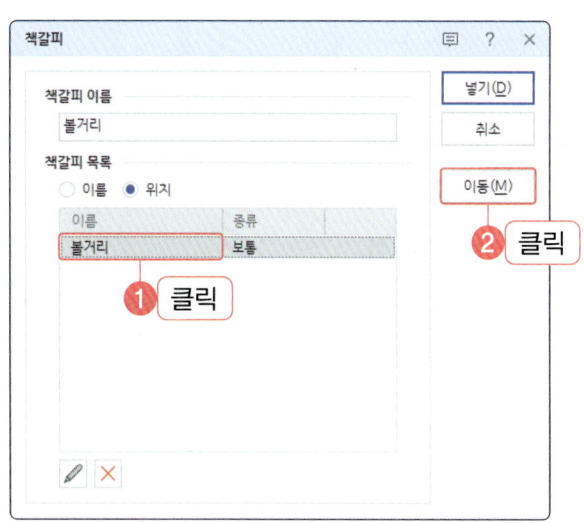

5 책갈피가 넣어져 있는 위치로 커서가 곧바로 이동되는 것을 확인할 수 있습니다.

02 다단 설정하기

1 다단을 설정하기 위해 **10번째 문단을 블록으로 설정**한 후 [쪽] 탭의 [목록] 단추를 **클릭**한 다음 [단]-[다단 설정]을 **클릭**합니다.

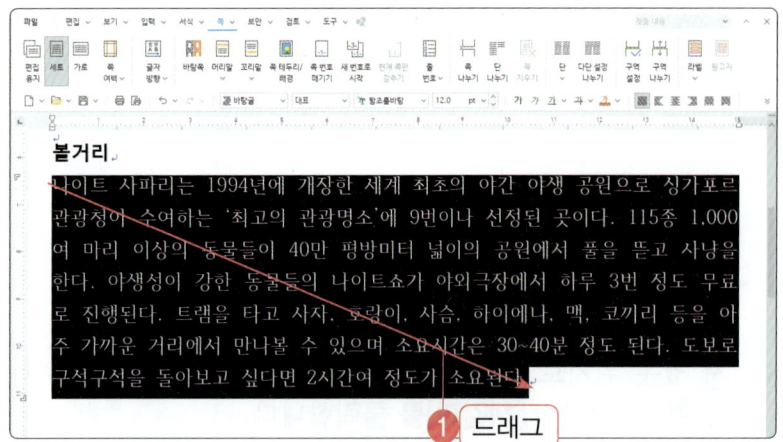

2 [단 설정] 대화상자가 나타나면 **단 개수(2)를 입력**한 후 [구분선 넣기]를 **선택**한 다음 **구분선 종류, 굵기, 색을 지정**하고 [설정] 단추를 클릭합니다.

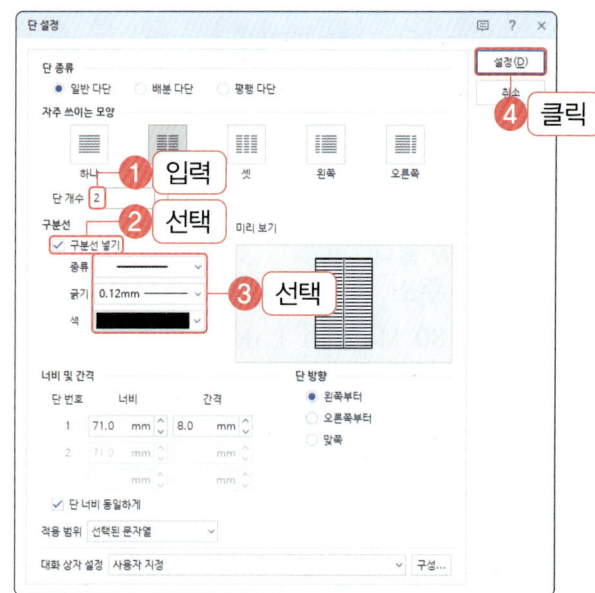

3 다음과 같이 다단이 설정됩니다.

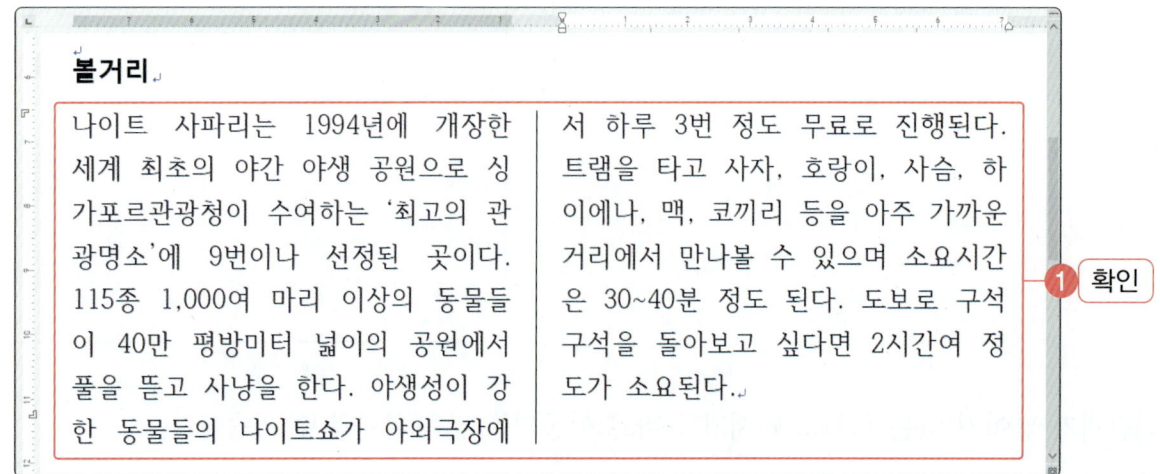

단계학습₩한글 2022₩기본 Study₩연습파일₩Ch19_연습.hwpx

1 다음과 같이 '활동 및 볼거리' 앞에 책갈피를 삽입한 후 책갈피 위치로 커서가 곧바로 이동되는지 확인해 보세요.

싱가포르 센토사 섬(Sentosa Island)

주소
Sentosa Island Singapore 000708

찾아가는 방법
MRT 하버프런트(HarbourFront)역에서 하차한 다음 센토레일)을 이용하거나 케이블카를 이용

활동 및 볼거리
센토사는 취향대로 선택해서 즐길 수 있는 갖가지 활동과

2 다음과 같이 다단을 설정해 보세요.
- 단의 개수 : 3
- 구분선 넣기 : 구분선 종류(┈┈┈[점선]), 굵기(0.12mm), 색(검정)

Sentosa Island Singapore 000708

찾아가는 방법
MRT 하버프런트(HarbourFront)역에서 하차한 다음 센토사 익스프레스(모노레일)을 이용하거나 케이블카를 이용

활동 및 볼거리

| 센토사는 취향대로 선택해서 즐길 수 있는 갖가지 활동과 볼거리가 있다. 자연탐색을 즐기는 사람이라면 가볍게 산책로를 거닐거나 나비 공 | 원, 곤충왕국 탐험, 센토사 자연 발견(Sentosa Nature Discovery) 가이드 투어를 통해 동식물에 대해 배울 수 있으며 스릴을 즐기는 사람 | 이라면 센토사 스카이라인 루지(Skyline Luge Sentosa)와 웨이브 하우스 센토사(Wave House Sentosa)에서 높은 파도를 탈 수 있다. |

> **Hint**
> 10번째 문단을 블록으로 설정한 후 [쪽] 탭의 [목록] 단추를 클릭한 다음 [다단 설정]을 클릭하면 다단을 설정할 수 있습니다.

기본 Study

Chapter 20

Hangul 2022

메일 머지 사용하기

메일 머지는 초대장이나 안내장 등과 같이 내용은 같지만 받는 사람이 다른 문서를 한번에 작성할 수 있는 기능입니다.
그럼, 메일 머지를 사용하는 방법에 대해 알아보겠습니다.

미리 보기

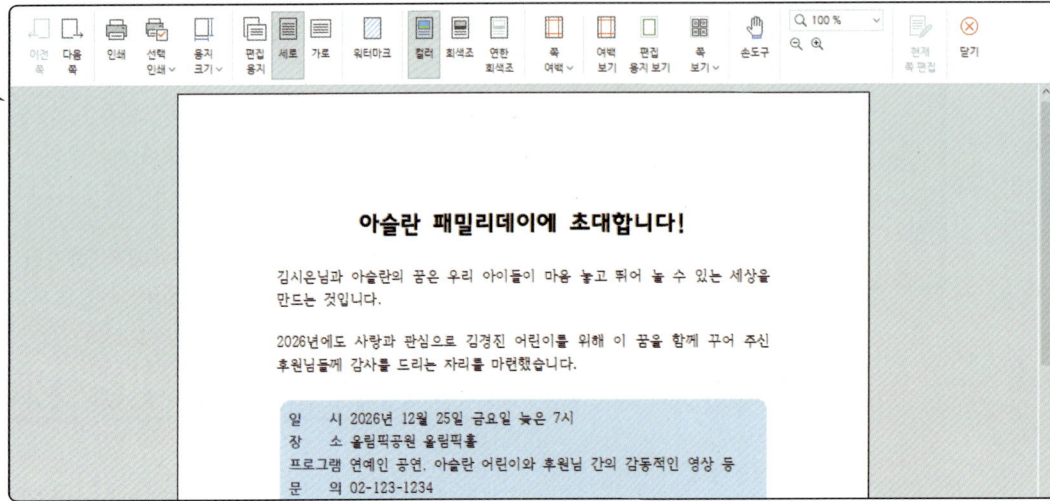

📄 단계학습₩한글 2022₩기본 Study₩예제파일₩Ch20.hwpx

01 초대장에 메일 머지 표시 달고 메일 머지 자료 만들기

1 초대장에 메일 머지 표시를 달기 위해 '님과' 앞에 커서를 둔 후 [도구] 탭의 [목록] 단추를 클릭한 다음 [메일 머지]-[메일 머지 표시 달기](또는 Ctrl+K, M)를 클릭합니다.

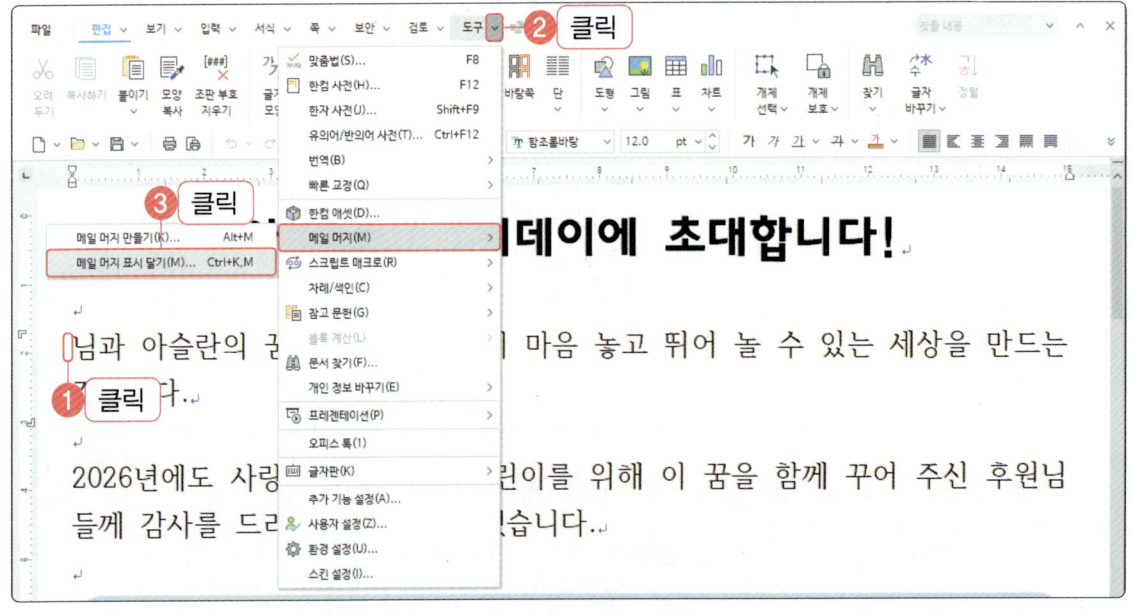

키보드의 Ctrl+K, M을 눌러 메일 머지 표시를 달 수도 있습니다.

120 한글 2022 기본 Study

2 [메일 머지 표시 달기] 대화상자가 나타나면 [필드 만들기] 탭을 클릭한 후 필드 번호(1)를 입력한 다음 [넣기] 단추를 클릭합니다.

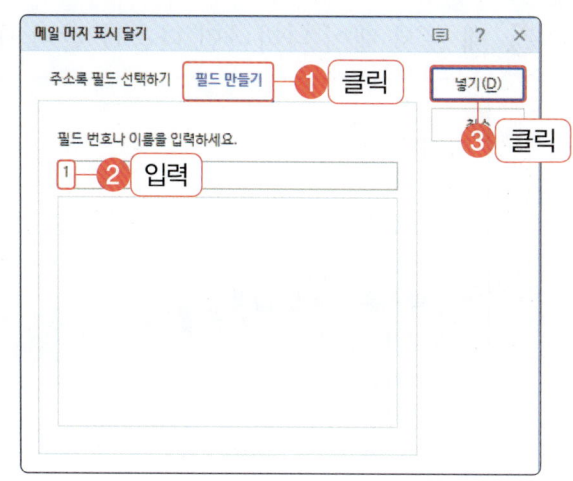

3 같은 방법으로 다음과 같이 '어린이를' 앞에 메일 머지 표시를 답니다.

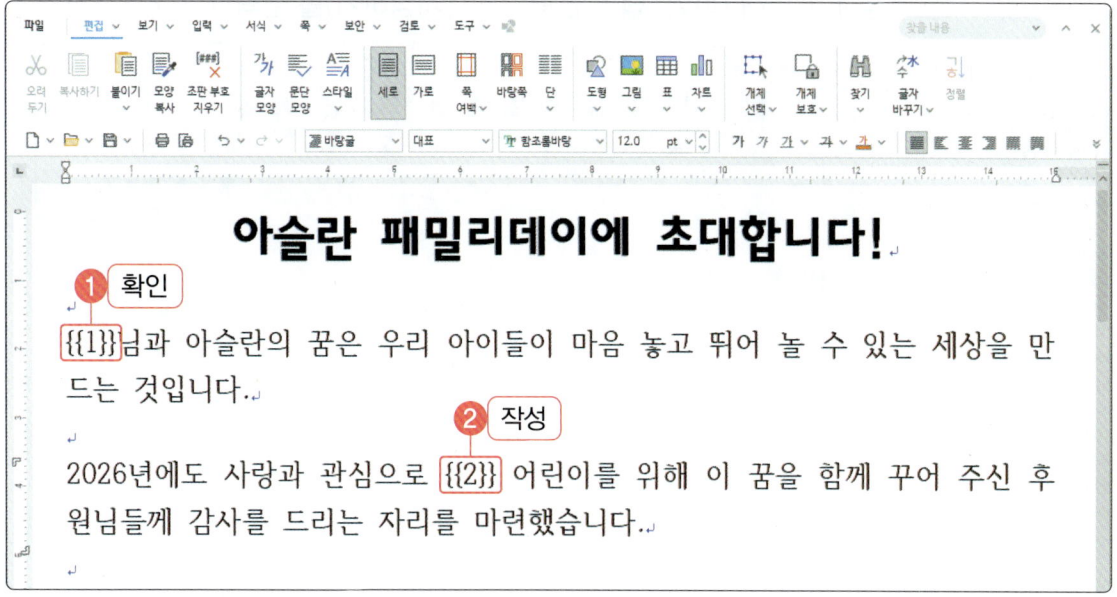

4 메일 머지 자료를 만들기 위해 [파일] 탭을 클릭한 후 [새 문서]-[새 탭](또는 Ctrl+Alt+T)을 클릭합니다.

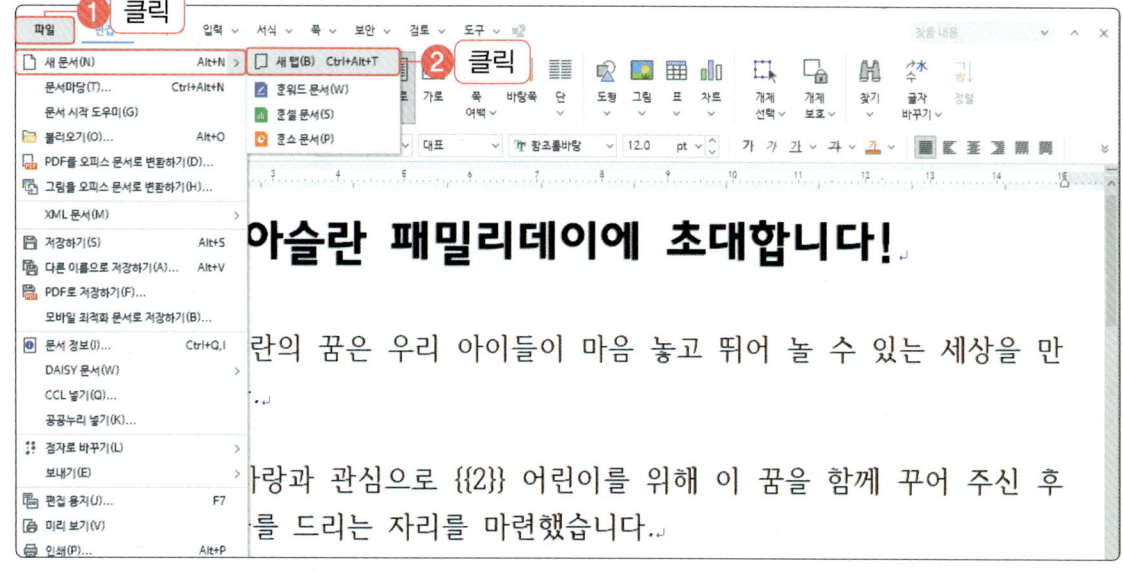

Chapter 20 – 메일 머지 사용하기

5 새 문서 탭이 나타나면 다음과 같이 내용을 입력합니다.

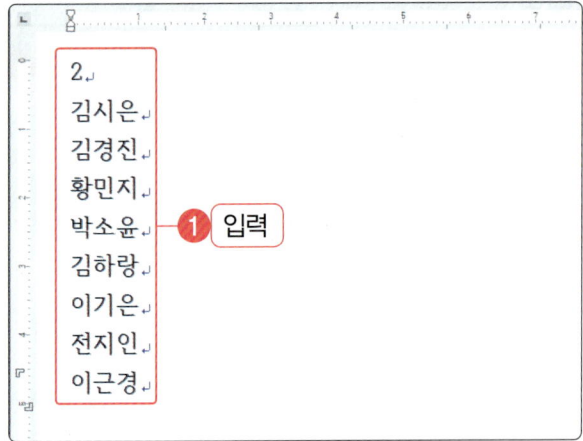

1줄에는 필드의 개수를 입력합니다.

6 메일 머지 자료를 저장하기 위해 [파일] 탭을 클릭한 후 [저장하기]를 클릭합니다.

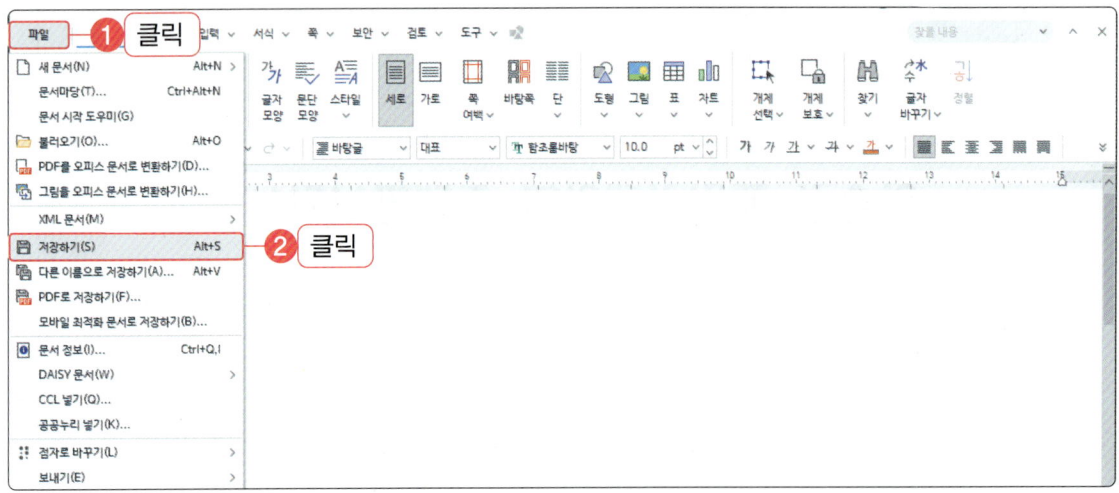

7 [다른 이름으로 저장하기] 대화상자가 나타나면 **저장 위치(내 PC\문서)를 지정**한 후 **파일 이름 (패밀리데이 자료)을 입력**한 다음 [저장] 단추를 클릭합니다.

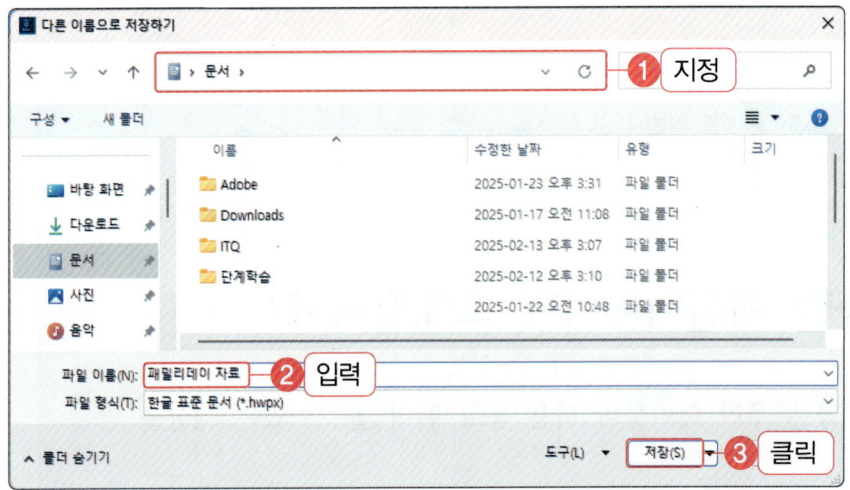

8 메일 머지 자료가 저장됩니다.

02 메일 머지 만들기

1 메일 머지를 만들기 위해 문서 탭에서 **[Ch20] 탭을 선택**한 후 [도구] 탭의 [목록] 단추를 **클릭**한 다음 [메일 머지]-[메일 머지 만들기](또는 Alt+M)를 클릭합니다.

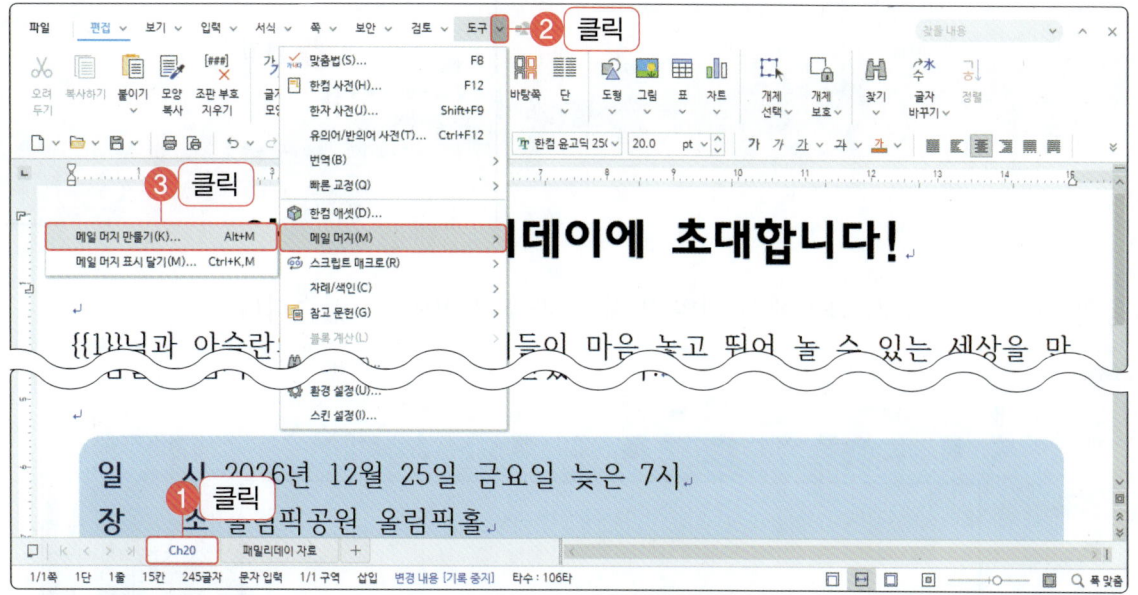

- 문서 탭이 표시되어 있지 않은 경우에는 [보기] 탭에서 [문서창]-[문서 탭]을 선택합니다.
- 키보드의 Alt+M을 눌러 메일 머지를 만들 수도 있습니다.

2 [메일 머지 만들기] 대화상자가 나타나면 **자료 종류(한글 파일)를 선택**한 후 [파일 선택]을 클릭합니다.

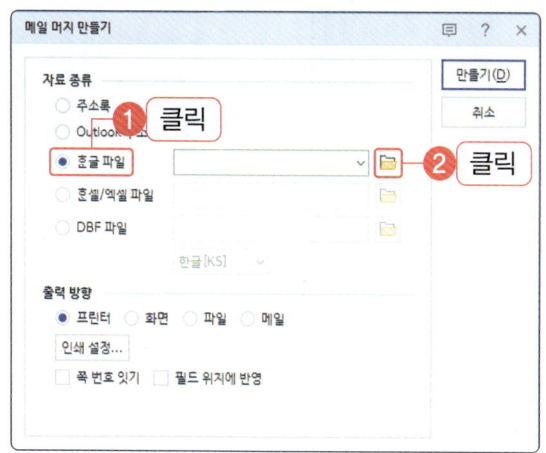

3 [한글 파일 불러오기] 대화상자가 나타나면 **찾는 위치(내 PC\문서)를 지정**한 후 **파일(패밀리데이 자료)을 선택**한 다음 [열기] 단추를 클릭합니다.

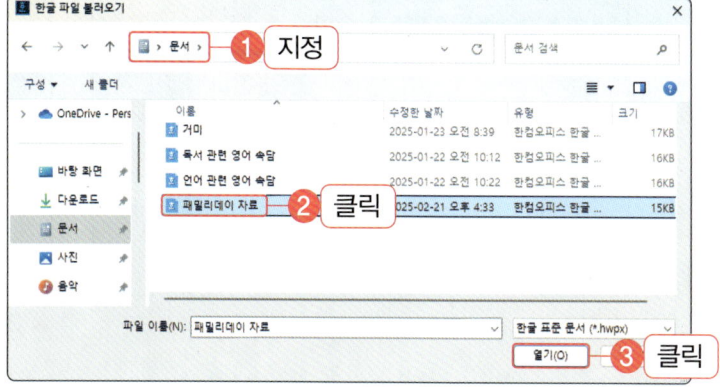

Chapter 20 - 메일 머지 사용하기 **123**

4 [메일 머지 만들기] 대화상자가 다시 나타나면 **출력방향(화면)을 선택**한 후 [확인] 단추를 클릭합니다.

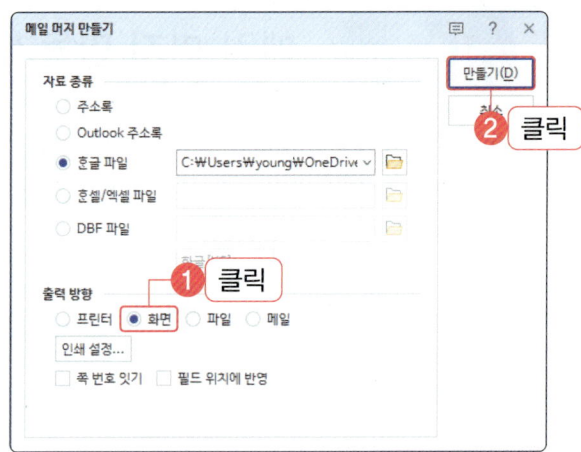

5 다음과 같이 미리 보기 화면에서 메일 머지 결과를 확인할 수 있습니다.

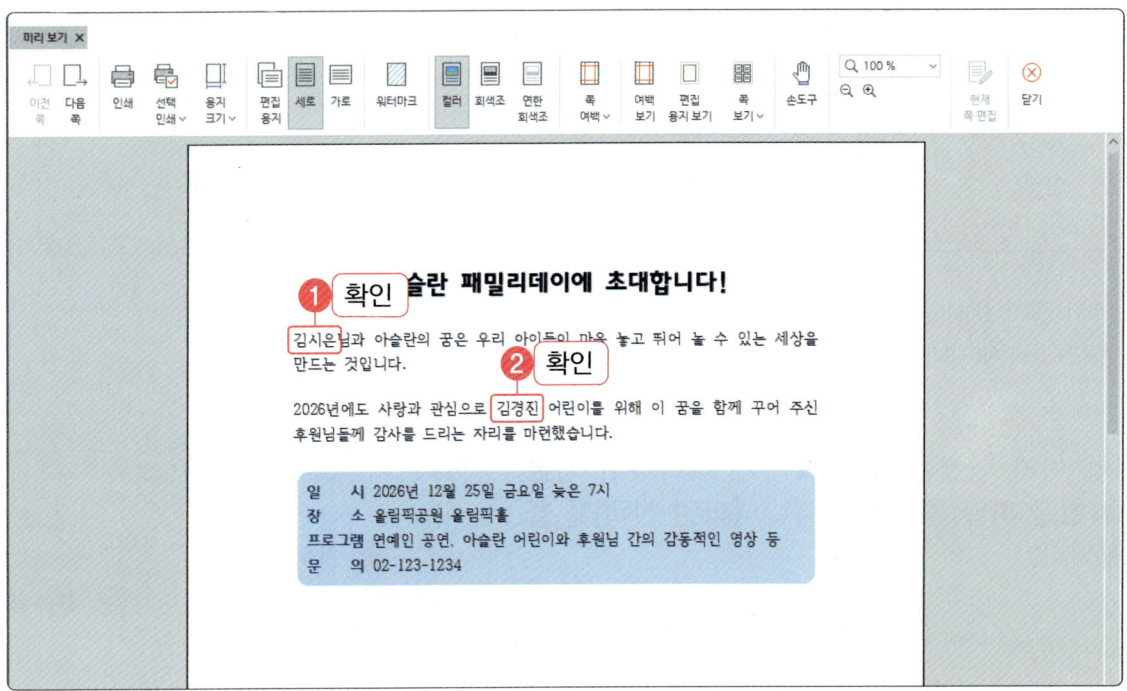

알고 넘어갑시다!

메일 머지 결과 확인하기

[미리 보기] 탭에서 [다음 쪽]을 클릭하면 다음 쪽을 확인할 수 있습니다. 2쪽을 확인하면 2번째 후원자와 어린이가, 3쪽을 확인하면 3번째 후원자와 어린이가 입력되어 있는 것을 확인할 수 있습니다.

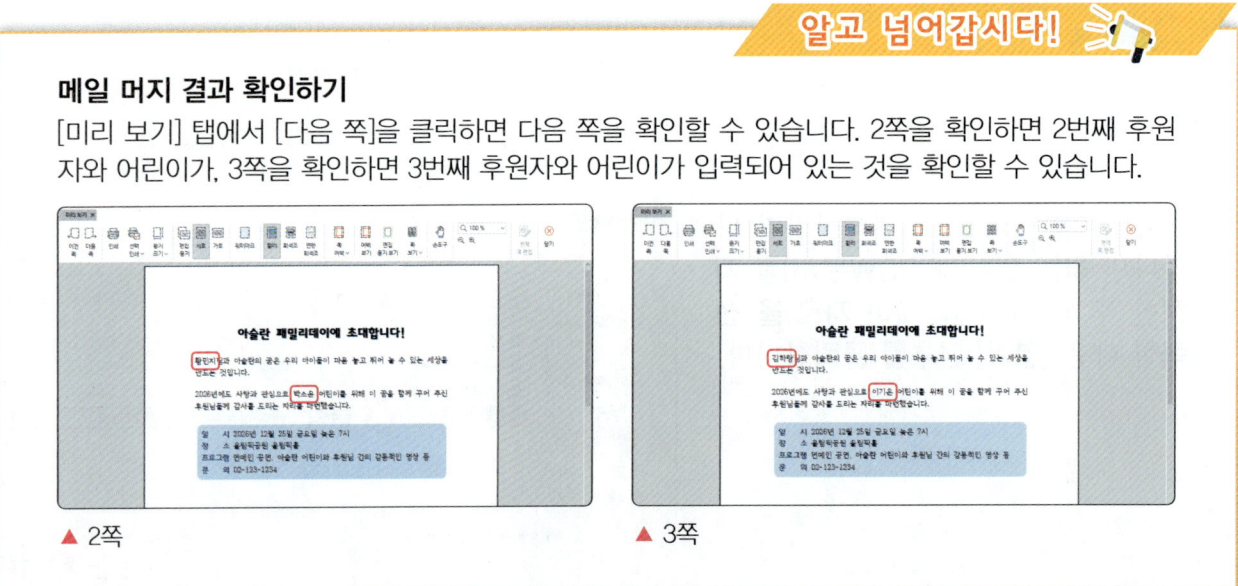

▲ 2쪽   ▲ 3쪽

연습문제 Exercise

단계학습₩한글 2022₩기본 Study₩연습파일₩Ch20_연습.hwpx

1 다음과 같이 '님,' 앞에 메일 머지 표시를 단 후 메일 머지 자료를 만들어 보세요.
- 저장 위치 : 내 PC₩문서
- 파일 이름 : 초청인

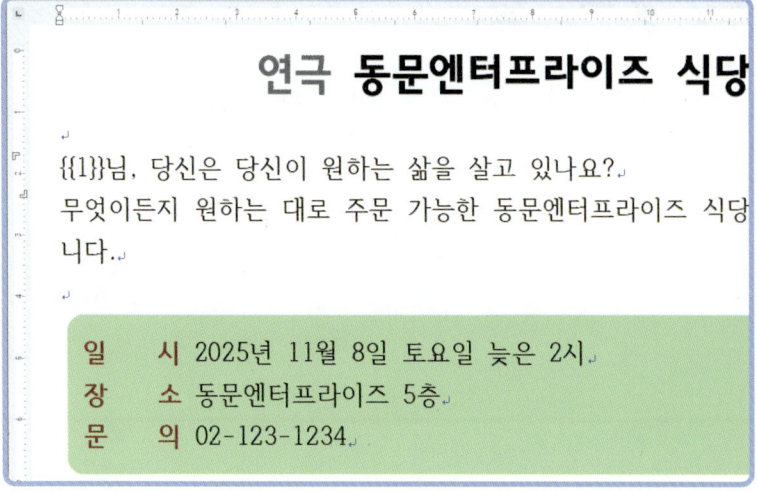 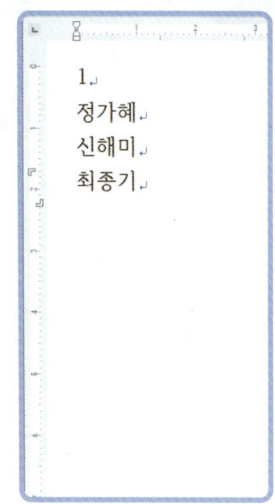

2 다음과 같이 메일 머지를 만든 후 미리 보기 화면에서 메일 머지 결과를 확인해 보세요.

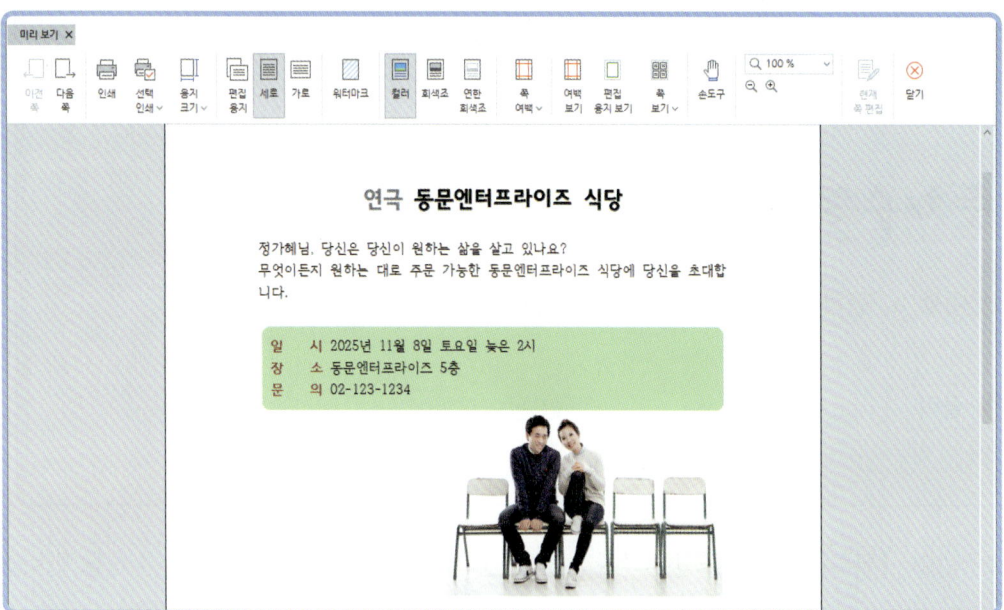

Hint [메일 머지 만들기] 대화상자에서 출력 방향을 [화면]으로 선택하면 미리 보기 화면에서 메일 머지 결과를 확인할 수 있습니다.

H·A·N·G·U·L 2022

수식 입력하기

단계학습₩한글 2022₩기본 Study₩예제파일₩Sp02.hwpx

수학이나 과학과 관련된 문서를 작성하다 보면 수식을 입력해야 하는 경우가 있습니다. 한글에서는 수식 편집기를 사용하면 수식을 쉽고 빠르게 입력할 수 있습니다.
그럼, 수식을 입력하는 방법에 대해 알아보겠습니다.

 미리보기

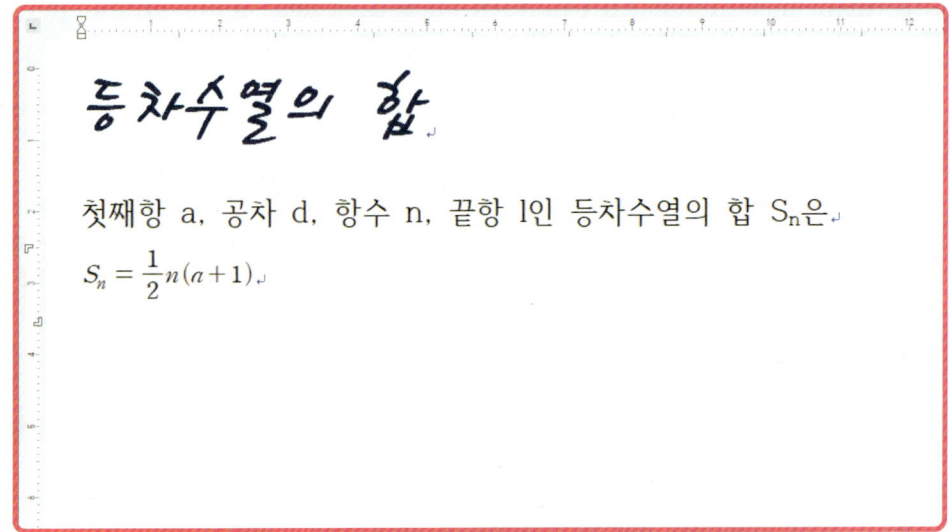

1. 수식을 입력하기 위해 **3번째 문단에 커서를 둔 후** [입력] 탭에서 √x [수식](또는 Ctrl + N , M)을 클릭합니다.

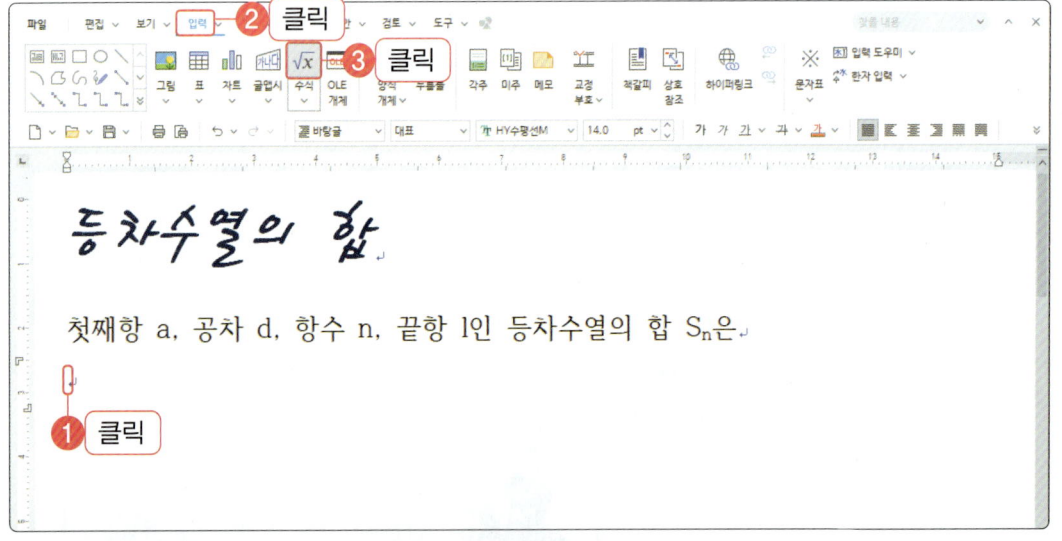

[입력] 탭의 ▽[목록] 단추를 클릭한 후 [수식]을 클릭하거나 Ctrl + N , M 을 눌러 수식을 입력할 수도 있습니다.

2 [수식 편집기] 대화상자가 나타나면 'S'를 입력한 후 [첨자]-[아래 첨자]를 클릭합니다.

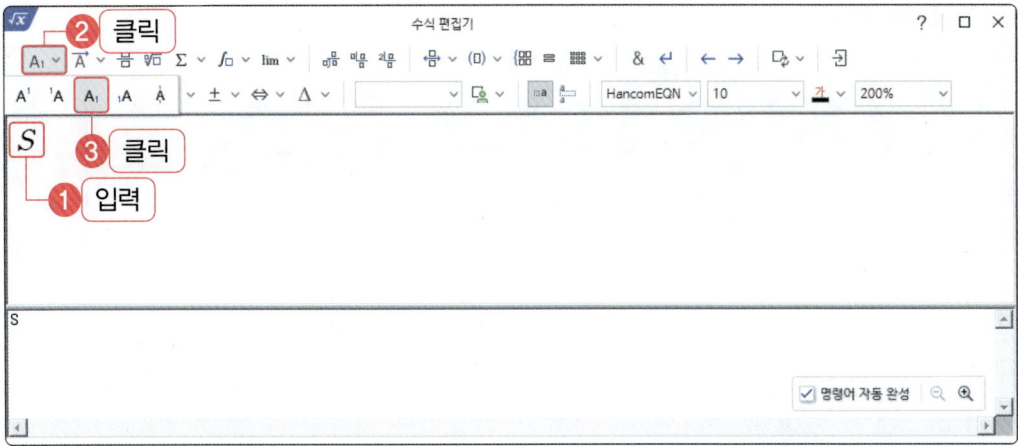

3 아래 첨자가 나타나면 'n'을 입력한 후 [다음 항목]을 클릭합니다.

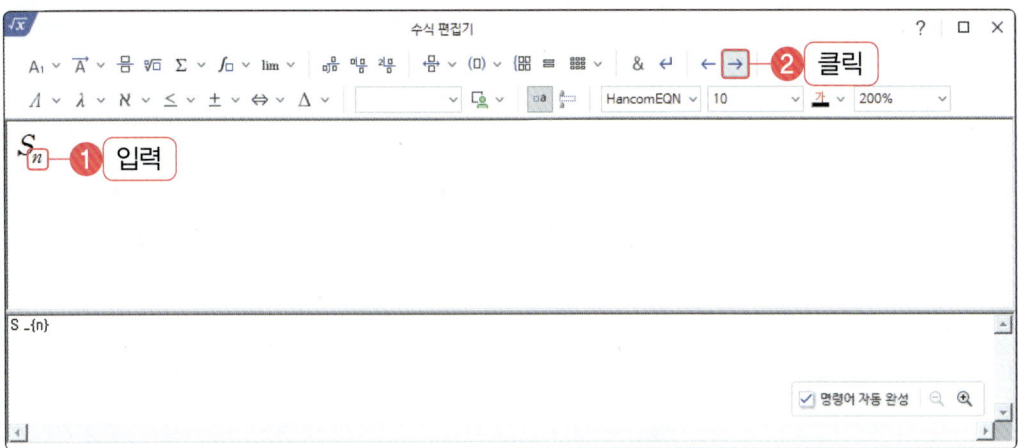

4 '='를 입력한 후 [분수]를 클릭합니다.

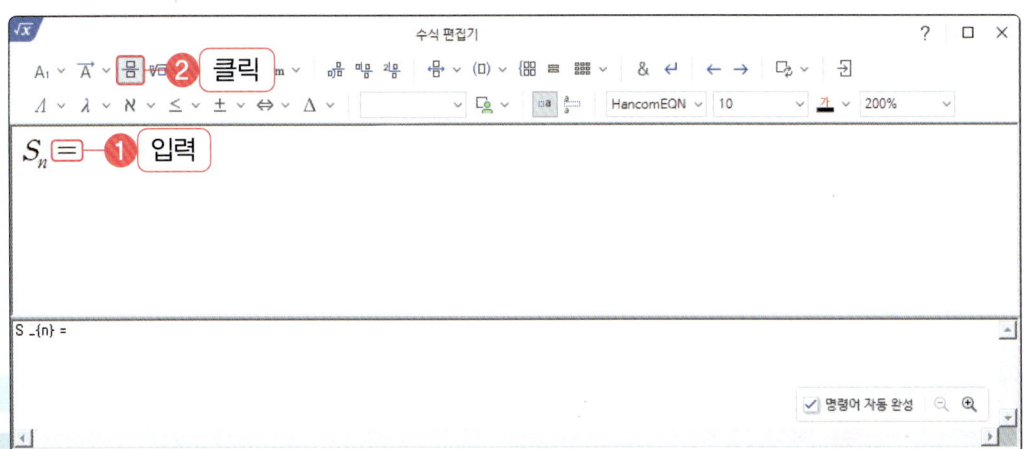

5 분수가 나타나면 '1'을 입력한 후 →[다음 항목]을 클릭합니다. 그런다음 '2'를 입력한 후 →[다음 항목]을 클릭합니다.

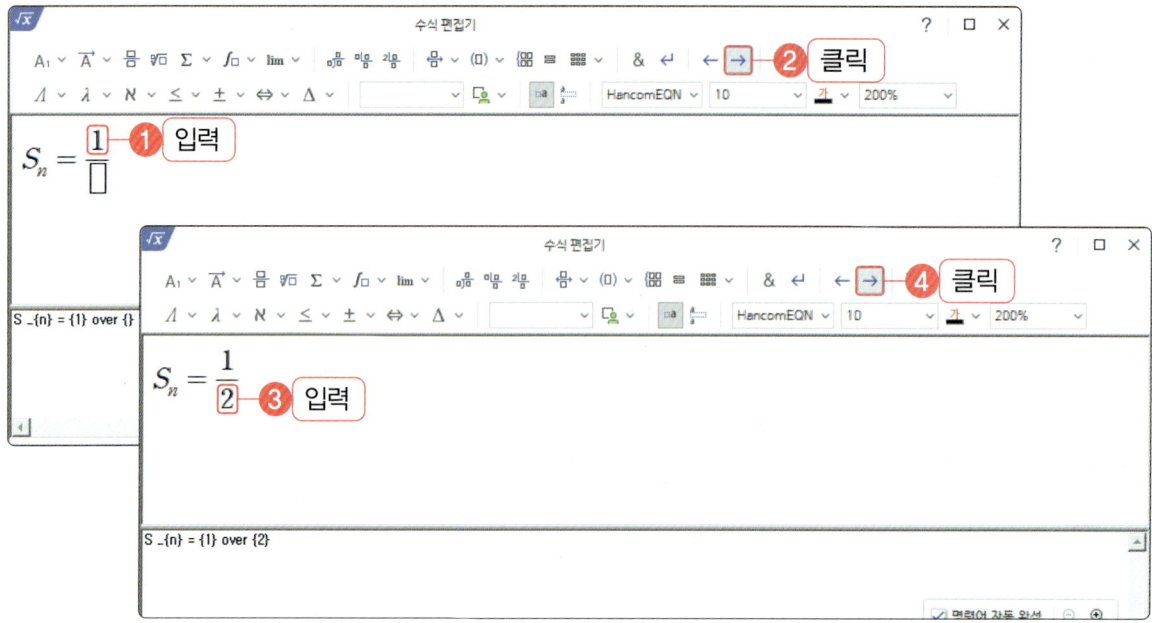

6 'n(a+1)'을 입력한 후 수식을 문서에 넣기 위해 [넣기](또는 Shift+Esc)를 클릭합니다.

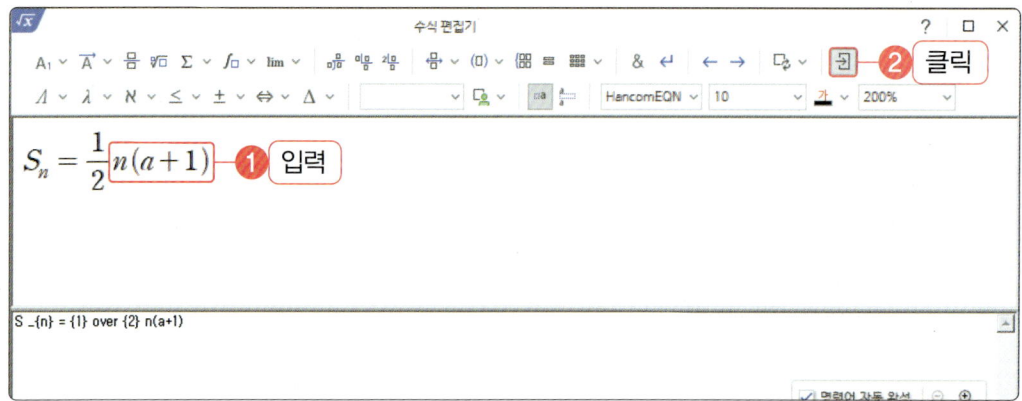

7 다음과 같이 수식이 입력됩니다.

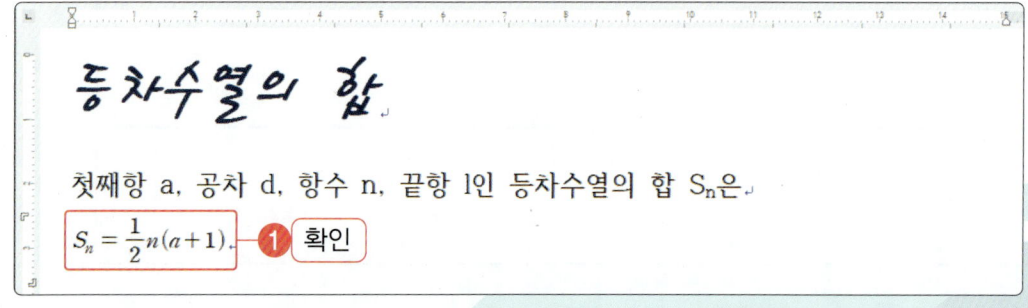

수식을 더블클릭하면 수식을 수정할 수 있습니다.

HANGUL 2022

실무 Project

01	보고서 표지 만들기	2
02	서류철 라벨 만들기	12
03	인사고과규정서 작성하기	20
04	사내보 만들기	30
05	광고지 만들기	40
06	자료 수집하고 정리하기	54
07	판매실적현황 차트 만들기	62
08	일정표 만들기	72

실무 Project

Chapter 01

보고서 표지 만들기

Hangul 2022

보고서 표지는 보고서의 겉장으로 제목, 소속, 작성자 등으로 구성되어 있습니다. 보고서 표지는 복잡하지 않고 간단하게 만드는 것이 좋습니다.
그럼, 글맵시를 이용하여 쪽 배경을 지정하여 보고서 표지를 만드는 방법에 대해 알아보겠습니다.

미리 보기

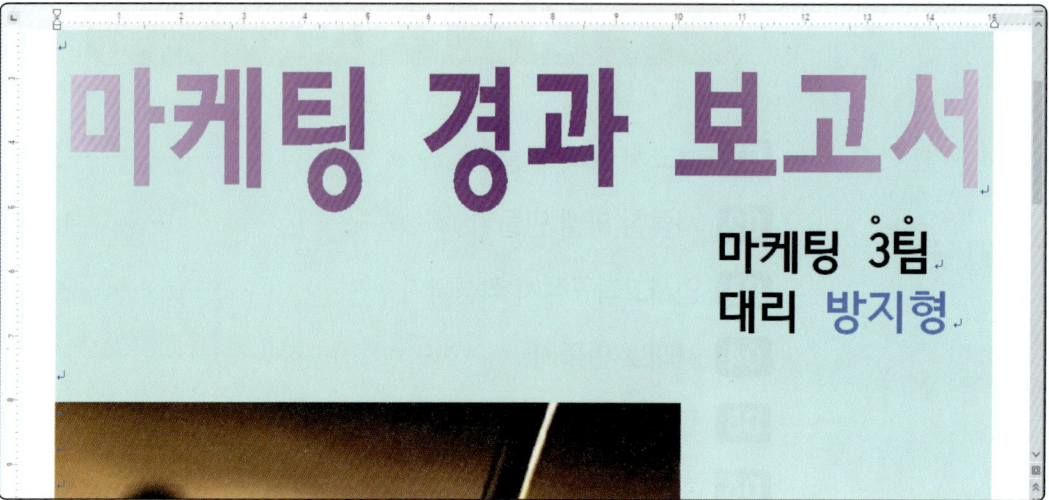

📁 단계학습₩한글 2022₩실무 Project₩예제파일₩Ch01.hwpx

01 글맵시를 이용하여 보고서 표지 제목 작성하기

1 글맵시를 만들기 위해 **6번째 문단**에 커서를 둔 후 [입력] 탭에서 [글맵시]를 클릭한 다음 [채우기 - 연한 자주색 그러데이션, 역위로 계단식 모양]을 클릭합니다.

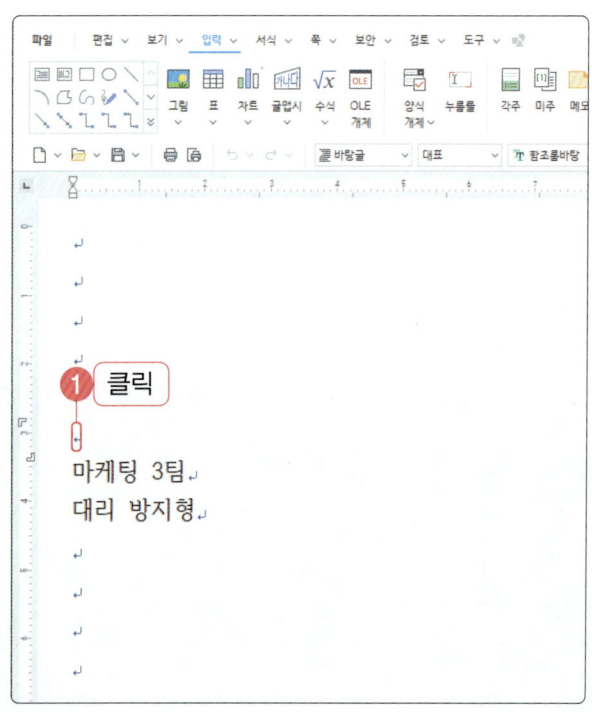
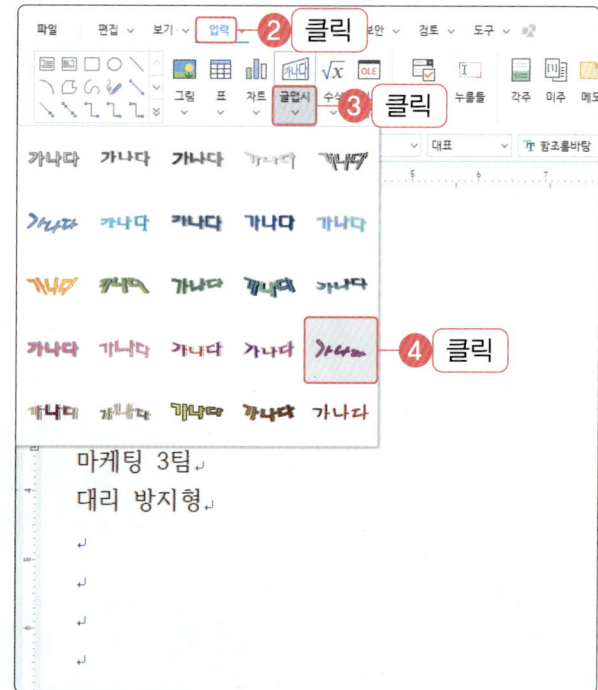

2 [글맵시 만들기] 대화상자가 나타나면 **내용(마케팅 경과 보고서)**을 입력한 후 **글꼴(한컴 윤고딕 250)**과 **글맵시 모양(■[직사각형])**을 선택한 다음 **[설정]** 단추를 클릭합니다.

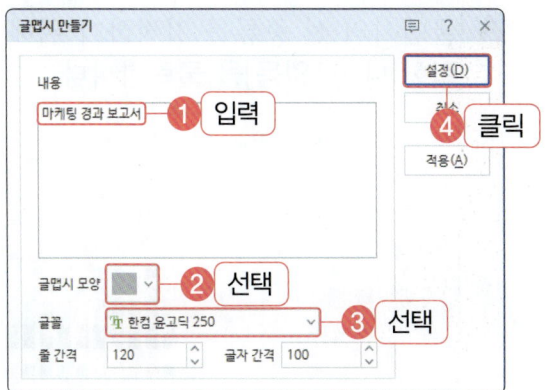

3 글맵시가 만들어지면 [글맵시] 탭에서 [글맵시 속성](또는 P)을 클릭합니다.

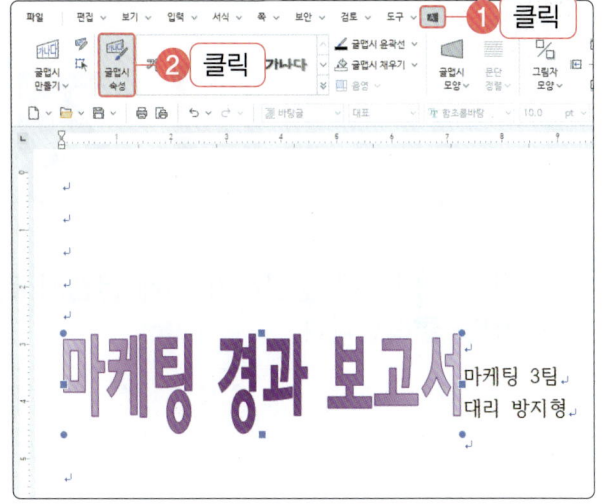

4 [개체 속성] 대화상자가 나타나면 [기본] 탭에서 **[글자처럼 취급]**을 선택한 후 **[설정]** 단추를 클릭합니다.

[글자처럼 취급]을 선택하면 글맵시를 하나의 글자처럼 취급합니다.

5 글맵시의 크기를 조정하기 위해 다음과 같이 **글맵시의 크기 조정 핸들(●)**을 드래그합니다.

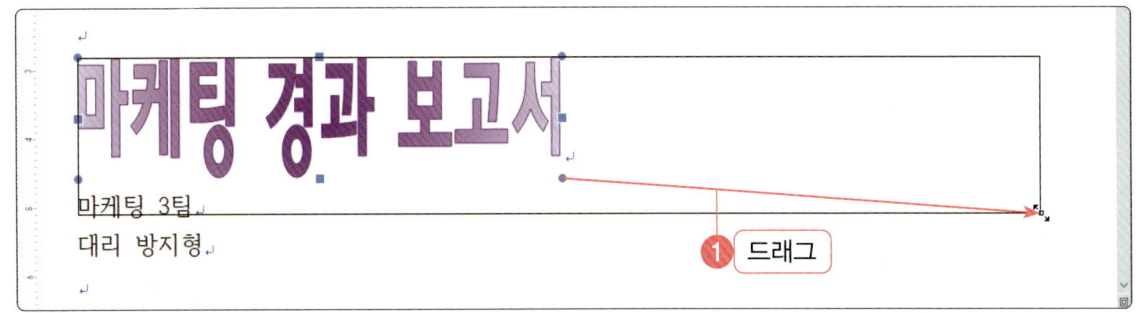

글맵시의 오른쪽 아래 크기 조정 핸들(●)로 마우스 포인터를 가져가서 마우스 포인터가 모양으로 변경되었을 때 오른쪽 아래로 드래그합니다.

6 글맵시의 선 종류를 지정하기 위해 [글맵시] 탭에서 [글맵시 윤곽선]의 **[목록] 단추를 클릭**한 다음 **[없음]을 클릭**합니다.

7 글맵시를 가운데 정렬하기 위해 **글맵시 뒤에 커서를 둔 후** [서식] 도구 상자에서 **[가운데 정렬]을 클릭**합니다.

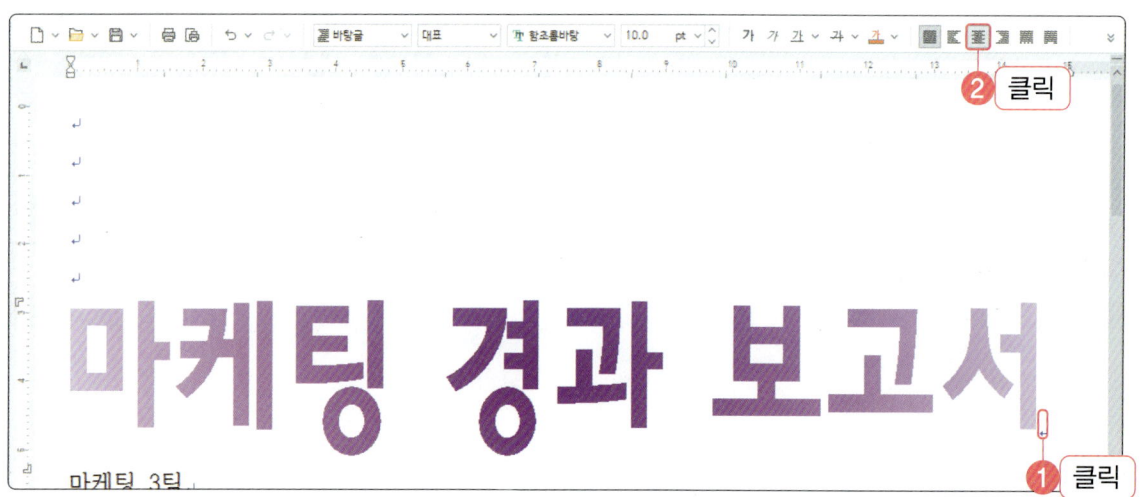

8 다음과 같이 글맵시가 가운데 정렬됩니다.

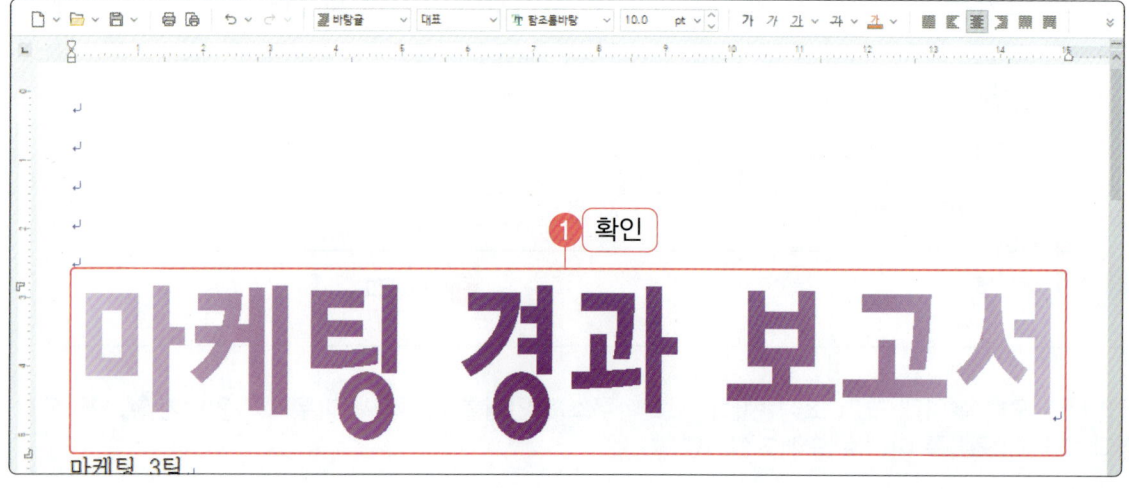

02 보고서 표지 내용에 글자 모양과 문단 모양 지정하기

1 소속과 작성자를 블록으로 설정한 후 [서식] 도구 상자에서 **글꼴(함초롬돋움)과 글자 크기 (20)**, [진하게]를 선택합니다. 그런다음 [서식] 탭에서 [문단 모양](또는 Alt+T)을 클릭합니다.

2 [문단 모양] 대화상자가 나타나면 [기본] 탭에서 **왼쪽 여백(300)**을 입력한 후 [설정] 단추를 클릭합니다.

3 '3팀'을 블록으로 설정한 후 [서식] 탭에서 [글자 모양](또는 Alt+L)을 클릭합니다.

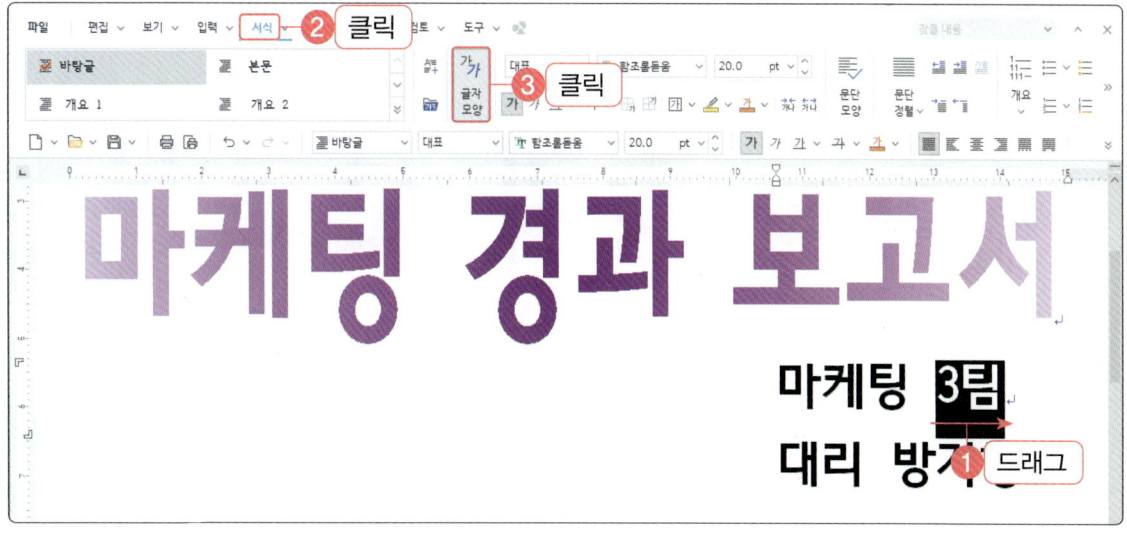

4 [글자 모양] 대화상자가 나타나면 [확장] 탭에서 **강조점( )을 선택**한 후 **[설정] 단추를 클릭**합니다.

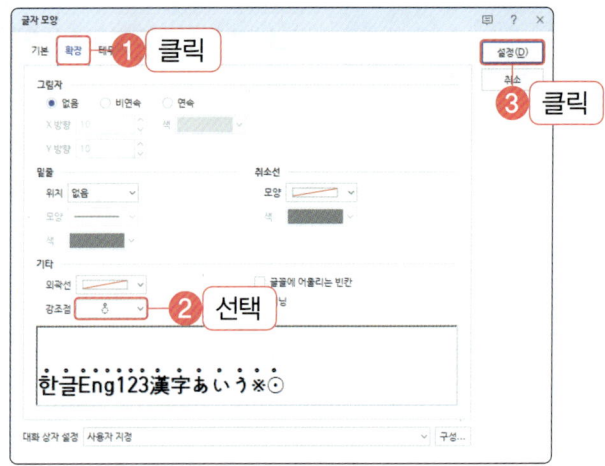

5 '방지형'을 블록으로 설정한 후 [서식] 도구 상자에서 **글자 색(하늘색(RGB: 97,130,214))을 선택**합니다.

6 소속 뒤에 커서를 둔 후 [서식] 탭에서 [문단 모양](또는 Alt + T)을 클릭합니다.

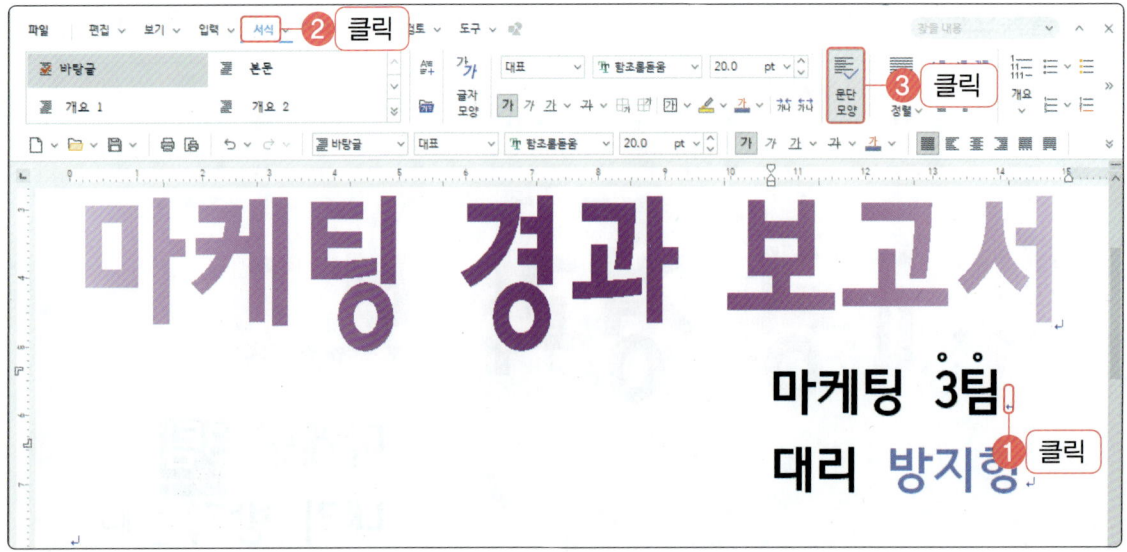

7 [문단 모양] 대화상자가 나타나면 [기본] 탭에서 **줄 간격(130)을 입력**한 후 [설정] 단추를 클릭합니다.

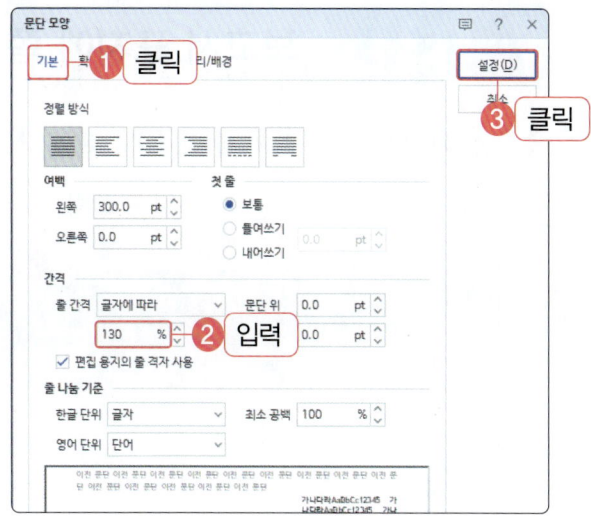

8 날짜를 블록으로 설정한 후 [서식] 도구 상자에서 **글꼴(한컴 윤고딕 240), 글자 크기(20), 글자 색(검정(RGB: 0,0,0) 50% 밝게)을 선택**한 후 [가운데 정렬]을 클릭합니다.

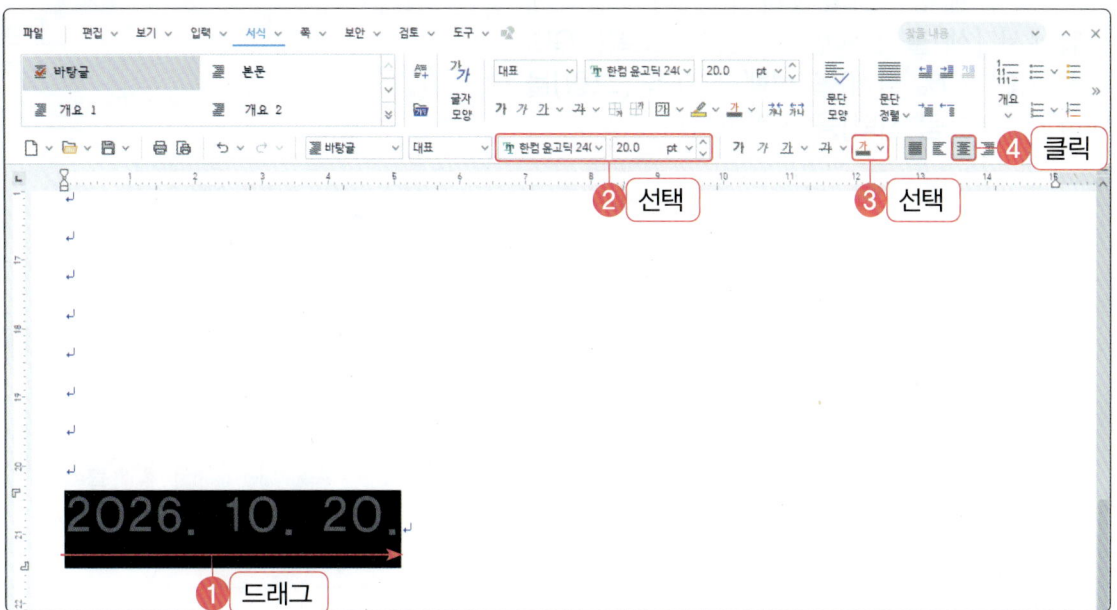

9 다음과 같이 글자 모양과 문단 모양이 지정됩니다.

Chapter 01 - 보고서 표지 만들기 **7**

03 보고서 표지에 쪽 배경 지정하기

1 쪽 배경을 지정하기 위해 [쪽] 탭에서 [쪽 테두리/배경]을 클릭합니다.

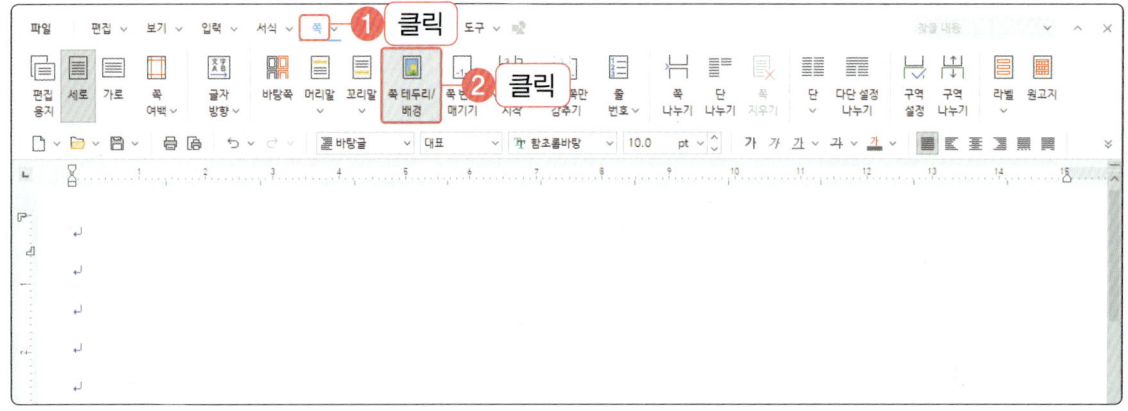

2 [쪽 테두리/배경] 대화상자가 나타나면 [배경] 탭에서 [색]을 선택한 후 면 색(초록(RGB: 40,155,110) 80% 밝게)을 선택한 다음 [그림]을 선택하고 [그림 선택]을 클릭합니다.

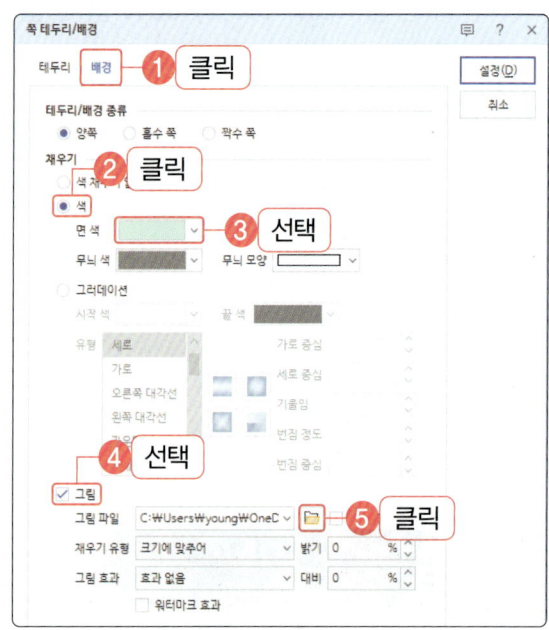

[그림]을 선택한 적이 없는 경우에는 [그림]을 선택하면 바로 [그림 넣기] 대화상자가 나타납니다.

3 [그림 넣기] 대화상자가 나타나면 찾는 위치(단계학습₩한글 2022₩실무 Project₩예제파일)를 지정한 후 그림(마케팅)을 선택합니다. 그런다음 [문서에 포함]을 선택한 후 [열기] 단추를 클릭합니다.

4 [쪽 테두리/배경] 대화상자의 [배경] 탭이 다시 나타나면 **채우기 유형(왼쪽 가운데로)**과 **그림 효과(회색조)**를 선택한 후 **적용 쪽(첫 쪽만)**과 **채울 영역(쪽)**을 선택한 다음 [설정] 단추를 클릭합니다.

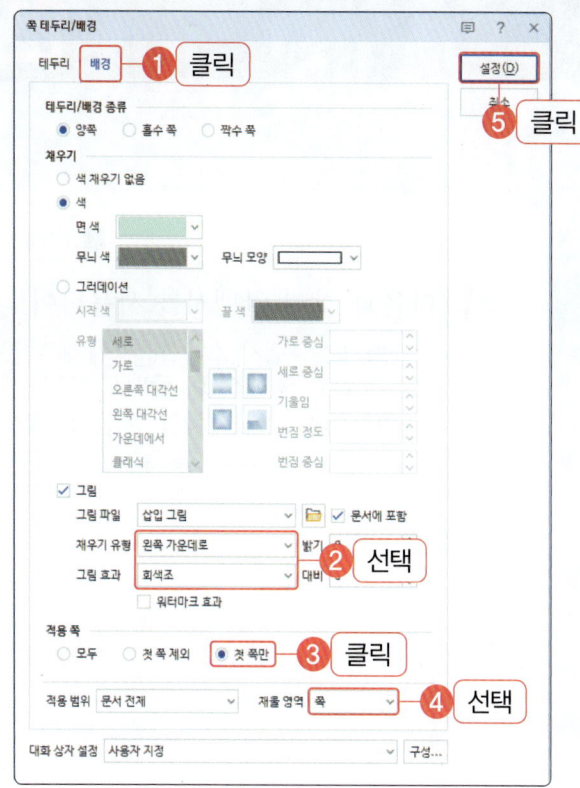

> 적용 쪽을 '첫 쪽만'으로 선택한 것은 보고서 표지에만 쪽 배경을 지정하기 위해서입니다.

5 쪽 배경이 지정되면 보고서 표지를 확인하기 위해 서식 도구 상자에서 [미리 보기]를 클릭합니다.

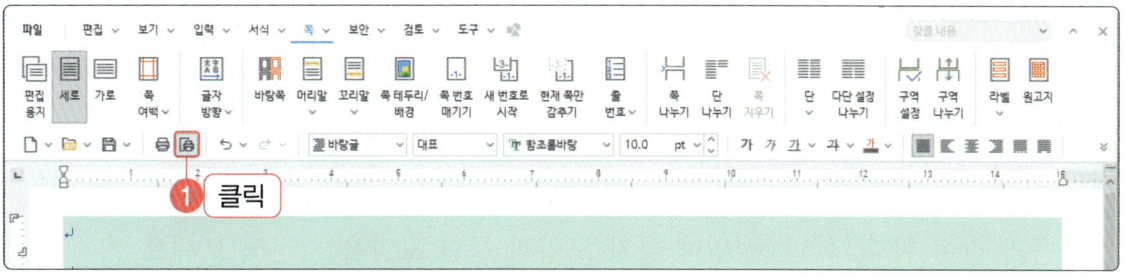

6 다음과 같이 보고서 표지를 확인할 수 있습니다.

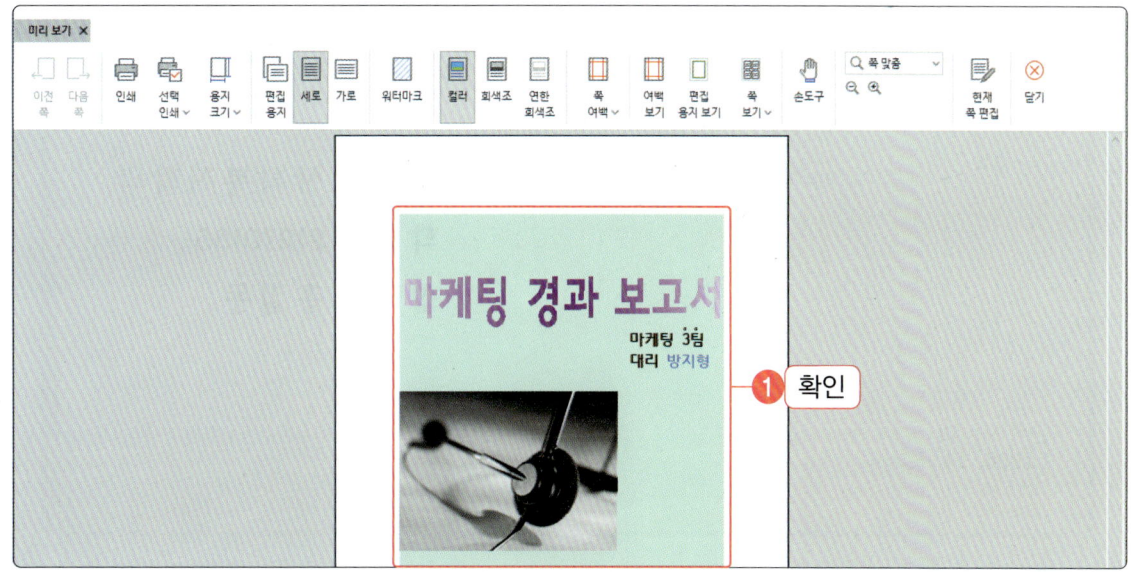

단계학습₩한글 2022₩실무 Project₩연습파일₩Ch01.hwpx

1 다음과 같이 글맵시를 사용하여 리포트 표지 제목을 작성해 보세요.

- 글맵시 : 글맵시 스타일([채우기- 주황색 그러데이션, 역등변사다리꼴 모양]),
  글꼴(한컴 쿨재즈 B), 글맵시 모양([직사각형]), 선 종류(선 없음)
- 글맵시 배치 : 글자처럼 취급,   [가운데 정렬]

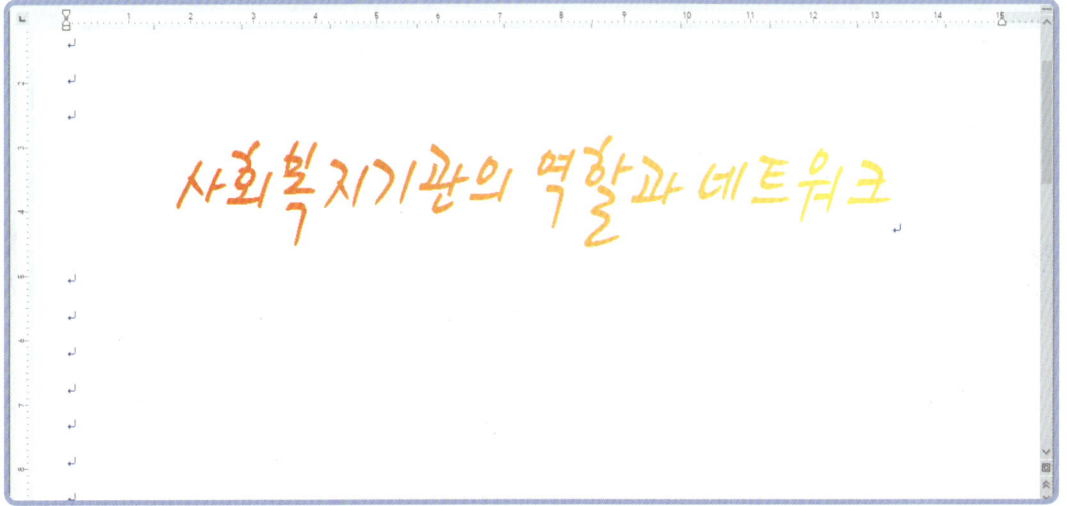

Hint 8번째 문단에 커서를 둔 후 [입력] 탭에서 글맵시를 클릭한 다음   [채우기 – 주황색 그러데이션, 역등변사다리꼴 모양]을 클릭하면 글맵시를 만들 수 있습니다.

2 다음과 같이 학과, 학번, 성명에 글자 모양과 문단 모양을 지정해 보세요.

- 글자 모양 : 글꼴(HY나무B), 글자 크기(16)
- 문단 모양 : 왼쪽 여백(270)
- 홍길동 : 강조점( )

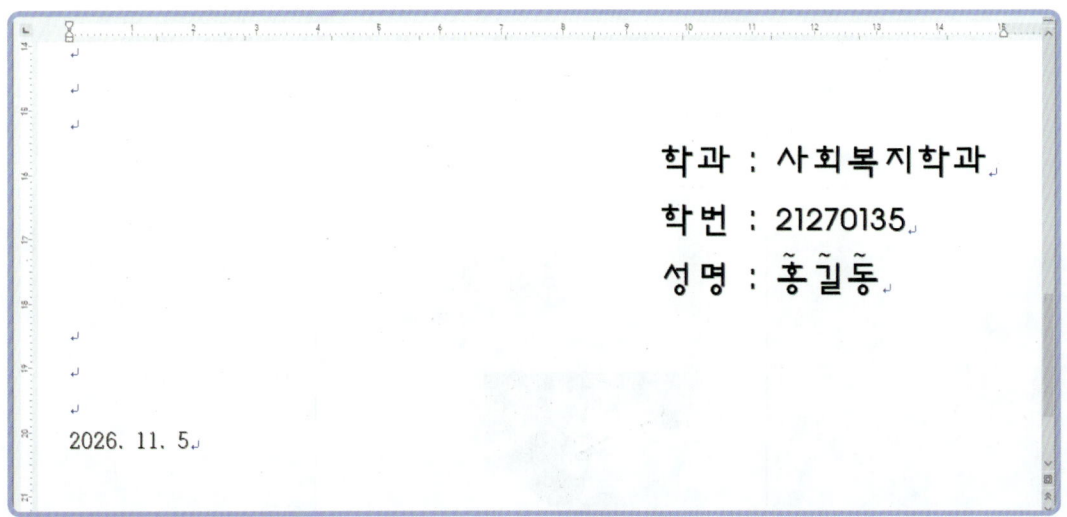

3 다음과 같이 날짜에 글자 모양과 문단 모양을 지정해 보세요.
- 글자 모양 : 글꼴(맑은 고딕), 글자 크기(16), 글자 색(검정(RGB: 0,0,0) 35% 밝게)
- 문단 모양 : [가운데 정렬]

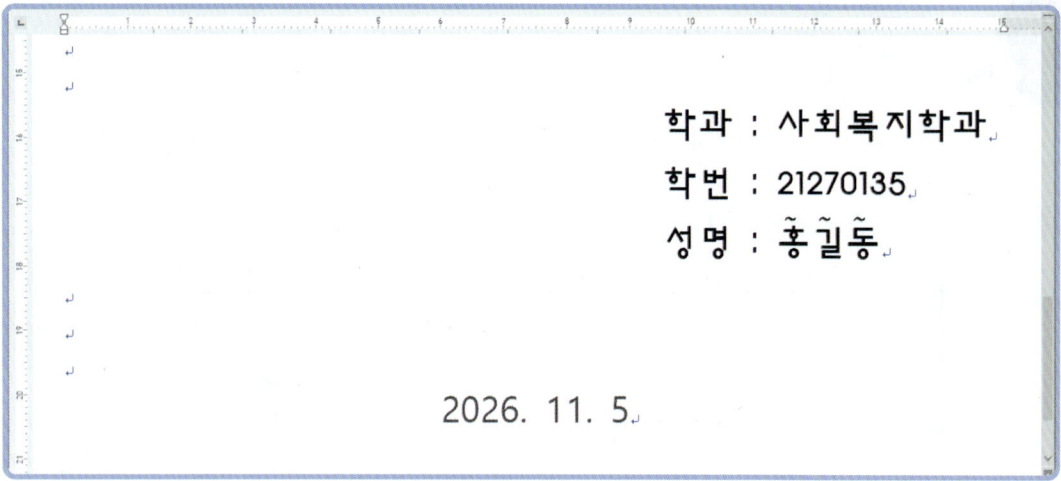

4 다음과 같이 리포트 표지에 쪽 배경을 지정한 후 미리 보기 화면에서 리포트 표지를 확인해 보세요.
- 채우기 : 면 색(초록(RGB: 40,155,110) 60% 밝게), 그림(찾는 위치(C:₩단계학습₩한글 2022₩실무 Project₩연습파일), 파일 이름(대학교), 문서에 포함, 채우기 유형(오른쪽 가운데로))
- 적용 쪽 : 첫 쪽만
- 채울 영역 : 쪽

Hint [서식] 도구 상자에서 [미리 보기]를 클릭하면 미리 보기 화면에서 리포트 표지를 확인할 수 있습니다.

실무 Project

Chapter 02

Hangul 2022

서류철 라벨 만들기

서류철 라벨은 서류철을 구분하기 위해 파일명, 기관명, 기관코드 등을 기록하여 서류철에 붙이는 것을 말합니다. 한글에서는 라벨 문서 만들기를 사용하면 쉽고 빠르게 서류철 라벨을 만들 수 있습니다. 그럼, 라벨 문서 만들기를 사용하여 서류철 라벨을 만드는 방법에 대해 알아보겠습니다.

미리 보기

보호작업장	보호작업장
동문엔터프라이즈	동문엔터프라이즈
보호작업장	보호작업장
동문엔터프라이즈	동문엔터프라이즈
보호작업장	보호작업장
동문엔터프라이즈	동문엔터프라이즈

01 라벨 문서 만들고 라벨 내용 입력하기

1. 한글 2022를 **실행**한 후 라벨 문서를 만들기 위해 [쪽] 탭에서 **[라벨]을 클릭**한 다음 **[라벨 문서 만들기]를 클릭**합니다.

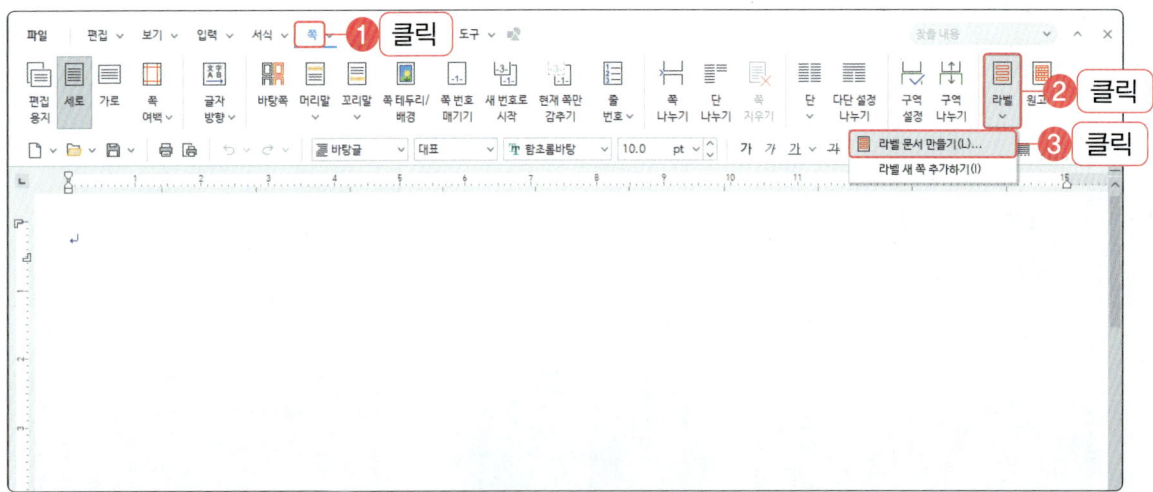

- 라벨 문서는 시중에서 유통되는 라벨 용지에 맞게 라벨을 인쇄할 수 있도록 한글에서 미리 표로 작성하여 제공하는 문서입니다.
- [쪽] 탭의 [목록] 단추를 클릭한 후 [라벨]-[라벨 문서 만들기]를 클릭하여 라벨 문서를 만들 수도 있습니다.

2 [라벨 문서 만들기] 대화상자가 나타나면 [라벨 문서 꾸러미] 탭에서 **라벨 제조 회사(AnyLabel)를 선택**한 후 **라벨 용지(화일인덱스 라벨(20칸)-V3470)를 선택**한 다음 **[열기]** 단추를 클릭합니다.

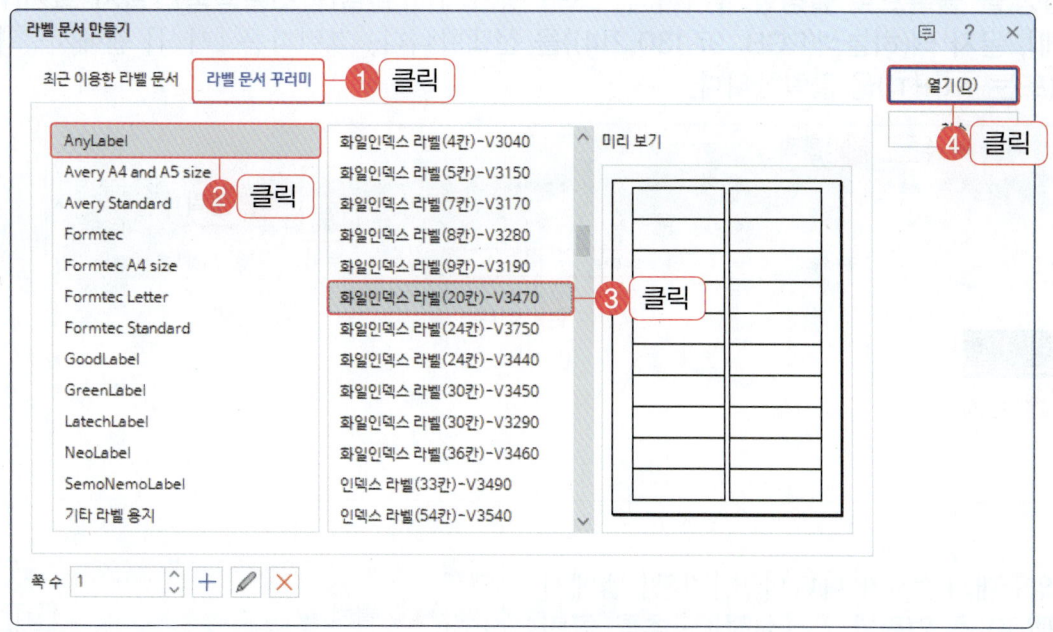

라벨 용지를 구비하고 있는 경우에는 구비하고 있는 라벨 용지에 해당하는 라벨 제조 회사와 라벨 용지를 선택합니다.

3 라벨 문서가 만들어지면 **1줄 1칸에 라벨 내용을 입력**합니다.

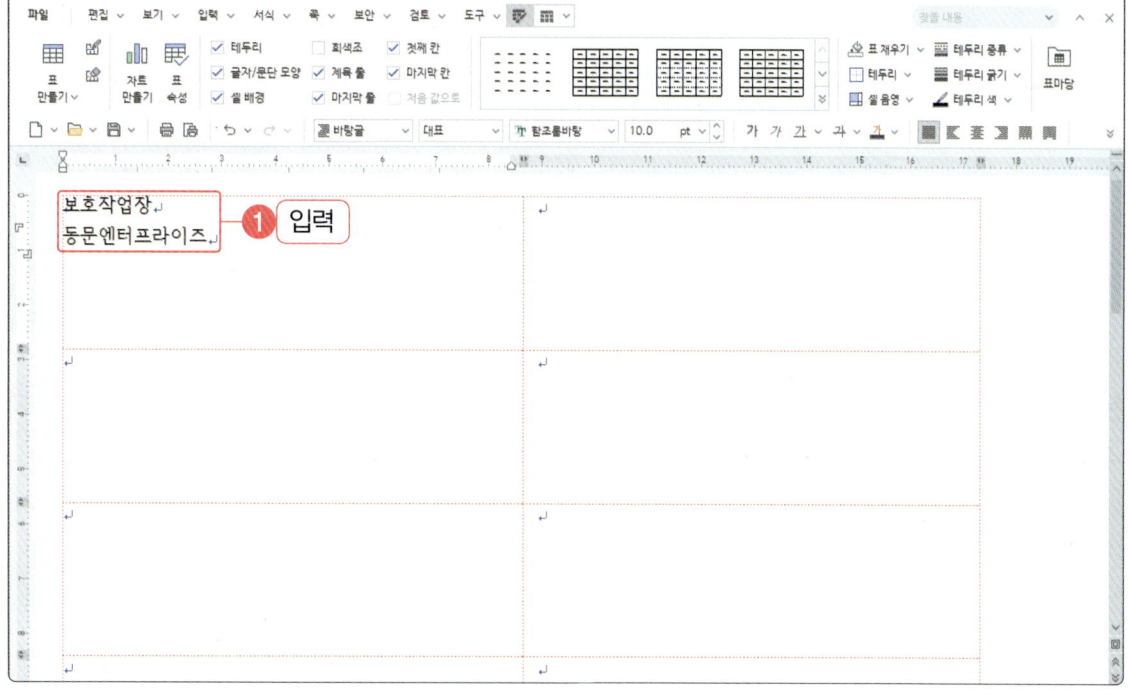

Chapter 02 - 서류철 라벨 만들기 **13**

02 라벨 내용에 글자 모양과 문단 모양 지정하기

1 '보호작업장'을 블록으로 설정한 후 [서식] 도구 상자에서 **글꼴(함초롬돋움), 글자 크기(16)**, [진하게], **글자 색(하늘색(RGB: 97,130,214))**을 선택합니다. 그런다음 [서식] 탭에서 [문단 모양](또는 Alt+T)을 클릭합니다.

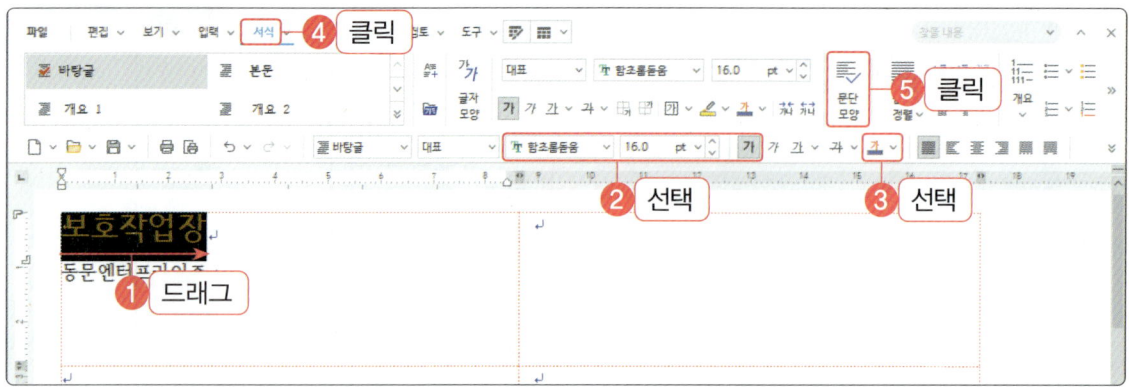

2 [문단 모양] 대화상자가 나타나면 [기본] 탭에서 **왼쪽 여백(30)**을 입력한 후 [설정] 단추를 클릭합니다.

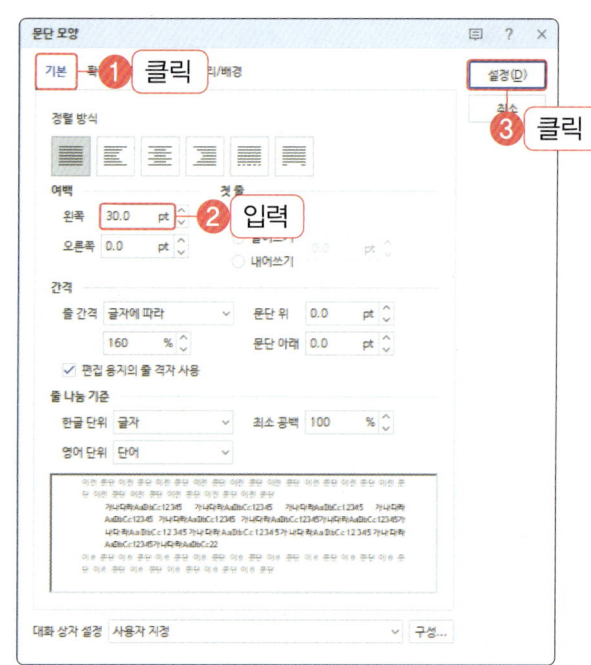

3 '동문엔터프라이즈'를 블록으로 설정한 후 [서식] 도구 상자에서 **글꼴(함초롬바탕)과 글자 크기(24)**를 선택한 다음 [가운데 정렬]을 클릭합니다.

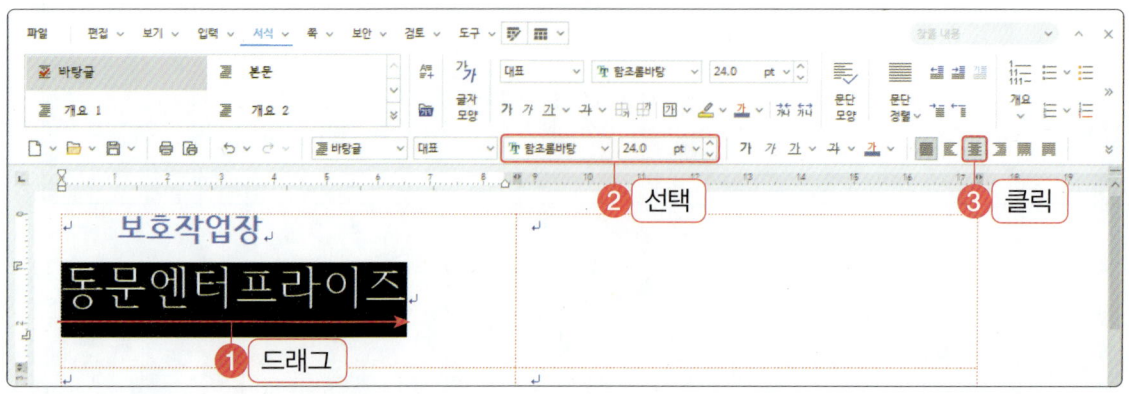

4 '동문'을 블록으로 설정한 후 [서식] 탭에서 [글자 모양](또는 Alt+L)을 클릭합니다.

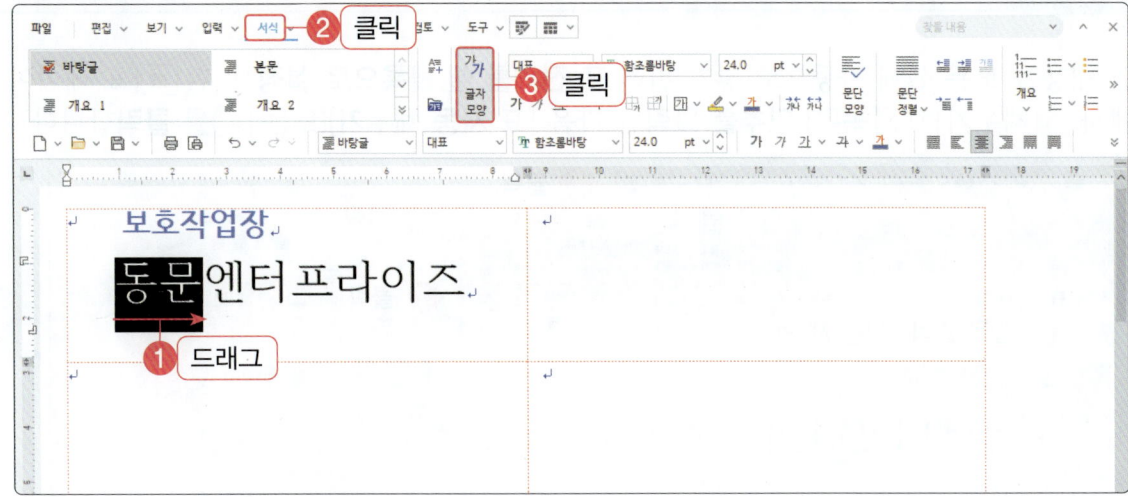

5 [글자 모양] 대화상자가 나타나면 [기본] 탭에서 [진하게]를 클릭한 후 **글자 색(주황(RGB: 255,132,58))**을 선택합니다. 그런다음 [확장] 탭을 클릭한 후 **강조점( )**을 선택한 다음 [설정] 단추를 클릭합니다.

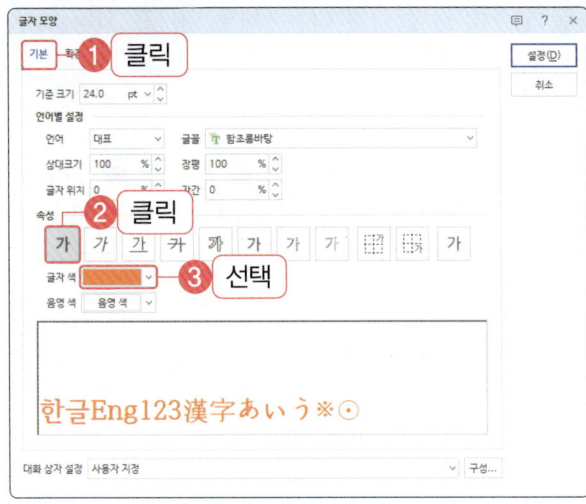
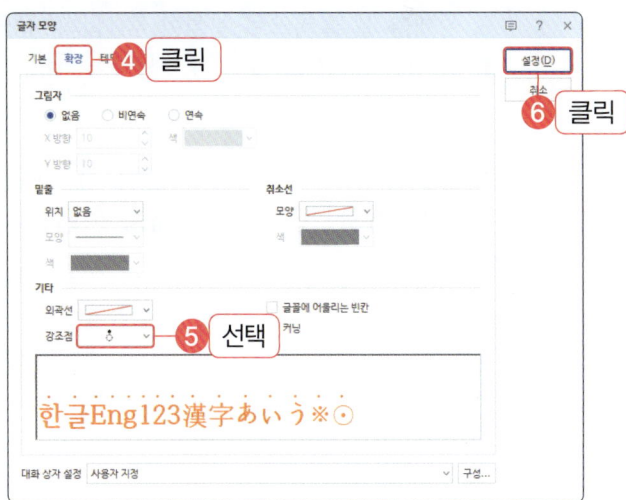

6 다음과 같이 글자 모양과 문단 모양이 지정됩니다.

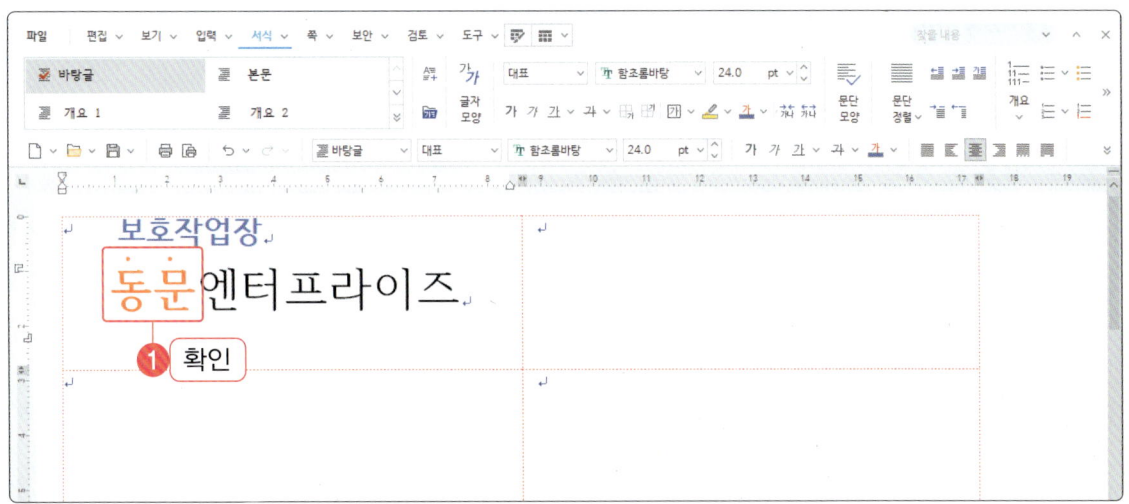

Chapter 02 – 서류철 라벨 만들기 **15**

03 라벨 내용을 모든 셀에 자동으로 넣고 셀 속성 지정하기

1 라벨 내용을 모든 셀에 자동으로 넣기 위해 **표 전체를 셀 블록으로 설정**한 후 [표 레이아웃] 탭에서 [채우기]의 [목록] 단추를 클릭한 다음 [**표 자동 채우기**](또는 A)를 클릭합니다.

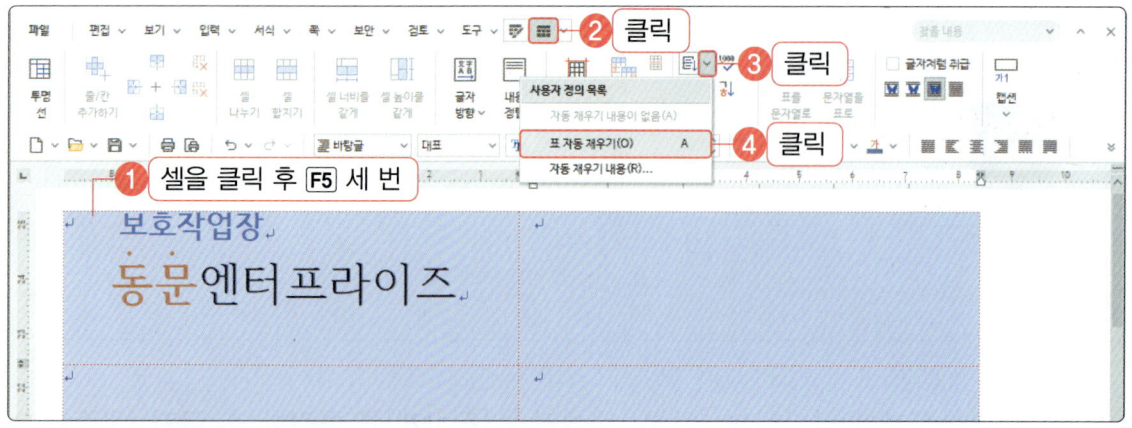

- 표 자동 채우기는 표에 같은 내용이나 일정한 간격으로 증가 또는 감소하는 내용을 자동으로 넣을 수 있는 기능입니다.
- 표 전체를 셀 블록으로 설정한 후 [입력] 탭의 [목록] 단추를 클릭한 다음 [채우기]-[표 자동 채우기]를 클릭하거나 A를 눌러 라벨 내용을 모든 셀에 자동으로 넣을 수도 있습니다.

2 라벨 내용을 세로 방향으로 셀의 가운데에 표시하기 위해 **표 전체를 셀 블록으로 설정**한 후 [표 레이아웃] 탭에서 [**내용 정렬**]을 클릭한 다음 [세로 정렬]-[**중간**]을 클릭합니다.

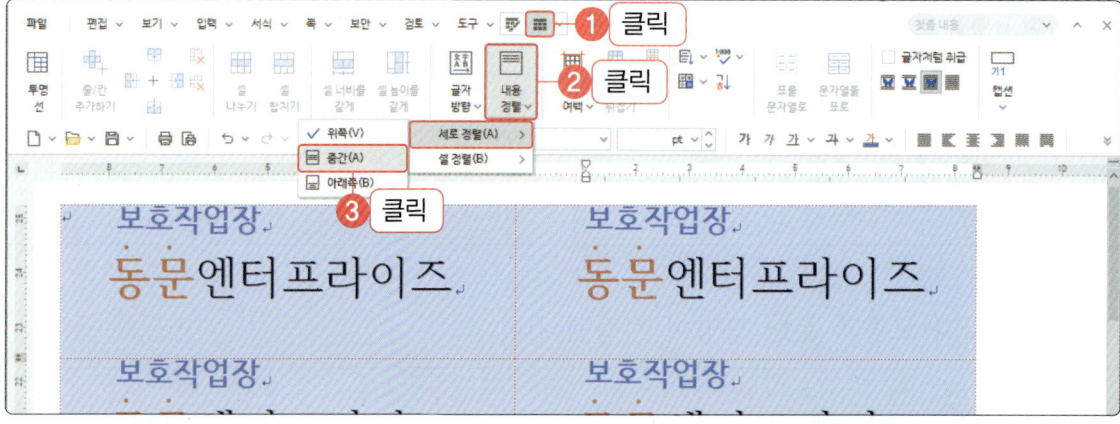

3 다음과 같이 라벨 내용이 세로 방향으로 셀의 가운데에 표시됩니다.

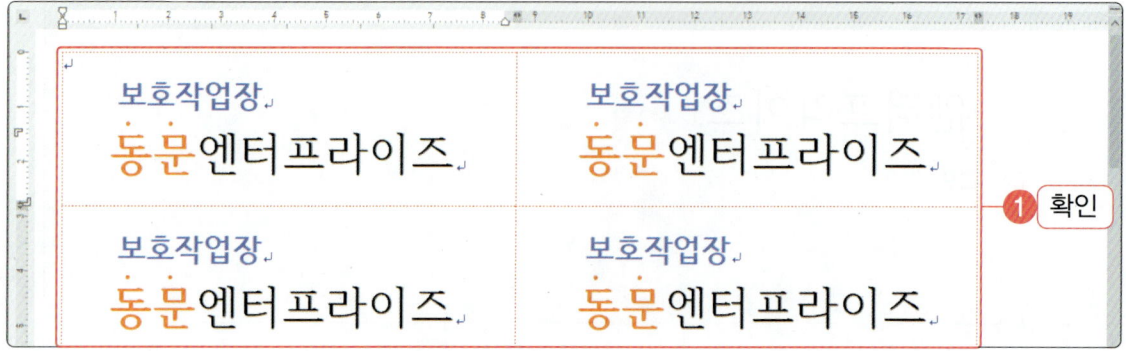

04 라벨 문서 인쇄하기

1 라벨 문서가 인쇄되는 모양을 확인하기 위해 [서식] 도구 상자에서 [미리 보기]를 **클릭**합니다.

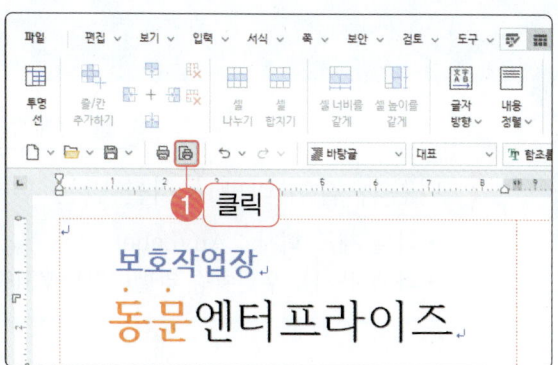

> 적용 쪽을 '첫 쪽만'으로 선택한 것은 보고서 표지에만 쪽 배경을 지정하기 위해서입니다.

2 미리 보기 화면이 나타나면 라벨 문서가 인쇄되는 모양을 확인한 후 라벨 문서를 인쇄하기 위해 [미리 보기] 탭에서 [인쇄](또는 Alt+P)를 **클릭**합니다.

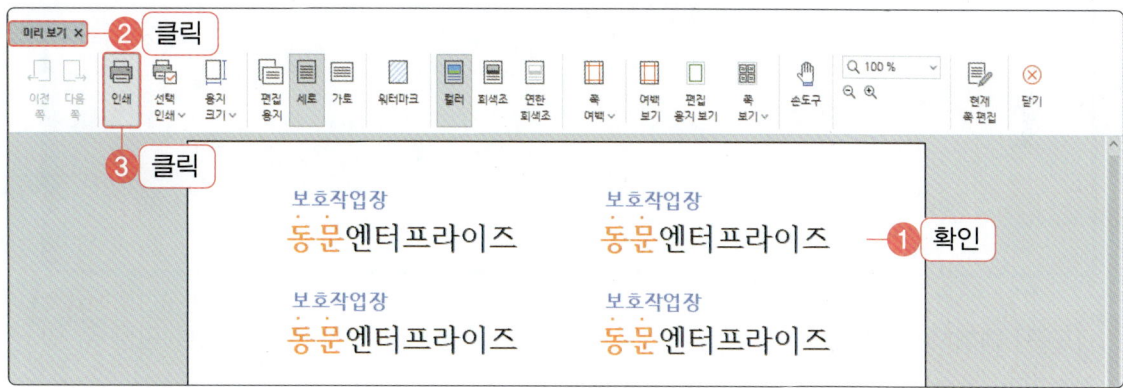

3 [인쇄] 대화상자가 나타나면 [기본] 탭에서 **인쇄 범위(모두), 인쇄 매수(1), 인쇄 방식(기본 인쇄(자동 인쇄))을 지정**한 후 [인쇄] 단추를 **클릭**합니다.

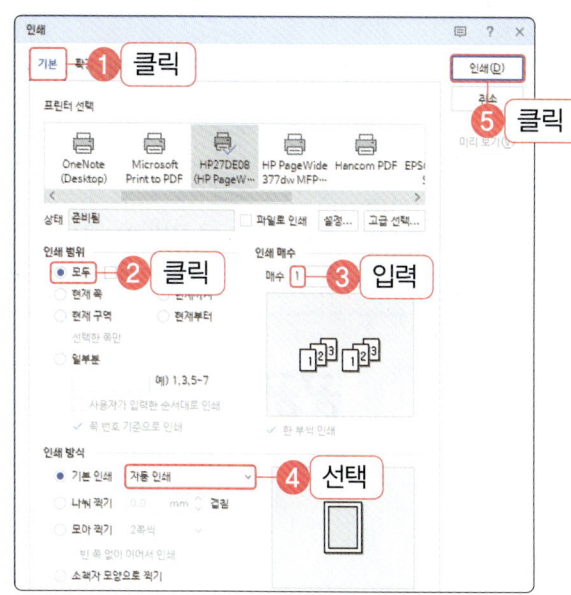

4 라벨 문서가 인쇄됩니다.

> 일반 용지에 라벨 문서를 인쇄하면 라벨을 가위로 자른 다음 라벨 뒷면에 풀칠을 하여 서류철에 붙여야 하지만 라벨 용지에 라벨 문서를 인쇄하면 바로 라벨을 떼어 서류철에 붙일 수 있습니다.

1 다음과 같이 라벨 문서를 만든 후 라벨 내용을 입력해 보세요.

- 라벨 제조 회사 : AnyLabel
- 라벨 용지 : 우편발송 라벨(6칸)-V3160

Hint [도구] 탭에서 [라벨]을 클릭한 후 [라벨 문서 만들기]를 클릭하면 라벨 문서를 만들 수 있습니다.

2 다음과 같이 라벨 내용에 글자 모양과 문단 모양을 지정해 보세요.

- 공공의료복지네트워크 : 글꼴(한컴 윤체 L), 글자 크기(24), 글자 색(남색(RGB: 58,60,132)), [가][진하게], [가][기울임]
- Tel : 글꼴(함초롬돋움), 글자 크기(12), 글자 색(초록(RGB: 40,155,110)), [가][진하게]
- 주소/전화번호 : 글꼴(맑은 고딕), 글자 크기(12)
- 라벨 내용 전체 : 왼쪽 여백(10)

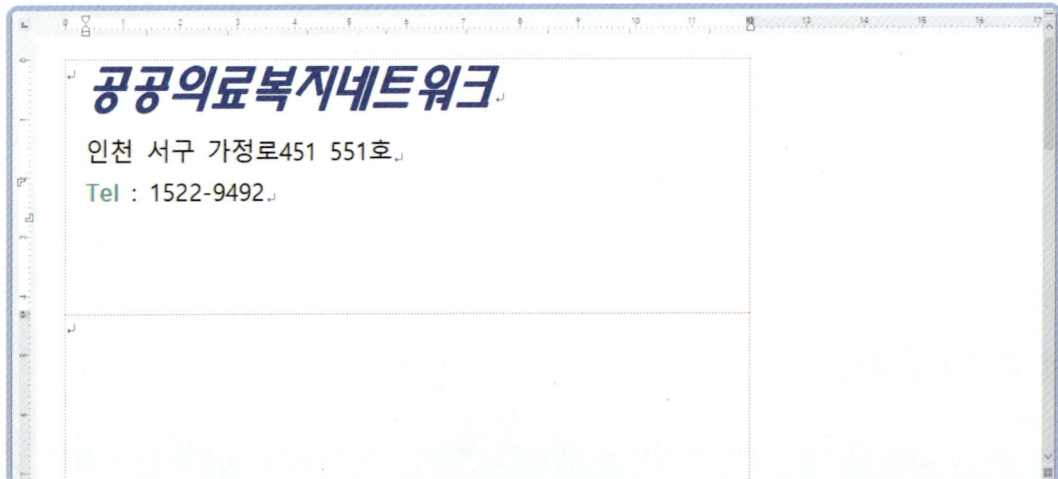

연 습 문 제 Exercise

3 다음과 같이 라벨 내용을 모든 셀에 자동으로 넣은 후 라벨 내용을 세로 방향으로 셀의 가운데에 표시해 보세요.

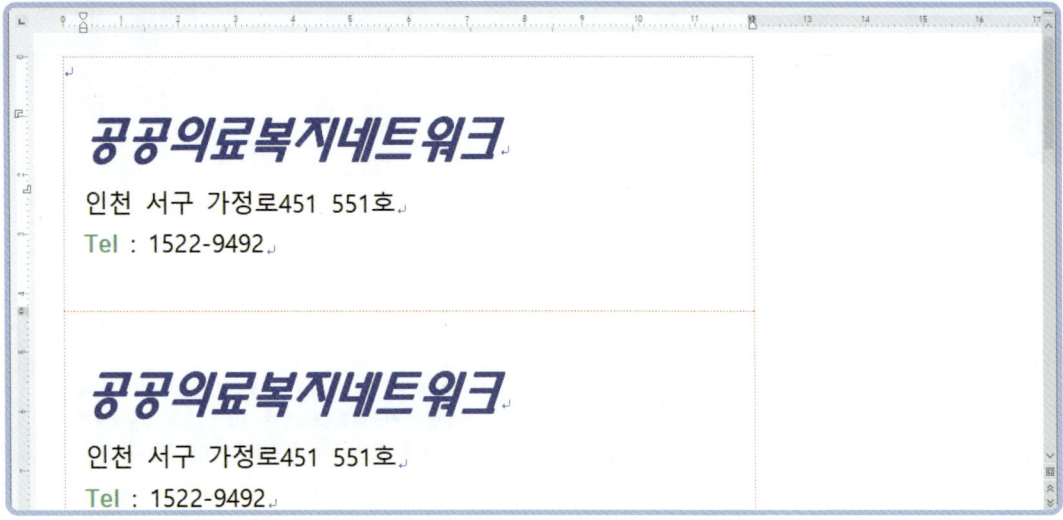

Hint 표 전체를 셀 블록으로 설정한 후 [표 레이아웃] 탭에서 [내용 정렬]을 클릭한 다음 [세로 정렬]-[중간]을 클릭하면 라벨 내용을 세로 방향으로 셀의 가운데에 표시할 수 있습니다.

4 다음과 같이 라벨 문서가 인쇄되는 모양을 확인한 후 라벨 문서를 인쇄해 보세요.

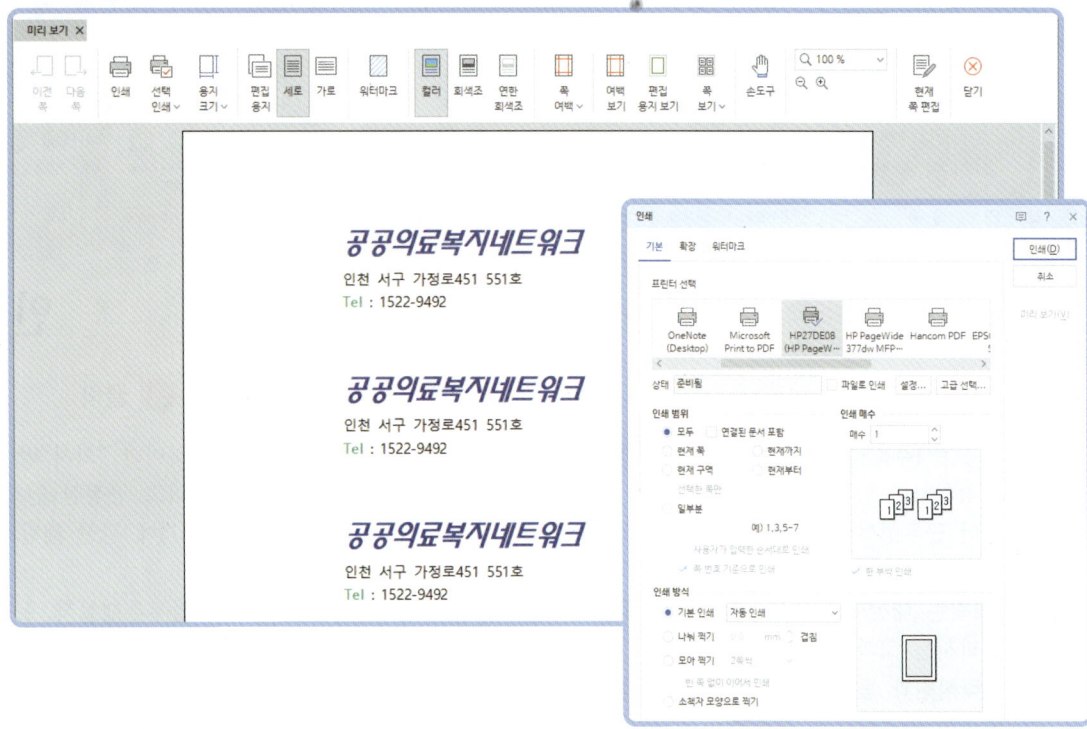

Chapter 02 – 서류철 라벨 만들기 19

실무 Project Chapter 03

인사고과규정서 작성하기

관리자가 인사관리의 합리화, 능률화, 공정화 등을 기하기 위해 직원의 업무실적, 수행능력, 근무태도 등을 평가하는 것을 '인사고과'라고 합니다. 인사고과규정서는 이런 인사고과에 관한 규칙을 기록해 놓은 문서를 말합니다. 그럼, 스타일을 만들어 적용하고 머리말을 삽입하여 인사고과규정서를 작성하는 방법에 대해 알아보겠습니다.

미리 보기

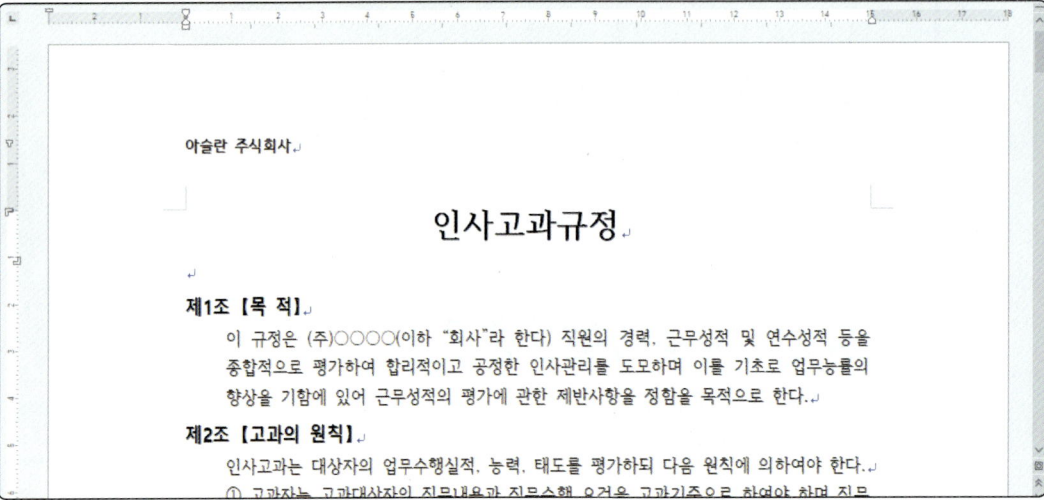

🖿 단계학습₩한글 2022₩실무 Project₩예제파일₩Ch03.hwpx

01 인사고과규정서에 적용할 스타일 만들기

1 스타일을 만들기 위해 **3번째 문단에 커서**를 둔 후 [서식] 탭의 ▾[목록] 단추를 클릭한 다음 [**스타일**](또는 F6)을 클릭합니다.

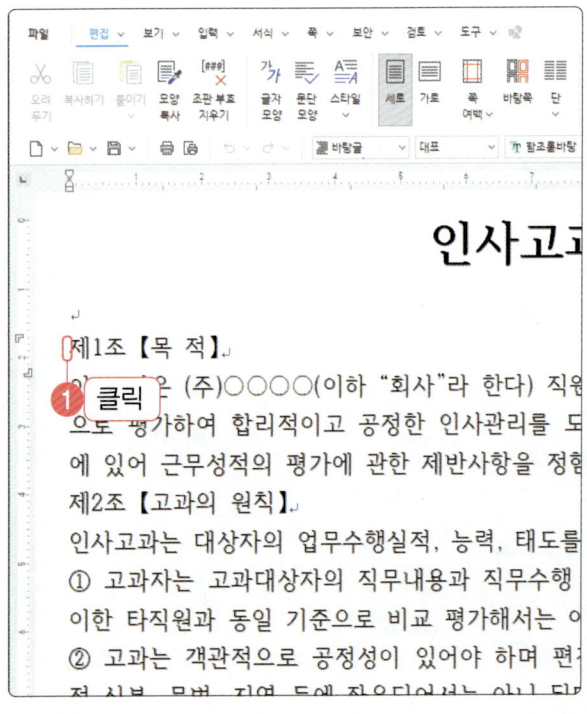
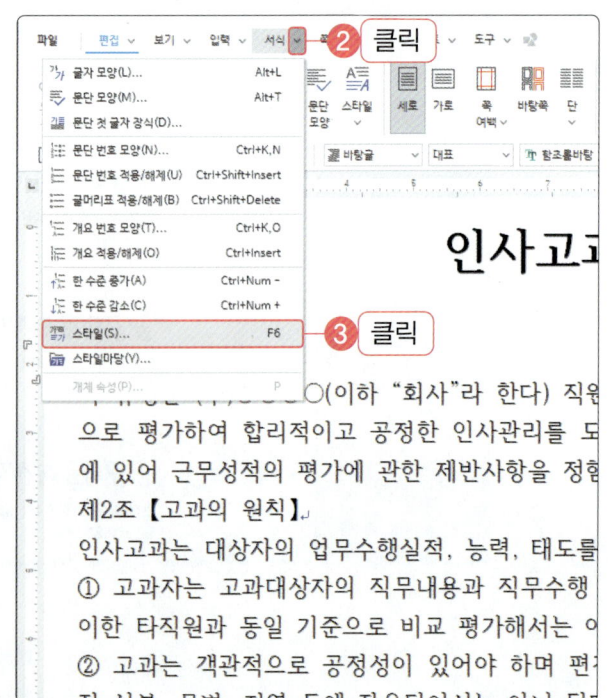

2 [스타일] 대화상자가 나타나면 ⊞[스타일 추가하기]를 클릭합니다.

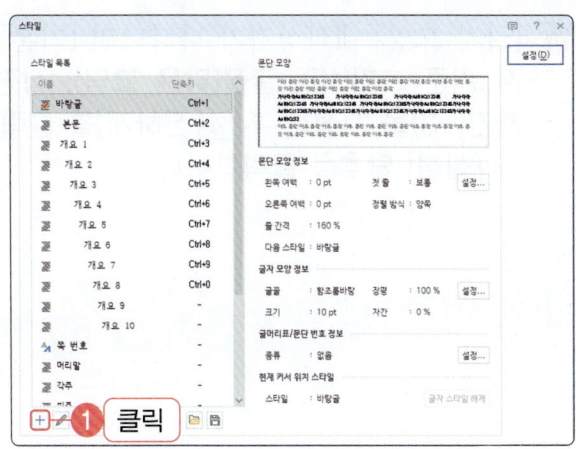

3 [스타일 추가하기] 대화상자가 나타나면 **스타일 이름(그룹-1)을 입력**한 후 **스타일 종류(문단)를 선택**한 다음 [문단 모양] 단추를 클릭합니다.

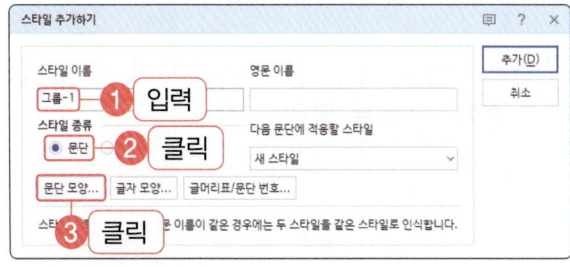

4 [문단 모양] 대화상자가 나타나면 [기본] 탭에서 **문단 위(5)를 입력**한 후 [설정] 단추를 클릭합니다.

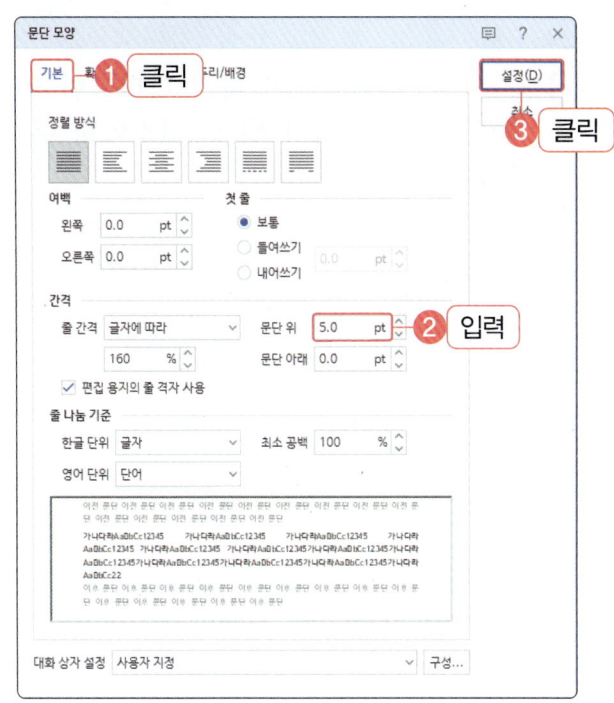

5 [스타일 추가하기] 대화상자가 다시 나타나면 [글자 모양] 단추를 클릭합니다.

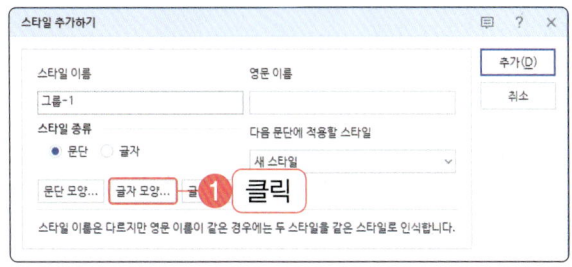

6 [글자 모양] 대화상자가 나타나면 [기본] 탭에서 **기준 크기(12), 글꼴(맑은 고딕), 장평(95), 자간(-3)을 지정**한 후 가[**진하게]를 클릭**한 다음 [**설정] 단추를 클릭**합니다.

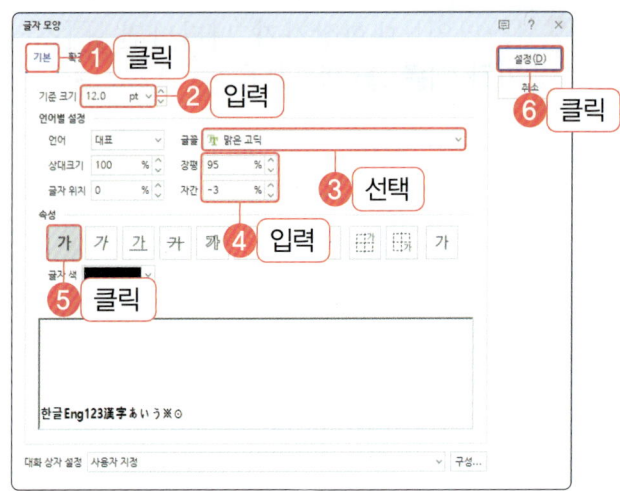

7 [스타일 추가하기] 대화상자가 다시 나타나면 [**추가] 단추를 클릭**합니다.

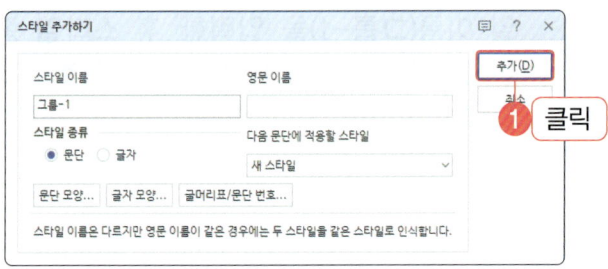

8 [스타일] 대화상자가 다시 나타나면 '그룹-2' 스타일을 추가하기 위해 ⊞[**스타일 추가하기]를 클릭**합니다.

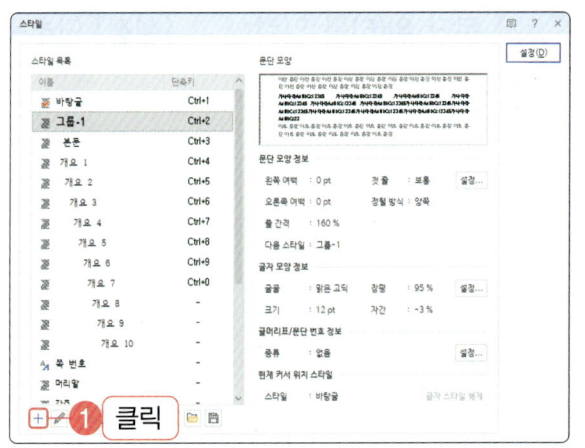

9 [스타일 추가하기] 대화상자가 나타나면 **스타일 이름(그룹-2)을 입력**한 후 **스타일 종류(문단)를 선택**한 다음 [**문단 모양] 단추를 클릭**합니다.

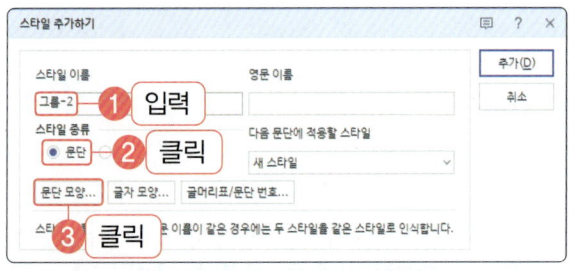

10 [문단 모양] 대화상자가 나타나면 [기본] 탭에서 **왼쪽 여백(25)을 입력**한 후 [설정] 단추를 클릭합니다.

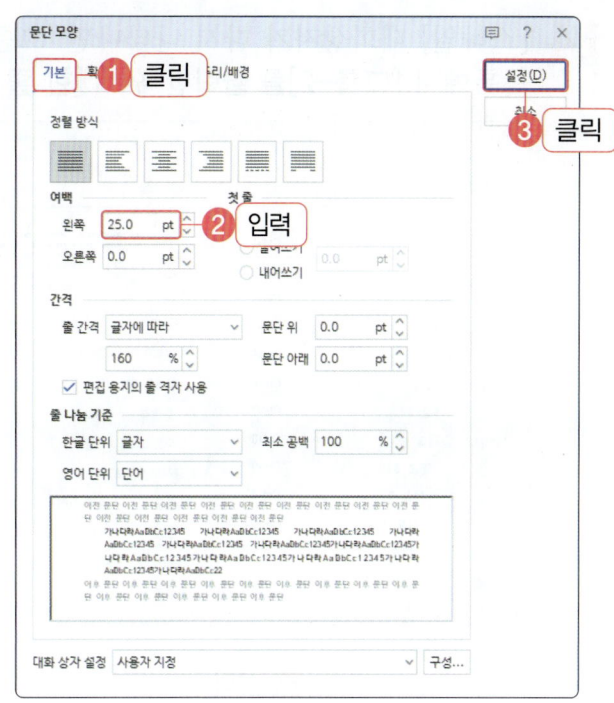

11 [스타일 추가하기] 대화상자가 다시 나타나면 [글자 모양] 단추를 클릭합니다.

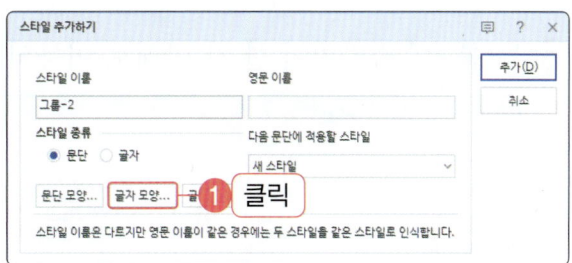

12 [글자 모양] 대화상자가 나타나면 [기본] 탭에서 **기준 크기(11), 글꼴(함초롬바탕), 장평(95), 자간(-3)을 지정**한 후 [설정] 단추를 클릭합니다.

13 [스타일 추가하기] 대화상자가 다시 나타나면 [추가] 단추를 클릭합니다.

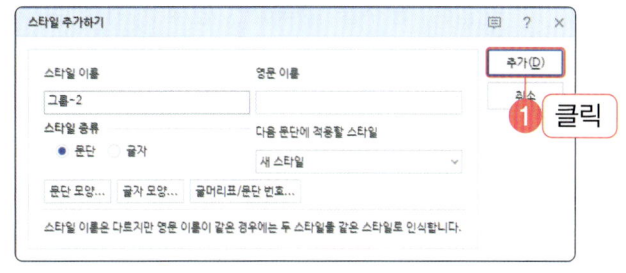

Chapter 03 – 인사고과규정서 작성하기

14 [스타일] 대화상자가 다시 나타나면 '그룹-2' 스타일을 한 칸 아래로 이동하기 위해 스타일 목록에서 [그룹-2]를 클릭한 후 ↓[한 줄 아래로 이동하기] 단추를 클릭합니다.

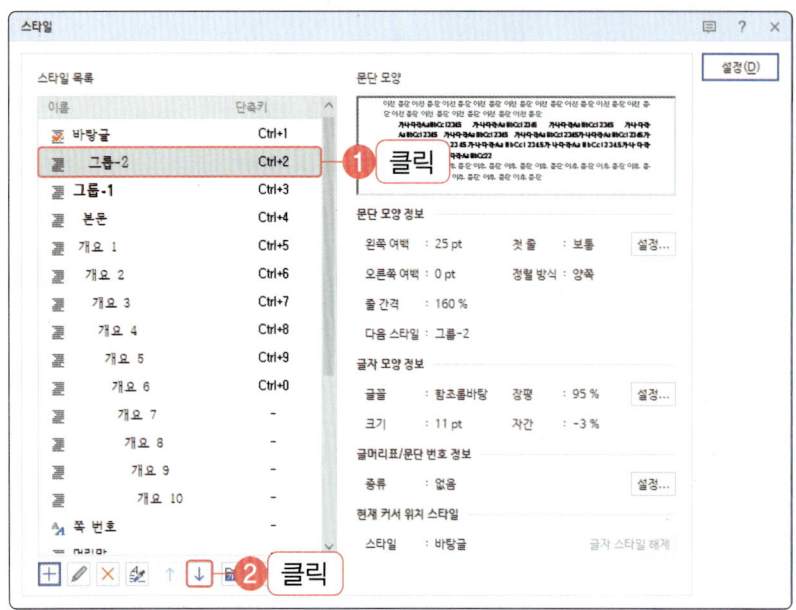

15 '그룹-2' 스타일이 한 칸 아래로 이동되면 ⊠[닫기] 단추를 클릭합니다.

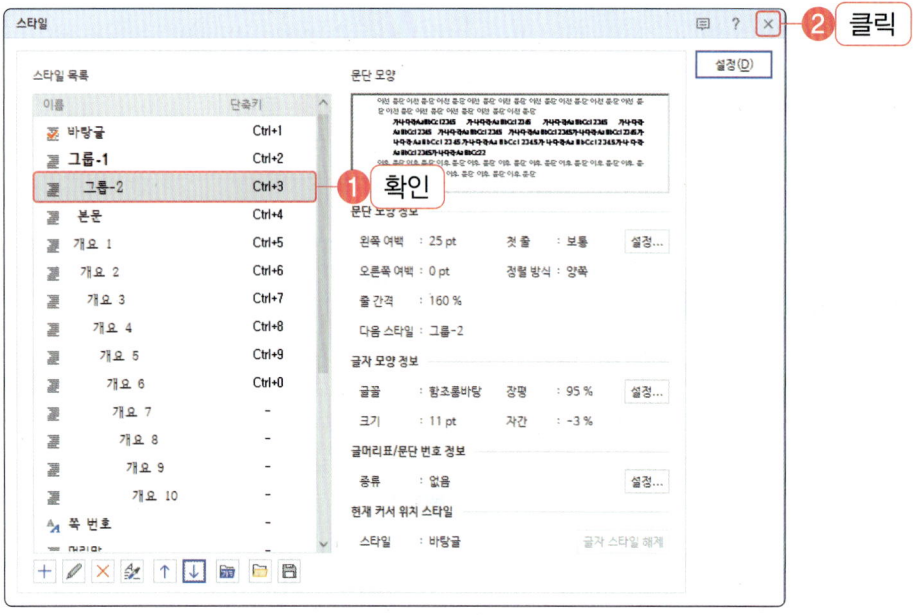

- '그룹-1' 스타일에는 바로 가기 키로 Ctrl+2, '그룹-2' 스타일에는 바로 가기 키로 Ctrl+3이 배정되어 있습니다. 즉, 커서가 위치한 문단 또는 블록으로 지정한 문단에서 Ctrl+2를 누르면 '그룹-1' 스타일이 적용되고, Ctrl+3을 누르면 '그룹-2' 스타일이 적용됩니다.
- [설정] 단추를 클릭하면 현재 커서가 위치한 문단에 '그룹-1' 스타일이 적용됩니다. 현재 커서가 위치한 문단에 '그룹-1' 스타일을 적용하지 않기 위해 ⊠[닫기] 단추를 클릭한 것입니다.

02 인사고과규정서에 스타일 적용하기

1 '그룹-1' 스타일을 적용하기 위해 '**제1조 【목 적】**' 문단에 커서를 위치한 후 Ctrl+2를 누릅니다.

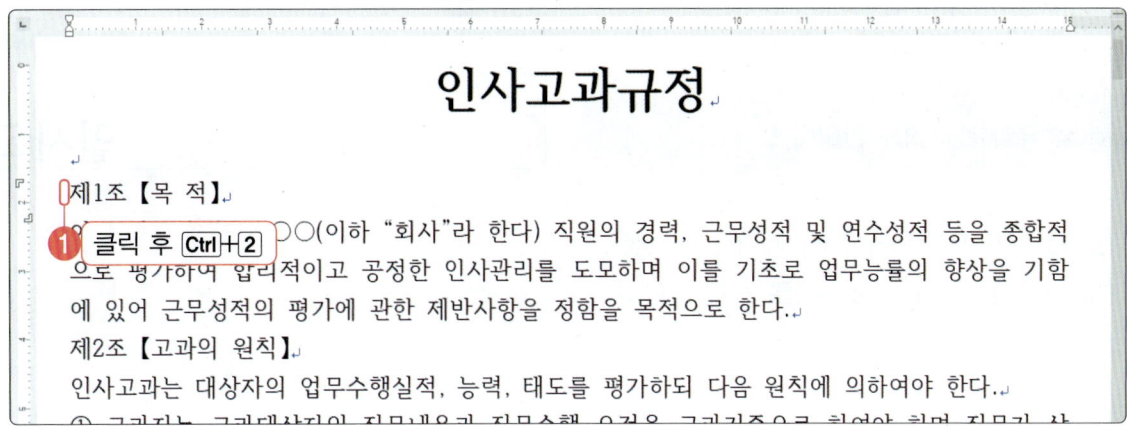

2 '그룹-2' 스타일을 적용하기 위해 '**제1조 【목 적】**'의 내용 문단에 커서를 위치한 후 Ctrl+3을 누릅니다.

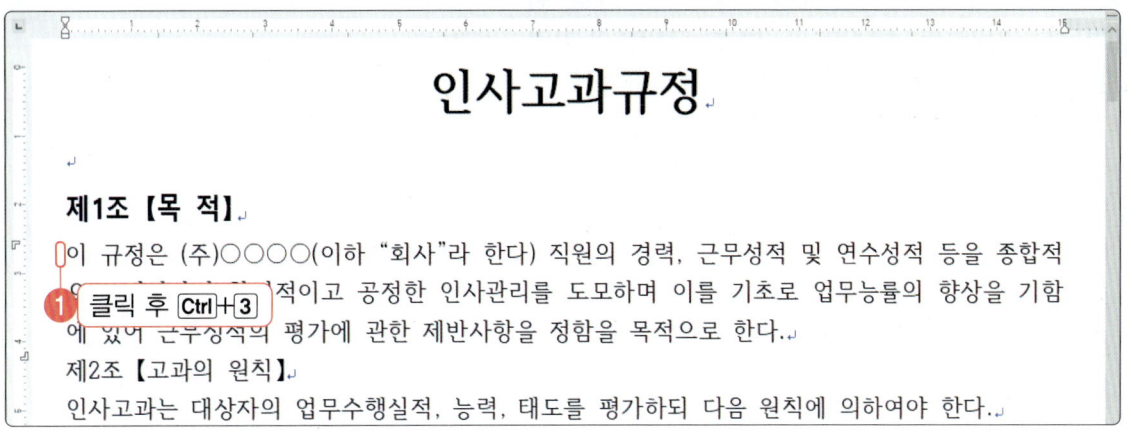

3 같은 방법으로 다음과 같이 '**제2조 【고과의 원칙】**', '**제3조 【고과자】**', …에 '그룹-1' 스타일을 적용하고 '**제2조 【고과의 원칙】**', '**제3조 【고과자】**', …의 내용에 '그룹-2' 스타일을 적용합니다.

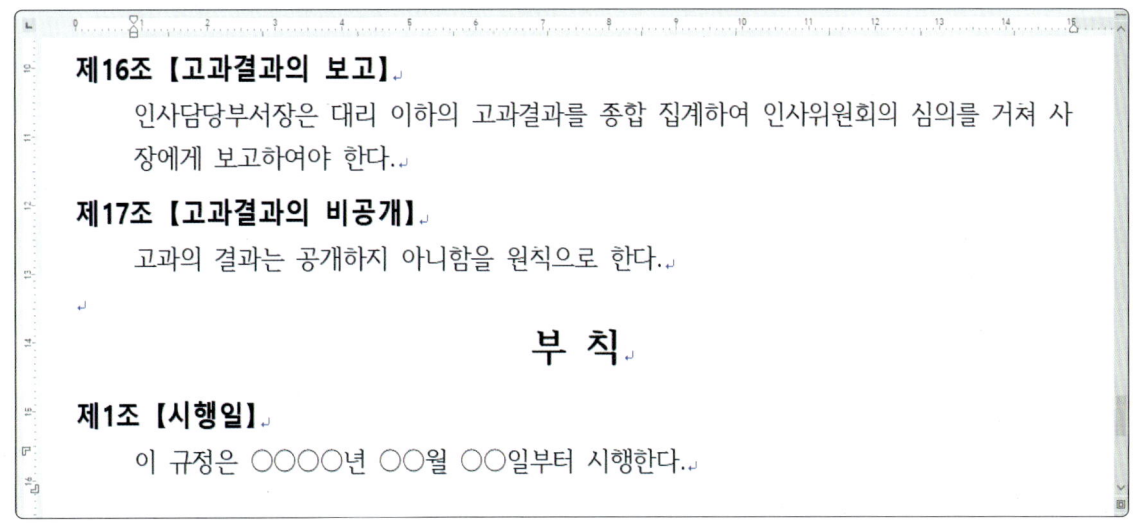

03 인사고과규정서에 쪽 번호 매기기

1. 쪽 윤곽 보기를 [보기] 탭에서 [쪽 윤곽](또는 Ctrl+G, L)을 클릭합니다.

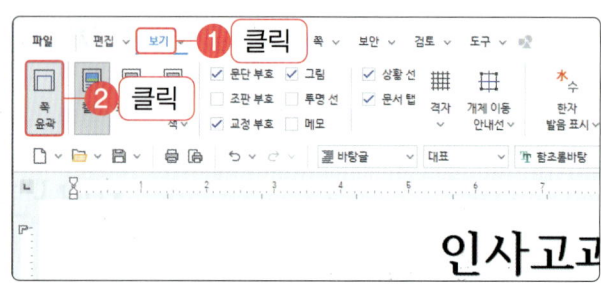

> 쪽 번호가 정상적으로 매겨졌는지 확인하기 위해 쪽 윤곽을 보이게 합니다.

2. 쪽 번호를 매기기 위해 [쪽] 탭에서 [쪽 번호 매기기](또는 Ctrl+N, P)를 클릭합니다.

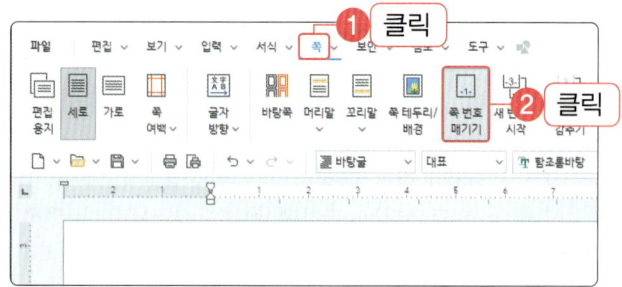

3. [쪽 번호 매기기] 대화상자가 나타나면 **번호 위치(가운데 아래)를 선택**한 후 **번호 모양(1,2,3)과 [줄표 넣기]를 선택**한 다음 **[넣기] 단추를 클릭**합니다.

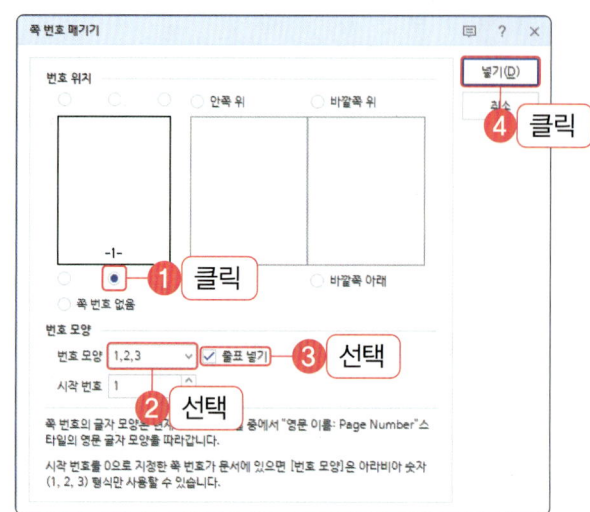

4. 다음과 같이 쪽 번호가 매겨집니다.

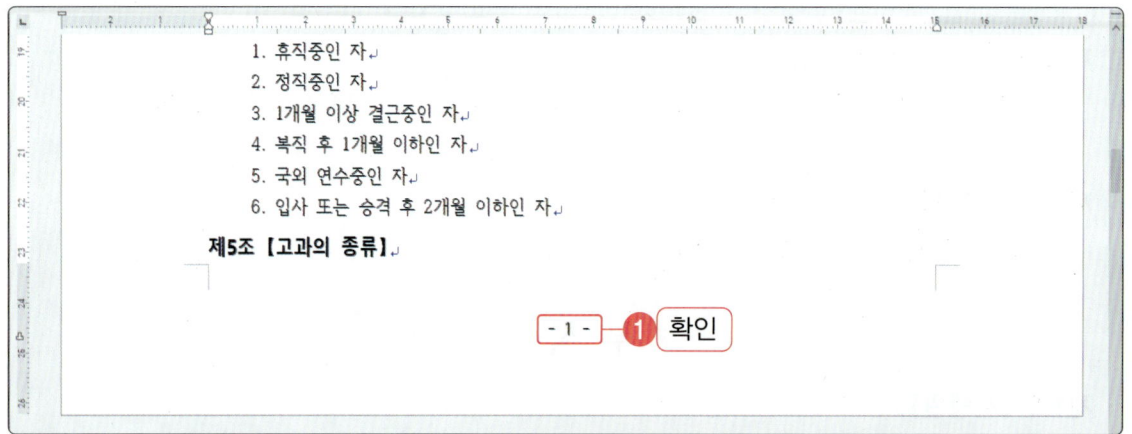

> 세로 이동 막대를 아래쪽으로 드래그하면 쪽 번호가 매겨진 것을 확인할 수 있습니다.

04 인사고과규정서에 머리말 삽입하기

1 머리말을 삽입하기 위해 [쪽] 탭에서 [머리말]을 클릭한 후 [위쪽]-[양쪽]을 클릭한 다음 [모양 없음]을 클릭합니다.

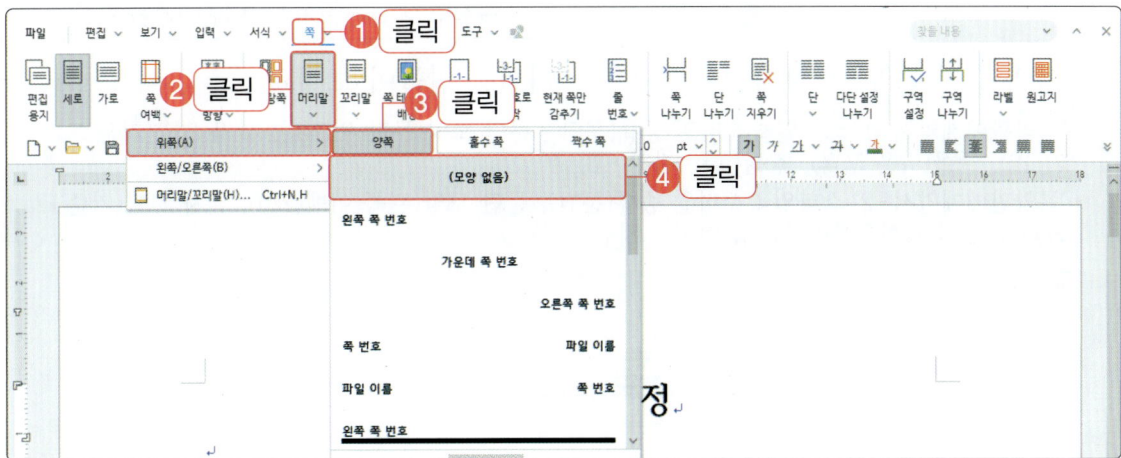

2 머리말 입력 화면이 나타나면 **머리말(아슬란 주식회사)을 입력**한 후 **블록으로 설정**한 다음 [서식] 도구 상자에서 [진하게]를 클릭합니다. 그런다음 머리말 입력 화면을 닫기 위해 [머리말/꼬리말] 탭에서 [닫기]를 클릭합니다.

3 다음과 같이 머리말이 삽입됩니다.

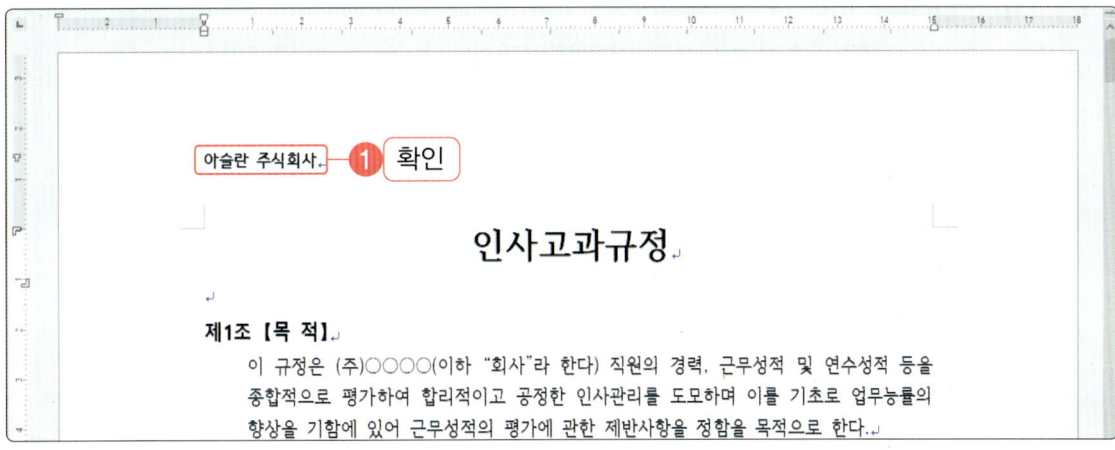

📁 단계학습₩한글 2022₩실무 Project₩연습파일₩Ch03.hwpx

1 다음과 같이 특약판매계약서에 적용할 스타일을 만들어 보세요.

- '특약판매계약서-1' 스타일 : 스타일 종류(문단), 문단 모양(문단 위(10)), 글자 모양(기준 크기(12), 글꼴(맑은 고딕), 장평(90), 자간(-3))
- '특약판매계약서-2' 스타일 : 스타일 종류(문단), 문단 모양(왼쪽 여백(20)), 글자 모양(기준 크기(11), 글꼴(함초롬바탕), 장평(90), 자간(-3))

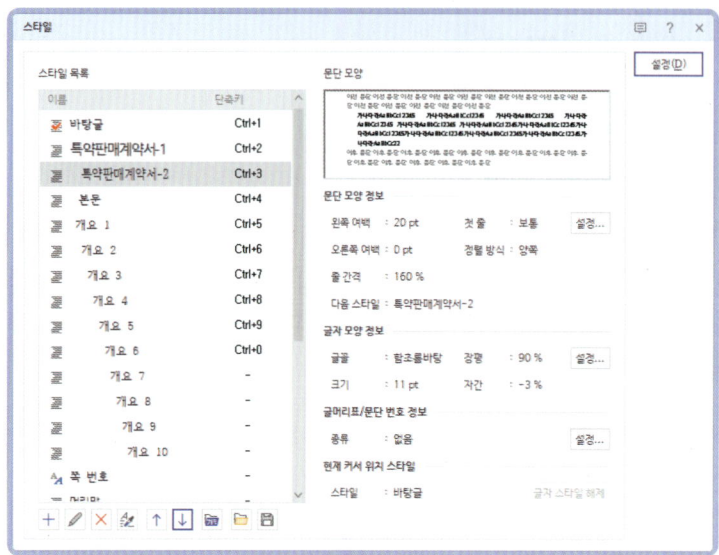

Hint 8줄에 커서를 둔 후 [서식] 탭의 [목록] 단추를 클릭한 다음 [스타일]을 클릭하면 특약판매계약서에 적용할 스타일을 만들 수 있습니다.

2 다음과 같이 특약판매계약서에 스타일을 적용해 보세요.

- '제1조【제품】', '제2조【판매가격】', … : '특약판매계약서-1' 스타일
- '제1조【제품】', '제2조【판매가격】', …의 내용 : '특약판매계약서-2' 스타일

제1조【제품】
① 갑은 을에게 아래 각 호의 물품(이하 '제품'이라 한다.)을 공급할 책임을 진다.
1. 건축, 수도, 가스 기타 배관용 동관
2. 기타 갑이 필요하다고 인정하는 물품
② 전항의 경우 정부방침, 원료수급 및 생산 공정상의 차질, 천재지변 기타 불가항력으로 제품공급이 원활치 못할 때에는 제품의 공급을 제한하거나 중단할 수 있다.

제2조【판매가격】
갑과 을 간에 거래되는 모든 제품의 공급가격은 출고시 단가를 적용한다.

제3조【제품의 인도】

3 다음과 같이 특약판매계약서에 쪽 번호를 매겨 보세요.

- 쪽 번호 매기기 : 번호 위치(가운데 위), 번호 모양(1,2,3), [줄표 넣기] 선택 해제

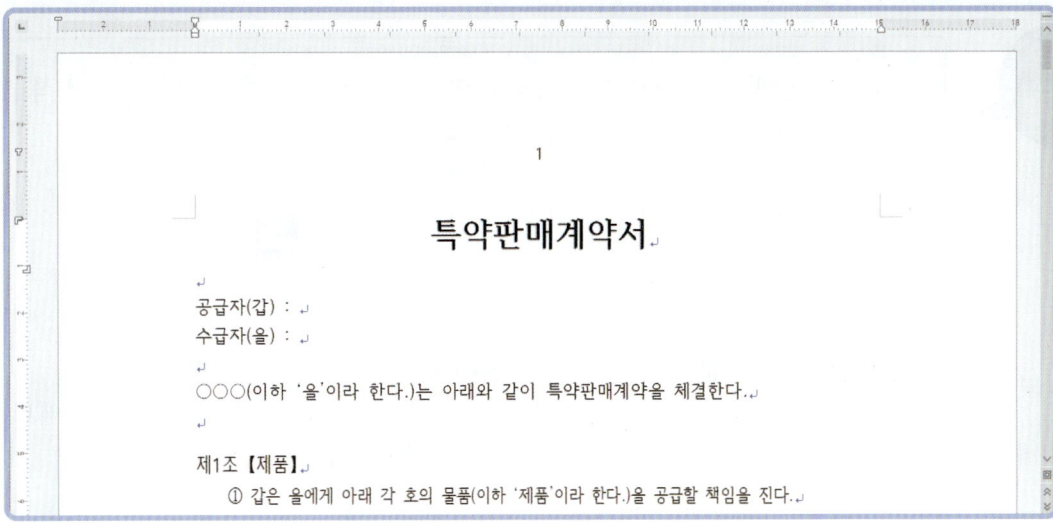

4 다음과 같이 특약판매계약서에 머리말을 삽입해 보세요.

- 위치 : 위쪽 – 양쪽
- 머리말/꼬리말 마당 : 모양 없음

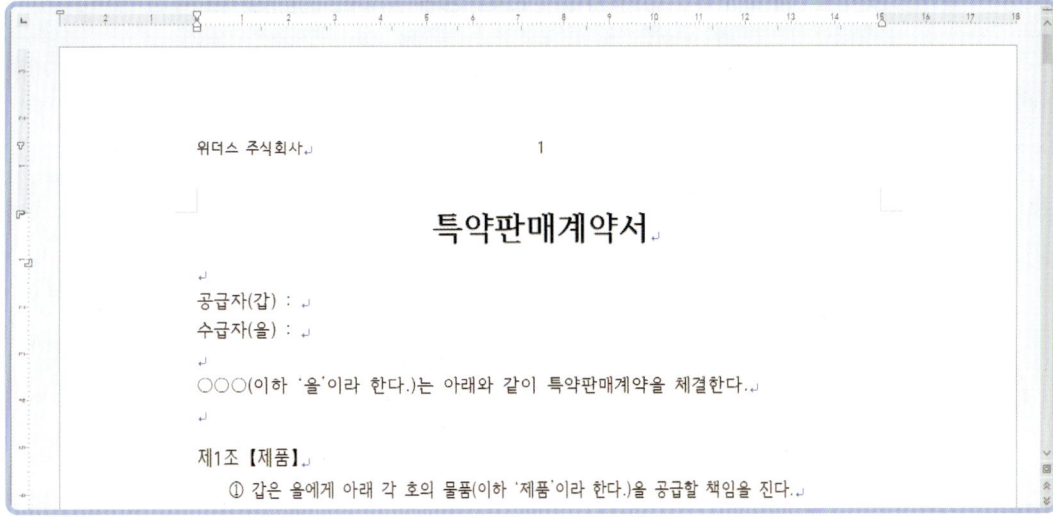

> **Hint**
> [쪽] 탭에서 [머리말]을 클릭한 후 [위쪽]–[양쪽]을 클릭한 다음 [모양 없음]을 클릭하면 특약판매계약서에 머리말을 삽입할 수 있습니다.

실무 Project

Chapter 04 사내보 만들기

사내보는 사내의 의사소통을 원활하게 하고 일체감을 높이는 동시에 회사의 활동 사항을 알리기 위해 정기적 또는 부정기적으로 발행하는 간행물을 말합니다. 그럼, 다단을 설정하고 그림을 삽입하여 사내보를 만드는 방법에 대해 알아보겠습니다.

Hangul 2022

미리보기

> 화창한 날씨 속에 난타팀 "나래북"의 멋진 오프닝 공연으로 시작한 이날 행사는 나눔결연 가족, 장애인, 후원자, 자원봉사자 등 2,000여명이 참여해 5Km의 나눔 코스를 함께 걸으며
>
> 진행하였으며 홍보대사 위촉식 및 기부금 전달식도 가졌다.
>
> 오정훈
>
> **이달의 우수사원**
> 홍보부 함인식
>
> **저 결혼해요**
> 구매부 오정훈
> 6. 8. 11시 백악관웨딩홀
>
> **직원연수**
> 3. 16 ~ 6. 22 베트남

단계학습₩한글 2022₩실무 Project₩예제파일₩Ch04.hwpx

01 편집 용지 설정하고 기사 제목에 글자 모양 지정하기

1 편집 용지를 설정하기 위해 [쪽] 탭에서 [편집 용지](또는 F7)를 클릭합니다.

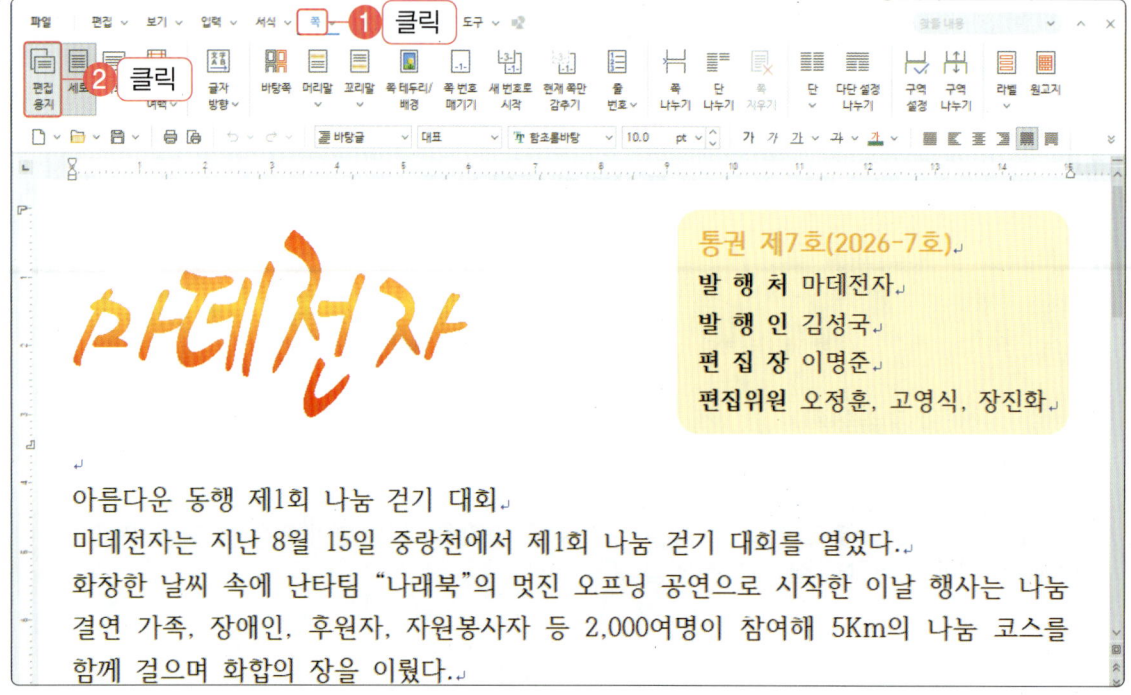

2 [편집 용지] 대화상자가 나타나면 [기본] 탭에서 **용지 종류(A4(국배판) [210 x 297 mm])**, **용지 방향(세로)**, **제본(한쪽)을 선택**한 후 왼쪽/오른쪽 용지 여백(30), 위쪽/아래쪽 용지 여백(20), 머리말/꼬리말 용지 여백(10), 제본 용지 여백(10)을 입력한 다음 [설정] 단추를 클릭합니다.

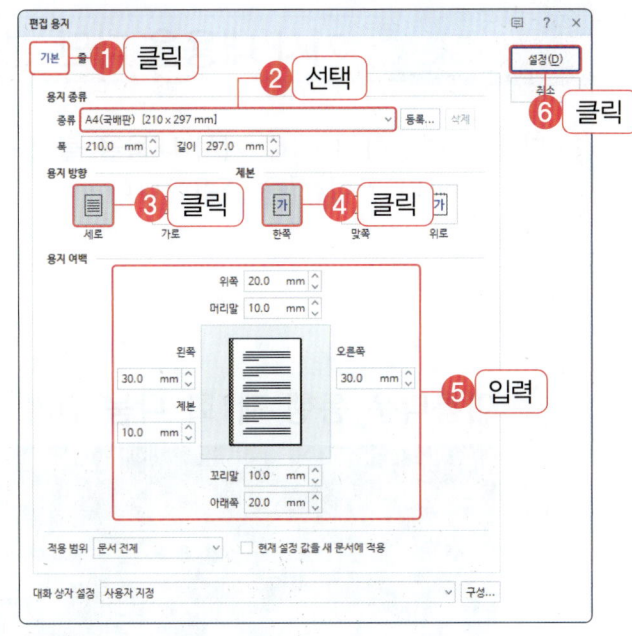

3 편집 용지가 설정되면 **기사 제목을 블록으로 설정**한 후 [서식] 도구 상자에서 **글꼴(함초롬돋움)과 글자 크기(16)를 선택**한 다음 [가][진하게]를 클릭합니다.

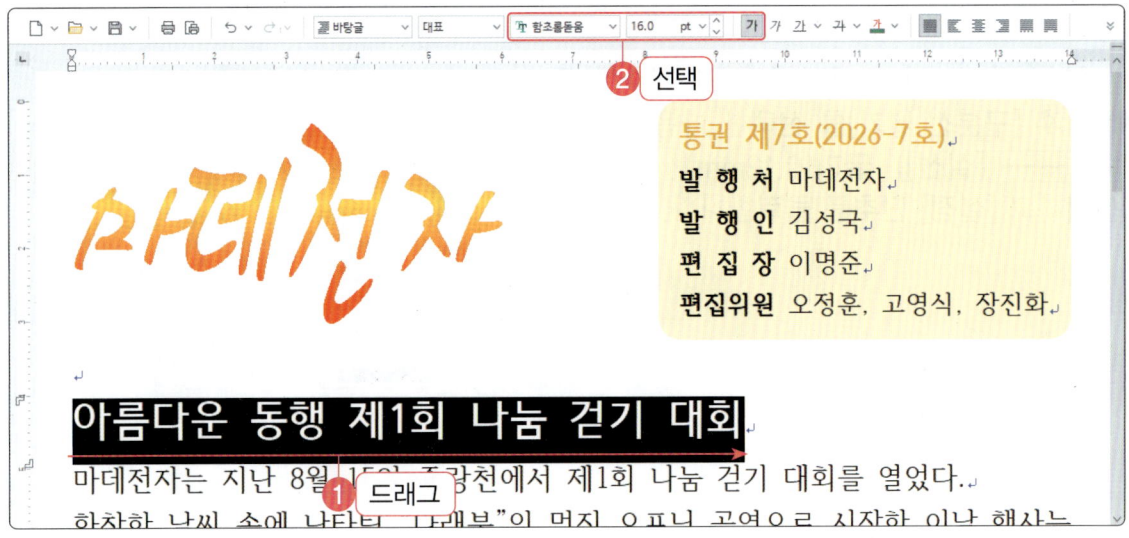

4 다음과 같이 기사 제목에 글자 모양이 지정됩니다.

02 기사 내용을 다단 설정하고 문단 첫 글자 장식하기

1 다단을 설정하기 위해 **기사 내용을 블록으로 설정**한 후 [쪽] 탭의 [목록] 단추를 클릭한 다음 [단]-[다단 설정]을 클릭합니다.

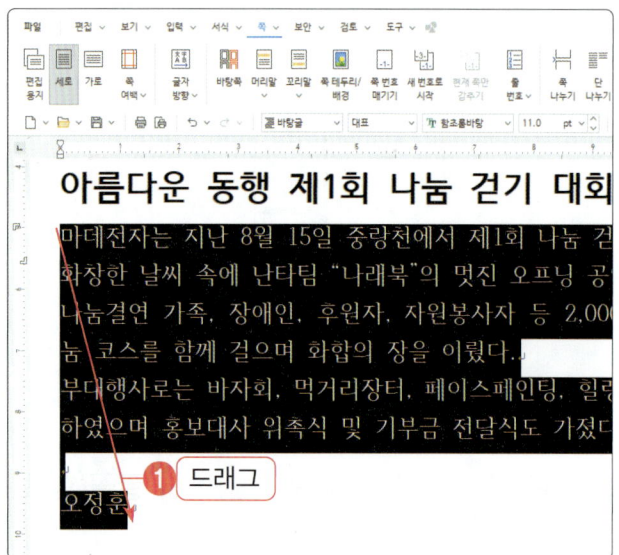

2 [단 설정] 대화상자가 나타나면 **단 개수(2)를 입력**한 후 [구분선 넣기]를 선택한 다음 **구분선 종류(──[실선]), 굵기(0.12mm), 색(검정)을 선택**하고 [설정] 단추를 클릭합니다.

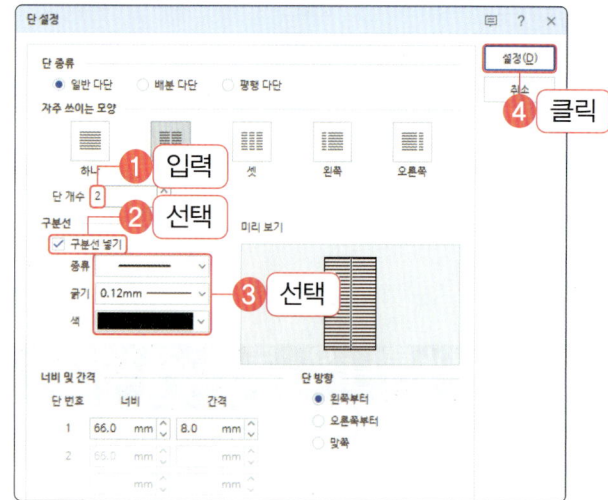

3 다단이 설정되면 문단 첫 글자를 장식하기 위해 '**마데전자는 지난 8월 15일**' 앞에 커서를 둔 후 [서식] 탭에서 [문단 첫 글자 장식]을 클릭합니다.

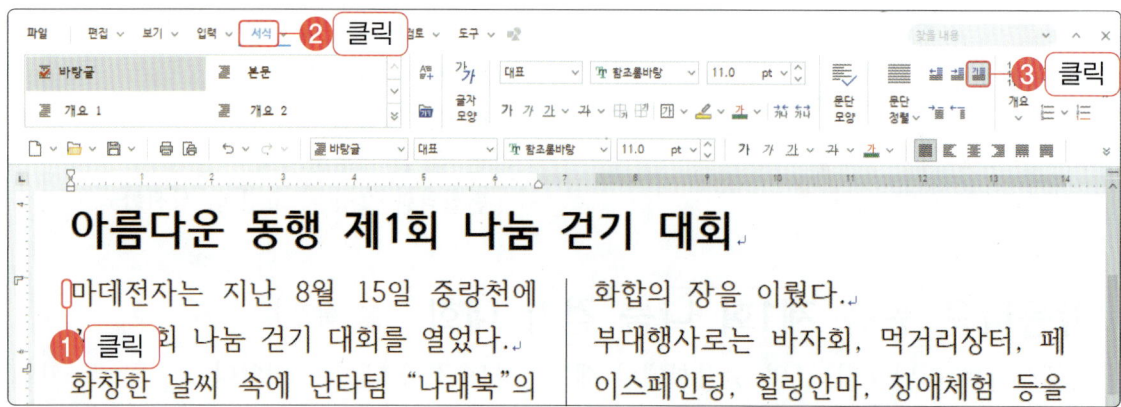

4 [문단 첫 글자 장식] 대화상자가 나타나면 **모양**(☰[2줄])을 선택한 후 **글꼴**(한컴 윤고딕 250), **면 색**(하늘색(RGB: 97,130,214)), **본문과의 간격**(2)을 지정한 다음 [설정] 단추를 클릭합니다.

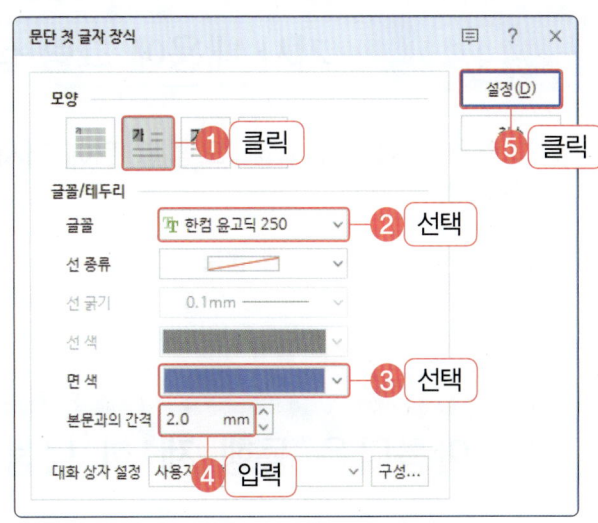

5 문단 첫 글자가 장식되면 **문단 첫 글자를 블록으로 설정**한 후 [서식] 도구 상자에서 가[**진하게**]를 클릭한 다음 **글자 색**(하양(RGB: 255,255,255))을 선택합니다.

6 다음과 같이 문단 첫 글자에 글자 모양이 지정됩니다.

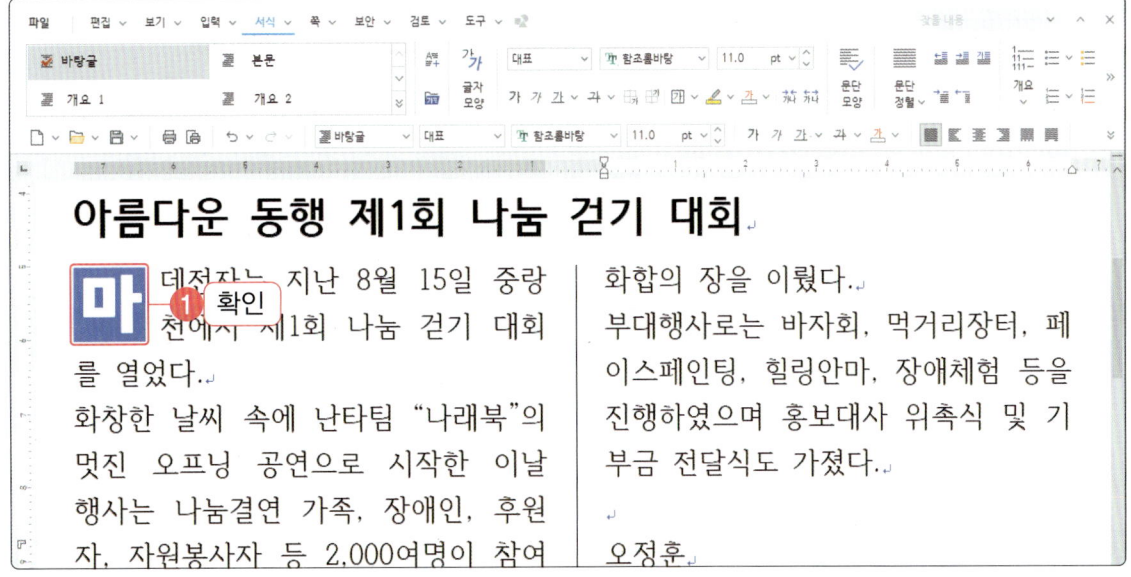

Chapter 04 – 사내보 만들기 33

03 기사 내용에 그림 삽입하고 그림의 속성 지정하기

1 그림을 삽입하기 위해 '오정훈' 뒤에 커서를 둔 후 [입력] 탭에서 [그림](또는 Ctrl+N, I)을 클릭합니다.

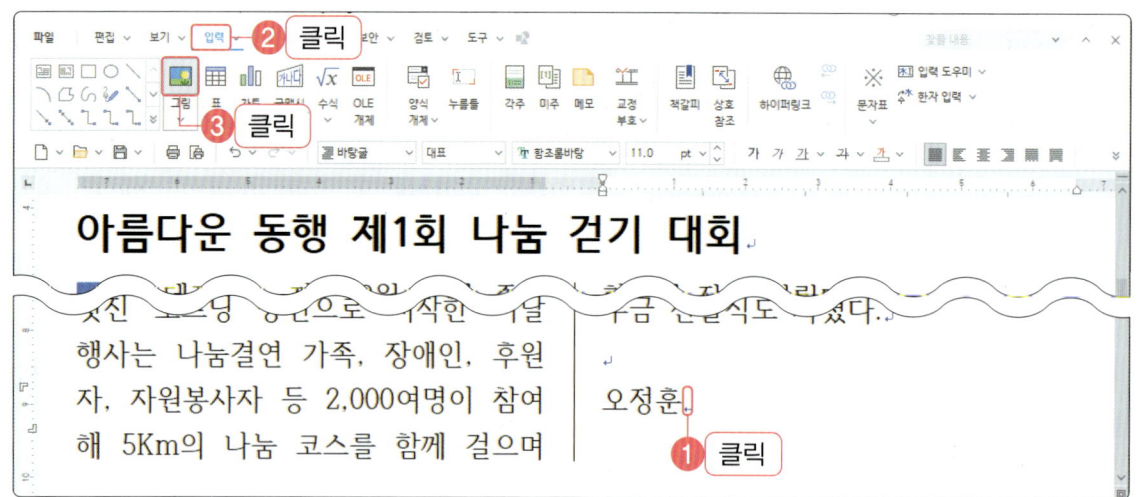

2 [그림 넣기] 대화상자가 나타나면 **찾는 위치(단계학습₩한글 2022₩실무 Project₩예제파일)를 지정**한 후 **그림(기자)을 선택**한 다음 [문서에 포함]을 선택하고 [열기] 단추를 클릭합니다.

> [글자처럼 취급]과 [마우스로 크기 지정]은 선택 해제합니다.

3 그림이 삽입되면 그림의 속성을 지정하기 위해 **그림을 선택**한 후 [그림] 탭에서 [그림 속성](또는 P)을 클릭합니다.

4 [개체 속성] 대화상자가 나타나면 [여백/캡션] 탭에서 **왼쪽 바깥 여백(2)을 입력**합니다. 그런 다음 **[그림] 탭을 클릭**한 후 **그림 효과(■[회색조])를 선택**한 다음 [설정] 단추를 클릭합니다.

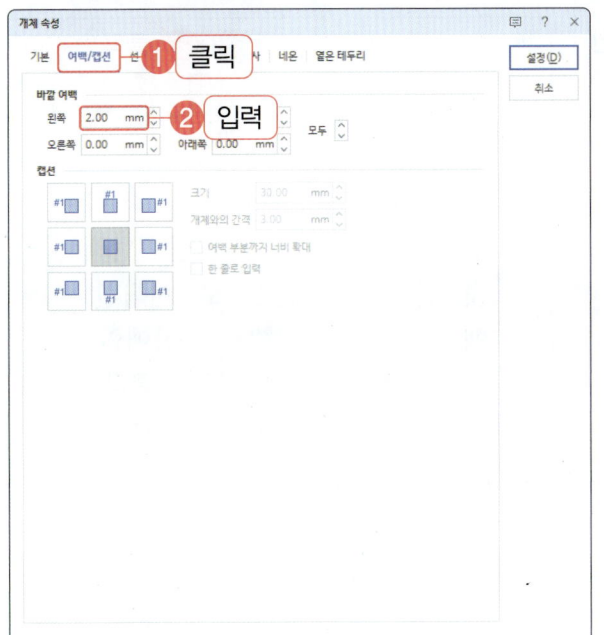 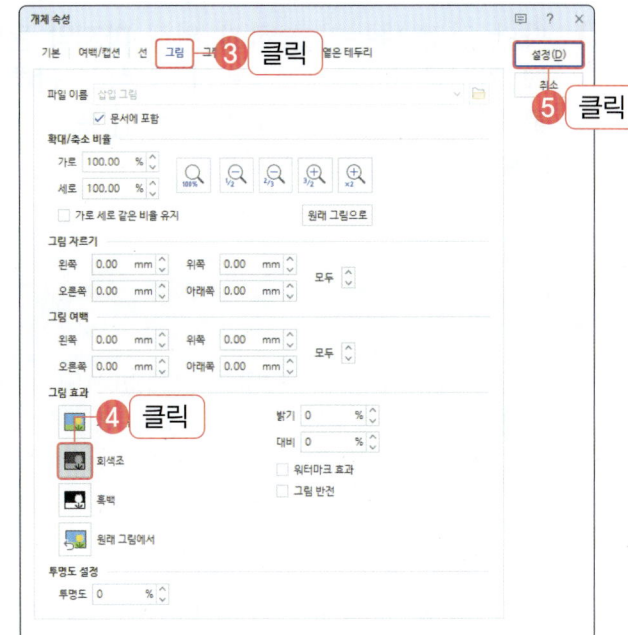

5 다음과 같이 그림의 속성이 지정됩니다.

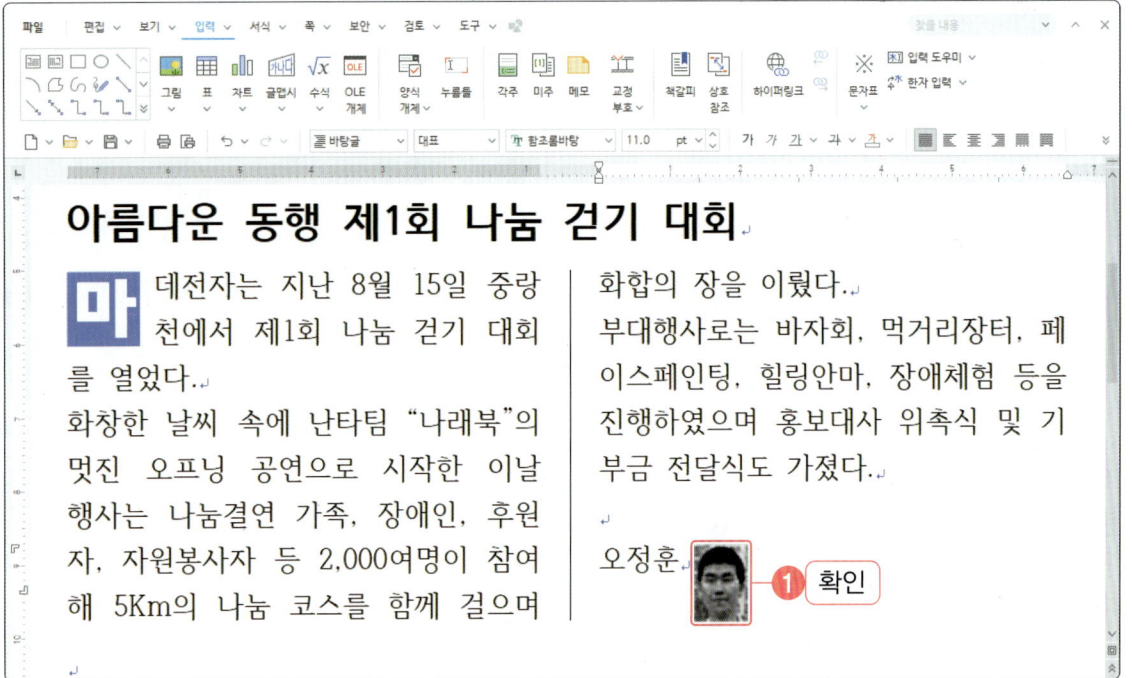

04 다단 설정하고 회사 소식 작성하기

1 다단 설정 나누기를 하기 위해 **마지막 문단에 커서**를 둔 후 [쪽] 탭의 [목록] 단추를 **클릭**한 다음 [다단 설정 나누기](또는 Ctrl +Alt+Enter)를 클릭합니다.

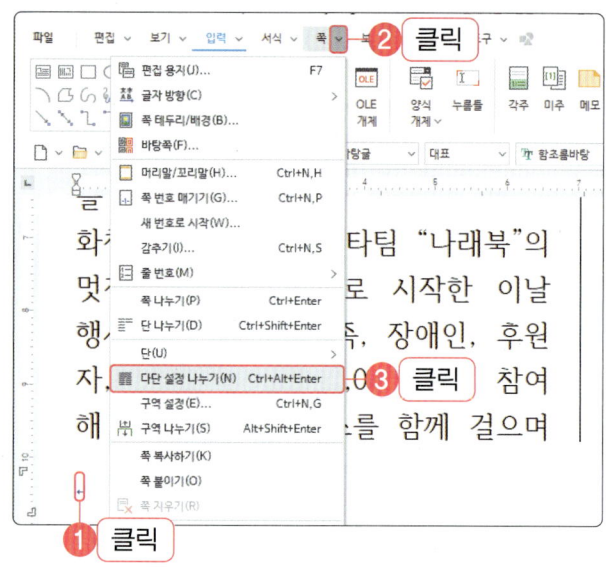

> 다단 설정 나누기는 앞단과 관계없이 단의 개수를 지정할 때 사용하는 기능입니다. 다단 설정 나누기를 사용하면 한 쪽 안에서 단의 개수를 몇 번이고 다르게 지정할 수 있습니다.

2 다단 설정이 나누어지면 다단을 설정하기 위해 [쪽] 탭의 [목록] 단추를 클릭한 후 [단]-[다단 설정]을 클릭합니다.

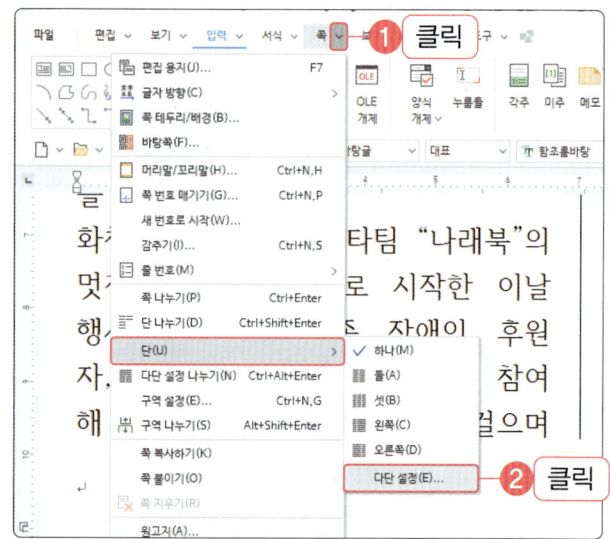

> 다단 설정이 나누어지면 강제로 줄이 바뀌어져 커서가 다음 줄로 이동됩니다.

3 [단 설정] 대화상자가 나타나면 **단 개수(3)를 입력**한 후 **[구분선 넣기]를 선택**한 다음 **구분선 종류(………[점선]), 굵기(0.12mm), 색(검정)을 선택**하고 [설정] 단추를 클릭합니다.

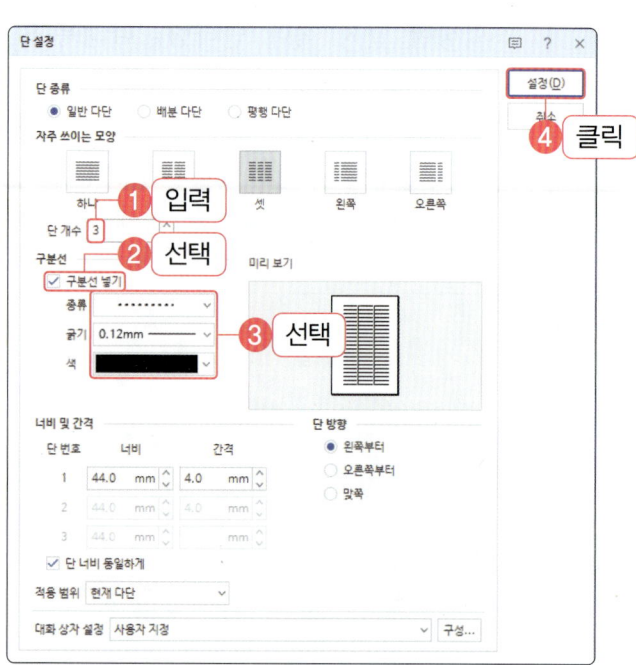

4 다단이 설정되면 **1단에 다음과 같이 회사 소식을 입력**한 후 단 나누기를 하기 위해 [쪽] 탭의 [목록] 단추를 클릭한 다음 [단 나누기](또는 Ctrl+Shift+Enter)를 클릭합니다.

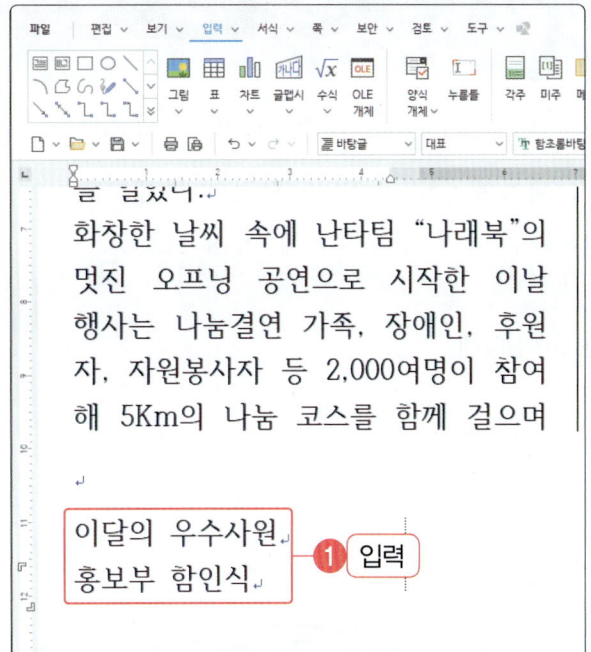
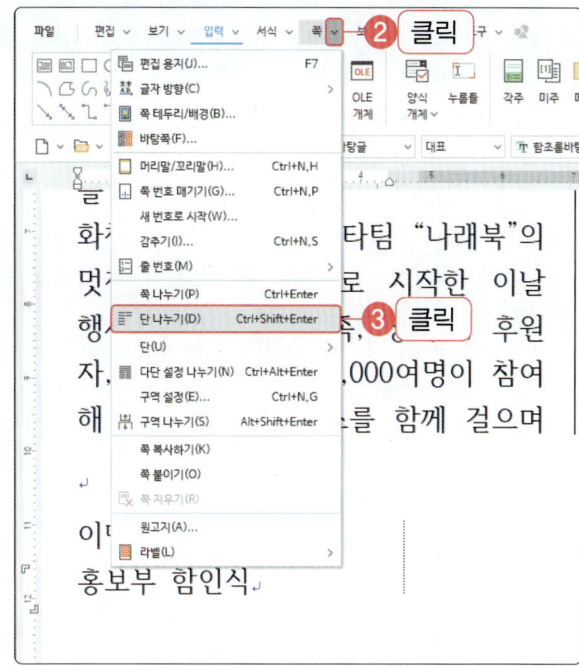

단 나누기는 강제로 단을 바꿀 때 사용하는 기능입니다.

5 단이 나누어지면 같은 방법으로 **나머지 회사 소식을 입력**한 후 **회사 소식 제목에 글자 모양을 지정**합니다.

- **회사 소식 제목** : 글꼴(함초롬돋움), 글자 크기(11), 가[진하게]

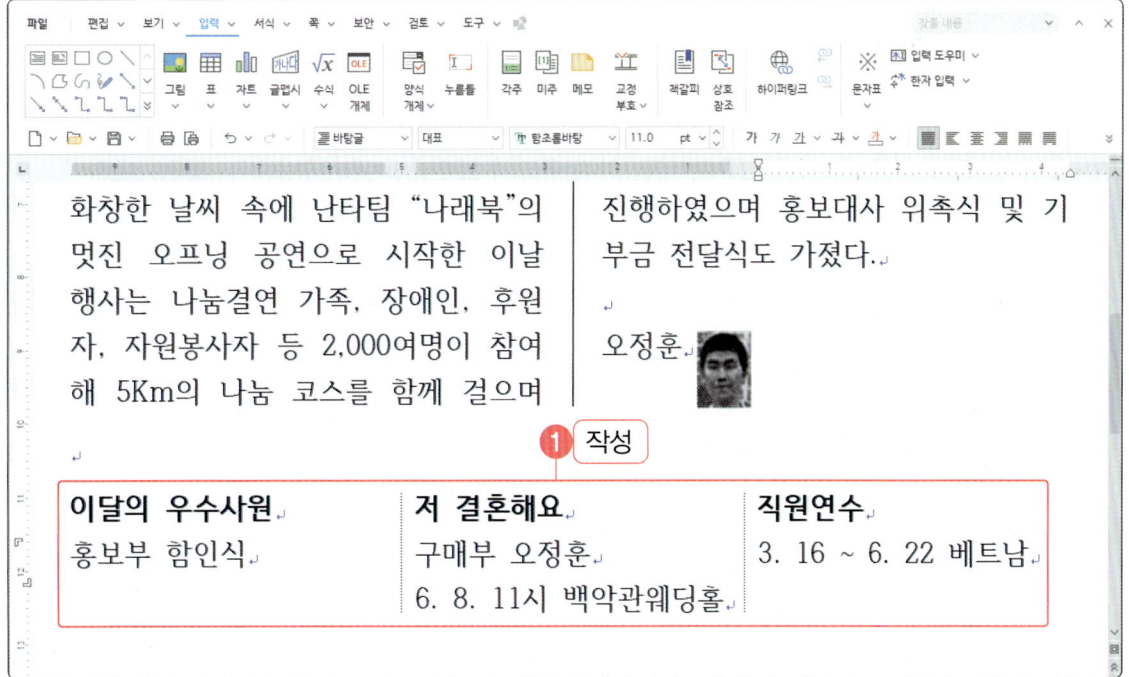

단이 나누어지면 강제로 단이 바꾸어져 커서가 다음 단으로 이동됩니다.

연습문제 Exercise

단계학습₩한글 2022₩실무 Project₩연습파일₩Ch04.hwpx

1 다음과 같이 편집 용지를 설정한 후 기사 제목에 글자 모양을 지정해 보세요.

- 편집 용지 설정 : 용지 종류(A4(국배판) [210 x 297 mm]), 용지 방향(세로), 제본(한쪽), 왼쪽/오른쪽 용지 여백(35), 위쪽/아래쪽 용지 여백(20), 머리말/꼬리말 용지 여백(15), 제본 용지 여백(15)
- 해외 명소 : 글꼴(함초롬바탕), 글자 크기(16), 가[진하게]

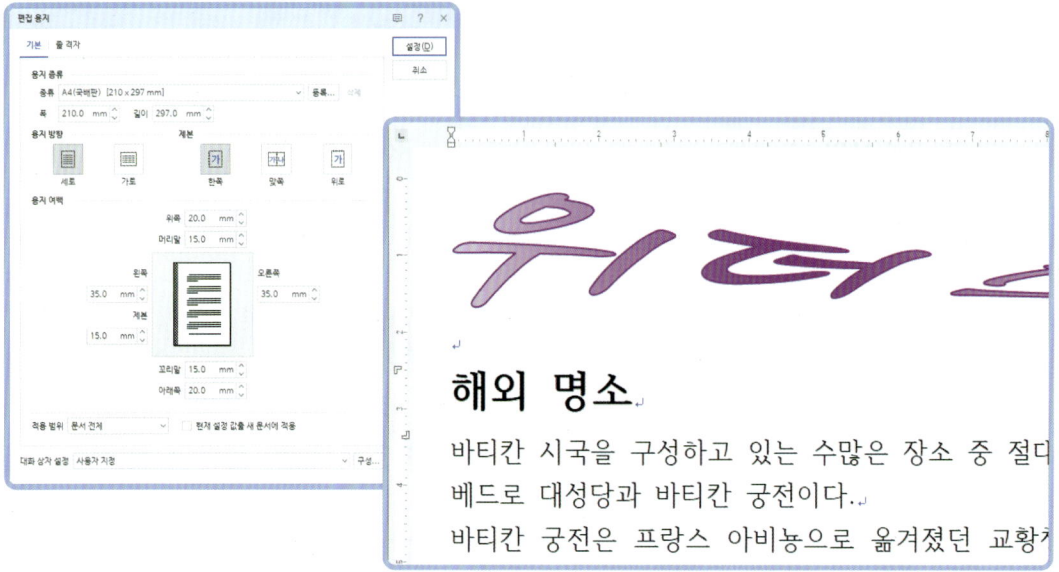

2 다음과 같이 기사 내용을 다단 설정한 후 문단 첫 글자를 장식해 보세요.

- 다단 설정 : 단의 개수(2), 구분선 넣기(구분선 종류([점선]), 굵기(0.12mm), 색(검정(RGB: 0,0,0))
- 문단 첫 글자 장식 : 모양([2줄]), 글꼴(한컴 윤고딕 230), 면 색(주황(RGB: 255,132,58)), 본문과의 간격(3)

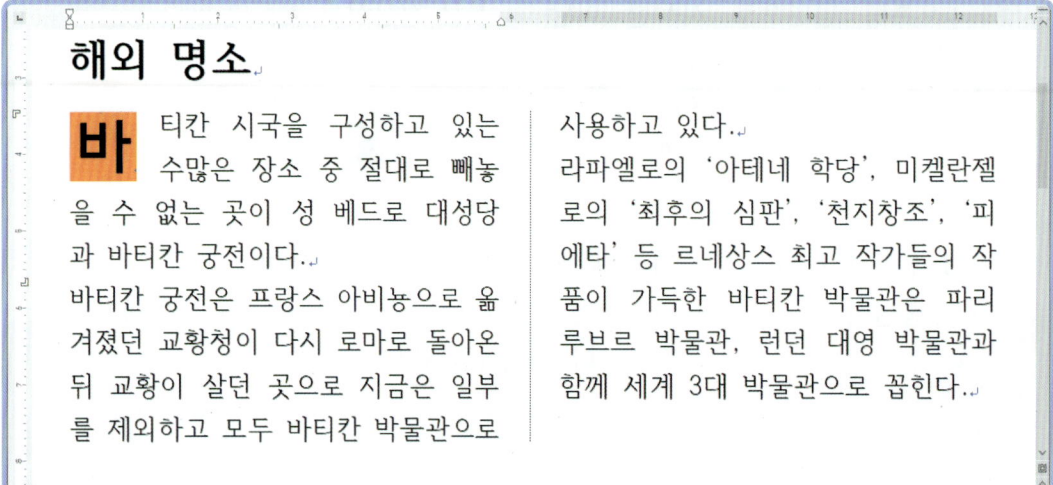

연습문제

3 다음과 같이 기사 내용에 그림을 삽입해 보세요.

- 그림 넣기 : 찾는 위치(C:₩단계학습₩한글 2022₩실무 Project₩예제파일), 파일 이름(아테네학당), 문서에 포함, 글자처럼 취급

4 다음과 같이 다단을 설정한 후 추천영화를 작성해 보세요.

- 다단 설정 : 단의 개수(2), 구분선 넣기(구분선 종류(┈┈)[점선]), 굵기(0.12mm), 색(검정(RGB: 0,0,0))
- 추천영화 하나 : 글자 크기(11), 글자 색(보라(RGB: 157,92,187)), [가][진하게]
- 추천영화 둘 : 글자 크기(11), 글자 색(하늘색(RGB: 97,130,214)), [가][진하게]
- 할머니는 일학년/걸어도 걸어도 : 글꼴(함초롬돋움), 글자 색(초록(RGB: 40, 155,110)), [가][진하게]
- 개요/감독/출연/개봉 : [가][진하게]

Chapter 04 - 사내보 만들기 **39**

실무 Project

Chapter 05 광고지 만들기

광고지는 광고하는 내용이나 그림 등이 실려 있는 종이를 말합니다. 광고지는 복잡하지 않고 광고하는 내용이 눈에 띄게 만드는 것이 좋습니다.
그럼, 글상자와 도형을 사용하여 광고지를 만드는 방법에 대해 알아보겠습니다.

미리 보기

📂 단계학습₩한글 2022₩실무 Project₩예제파일₩Ch05.hwpx

01 글상자 사용하여 영문 시설명 작성하기

1 글상자를 삽입하기 위해 [입력] 탭에서 [가로 글상자]를 클릭합니다.

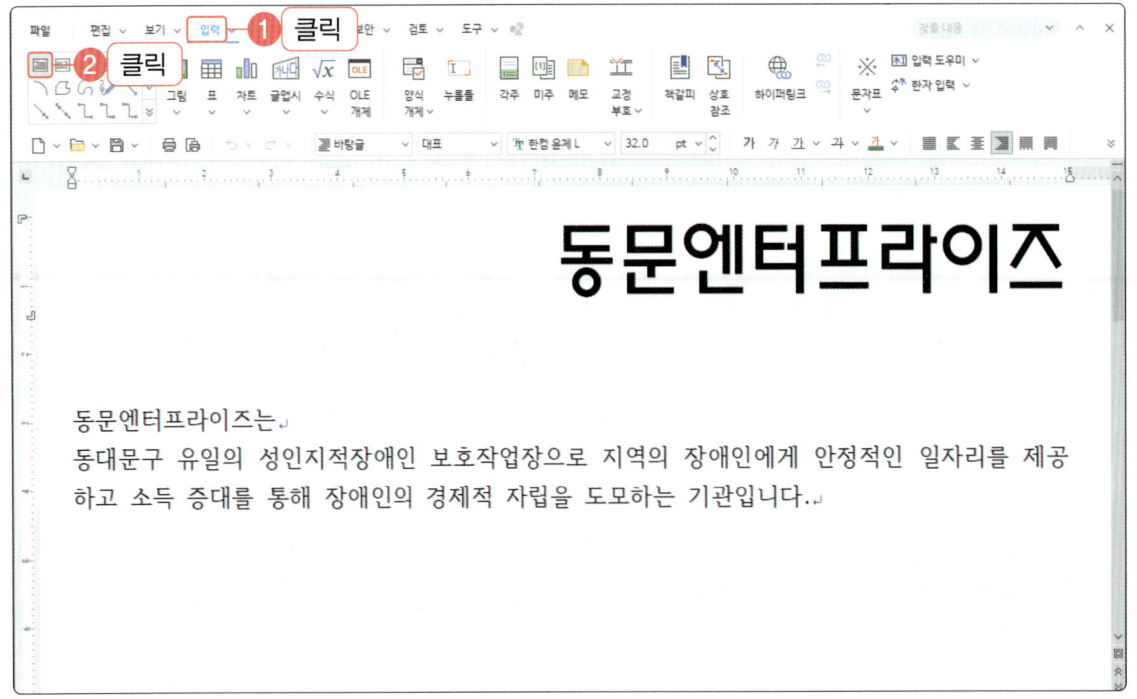

2 마우스 포인터가 + 모양으로 변경되면 다음과 같이 **드래그하여 글상자를 삽입**합니다.

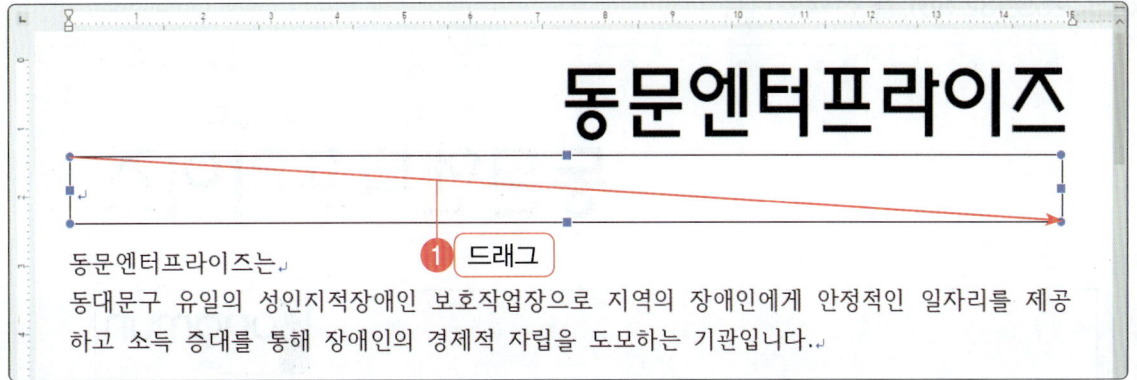

3 글상자가 삽입되면 [도형] 탭에서 **[글자처럼 취급]을 선택**합니다.

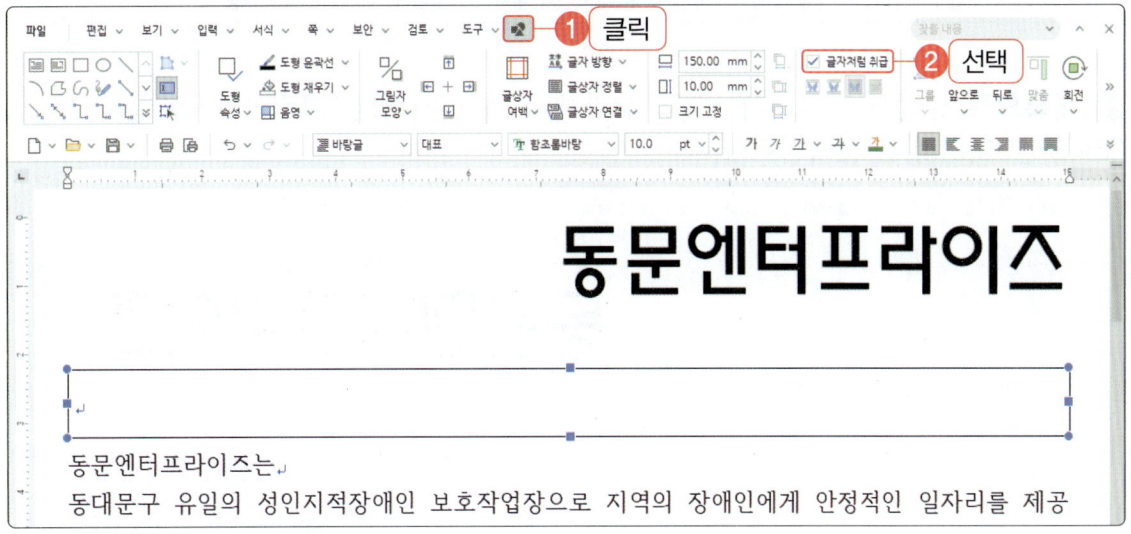

[글자처럼 취급]을 선택하면 글상자를 하나의 글자처럼 취급합니다.

4 글상자에 다음과 같이 **영문 시설명을 입력**한 후 **블록으로 설정**한 다음 [서식] 도구 상자에서 **글꼴(한컴 윤체 L)과 글자 크기(20)를 선택**하고 [오른쪽 정렬]을 클릭합니다.

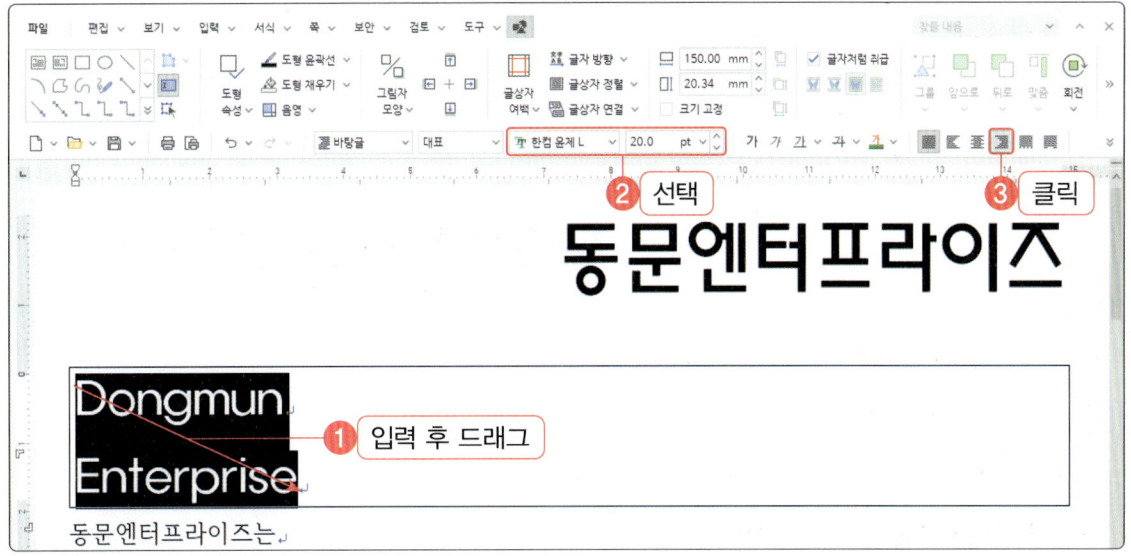

5 'D'를 블록으로 설정한 후 [서식] 도구 상자에서 [진하게]를 클릭한 다음 글자 색(주황 (RGB: 255,132,58))을 선택합니다.

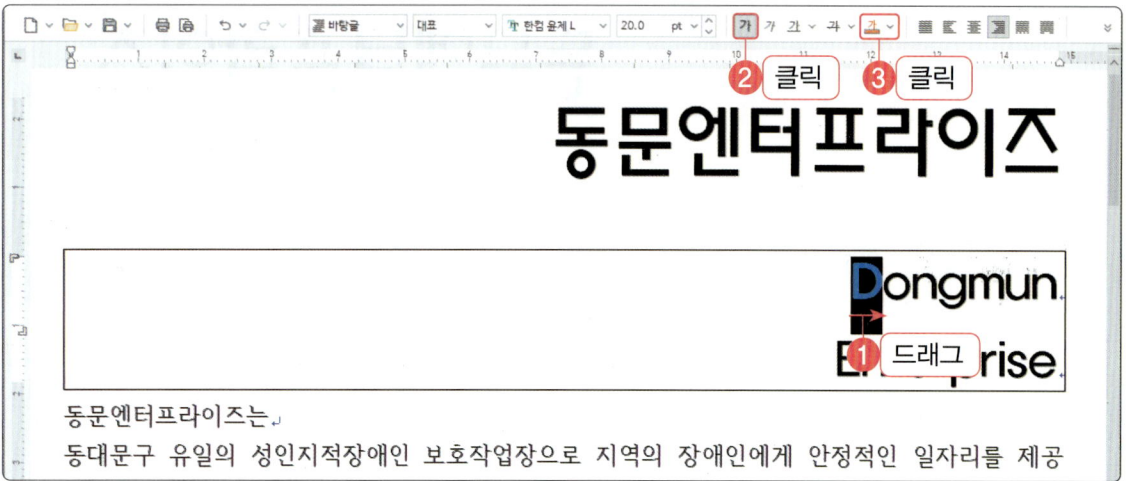

6 'E'를 블록으로 설정한 후 [서식] 도구 상자에서 [진하게]를 클릭한 다음 글자 색(하늘색 (RGB: 97,130,214))을 선택합니다.

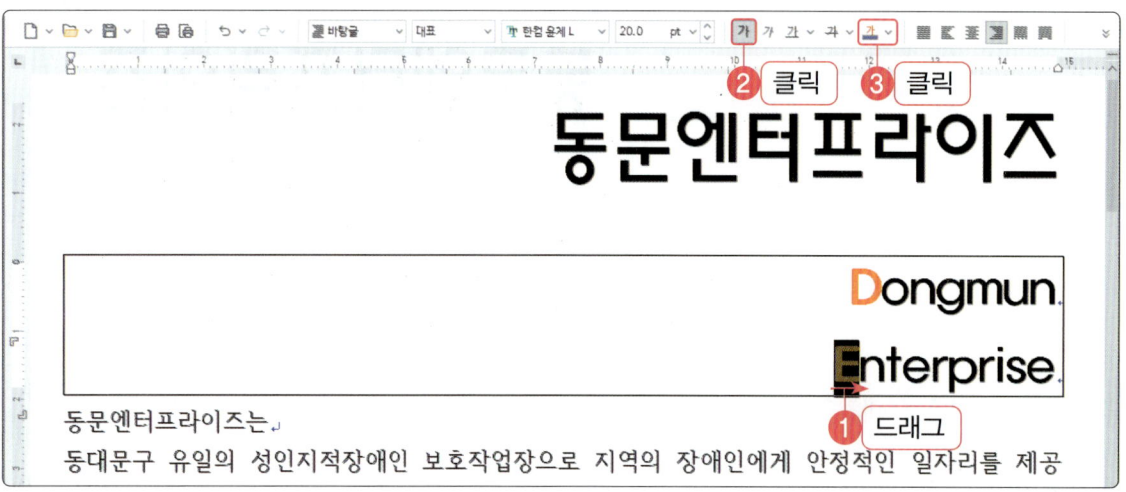

7 'Dongmun' 뒤에 커서를 둔 후 [서식] 탭에서 [문단 모양](또는 Alt+T)을 클릭합니다.

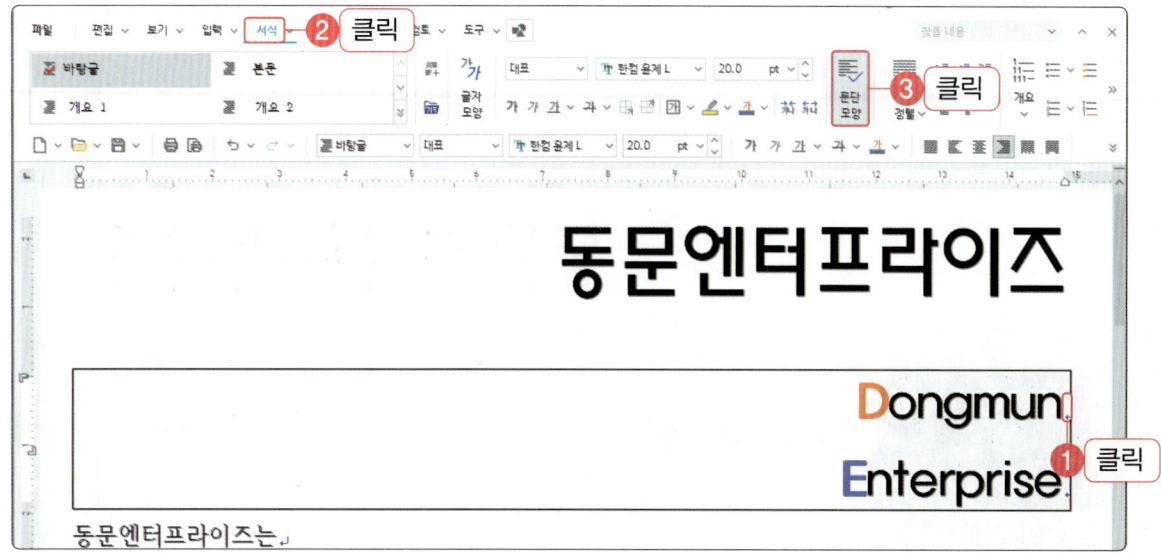

8 [문단 모양] 대화상자가 나타나면 [기본] 탭에서 **줄 간격(130)을 입력**한 후 **[설정] 단추를 클릭**합니다.

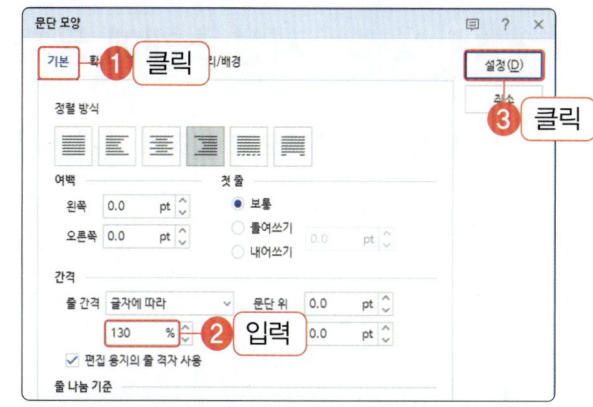

9 글상자의 속성을 지정하기 위해 **글상자를 선택**한 후 [도형] 탭에서 [도형 속성](또는 P)을 클릭합니다.

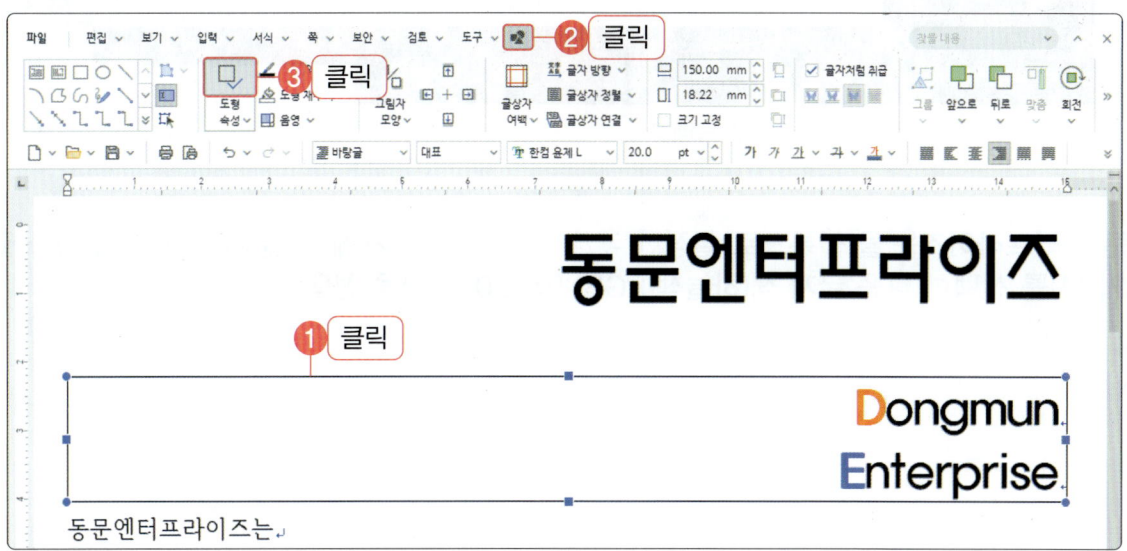

10 [개체 속성] 대화상자가 나타나면 [선] 탭에서 **색(초록(RGB: 40,155,110))을 선택**한 후 **사각형 모서리 곡률([둥근 모양])을 선택**한 다음 **[설정] 단추를 클릭**합니다.

11 다음과 같이 글상자의 속성이 지정됩니다.

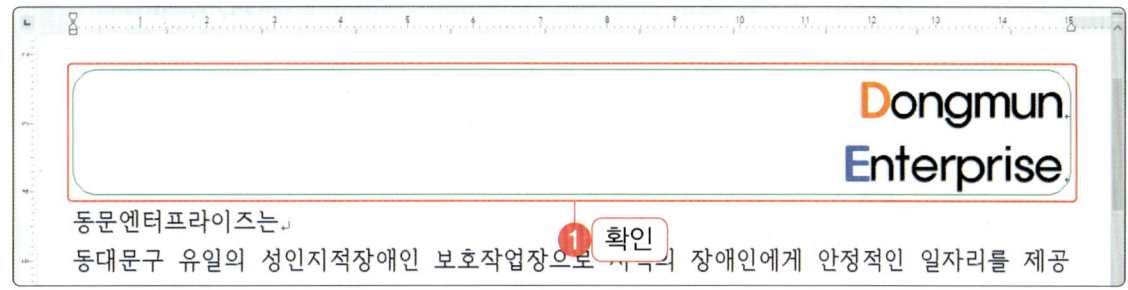

Chapter 05 – 광고지 만들기 **43**

02 시설 소개에 글자 모양과 문단 모양 지정하기

1 시설 소개를 **블록으로 설정**한 후 [서식] 도구 상자에서 [오른쪽 정렬]을 **클릭**합니다.

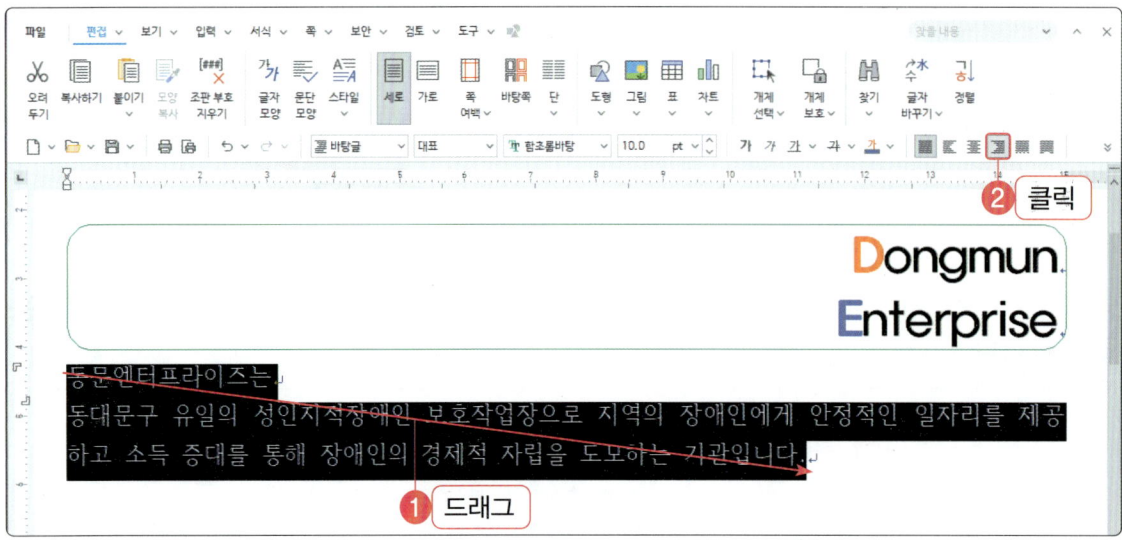

2 '동문엔터프라이즈는'을 **블록으로 설정**한 후 [서식] 도구 상자에서 **글꼴**(한컴 윤체 L)과 **글자 크기**(14)를 **선택**한 다음 **글자 색**(하늘색(RGB: 97,130,214))을 **선택**합니다.

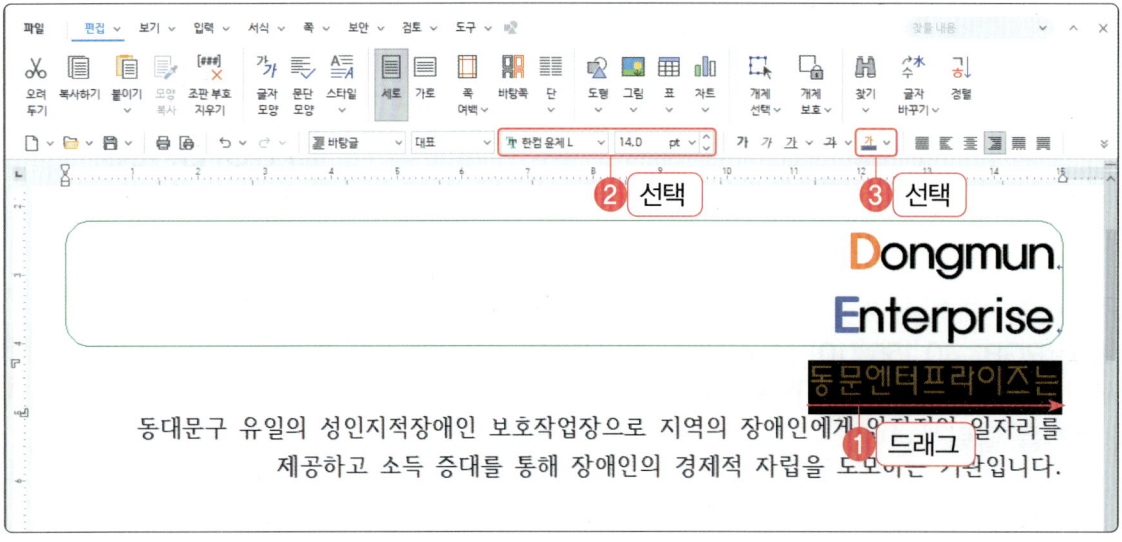

3 다음과 같이 시설 소개에 글자 모양과 문단 모양이 지정됩니다.

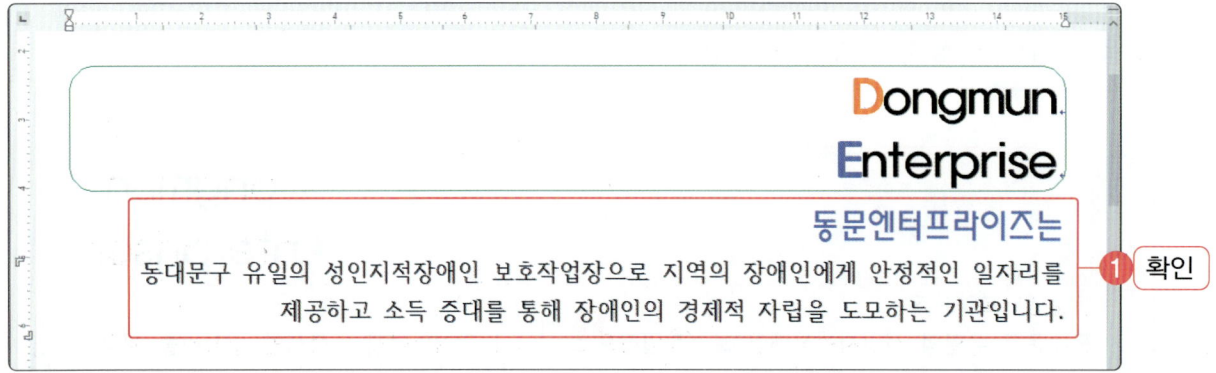

03 도형을 사용하여 사업 내용 작성하기

1 도형을 삽입하기 위해 [입력] 탭에서 ⊙[타원]을 클릭합니다.

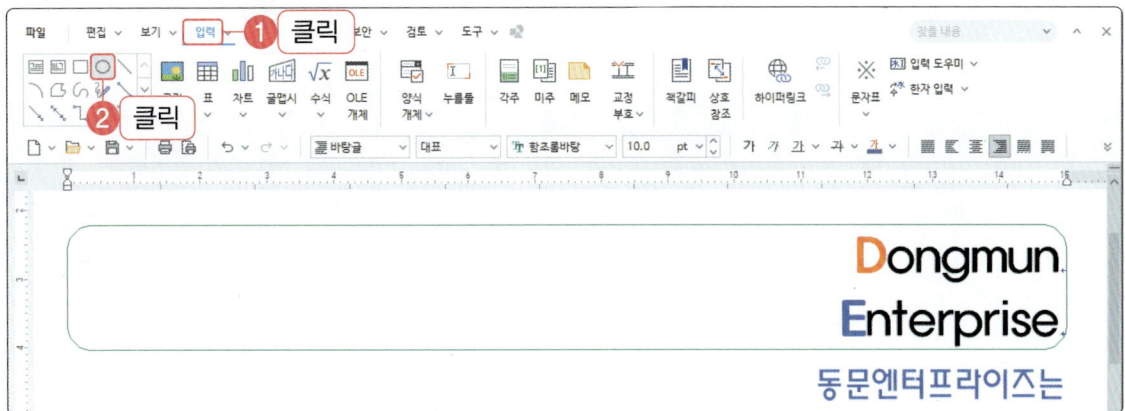

2 마우스 포인터가 + 모양으로 변경되면 다음과 같이 Shift를 누른 상태에서 드래그하여 도형을 삽입합니다.

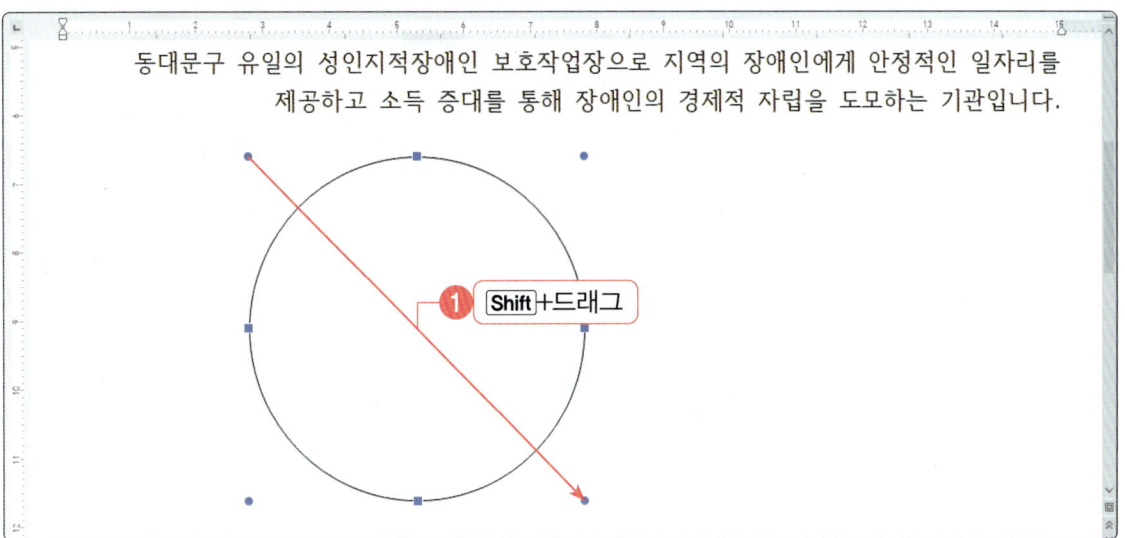

3 도형의 속성을 지정하기 위해 [도형] 탭에서 [도형 속성](또는 P)을 클릭합니다.

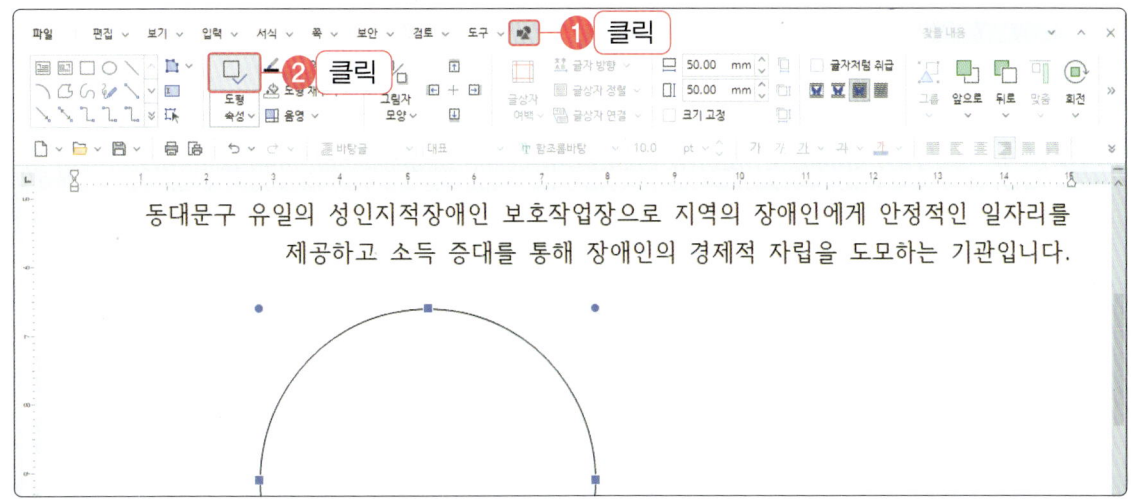

Chapter 05 – 광고지 만들기

4 [개체 속성] 대화상자가 나타나면 [기본] 탭에서 **너비(50)와 높이(50)를 입력**합니다.

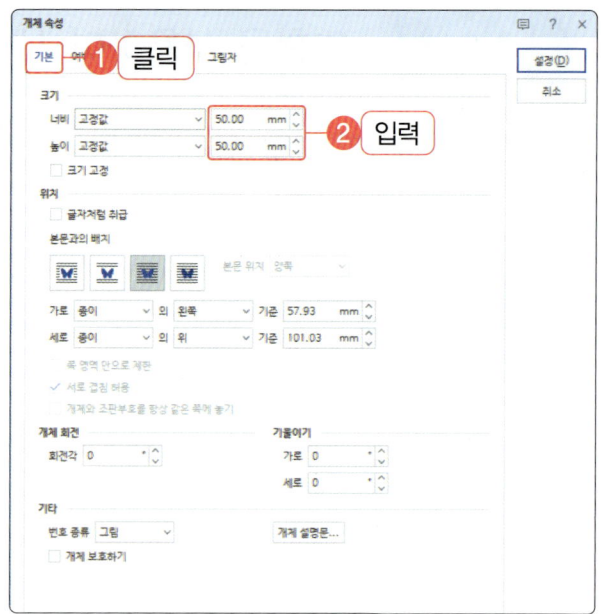

5 [선] 탭을 클릭한 후 선 종류(▭[없음])를 선택합니다.

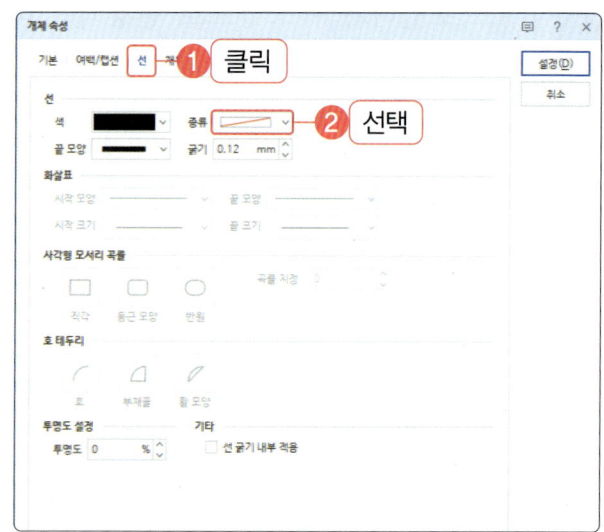

6 [채우기] 탭을 클릭한 후 [색]을 선택한 다음 면 색(주황(RGB: 255,132,58))을 선택합니다.

7 [그림자] 탭을 클릭한 후 종류(■[왼쪽 위])를 클릭한 다음 그림자 색(주황(RGB: 255,132,58) 25% 어둡게)을 선택하고 [설정] 단추를 클릭합니다.

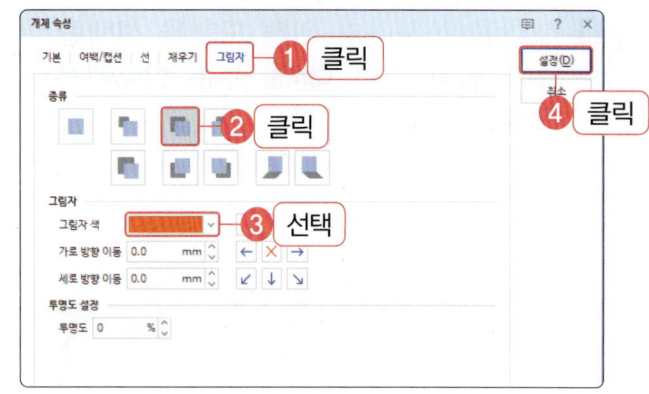

8 도형에 사업 내용을 입력하기 [도형] 탭에서 [글자 넣기]를 클릭합니다.

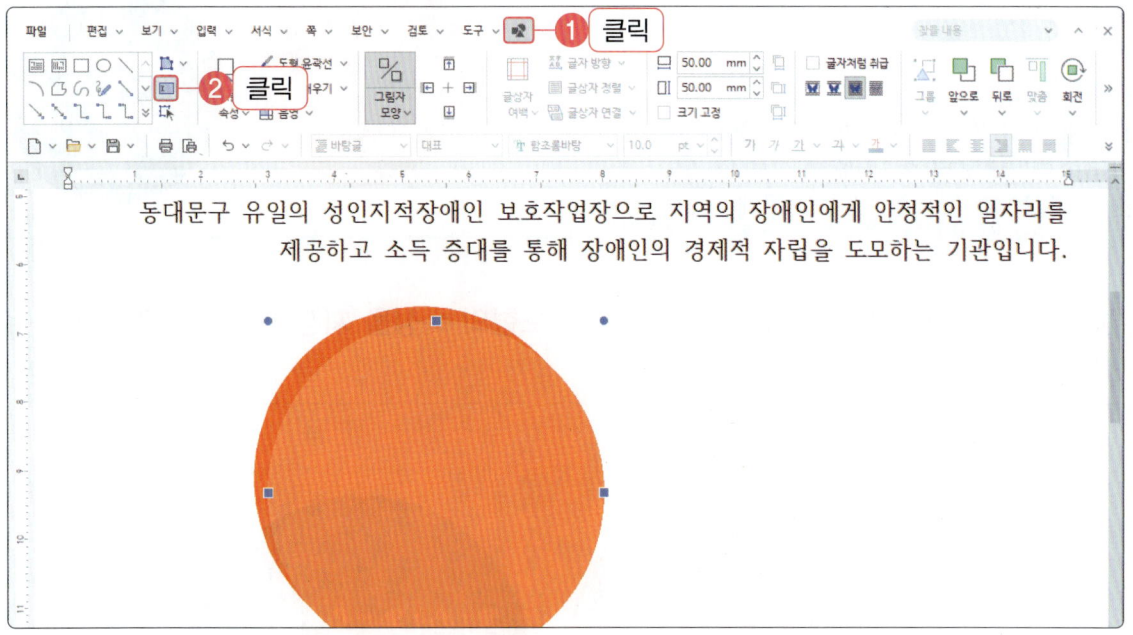

9 도형에 '보호고용사업'을 입력한 후 블록으로 설정합니다. 그런다음 [서식] 도구 상자에서 글꼴(양재둘기체M), 글자 크기(20), [진하게], 글자 색(하양(RGB: 255,255,255))을 선택한 후 [가운데 정렬]을 클릭합니다.

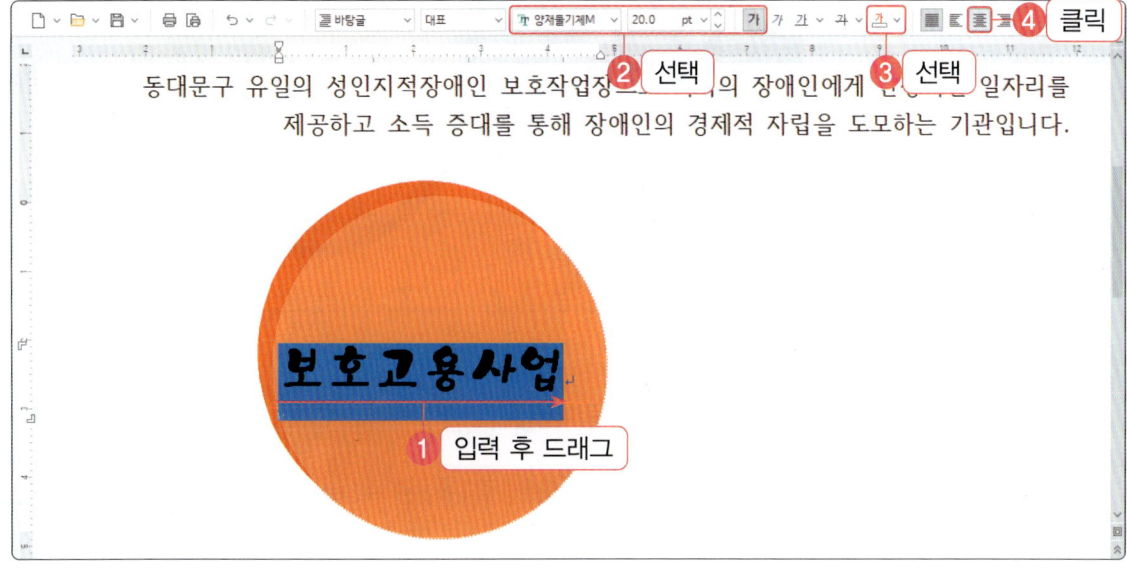

10 도형을 복사하기 위해 **도형을 선택**한 후 다음과 같이 Ctrl을 누른 상태에서 **도형을 드래그**합니다.

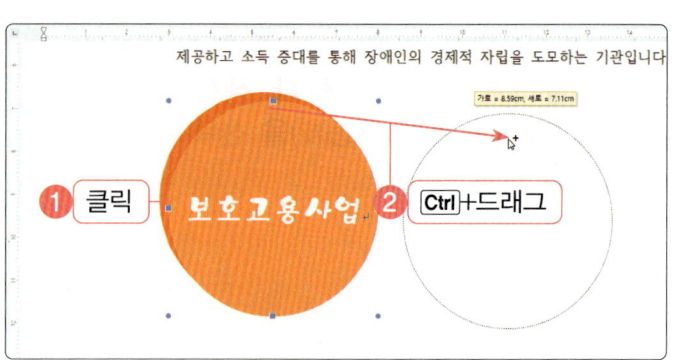

11 도형이 복사되면 다음과 같이 **복사한 도형의 속성을 지정**한 후 **사업 내용을 수정**합니다.

> **도형의 속성**
> 채우기(면 색(초록(RGB: 40,155,110))), 그림자(종류(■[오른쪽 아래]), 그림자 색(초록(RGB: 40,155,110) 25% 어둡게)

12 같은 방법으로 **2개의 도형을 복사**한 후 **복사한 도형의 속성을 지정**한 다음 **사업 내용을 수정**합니다.

> **도형의 속성**
> ❶ 채우기(면 색(남색(RGB: 58,60,132))), 그림자(종류(■[오른쪽 위]), 그림자 색(하늘색(RGB: 97,130,214) 25% 어둡게))
> ❷ 채우기(면 색(노랑(RGB: 255,215,0))), 그림자(종류(■[왼쪽 아래]), 그림자 색(노랑(RGB: 255,215,0) 25% 어둡게))

04 시설 마스코트 삽입하고 밝기 조정하기

1 시설 마스코트를 삽입하기 위해 [입력] 탭에서 [그림](또는 Ctrl+N, I)을 클릭합니다.

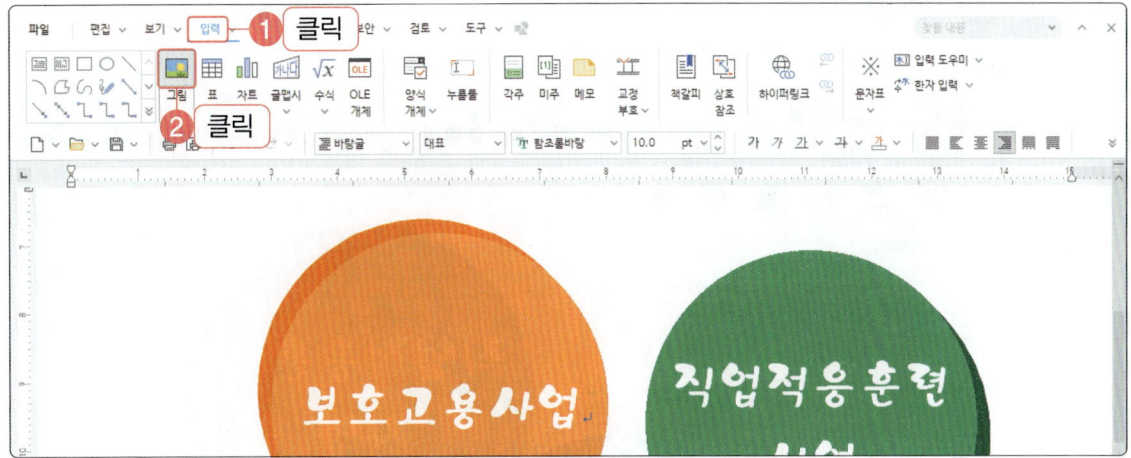

2 [그림 넣기] 대화상자가 나타나면 **찾는 위치(단계학습₩한글 2022₩실무 Project₩예제파일)를 지정**한 후 그림(동삼이)을 **선택**한 다음 [문서에 포함]을 선택하고 [열기] 단추를 클릭합니다.

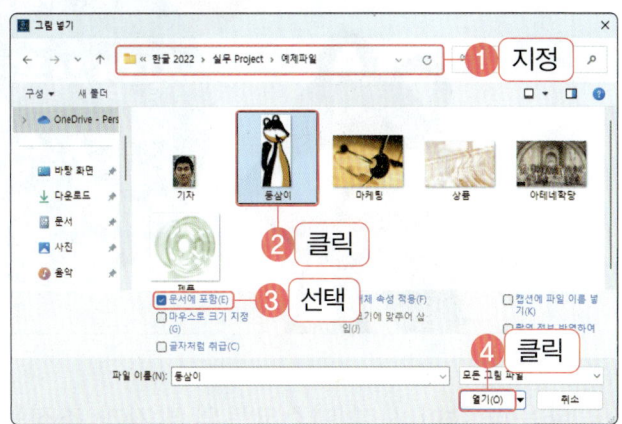

[글자처럼 취급]과 [마우스로 크기 지정]은 선택 해제합니다.

3 시설 마스코트가 삽입되면 다음과 같이 **드래그하여 시설 마스코트를 이동**시킵니다.

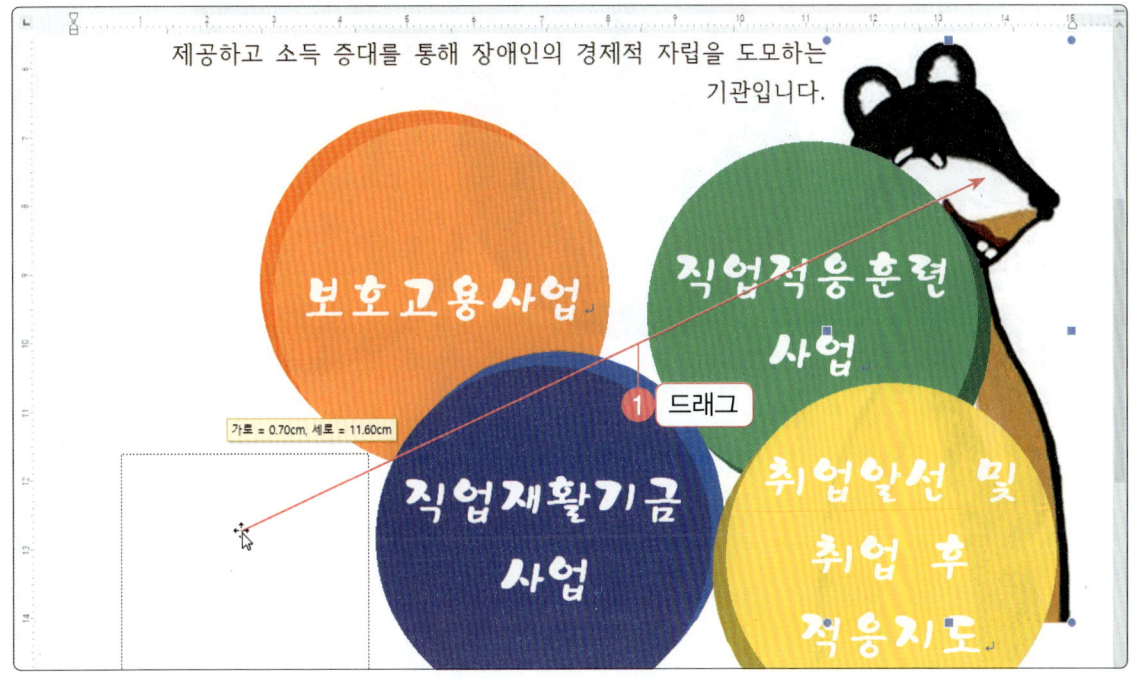

Chapter 05 – 광고지 만들기

4 시설 마스코트의 밝기를 조정하기 위해 [그림] 탭에서 **[밝기]를 클릭**한 후 **[+5%]를 클릭**합니다.

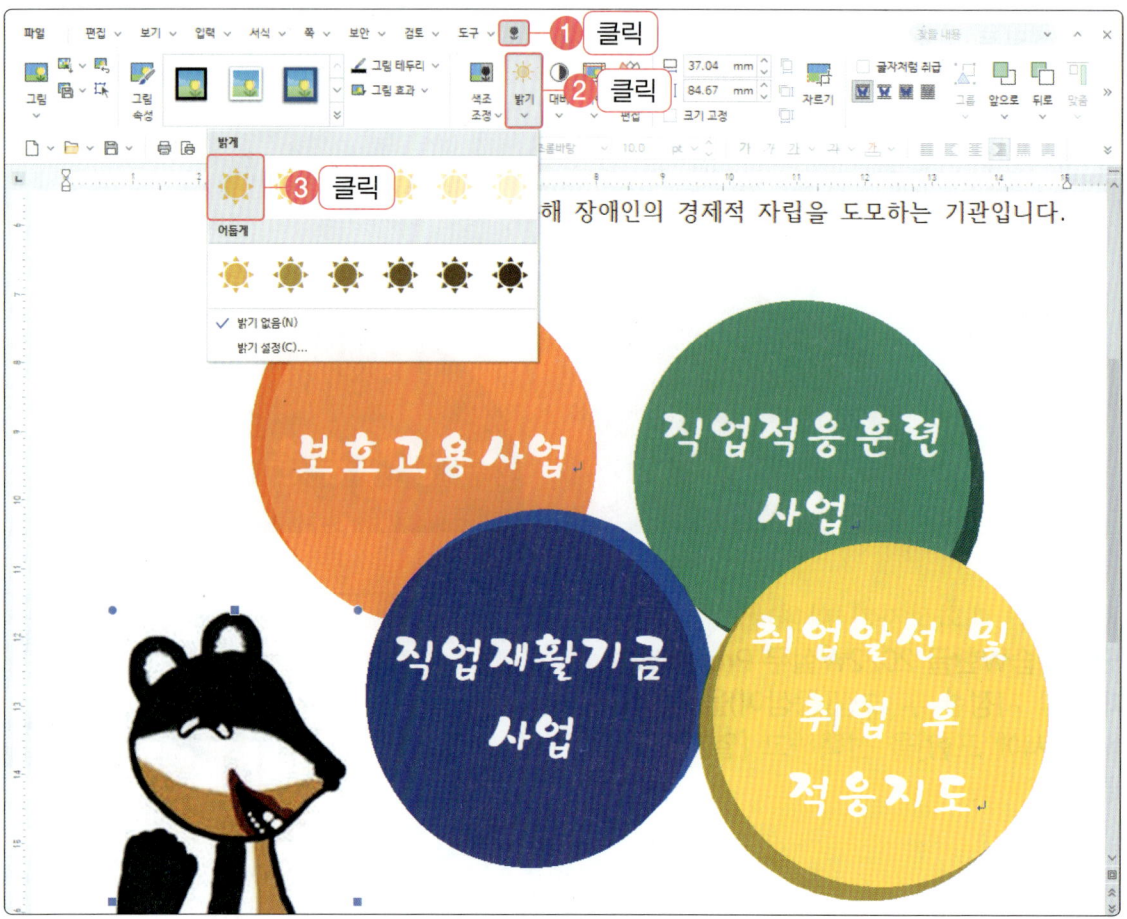

5 다음과 같이 시설 마스코트의 밝기가 조정됩니다.

05 광고지를 PDF로 저장하기

1 광고지를 PDF로 저장하기 위해 [파일] 탭을 클릭한 후 [PDF로 저장하기]를 클릭합니다.

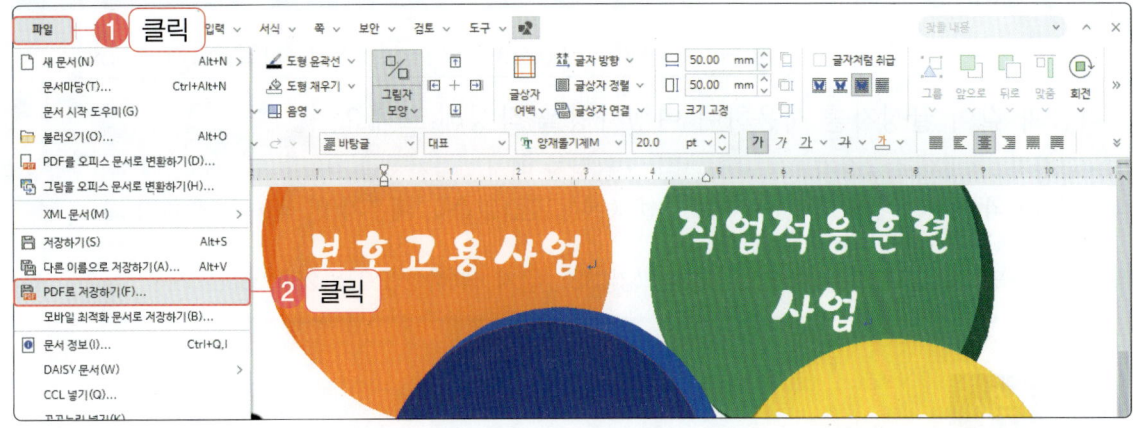

> PDF는 문서 파일의 한 형태로 화면으로 보거나 다른 사람과 주고받기에 적합하게 만들어진 포맷입니다. PDF는 화면에 보이는 그대로 인쇄할 수 있으므로 출판에도 적합합니다.

2 [PDF로 저장하기] 대화상자가 나타나면 **저장 위치(내 PC₩문서)를 지정**한 후 **파일 이름(광고지)을 입력**한 다음 [저장 후 열기]에 **체크되었는지 확인**하고 [저장] 단추**를 클릭**합니다.

3 광고지가 PDF로 저장되면 저장된 PDF 문서가 자동으로 표시되며, [문서] 폴더에 저장된 것을 확인할 수 있습니다.

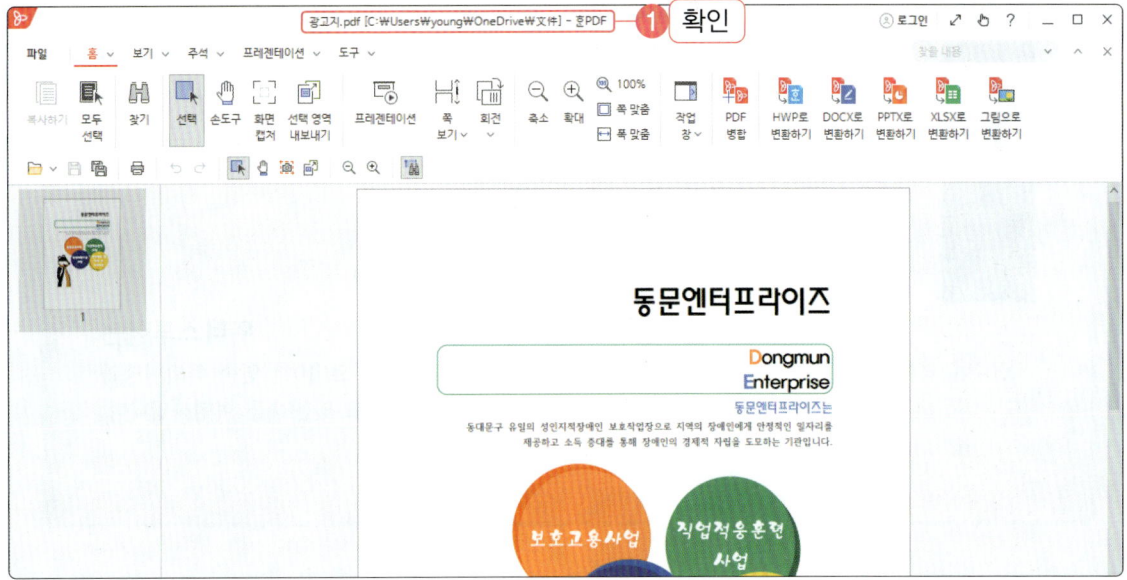

Chapter 05 - 광고지 만들기   **51**

📄 단계학습₩한글 2022₩실무 Project₩연습파일₩Ch05.hwpx

1 다음과 같이 글상자를 사용하여 여행사명을 작성해 보세요.
- 글상자 : [세로 글상자]
- 글상자 배치 : 글자처럼 취급
- 글상자의 속성 : 너비(15), 높이(100), 선 종류([없음]), 채우기(면 색(하늘색(RGB: 97,130,214) 50% 어둡게))
- 여행사명 : 글꼴(한컴 쿨재즈 B), 글자 크기(32), 글자 색(하양(RGB: 255,255,255))

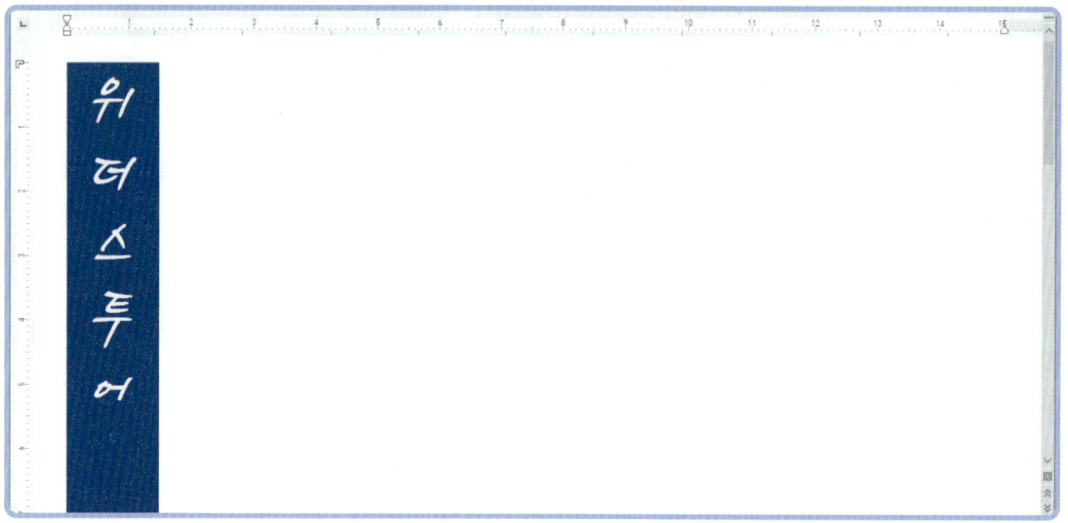

Hint [입력] 탭에서 [세로 글상자]를 클릭하면 글상자를 사용하여 여행사명을 작성할 수 있습니다.

2 다음과 같이 여행사 소개에 글자 모양과 문단 모양을 지정해 보세요.
- 여행사 소개 전체 : [오른쪽 정렬]
- 위더스투어는 : 글꼴(함초롬돋움), 글자 크기(12), [진하게]

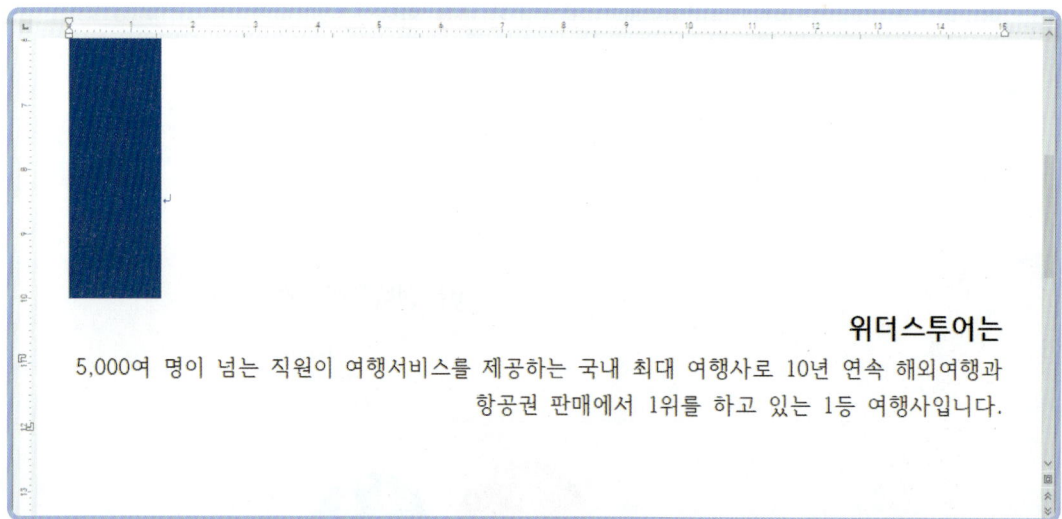

3 다음과 같이 도형을 사용하여 상품 내용을 작성해 보세요.

- 도형 : ◎[타원]
- 도형의 속성 : 너비(70), 높이(70), 선 종류(▭[없음]), 채우기(면 색(주황(RGB: 255,132,58) 25% 어둡게)), 그림자(종류(▣[오른쪽 아래]), 그림자 색(주황(RGB: 255,132,58) 50% 어둡게))
- 상품 내용 전체 : 글꼴(한컴 윤체 M), ≡[가운데 정렬]
- 파리여행 6일/매주 금요일 출발 : 글자 크기(20), 글자 색(주황(RGB: 255,132,58) 60% 밝게)
- 1,540,000원 : 글자 크기(32), 글자 색(하양(RGB: 255,255,255))

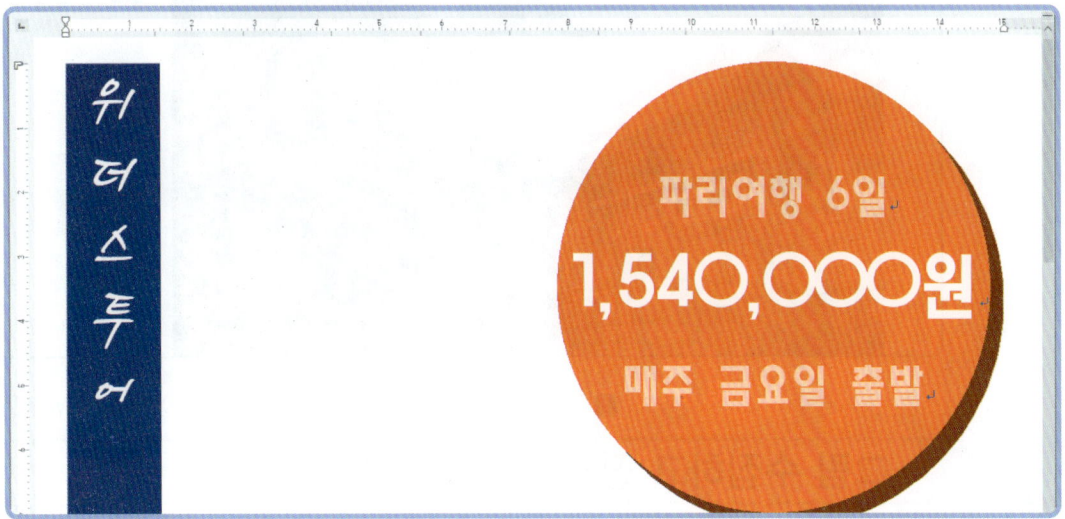

4 다음과 같이 그림을 삽입한 후 파리여행 광고지를 PDF로 저장해 보세요.

- 그림 넣기 : 찾는 위치(단계학습₩한글 2022₩실무 Project₩연습파일), 파일 이름(파리), 문서에 포함
- 그림 배치 : ▨[글 뒤로]
- PDF로 저장 : 저장 위치(내 PC₩문서), 파일 이름(파리여행 광고지)

실무 Project

Chapter 06

자료 수집하고 정리하기

인터넷에는 문서를 작성할 때 활용할 수 있는 자료가 많이 있습니다. 평상시 이런 자료를 수집하고 정리해 두면 문서를 효율적으로 작성할 수 있습니다. 그럼, 인터넷에 있는 자료를 수집하고 정리하는 방법에 대해 알아보겠습니다.

Hangul 2022

 미리보기

단계학습₩한글 2022₩실무 Project₩예제파일₩Ch06.hwpx

01 그림 수집하고 정리하기

1 Microsoft Edge를 실행한 후 **문화재청 사이트(www.cha.go.kr)에 접속**합니다.

2 문화재청 홈페이지가 나타나면 검색어 입력란에 **'불국사'를 입력**한 후 🔍 **단추를 클릭**합니다.

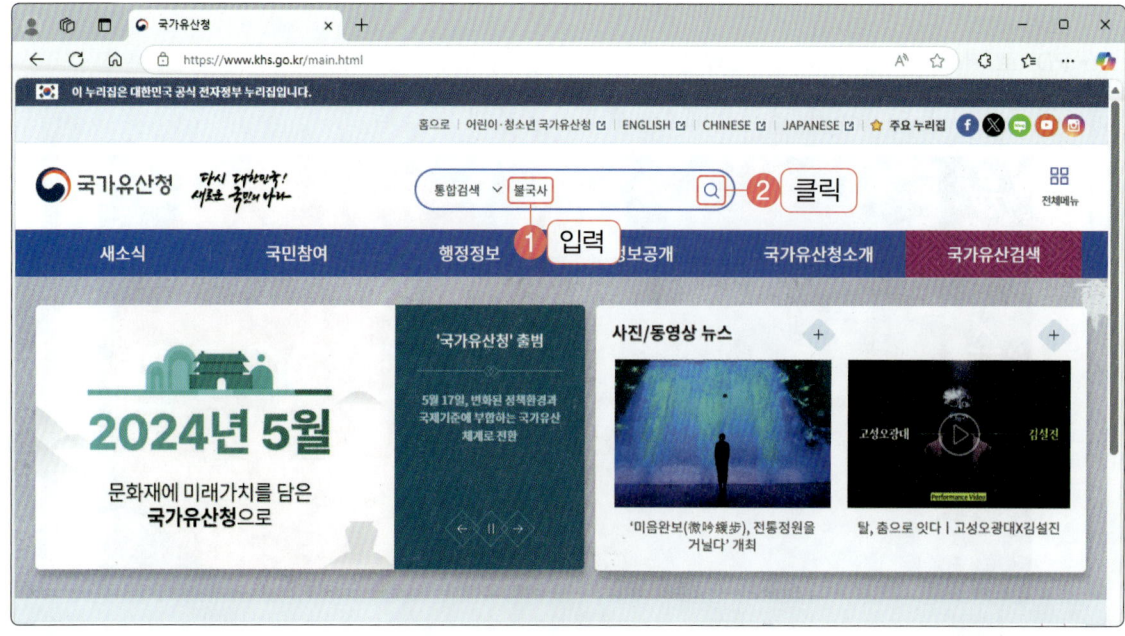

3 '불국사'에 대한 검색 결과 페이지가 나타나면 [국가유산정보]에서 [2. 경주 불국사 청운교 및 백운교(慶州 佛國寺 靑雲橋 및 白雲橋)]를 클릭합니다.

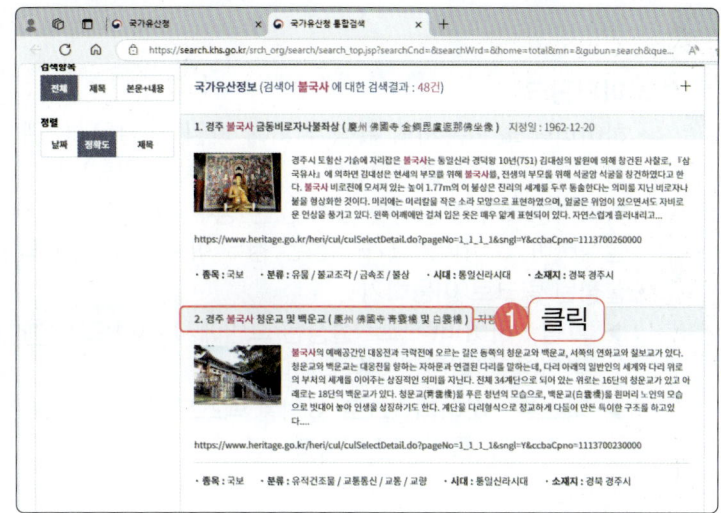

4 '경주 불국사 청운교 및 백운교' 페이지가 나타나면 그림을 복사하기 위해 **그림의 바로 가기 메뉴에서 [이미지 복사]**를 클릭합니다.

5 '경주 불국사 청운교 및 백운교' 문서를 연 후 2번째 문단에 커서를 둔 다음 [편집] 탭에서 [붙이기](또는 Ctrl+V)를 클릭합니다.

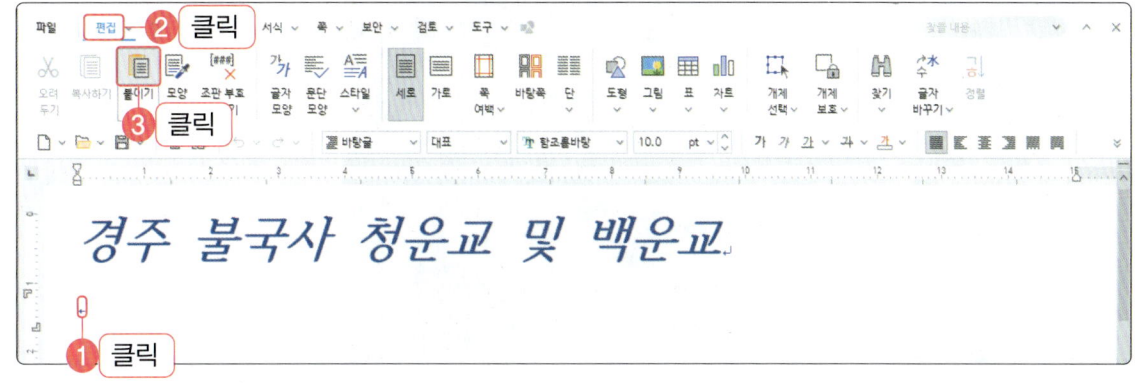

Chapter 06 – 자료 수집하고 정리하기 **55**

알고 넘어갑시다!

하이퍼링크
- 하이퍼링크는 문서의 특정 위치에 파일, 한글문서, 웹 주소, 전자 우편 주소 등을 연결하여 쉽게 참조하거나 이동할 수 있게 해 주는 기능을 말합니다.
- 하이퍼링크가 설정되어 있지 않은 경우 바로 가기 메뉴의 [하이퍼링크]를 클릭하여 하이퍼링크를 설정하며, 하이퍼링크가 설정된 경우 바로 가기 메뉴의 [하이퍼링크 고치기]를 클릭합니다.
- 설정된 링크로 이동하기
  ▶ 그림 : 하이퍼링크로 설정된 그림에서 키보드의 Ctrl을 누르면 마우스 포인터가 🖑 모양으로 변경되며, 클릭하면 이동합니다.
  ▶ 텍스트 : 하이퍼링크로 설정된 텍스트에 마우스 포인터를 가져가 마우스 포인터가 🖑 모양으로 변경되며, 클릭하면 이동합니다.

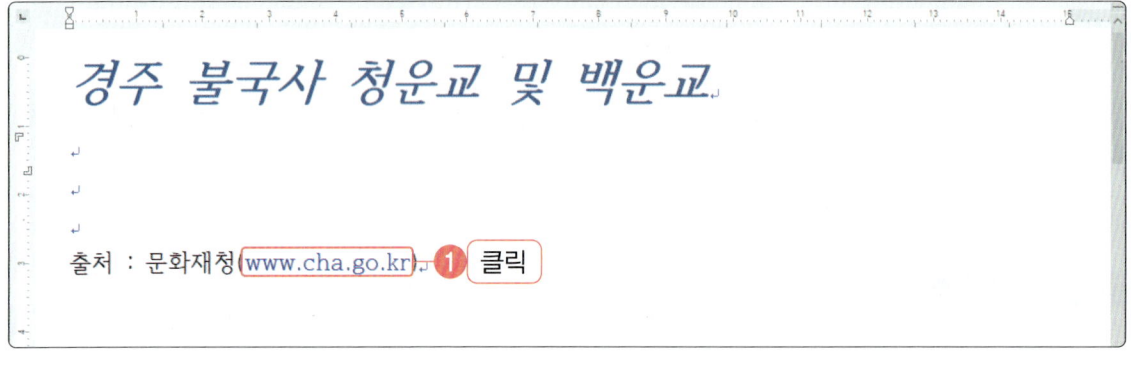

6 [HTML 문서 붙이기] 대화상자가 나타나면 [원본 형식 유지]를 선택한 후 [확인] 단추를 클릭합니다.

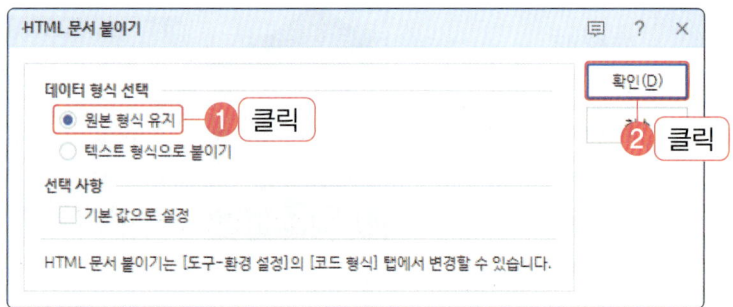

7 다음과 같이 복사한 그림이 한글 문서에 붙여넣기 됩니다.

8 그림에 캡션을 넣기 위해 **그림을 선택**한 후 [그림] 탭에서 **[캡션]을 클릭**한 다음 **[오른쪽 위]**를 클릭합니다.

9 그림에 캡션이 넣어지면 **캡션 내용(경주 불국사)을 입력**합니다.

Chapter 06 - 자료 수집하고 정리하기 **57**

02 내용 수집하고 정리하기

1 작업 표시줄에서 Microsoft Edge를 선택한 후 내용을 복사하기 위해 다음과 같이 **내용을 블록으로 설정**한 다음 바로 가기 메뉴에서 [복사](또는 Ctrl+C)를 클릭합니다.

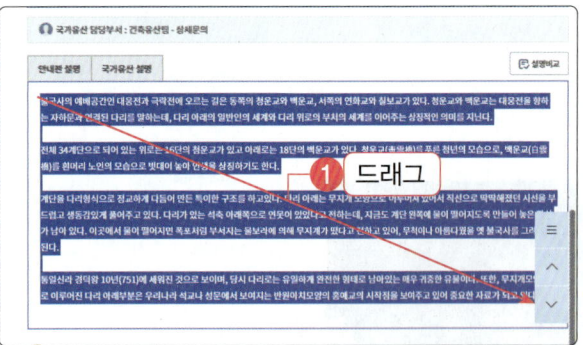
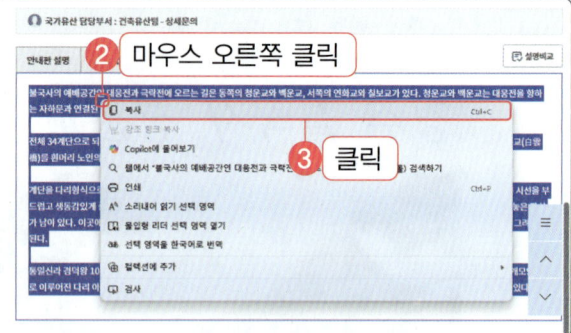

2 '불국사' 문서를 연 후 **3번째 문단에 커서를 둔** 다음 [편집] 탭에서 [붙이기](또는 Ctrl+V)를 클릭합니다.

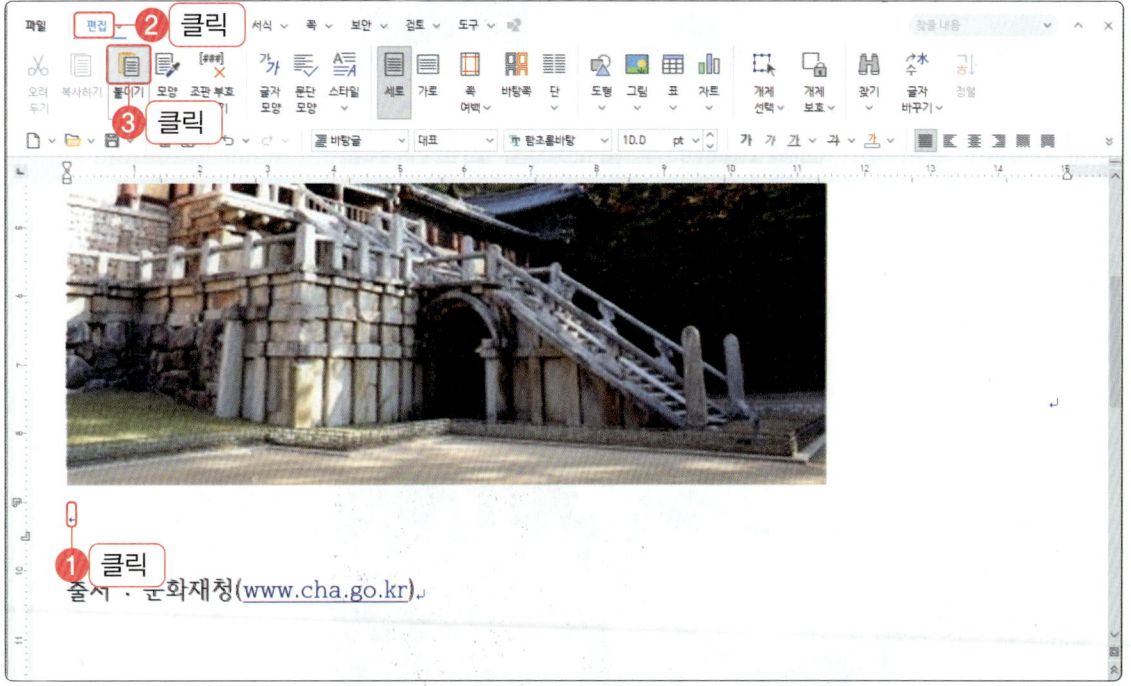

3 [HTML 문서 붙이기] 대화상자가 나타나면 [텍스트 형식으로 붙이기]를 선택한 후 [확인] 단추를 클릭합니다.

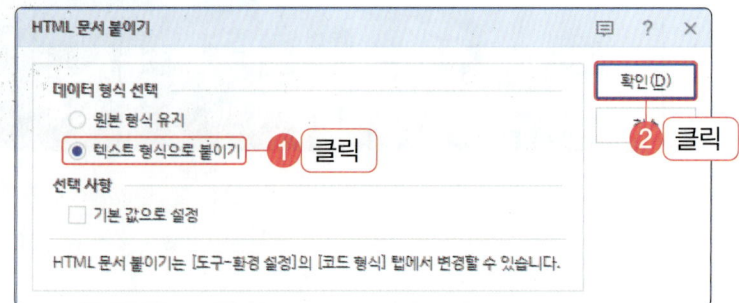

4 내용이 복사되면 **내용을 모두 블록으로 설정**한 후 [서식] 도구상자에서 **글꼴(궁서체)**을 선택합니다.

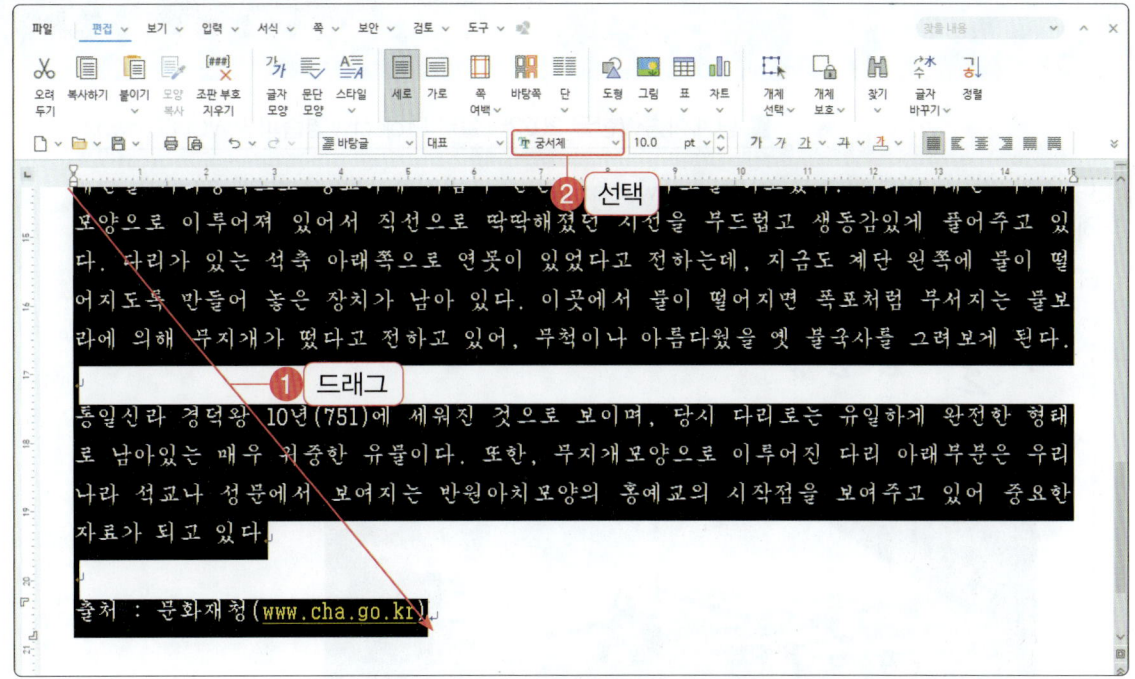

5 주요 내용을 형광펜으로 표시하기 위해 **다음과 같이 블록으로 설정**한 후 [서식] 탭에서 [형광펜]의 [목록] 단추를 클릭한 다음 [노랑(RGB: 255,215,0)]을 클릭합니다.

6 다음과 같이 주요 내용에 형광펜이 표시됩니다.

> 형광펜은 인쇄되지 않고 화면에만 표시됩니다.

단계학습₩한글 2022₩실무 Project₩연습파일₩Ch06.hwpx

1 다음과 같이 문화재청 사이트(www.cha.go.kr)에서 '서울 운현궁' 그림을 복사해 보세요.

2 다음과 같이 '서울 운현궁' 그림에 캡션을 넣어 보세요.
- 캡션 : 위치(오른쪽 위)

연습문제 Exercise

3 다음과 같이 문화재청 사이트(www.cha.go.kr)에서 '서울 운현궁'에 대한 내용을 복사해 보세요.

> 운현궁은 흥선대원군이 살았던 집으로, 고종이 태어나서 왕위에 오를 때까지 자란 곳이기도 하다. 흥선대원군의 집과 1910년대 새로 지어 덕성여자대학 본관으로 사용하던 서양식 건물을 합쳐 사적으로 지정하였다.
>
> 한옥은 제일 앞 남쪽에 대원군의 사랑채인 노안당이 자리잡고, 뒤쪽인 북쪽으로 행랑채가 동서로 길게 뻗어있으며 북쪽에 안채인 노락당이 자리잡고 있다.
>
> 고종이 즉위하자 이곳에서 흥선대원군이 정치를 하였고, 궁궐과 직통으로 연결되었다. 흥선대원군은 10여년간 정치를 하면서 세도정치의 폐란을 제거하고 인사·재정들에서 대폭적인 개혁을 단행하였고, 임진왜란으로 불에 탄 경복궁을 다시 짓기도 하였다.
>
> 지금은 궁의 일부가 덕성여자 대학으로 사용되고 있고 방송국 시설이 있기도 하다. 이로 인해 대원군이 즐겨 사용하던 아재당도 헐려 나가고 영화루와 은신군·남연군의 사당도 모두 없어졌다.

4 다음과 같이 '서울 운현궁'에 대한 내용 중 주요 내용을 형광펜으로 칠해 보세요.

- 형광펜 : 형광펜 색(주황(RGB: 255,132,58) 60% 밝게)

> <mark>운현궁은 흥선대원군이 살았던 집으로, 고종이 태어나서 왕위에 오를 때까지 자란 곳이기도 하다.</mark> 흥선대원군의 집과 1910년대 새로 지어 덕성여자대학 본관으로 사용하던 서양식 건물을 합쳐 사적으로 지정하였다.
>
> 한옥은 제일 앞 남쪽에 대원군의 사랑채인 노안당이 자리잡고, 뒤쪽인 북쪽으로 행랑채가 동서로 길게 뻗어있으며 북쪽에 안채인 노락당이 자리잡고 있다.
>
> 고종이 즉위하자 이곳에서 흥선대원군이 정치를 하였고, 궁궐과 직통으로 연결되었다. 흥선대원군은 10여년간 정치를 하면서 세도정치의 폐란을 제거하고 인사·재정들에서 대폭적인 개혁을 단행하였고, 임진왜란으로 불에 탄 경복궁을 다시 짓기도 하였다.
>
> 지금은 궁의 일부가 덕성여자 대학으로 사용되고 있고 방송국 시설이 있기도 하다. 이로 인해 대원군이 즐겨 사용하던 아재당도 헐려 나가고 영화루와 은신군·남연군의 사당도 모두 없어졌

Hint
'서울 운현궁'에 대한 내용 중 주요 내용을 블록으로 설정한 후 [서식] 탭에서 [형광펜]의 [목록] 단추를 누른 다음 [주황(RGB: 255,132,58) 60% 밝게]를 클릭하면 '서울 운현궁'에 대한 내용 중 주요 내용을 형광펜으로 칠할 수 있습니다.

실무 Project

Chapter 07 판매실적현황 차트 작성하기

판매실적현황은 판매계획과 비교하여 실제로 판매되는 상황을 기록한 문서로 성명, 목표실적, 판매실적 등으로 구성되어 있습니다. 판매실적현황 차트를 작성하면 판매실적현황을 한 눈에 파악할 수 있습니다. 그럼, 블록 계산식을 사용하여 합계를 구하고 판매실적현황 차트를 작성하는 방법에 대해 알아보겠습니다.

Hangul 2022

미리 보기

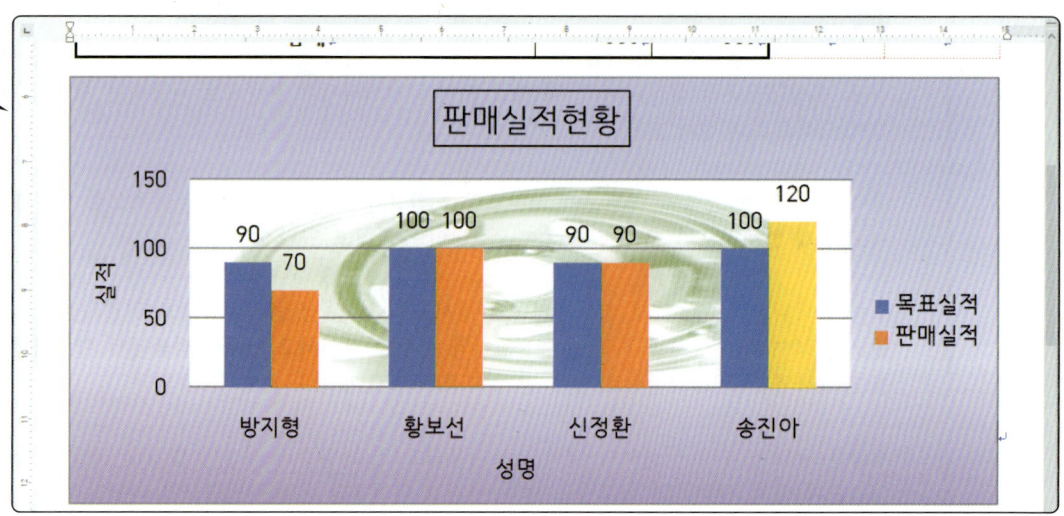

단계학습₩한글 2022₩실무 Project₩예제파일₩Ch07.hwpx

01 블록 계산식을 사용하여 합계 구하기

1 합계를 구하기 위해 2줄 5칸~6줄 6칸을 셀 블록으로 설정한 후 [표 레이아웃] 탭에서 [계산식]을 클릭한 다음 [블록 합계](또는 Ctrl+Shift+S)를 클릭합니다.

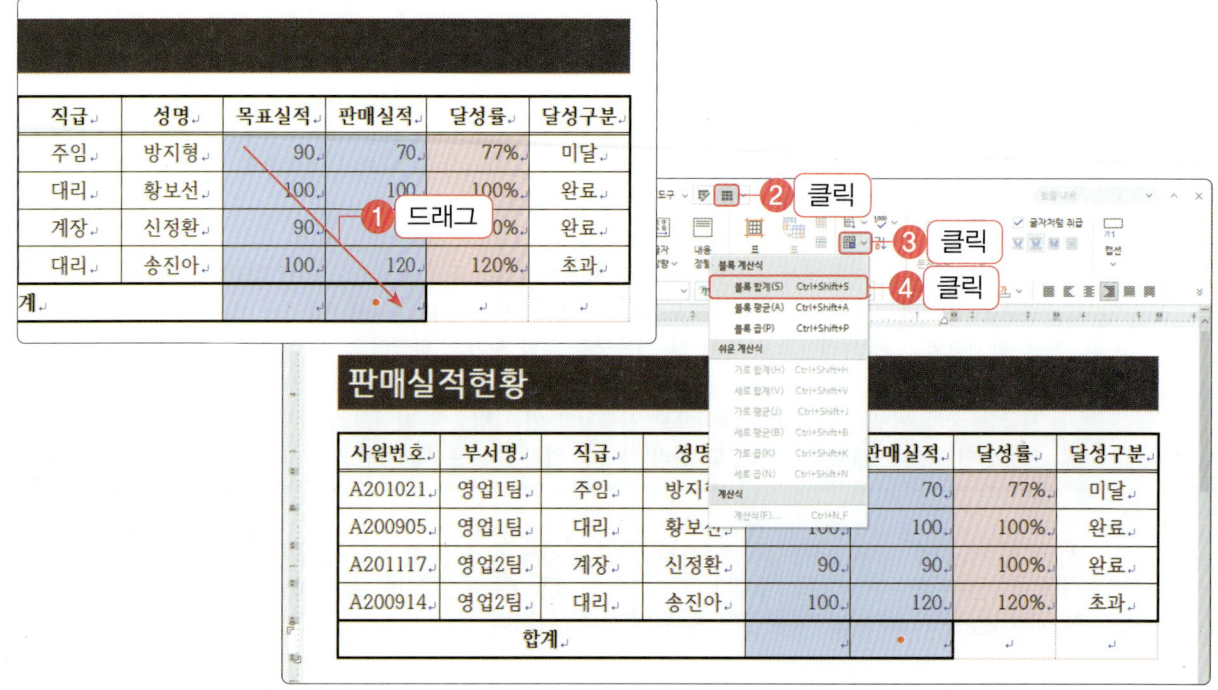

02 차트 만들고 차트 마법사 사용하기

1. 차트를 만들기 위해 **1줄 4칸~5줄 6칸을 셀 블록으로 설정**한 후 [표 디자인] 탭에서 [차트 만들기]를 클릭합니다.

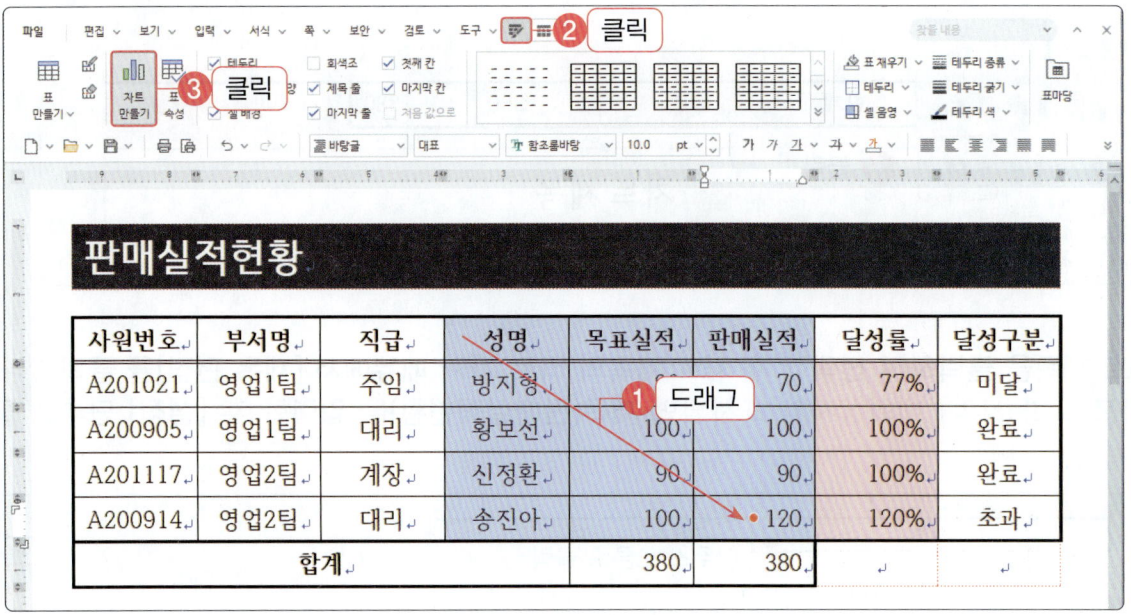

2. [차트 데이터 편집] 대화상자가 나타나면 [닫기]를 클릭합니다.

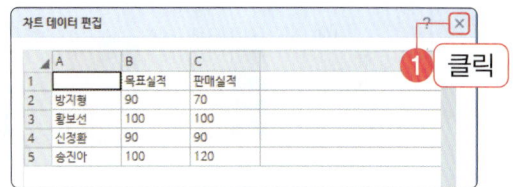

3. **차트를 선택**한 후 [차트 서식] 탭에서 **[글자처럼 취급]**을 선택한 다음 **차트의 크기 조정 핸들(●)을 드래그하여 크기를 조정**합니다.

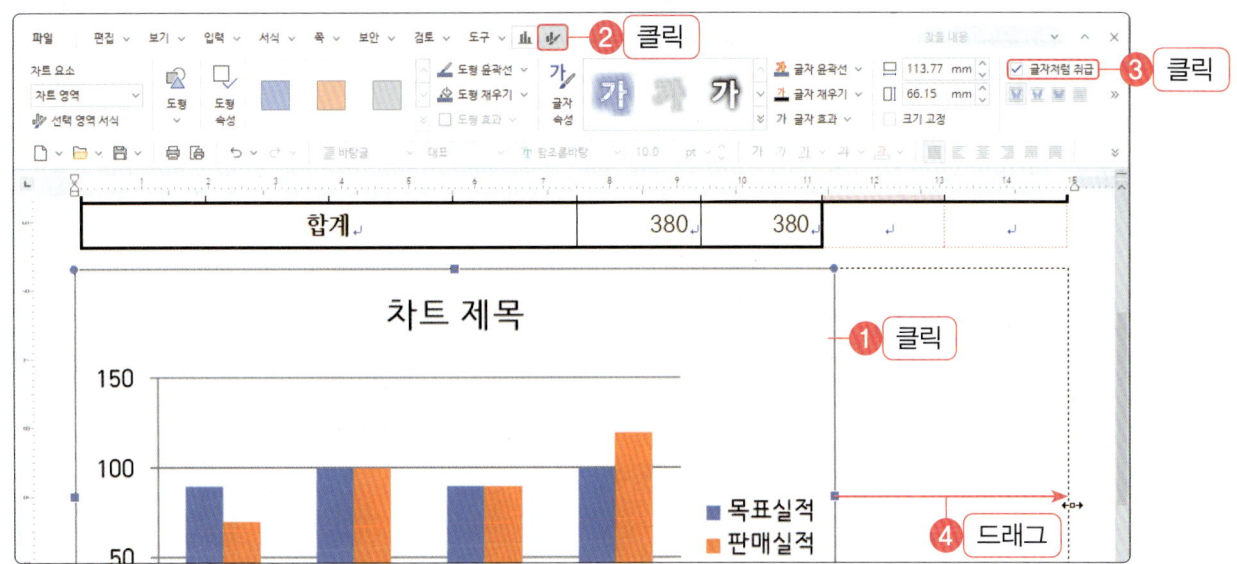

차트의 오른쪽 가운데 크기 조정 핸들(●)로 마우스 포인터를 가져가서 마우스 포인터가 ↔ 모양으로 변경되었을 때 오른쪽으로 드래그합니다.

Chapter 07 - 판매실적현황 차트 작성하기 **63**

4 차트의 레이아웃을 수정하기 위해 [차트 디자인] 탭에서 [차트 레이아웃]을 클릭한 후 [레이아웃9]를 클릭합니다.

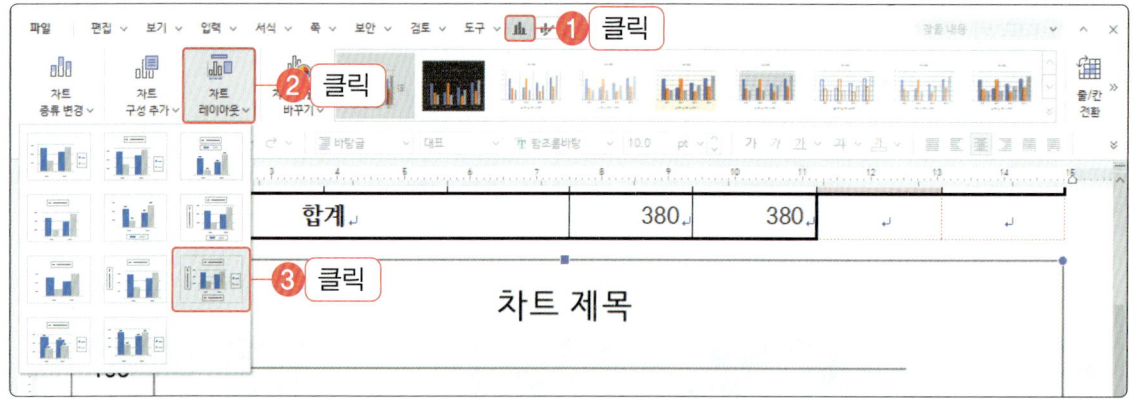

5 차트 제목을 클릭하여 선택한 후 차트 제목의 바로 가기 메뉴에서 [제목 편집]을 클릭합니다. [차트 글자 모양] 대화상자가 표시되면 제목(판매실적현황)을 입력한 후 [설정] 단추를 클릭합니다.

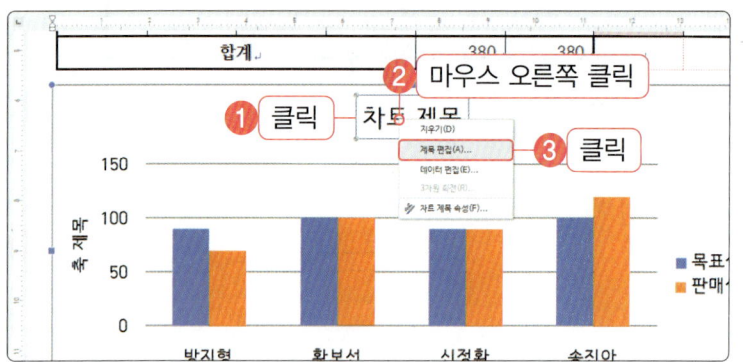 

6 같은 방법으로 차트의 아래쪽 및 왼쪽에 위치한 축 제목을 수정합니다.

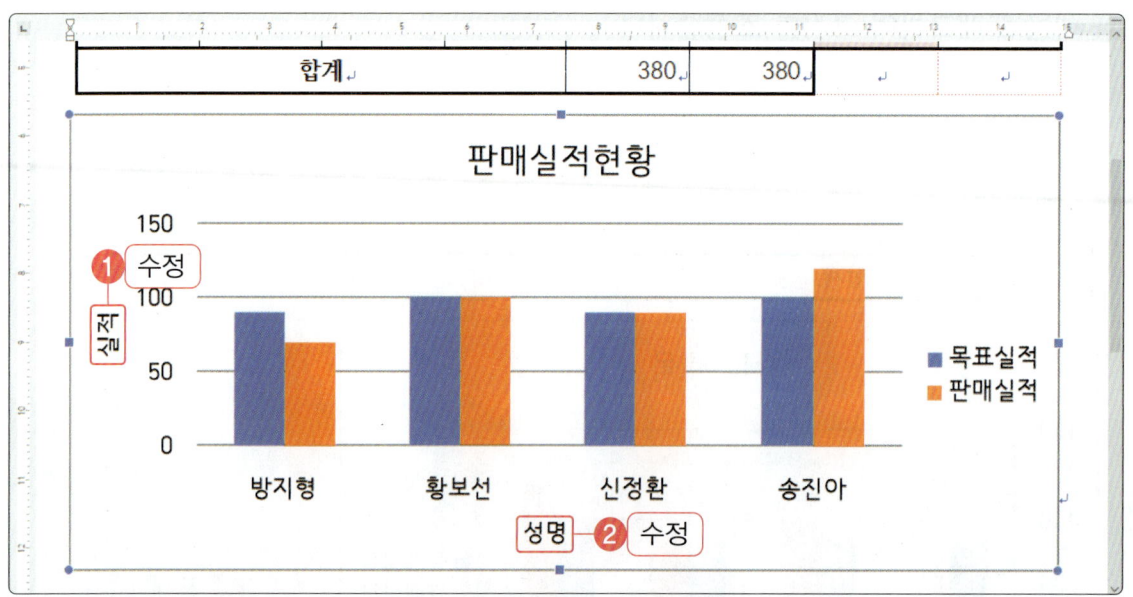

축 제목을 클릭하여 선택한 후 바로 가기 메뉴의 [제목 편집]을 클릭한 다음 [차트 글자 모양] 대화상자에서 축 제목을 수정하고 [설정] 단추를 클릭합니다.

7 데이터 레이블을 표시하기위해 [차트 디자인] 탭에서 **[차트 구성추가]**를 클릭한 후 [데이터 레이블]-**[표시]**를 클릭합니다.

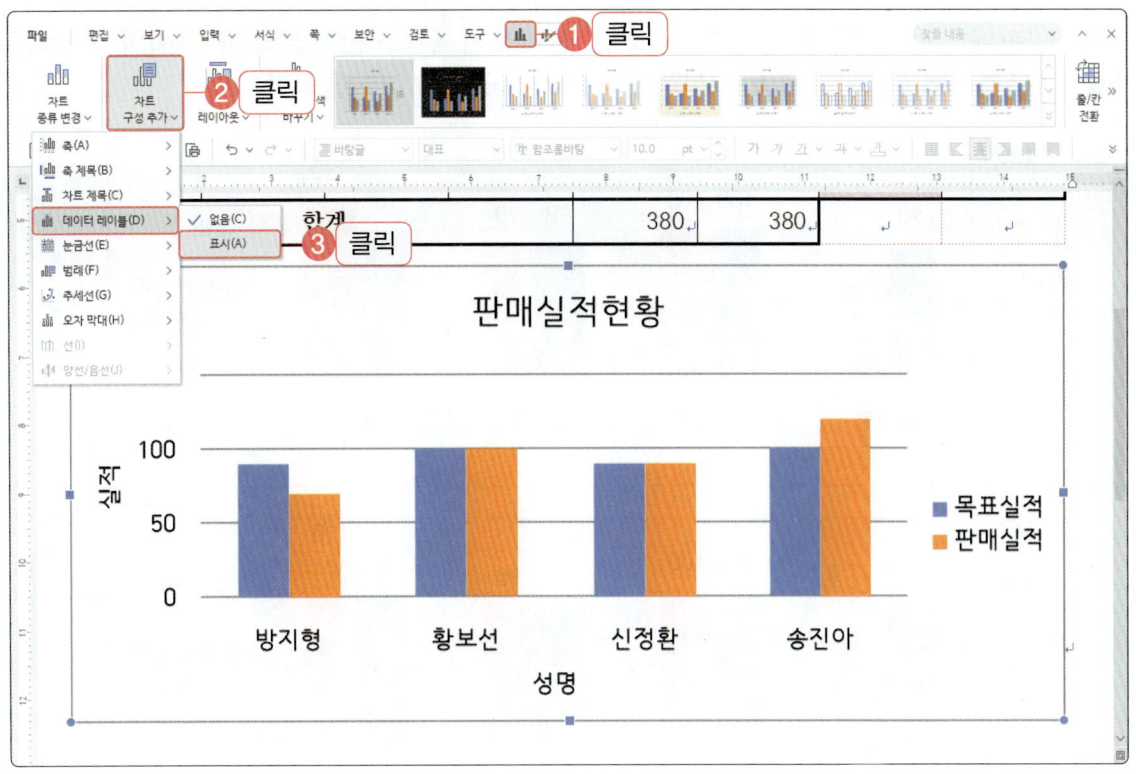

8 다음과 같이 데이터 레이블이 표시됩니다.

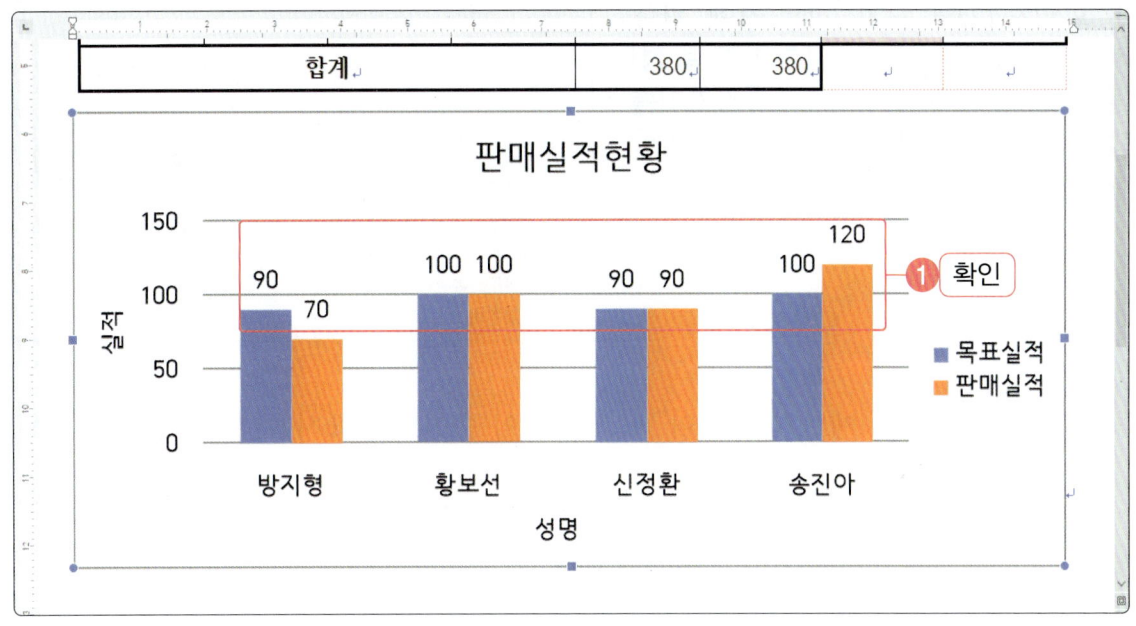

Chapter 07 – 판매실적현황 차트 작성하기

03 차트 요소의 서식 수정하기

1 차트에서 '판매실적' 계열의 '송진아' 요소만 선택하기 위해 **'판매실적'을 클릭**한 후 **'송진아' 요소를 다시 클릭하여 해당 요소만 선택**한 후 **해당 요소를 더블클릭**합니다.

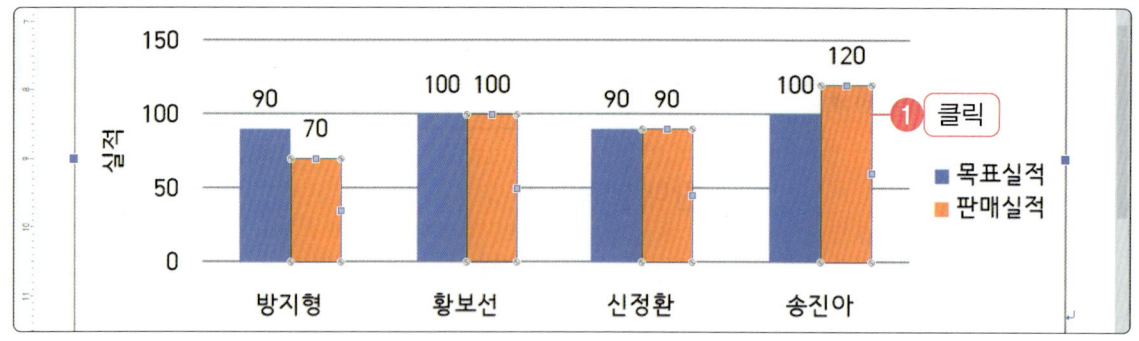

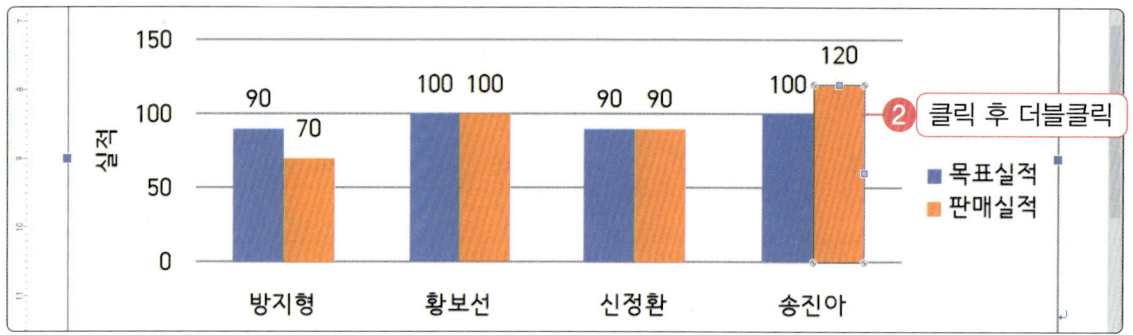

2 화면 오른쪽 [개체 속성] 작업 창에 '판매실적' 계열이 표시되면 [그리기 속성]을 **클릭**한 후 채우기 항목의 [강조4]를 **선택**한 다음 [작업 창 닫기]를 **클릭**합니다.

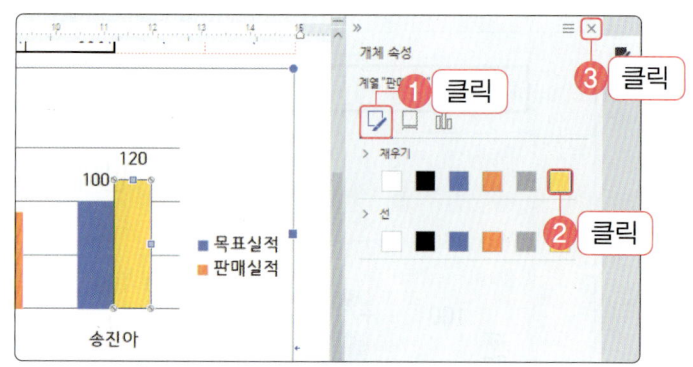

3 다음과 같이 '판매실적' 계열의 '송진아' 요소의 색이 수정되어 표시됩니다.

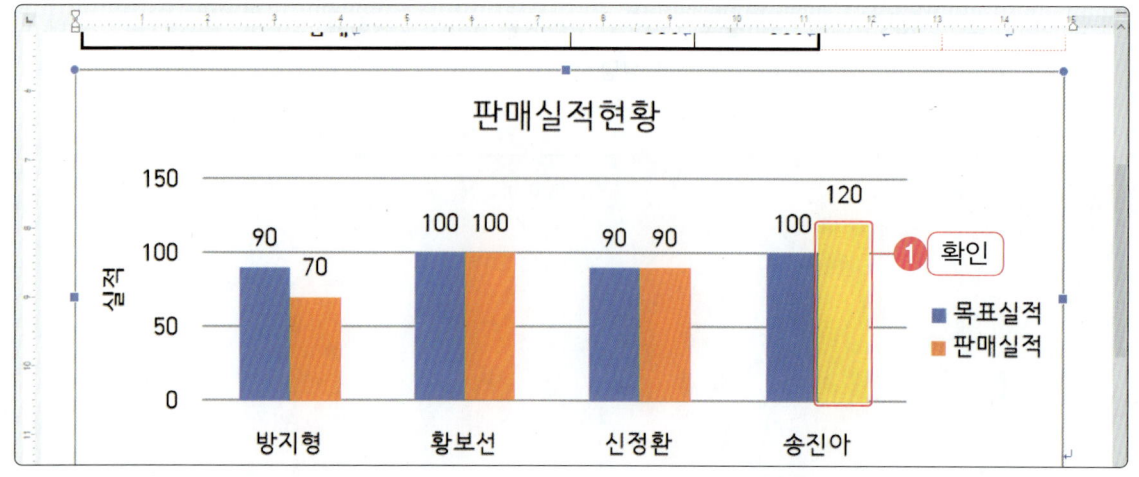

04 차트 배경과 그림 영역 수정하기

1 차트의 배경을 수정하기 위해 **차트를 선택**한 후 **차트의 배경을 더블클릭**합니다.

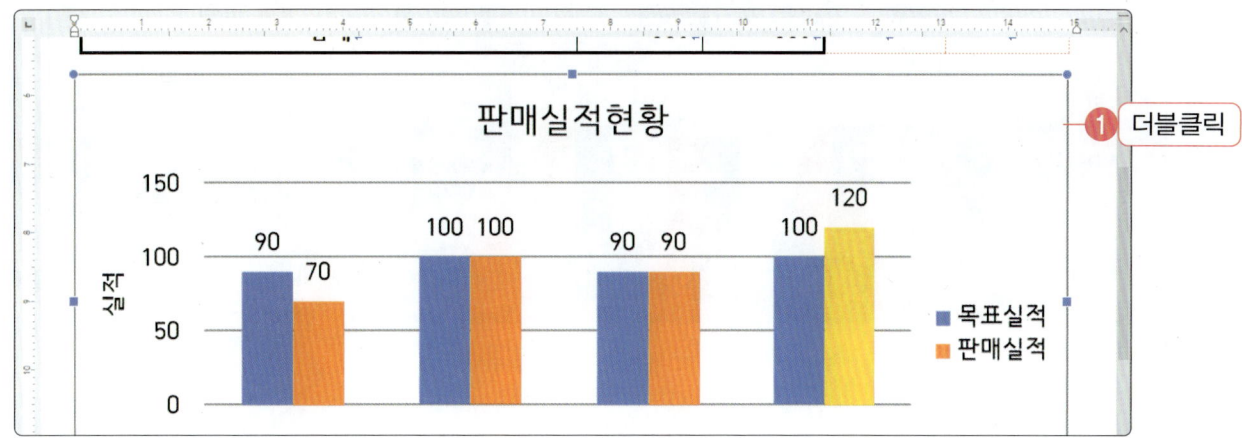

2 [개체 속성] 작업 창의 '차트 영역'이 표시되면 [그리기 속성]을 클릭한 후 [채우기]를 클릭하여 하위 메뉴를 표시하고 [그러데이션]을 선택한 다음 [미리 설정]의 [보라]를 클릭합니다.

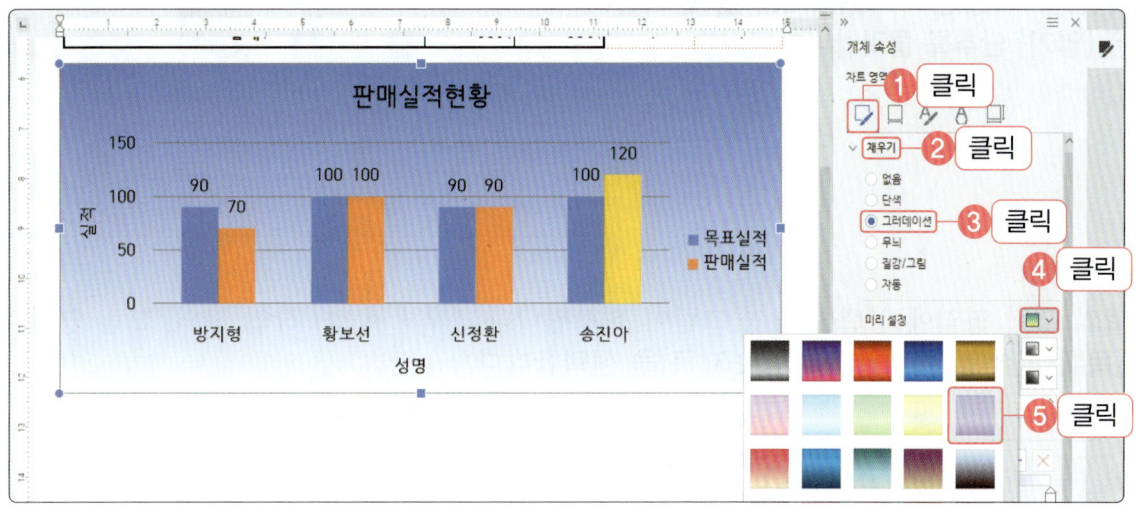

3 다음과 같이 차트의 배경이 수정됩니다. [개체 속성] 작업 창의 차트 영역에서 [목록]단추를 클릭한 후 [그림 영역]을 선택합니다.

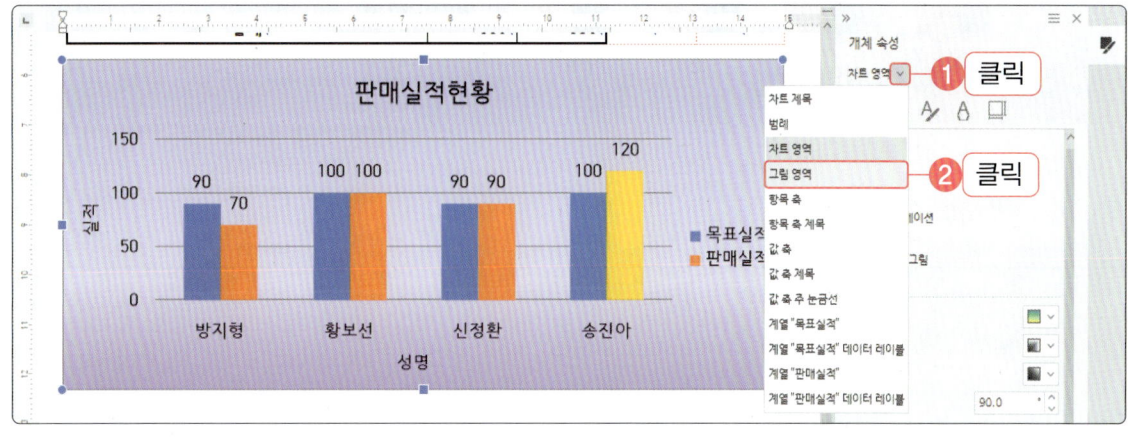

4 [개체 속성] 작업 창의 '그림 영역'이 표시되면 [그리기 속성]을 클릭한 후 [채우기]를 클릭하여 하위 메뉴를 표시하고 [질감/그림]을 선택한 다음 그림의 [그림 넣기]를 클릭합니다.

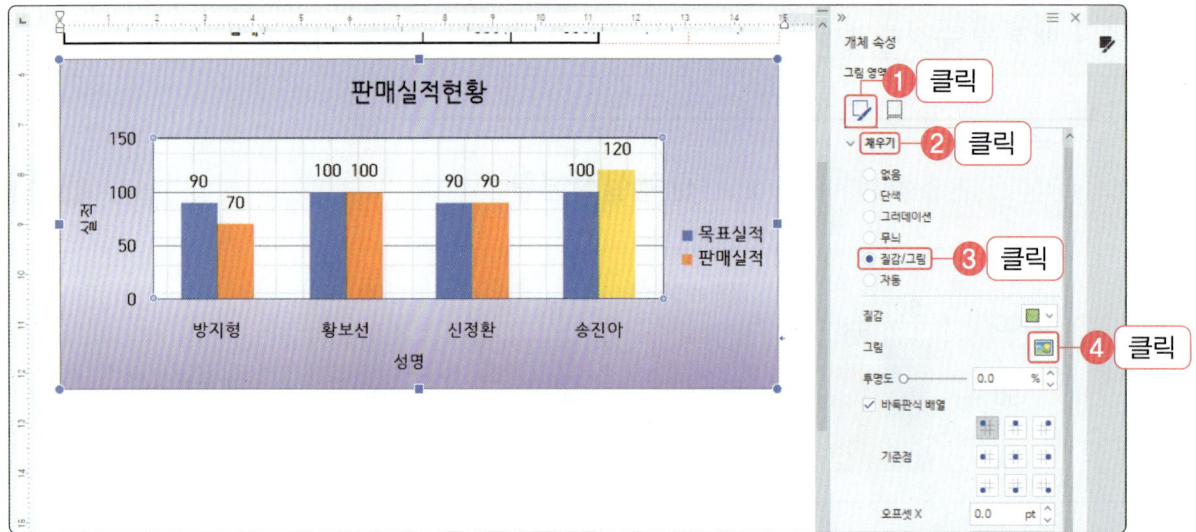

5 [그림 넣기] 대화상자가 나타나면 **찾는 위치(단계학습₩한글 2022₩실무 Project₩예제파일)를 지정**한 후 **그림(제품)을 선택**한 다음 **[열기] 단추를 클릭**합니다.

6 차트의 그림 영역에 선택한 배경 그림이 표시됩니다. [개체 속성] 작업 창의 '그림 영역'에서 [목록] 단추를 클릭한 후 [차트 제목]을 선택합니다.

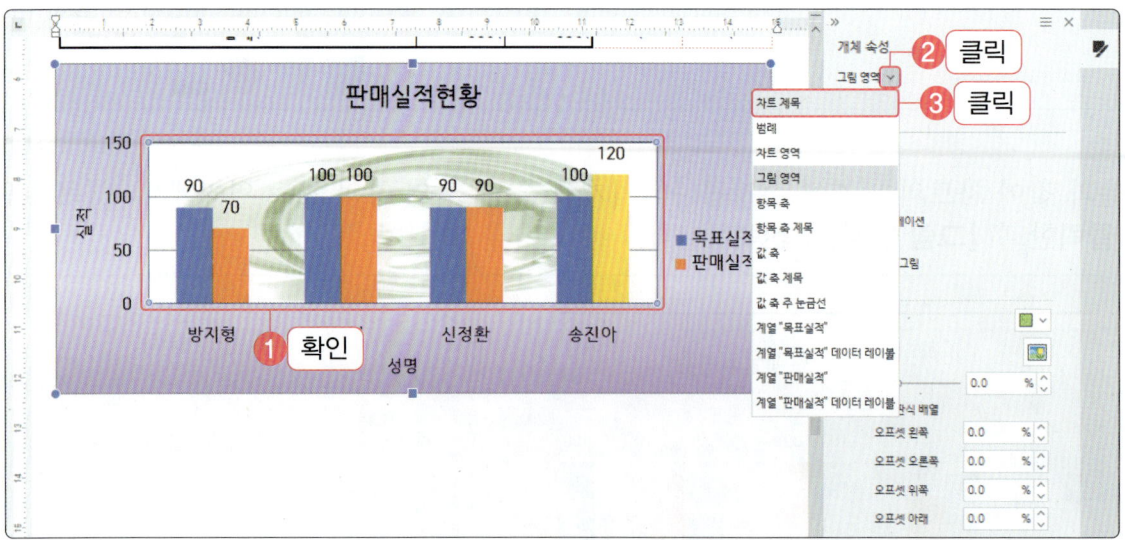

7 [개체 속성] 작업 창의 '차트 제목'이 표시되면 [그리기 속성]을 클릭한 후 선 항목의 ■[어두운 색]를 클릭한 다음 ⊠[작업 창 닫기]를 클릭합니다.

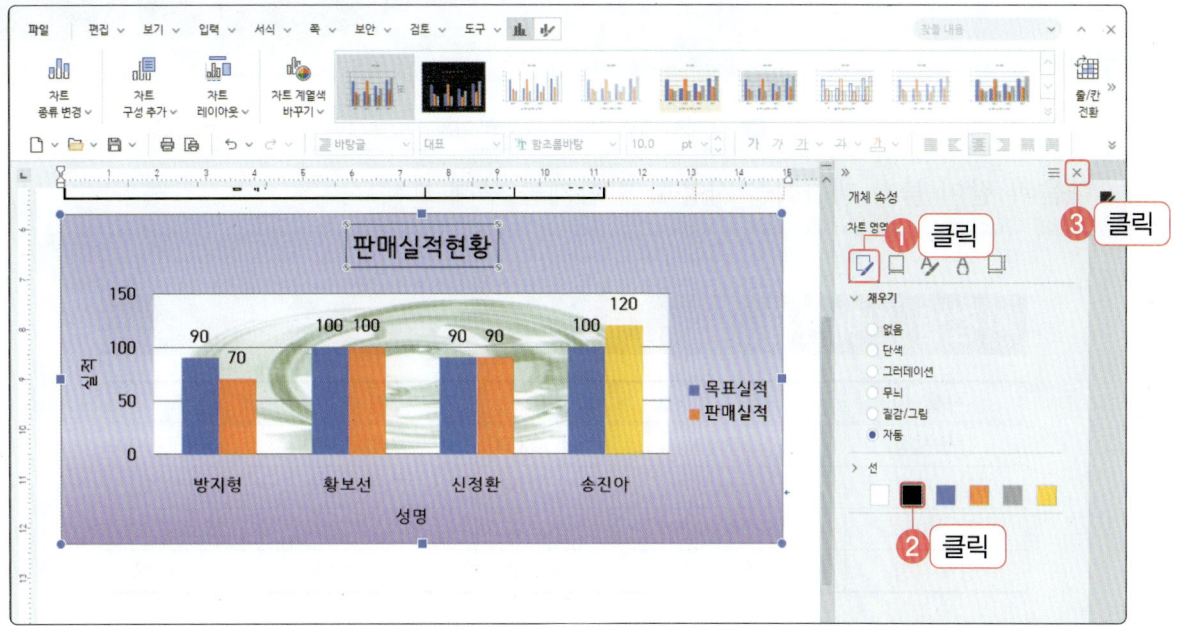

8 차트의 제목에 어두운 색의 테두리 선이 표시됩니다.

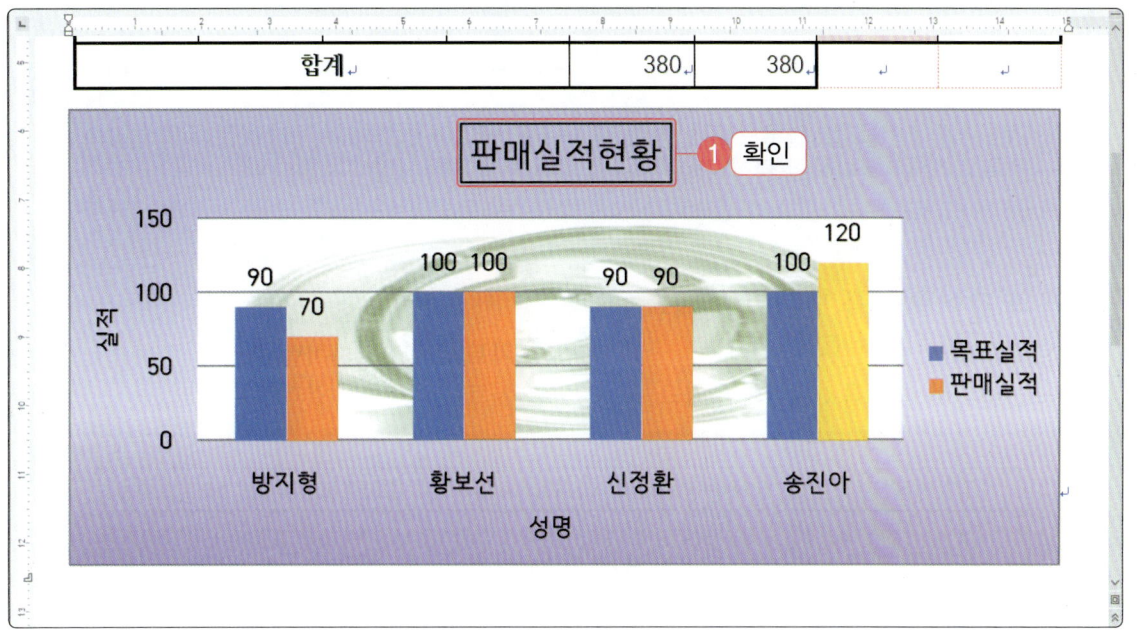

Chapter 07 – 판매실적현황 차트 작성하기 **69**

연습문제 Exercise

📁 단계학습₩한글 2022₩실무 Project₩연습파일₩Ch07.hwpx

1 다음과 같이 블록 계산식을 사용하여 합계를 구해 보세요.

지점별 판매현황

지점명	1월	2월	3월	합계
강동지점	7,980,000	6,650,000	8,820,000	23,450,000
강서지점	6,500,000	5,350,000	7,320,000	19,170,000
강남지점	6,940,000	6,500,000	7,140,000	20,580,000
강북지점	5,980,000	5,400,000	4,950,000	16,330,000

Hint
2줄 2칸~5줄 5칸을 셀 블록으로 설정한 후 [표 레이아웃] 탭에서 [계산식]을 클릭한 다음 [블록 합계]를 클릭하면 블록 계산식을 사용하여 합계를 구할 수 있습니다.

2 다음과 같이 차트를 만들어 보세요.

- 차트 데이터 : 1줄 1칸~5줄 4칸
- 차트 제목 및 축 제목 : 결과화면 참고
- 차트 배치 : 글자처럼 취급
- 차트 레이아웃 : 결과화면 참고

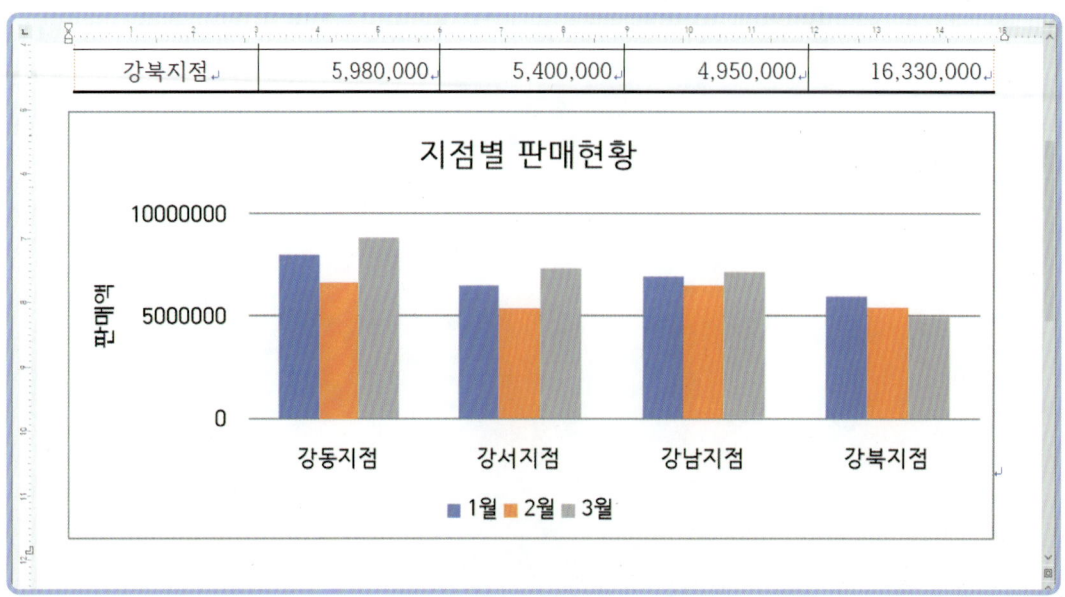

연습문제

3 차트에서 다음과 같이 '3월' 계열의 디자인을 수정해 보세요.
- '3월 계열' : 무늬([무늬17]), 전경색(초록(RGB: 40,155,110))

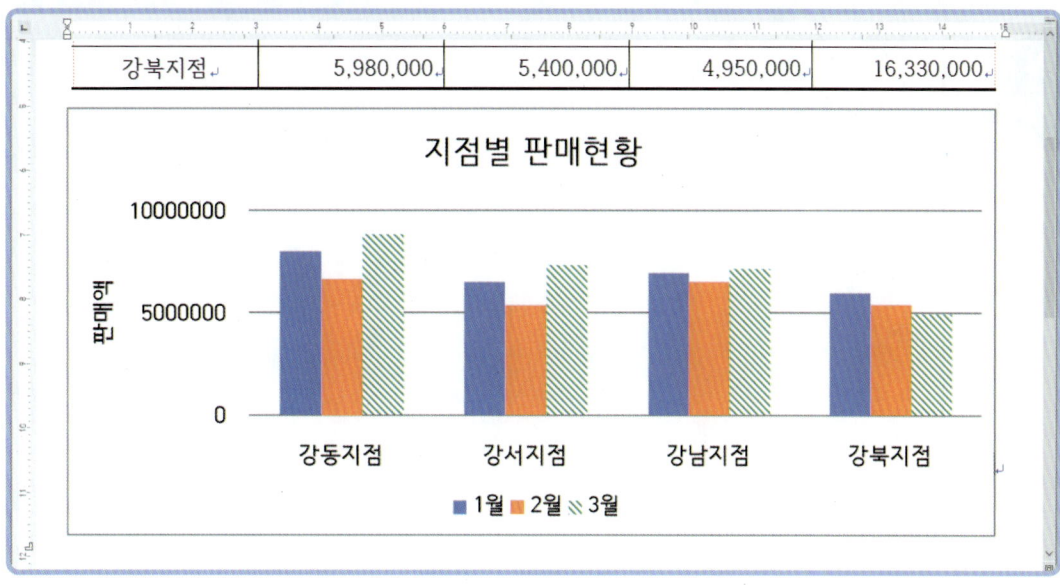

4 차트에서 다음과 같이 배경을 편집해 보세요.
- 찾는 위치 : 단계학습₩한글 2022₩실무 Project₩연습파일
- 파일 이름 : 상품

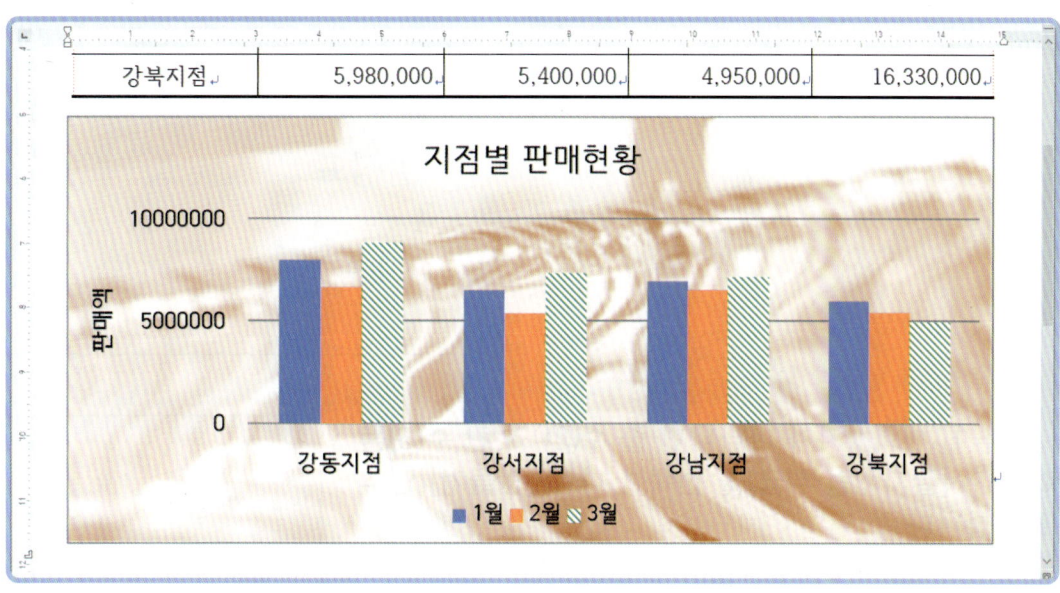

Hint 차트의 배경 위치를 더블클릭하여 [개체 속성] 작업 창의 '차트 영역'이 표시되면 [그리기 속성]을 클릭한 후 [질감/그림]을 선택한 다음 [그림 넣기]를 클릭합니다.

Chapter 07 - 판매실적현황 차트 작성하기

실무 Project

Chapter 08 일정표 만들기

일정표는 주어진 시간을 효과적으로 이용하도록 진행 업무나 약속 등을 기록해 놓은 문서로 연도, 날짜, 진행 업무 등으로 구성되어 있습니다. 그림, 표를 사용하여 일정표를 만드는 방법에 대해 알아보겠습니다.

미리 보기

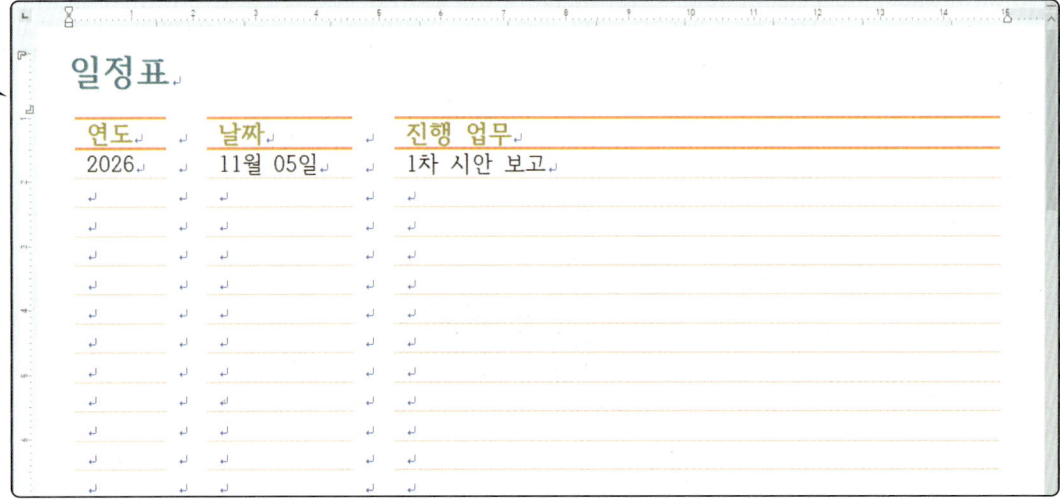

🔴 단계학습₩한글 2022₩실무 Project₩예제파일₩Ch08.hwpx

01 표 만들고 표 내용에 글자 모양 지정하기

1 표를 만들기 위해 **2번째 문단에 커서**를 둔 후 [입력] 탭에서 [표](또는 Ctrl+N, T)를 클릭합니다.

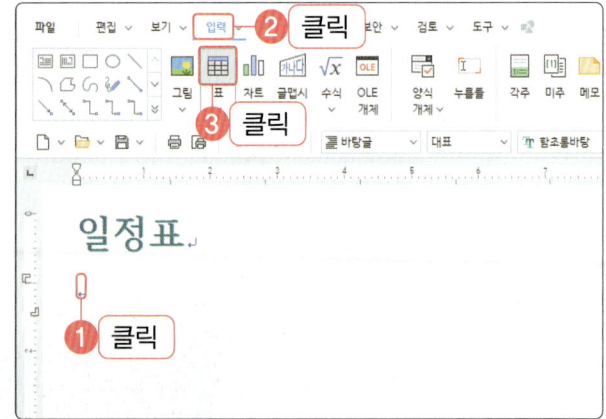

2 [표 만들기] 대화상자가 나타나면 **줄 수(21)와 칸 수(5)를 입력**한 후 [글자처럼 취급]을 선택한 다음 [만들기] 단추를 클릭합니다.

[글자처럼 취급]을 선택하면 표를 하나의 글자처럼 취급합니다.

3 표가 만들어지면 다음과 같이 각 셀에 **표 내용을 입력**합니다.

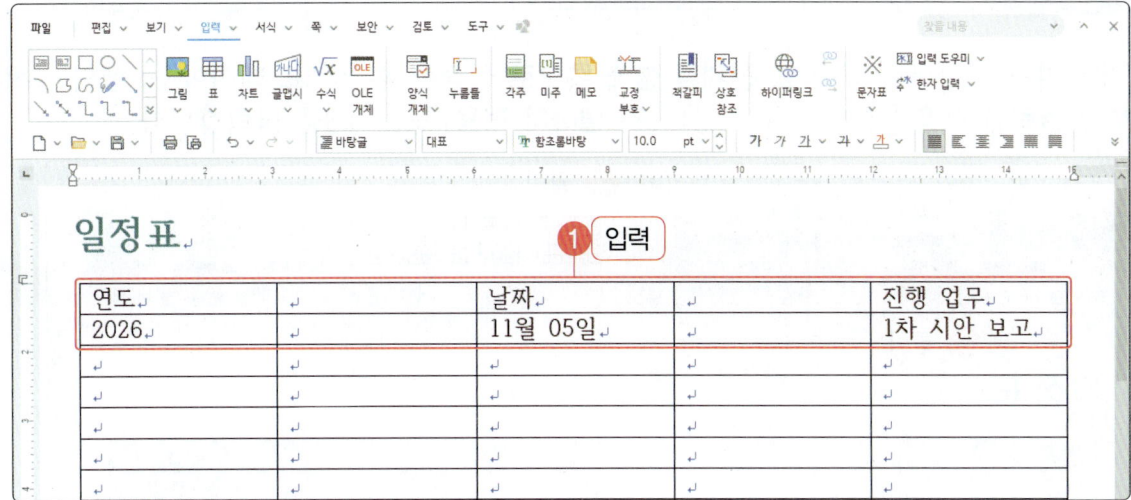

4 **1줄을 셀 블록으로 설정**한 후 [서식] 도구 상자에서 **글자 크기(11)**, [진하게], 글자 색(노랑 (RGB: 255,215,0) 25% 어둡게)을 **선택**합니다.

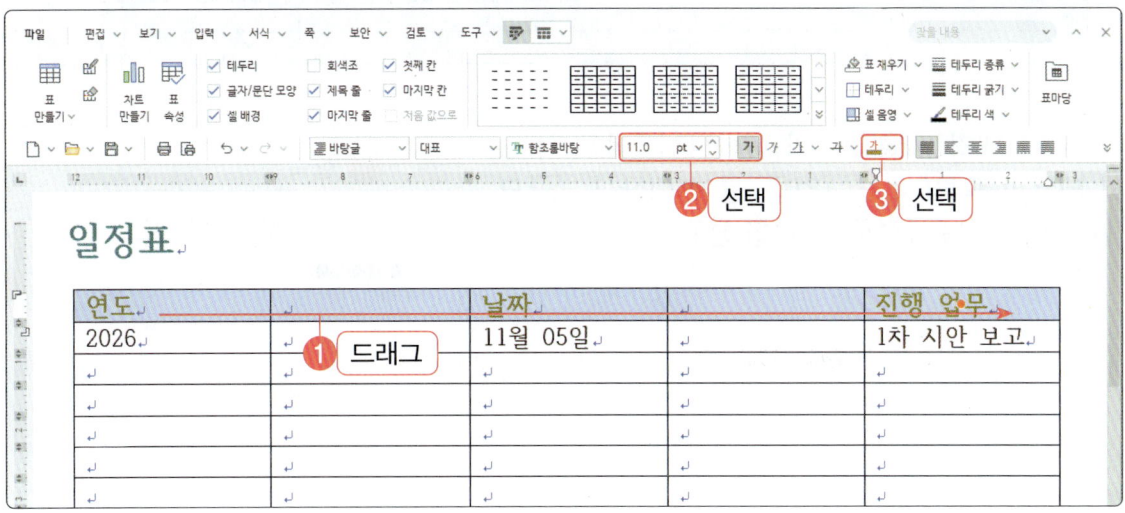

5 다음과 같이 표 내용에 글자 모양이 지정됩니다.

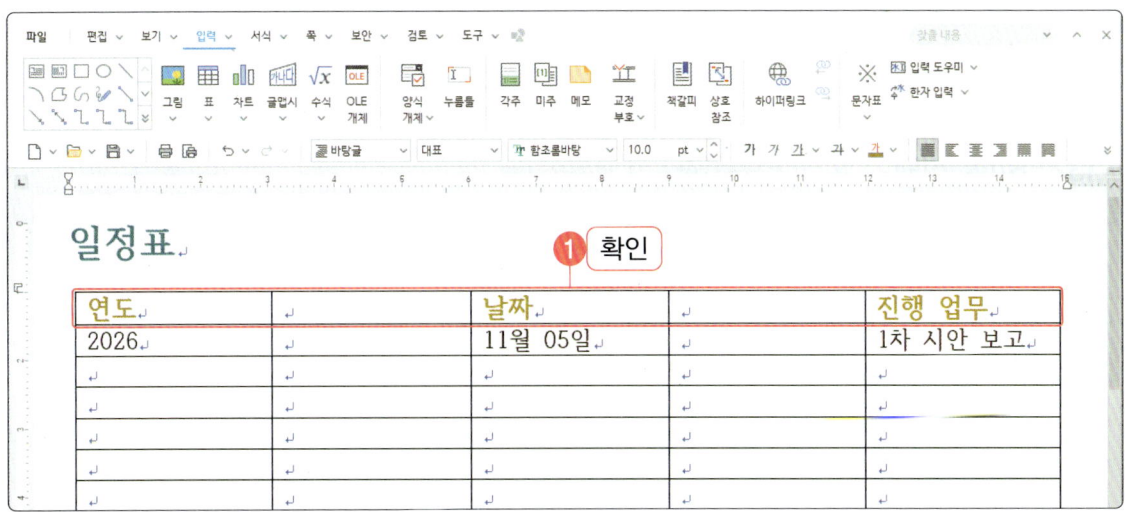

Chapter 08 - 일정표 만들기 **73**

02 셀 테두리 지정하기

1 셀 테두리를 지정하기 위해 **표 전체를 셀 블록으로 설정**한 후 [표 레이아웃] 탭의 **[목록] 단추를 클릭**한 다음 [셀 테두리/배경]–[각 셀마다 적용](또는 L)을 클릭합니다.

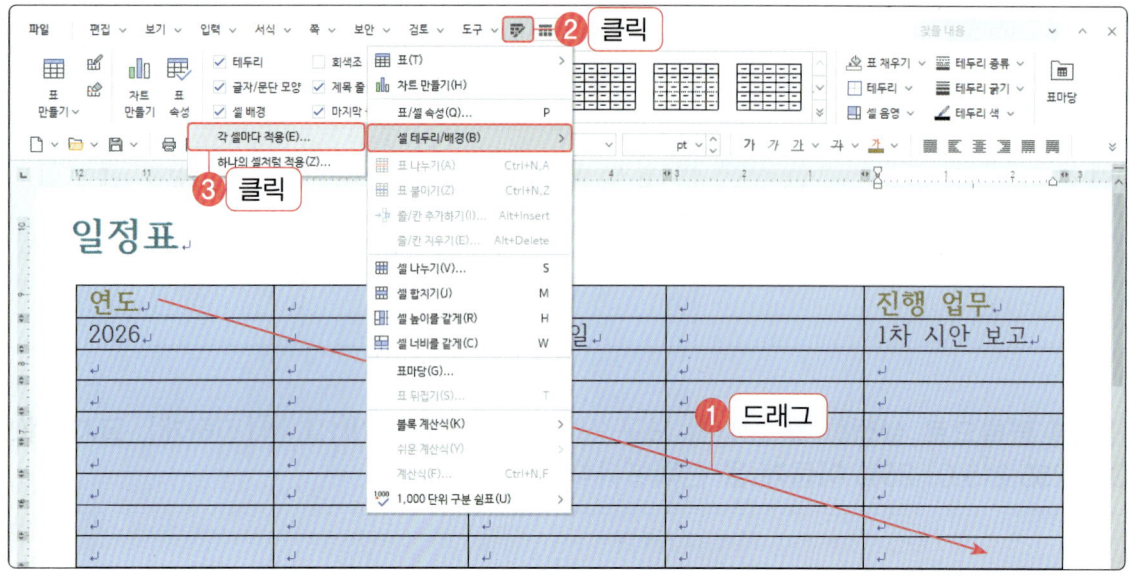

2 [셀 테두리/배경] 대화상자가 나타나면 [테두리] 탭에서 **테두리 종류([없음])를 선택**한 후 [모두]를 클릭한 다음 [적용] 단추를 클릭합니다.

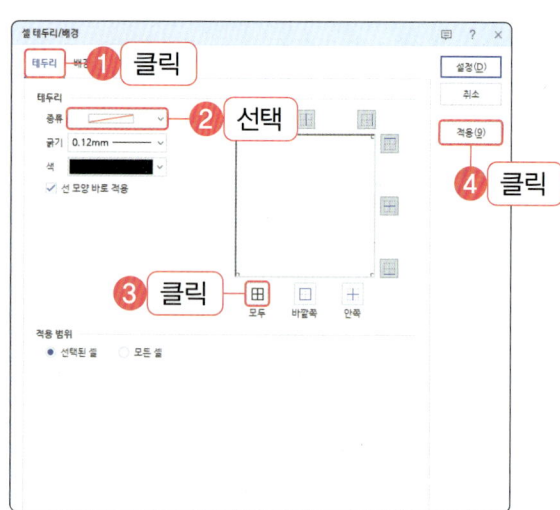

3 모든 테두리가 '없음'으로 적용되면 **테두리 종류([점선]), 굵기(0.12mm), 색(주황(RGB: 255,132,58))을 선택**한 후 [왼쪽]과 [오른쪽]을 클릭한 다음 [설정] 단추를 클릭합니다.

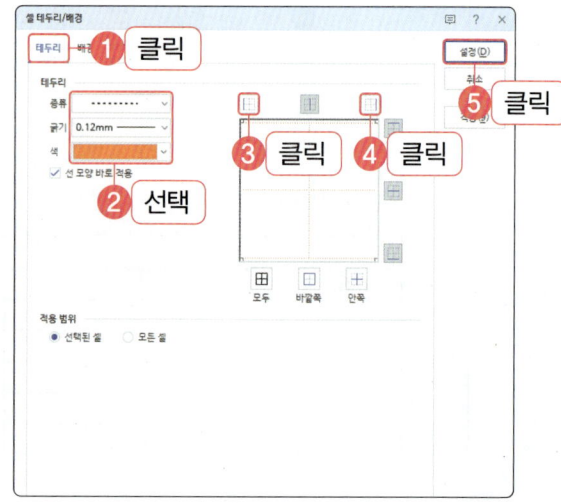

4 셀 테두리를 다시 지정하기 위해 [표 레이아웃] 탭의 [목록] 단추를 클릭한 후 [셀 테두리/배경]-[각 셀마다 적용](또는 L)을 클릭합니다.

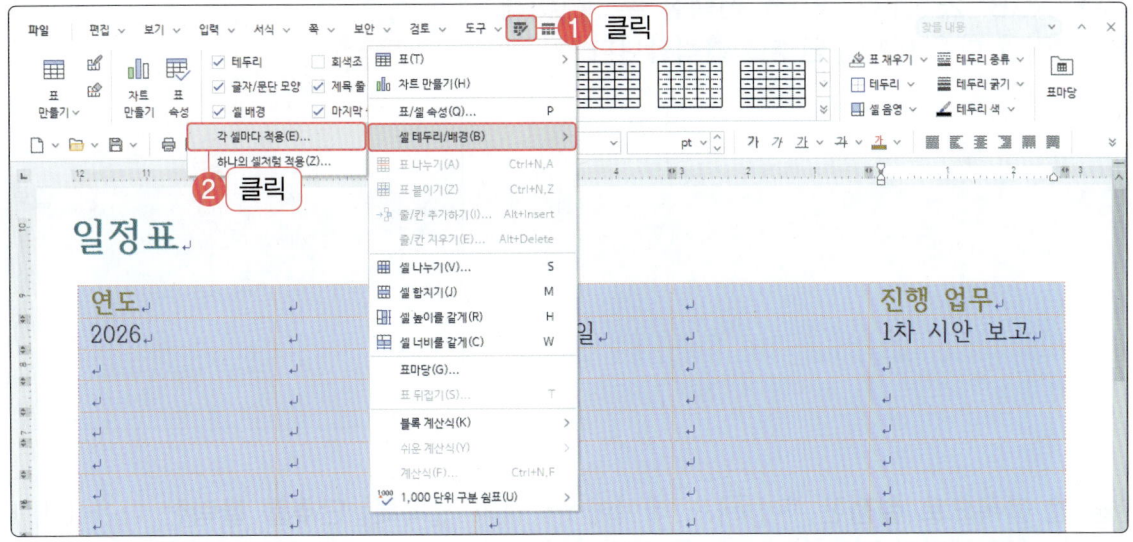

5 [셀 테두리/배경] 대화상자가 나타나면 [테두리] 탭에서 **테두리 종류(실선), 굵기(0.4mm), 색(주황(RGB: 255,132,58))**을 **선택**한 후 [위쪽]과 [아래쪽]을 클릭한 다음 [설정] 단추를 클릭합니다.

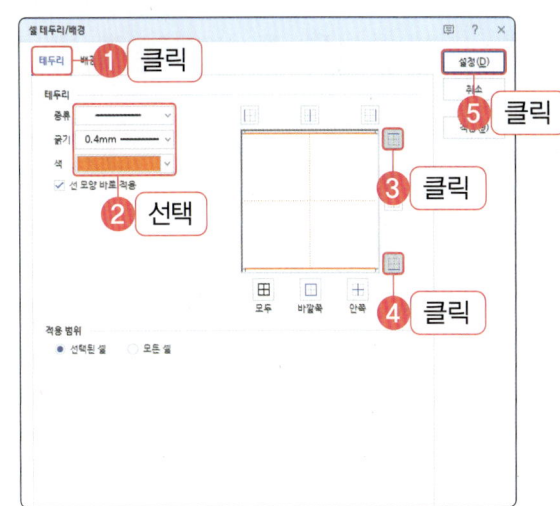

6 **1줄을 셀 블록으로 설정**한 후 [표 레이아웃] 탭의 [목록] 단추를 클릭한 다음 [셀 테두리/배경]-[각 셀마다 적용](또는 L)을 클릭합니다.

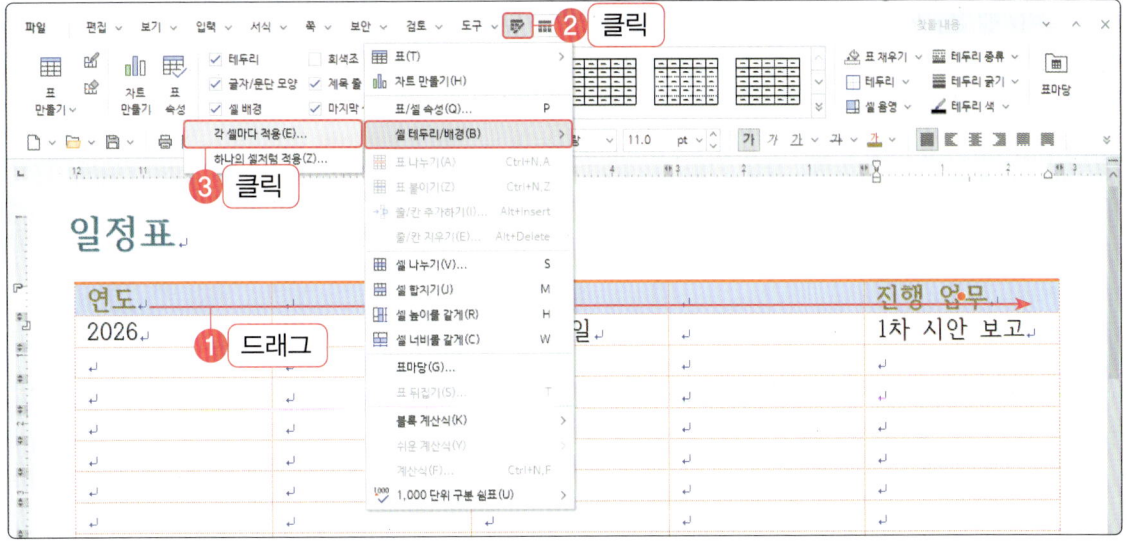

Chapter 08 – 일정표 만들기 **75**

7 [셀 테두리/배경] 대화상자가 나타나면 [테두리] 탭에서 **테두리 종류**(━━[실선]), **굵기**(0.4mm), **색**(주황(RGB: 255,132,58))을 **선택**한 후 [아래쪽]을 클릭한 다음 [설정] 단추를 클릭합니다.

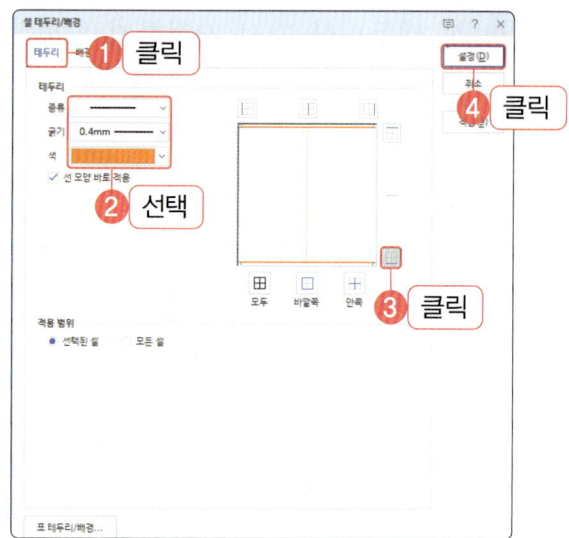

8 2칸을 셀 블록으로 설정한 후 [표 레이아웃] 탭의 [목록] 단추를 클릭한 다음 [셀 테두리/배경]-[각 셀마다 적용](또는 L)을 클릭합니다.

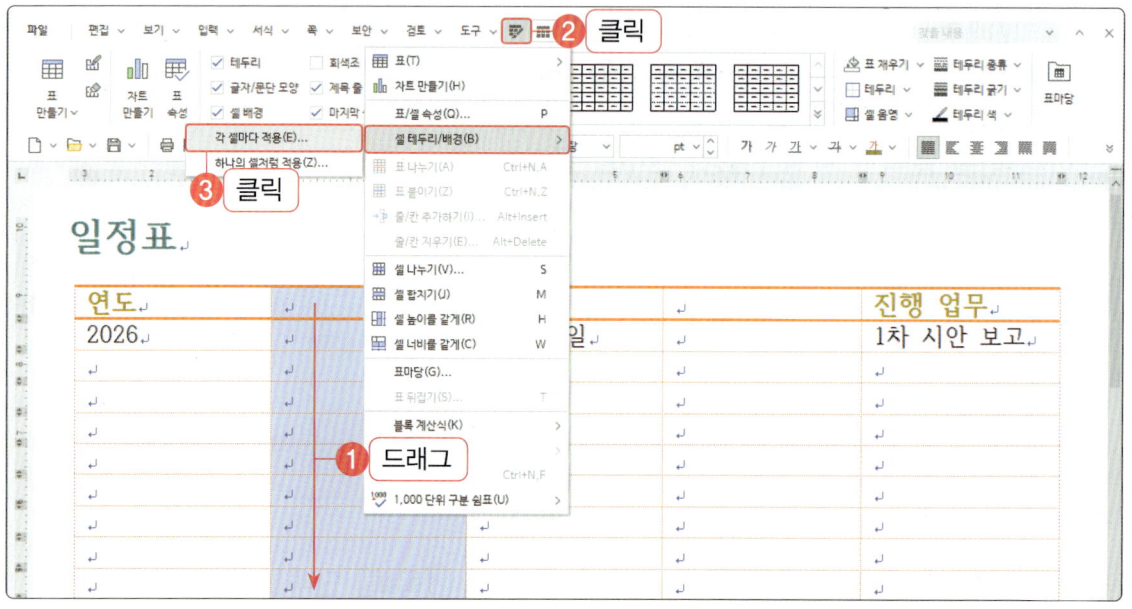

9 [셀 테두리/배경] 대화상자가 나타나면 [테두리] 탭에서 **테두리 종류**(━━[없음])를 선택한 후 [모두]를 클릭한 다음 [설정] 단추를 클릭합니다.

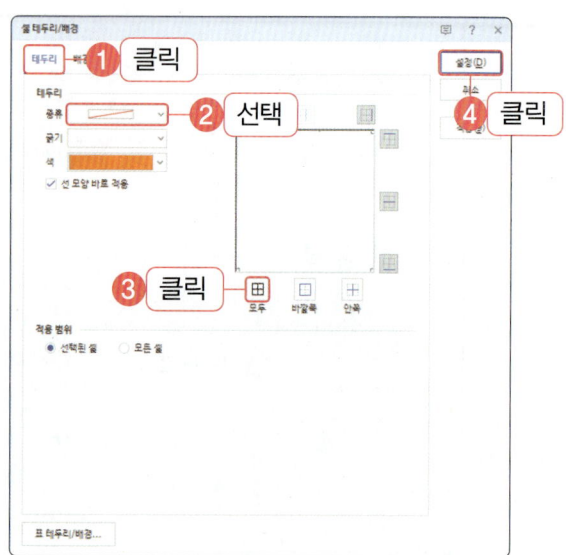

10 같은 방법으로 다음과 같이 4칸의 모든 테두리를 '[없음]'으로 **지정**합니다.

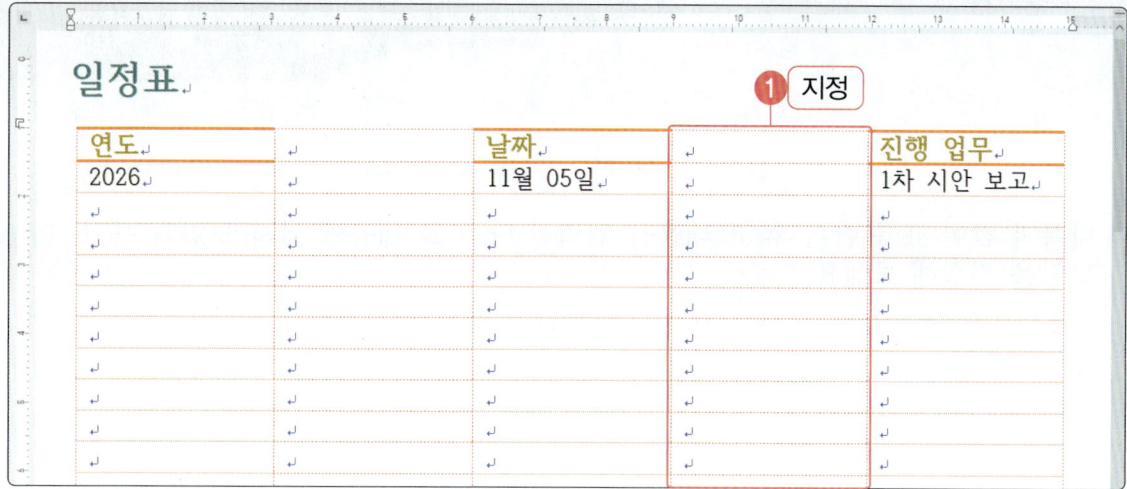

11 1칸과 2칸의 너비를 조정하기 위해 다음과 같이 **1칸과 2칸의 경계선을 드래그**합니다.

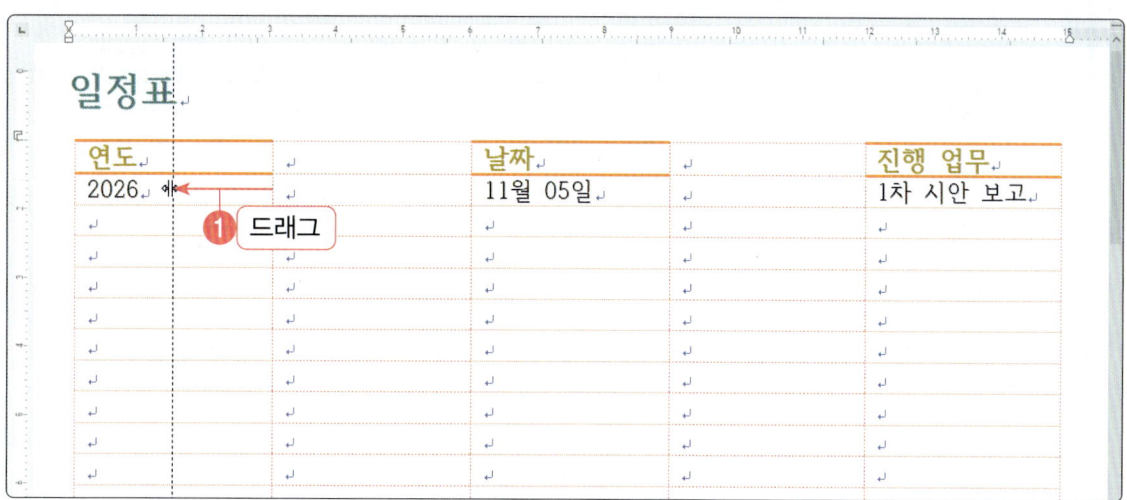

1칸과 2칸의 경계선으로 마우스 포인터를 가져가서 마우스 포인터가 모양으로 변경되었을 때 왼쪽으로 드래그합니다.

12 같은 방법으로 **다음과 같이 칸의 너비를 조정**합니다.

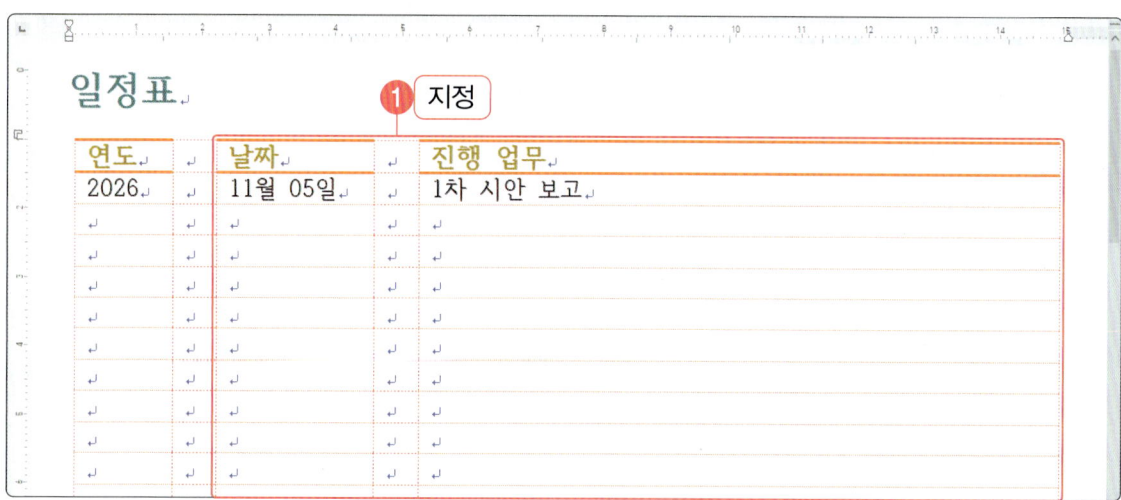

연습문제

> 단계학습₩한글 2022₩실무 Project₩연습파일₩Ch08.hwpx

1 다음과 같이 표를 만든 후 표 내용을 입력한 다음 표 내용에 글자 모양과 문단 모양을 지정해 보세요.

- 표 만들기 : 줄 수(21), 칸 수(5), [글자처럼 취급]
- 1줄 : 글자 색(하늘색(RGB: 97,130,214)), [가]진하게], [≡][가운데 정렬]
- 2줄 1칸~21줄 2칸 : [≡][가운데 정렬]

2 다음과 같이 셀 테두리를 지정한 후 칸의 너비를 조정해 보세요.

- 표 전체 : 셀 테두리(왼쪽/오른쪽(테두리 종류[━━][없음]), 위/아래(테두리 종류[━━][실선]), 굵기(0.6mm), 색(보라(RGB: 157,92,187))), 안쪽(테두리 종류[┈┈┈][점선]), 굵기(0.12mm), 색(보라(RGB: 157,92,187))
- 1줄/5줄/9줄/13줄/17줄 : 셀 테두리(아래(테두리 종류[━━][실선]), 굵기(0.6mm), 색(보라(RGB: 157,92,187))))

한글 2022 바로 가기 키

파일

새 문서	Alt+N
새 탭	Ctrl+Alt+T
문서마당	Ctrl+Alt+N
편집용지	F7
불러오기	Alt+O
저장하기	Alt+S
다른 이름으로 저장하기	Alt+V
인쇄	Alt+P / Ctrl+P
문서 정보	Ctrl+Q,I
문서 닫기	Ctrl+F4
끝	Alt+X

편집

되돌리기	Ctrl+Z
다시 실행	Ctrl+Shift+Z
오려 두기	Ctrl+X
복사하기	Ctrl+C
붙이기	Ctrl+V
골라 붙이기	Ctrl+Alt+V
모양 복사	Alt+C
지우기	Ctrl+E
모두 선택	Ctrl+A
찾기	Ctrl+F
찾아 바꾸기	Ctrl+F2
다시 찾기	Ctrl+L
찾아가기	Alt+G

보기

쪽 윤곽	Ctrl+G,L
조판 부호	Ctrl+G,C
문단 부호	Ctrl+G,T

입력

그림	Ctrl+N,I
글상자	Ctrl+N,B
OLE 개체	Ctrl+N,O
필드 입력	Ctrl+K,E
수식	Ctrl+N,M
문단 띠	Ctrl+N,L
상용구 내용	Ctrl+F3
상용구 등록	Alt+I
표 자동 채우기	A
각주	Ctrl+N,N
미주	Ctrl+N,E
날짜/시간 문자열	Ctrl+K,D
날짜/시간 코드	Ctrl+K,C
날짜/시간 형식	Ctrl+K,F
문서 끼워 넣기	Ctrl+O
문자표	Ctrl+F10
한자로 바꾸기	F9
한자 단어 등록	Ctrl+Alt+F9
한자 부수/총획수	Ctrl+F9
한자 새김 입력	Ctrl+Shift+F9
인명 한자로 바꾸기	Ctrl+Alt+F10
상호 참조	Ctrl+K,R
책갈피	Ctrl+K,B
하이퍼링크	Ctrl+K,H

서식

글자 모양	Alt+L
문단 모양	Alt+T
스타일	F6
문단 번호 모양	Ctrl+K,N
문단 번호 새 번호로 시작	Alt+Shift+Insert
글머리표 적용/해제	Ctrl+Shift+Delete
개요 번호 모양	Ctrl+K,O
개요 적용/해제	Ctrl+Insert
한 수준 증가	Ctrl+숫자 키패드에서 -
한 수준 감소	Ctrl+숫자 키패드에서 -

쪽

편집 용지	F7
머리말/꼬리말	Ctrl+N,H
쪽 번호 매기기	Ctrl+N,P
감추기	Ctrl+N,S
쪽 나누기	Ctrl+Enter
단 나누기	Ctrl+Shift+Enter
다단 설정 나누기	Ctrl+Alt+Enter
구역 설정	Ctrl+N,G
구역 나누기	Alt+Shift+Enter

도구

맞춤법	F8
한컴 사전	F12
한자 자전	Shift+F9
유의어/반의어 사전	Ctrl+F12
빠른 교정 내용	Shift+F8
메일 머지 표시 달기	Ctrl+K,M
메일 머지 만들기	Alt+M
제목 차례 표시	Ctrl+K,T
차례 숨기기	Ctrl+K,S
색인 표시	Ctrl+K,I
프레젠테이션 실행	Ctrl+K,P
글자판 바꾸기	Alt+F12
글자판 보기	Alt+F1

표

표 만들기	Ctrl+N,T
표/셀 속성	P
표 나누기	Ctrl+N,A
표 붙이기	Ctrl+N,Z
줄/칸 추가하기	Alt+Insert
줄/칸 지우기	Alt+Delete
셀 나누기	S
셀 합치기	M
셀 높이를 같게	H
셀 너비를 같게	W
표 뒤집기	T
블록 합계	Ctrl+Shift+S
블록 평균	Ctrl+Shift+A
블록 곱	Ctrl+Shift+P
가로 합계	Ctrl+Shift+H
세로 합계	Ctrl+Shift+V
가로 평균	Ctrl+Shift+J
세로 평균	Ctrl+Shift+B
가로 곱	Ctrl+Shift+K
세로 곱	Ctrl+Shift+N
계산식	Ctrl+N,F